KB234155

김종희의
# 기업가 정신

# 김종희(金鍾喜)의 기업가 정신

W미디어

# 화약인은 모두 진실되고 정직하다

현암(玄岩)은 빛이 검은 바위(黑岩)를 뜻하는 것이 아니다. 현암은 맑고 고요(淸靜)한 검붉은색(黑赤色) 바위로서 이 세상에는 존재하지 않으나 그 아취(雅趣)가 심오하고 오묘(幽玄)하여 아득히 머언(幽遠) 피안의 경지를 상징한다.

김종희(金鍾喜) 회장은 그의 아호가 말해 주듯이 화약 불모지인 이 땅에 찬란한 화약 문화를 꽃피운 선구자로서 살신성인한 한국 기업인의 귀감이다.

나라 없는 설움을 뼈저리게 느끼면서 사람답게 살기 위해서는 높은 학문을 쌓아야 한다는 일념으로 오직 향학열에 불타던 청년 현암이 본의 아니게 화약과 인연을 맺게 된 것은 일제가 태평양전쟁을 도발한 때다.

그 후 8·15해방을 맞은 현암은 자신이 신생조국에 이바지할 수 있는 길은 곧 근대산업발전에 원동력이 되어온 화약을 생산해내는 일이라는 것을 깨닫고, 이를 위해 청춘을 던진다. 폭발 위험 때문에 아무도 화약에는 손을 대려고 하지 않을 때였다.

굳이 화약이 아니더라도 떼돈을 손쉽게 벌 수 있는 방법은 얼마든지 있었다. 현암에게도 온갖 유혹의 손길이 끊임없이 뻗쳐왔다. 그러나 현암은 고지식하리만큼 화약 이외의 다른 일에는 한눈을 팔지 않았다. 돈을 버는 것이 사업의 궁극의 목적은 아니었기 때문이다. 돈을 번다는 것은 돈을 벌어서 장차 무엇을 하겠다는 목적을 실현하기 위한 수단일 뿐, 돈을 버는 그 자체가 바로 현암의 사업 목적일 수는 없었던 것이다.

현암은 우리나라 대기업 창업주들 가운데서 제일 빈곤한 가정에 태어났다. 그래서 그는 초등학교도 제대로 입학할 수 없었다. 그처럼 가난하게 자랐지만 그는 남들처럼 잘 먹고 잘 살아보겠다는 생각으로 사업을 시작하지는 않았다.

현암에게는 처음부터 국가사회에 기여하겠다는 뚜렷한 사업목표가 서 있었다. 하기 때문에 그는 언제나 실리보다 명분을 앞세웠고, 사생활보다 사업을 앞세웠으며, 사업보다 국가를 앞세웠다. 정부가 현암에게 기업인의 최고 명예인 금탑산업훈장(金塔産業勳章)을 추서한 것이 어찌 범연한 일이겠는가.

현암이 걸어간 생애는 화약만큼이나 진실되고 정직한 큰길(大道)이었다. 화약은 진실하다. 화약은 틀림없이 폭발한다. 폭발하지 않는 화약은 화약이 아니다. 그러나 화약은 반드시 정직한 장소에서 정직한 시간에 폭발해야 한다. 따라서 화약인은 화약처럼 진실되고 정직하지 않으면 안 된다.

현암은 한국화약그룹에 남긴 많은 유형 자산 못지않게 '진실과 정직' 이라는 보다 큰 무형의 자산을 남겼다. 이 한 권의 책이 불우하고 꿈 많은 청소년들의 용기가 되고 지혜가 되어 성공의 길잡이가 될 것을 믿어 마지 않는다.

전 범 성

# 1

# 가난한 소년

그는 자신의 능력을 시험하려는 듯 머리를 싸매고 무섭게 공부했다. 학교에서 공부하는 시간 말고는 거의 대부분의 시간을 하숙방에 틀어박혀 책과 씨름했다. 그의 노력은 과연 헛되지 않았다. 당당히 학급 1위의 영예를 성취함으로써 노력하면 된다는 자신의 잠재능력을 확인할 수 있었다.

"종희가 이번에 자기 학교에서 일등 했다는 게 사실이여?"

경기도립상업학교(道商) 3학년에 재학 중인 김종희(金鍾喜)가 이번 1학기에 학급에서 1등을 했다고 해서 마을 어른들의 화제가 되었다. 도상은 3·1운동으로 우리 민족의 강인한 저항에 직면했던 일제가 문민 유화정책으로 전환하고, 각 도에 중학교를 하나씩 세우기로 하면서 조선총독부가 1923년 설립한 상업학교다.

서울 종로구 효자동의 전차 종점에서 도보로 10분 거리, 자하문 기슭에 자리 잡은 도상은 학교의 입지조건이 좋고, 자연환경이 수려할 뿐 아니라 시설 또한 동양 제일을 자랑했다. 체육교사 한 사람을 제외하고는 교장 이하 전 교사가 일본인이었으나, 학사행정에 관한 한 '내선일체(內鮮一體)'를 실현한다는 설립취지에 따라 형식상으로나마 일본인 학생과 조선인 학생을 차별하지 않고 균등한 기회를 부여했는데, 신입생의 경우는 입학시험 때 아예 일본인 학생과 조선인 학생을 반반씩 선발해오고 있었다.

더욱이 도상 졸업생들에게는 일본인과 조선인 구별 없이 거의 모두 관공서나 금융기관에 취업이 보장되다시피 했다. 그래서 전국에서 우수한 학생들이 몰려들어 입시경쟁은 해를 거듭할수록 치열해졌다. 특히 김종희의 경우는 중학교 입시 사상 최고의 경쟁률을 보인 1937년 16대 1의 좁은 관문을 뚫고 입학할 수 있었다.

김종희는 지금도 합격통지서를 받던 날의 감격을 생생하게 기억한다. 집으로 배달된 합격통지서의 '합격' 이라는 두 글자를 보는 순간 그의 몸은 하늘로 솟아오르는 것만 같았다.

오늘도 일꾼들을 거느리고 벌판에서 사금(砂金)을 캐고 있던 김종희의 아버지 김재민(金在民)은 기쁨도 잠시, 학비 댈 걱정으로 눈앞이 깜깜해지는 것 같았다. 김종희 역시 아버지의 얼굴에 깔리는 수심의 긴 그늘을 보는 순간 불안했다.

'아버지는 내가 떨어지기를 바랐던 것일까…?'

김종희는 재민 공의 7남매 중 둘째 아들이다. 큰 아들 종철(鍾哲)은 종로구 낙원동에 있는 협성실업학교에 재학 중이었으며, 셋째 종근(鍾根)과 넷째 종환(鍾煥)이 직산에 있는 보통학교에 다니고 있었고, 그 밑으로 다섯째 종상(鍾商), 여섯째 종식(鍾植), 그리고 종희 밑으로 열네 살 난 딸이 하나 있었다.

공부는 지금 보통학교 3학년에 다니는 셋째 종근이 제일 잘했다. 물론 종희도 잘하지만 종근이 만큼은 못했다. 종근이 3학년까지 내내 반에서 1등만 해오는데 비해 종희의 보통학교 성적은 반에서 겨우 10등 안에 들어갈 정도였다.

종희는 이미 지난해 도상 입학시험을 치렀다가 한 차례 낙방한 일이 있다. 그때 재민 공은 잘됐다 싶어 종희에게는 농사를 짓게 하고, 집안 형편이 좋아지면 종근이나 공부를 더 시켜볼까 하는 생각을 했었다. 종희는 6형제 중에서도 체격이 제일 크고 건강했으며, 종근은 어려서부터 잔병치레를 하느라 몸이 허약한 편이었다. 그래서 장에 갔던 재민 공이 종희를 위해 새 지게 하나를 사들고 왔다.

"종희야! 이거 너한테 맞나 한번 저봐라."

"전 농사는 안 지을 거예유."

"그럼, 학교도 떨어졌는데 뭘 할 거여? 밥만 먹고 집에서 빈둥빈둥 놀 거여?"

"성환에 있는 고등과(高等科)에 보내줘유."

"고등과는 무슨 분수없는 고등과여? 높은 학교 못 들어갈 바엔 일찌감치 농사일이나 익힐 생각 안 하고, 쯧쯧!"

"내년에 시험 한 번 더 칠 거예유."

"쓸데없는 소리 말어. 네 나이 시방 열다섯이여. 공부는 언제 끝내고, 네 입벌이는 언제 할 거여?"

"저, 고등과 안 보내주면 서울 가서 돈 벌어 고학할 거예요."

"고학? 쓰잘 데 없는 소리 그만둬! 등 따시고 배부르면 그만이지, 잘 하지도 못하는 공부를 무슨 고생으로 머릴 싸매고 하려고 그래? 예부터 농자는 천하지대본이라 했는데, 농사일이 싫다니… 부대리에서 살 때 배곯던 서러움 그새 다 까먹은 거여?"

종희가 보통학교를 다닐 수 있었던 것도 실은 상덕리로 이사를 왔기 때문이었다. 종희는 부대리에서 태어나 그곳에서 아홉 살 때까지 살았다.

재민 공의 고향은 원래 아산군 음봉면 신수리(속칭 숯골)이다. 숯골은 마을 이름 그대로 숯이나 구워내던 산간벽촌이었다. 순천김씨 일족(一族)이 그곳에 뿌리를 내리게 된 것은 3백여 년 전인 병자호란 때였다. 인조반정의 일등공신으로 우의정을 거쳐 영의정에 이른 김유(金瑬)의 권속이 병자호란 때 강화로 피난했다가, 강화마저 위험에 직면하게 되어 다시 옮겨 간 피난처가 바로 숯골이었던 것이다.

재민 공이 부인 오명철(吳明哲)과 함께 부대리에 정착한 것은 그의 나이 서른이 훨씬 넘어서였다. 부대리(富垈里)는 마을 이름답지 않게 아주 가난한 빈촌이었다. 마을 주변에 야산이 많아 70호가 넘는 농가 수에 비해 농토가 너무 적은 데다가 토질까지 척박해 소출이 시원찮았다. 게다가 부대리 농민들은 대부분 논 열 마지기 미만의 소작농이었다. 그래서 오히려 가난한 사람들이 모여 살기에는 편했는지도 모른다.

부대리 사람들은 거의 모두가 농한기인 겨울에는 나무장사를 해서 좁쌀을 사다가 부족한 양식을 보태먹고 살았다. 나무 한 짐 값이래야 천안 삼거리까지 이십 리 길을 지고 나가 팔면 고작 좁쌀 한 됫박 값에 지나지 않는 8전에서 10전. 그나마 그것도 겨울 한철 이야기일 뿐 해마다 봄이 되면 허기진 배를 안고 가파른 '보릿고개'를 지겹게 넘어야 했다.

재민 공의 형편도 예외는 아니었다. 겨우 천수답 다섯 마지기(3,305㎡ —1,000평)를 소작하던 재민 공은 더 어려웠는지도 모른다. 다행히 재민 공은 다년간 이골이 난 현미(玄米) 장사로 끼니를 거르지 않을 수 있었다. 현미 장사란 벼를 사다가 매통에 갈아 현미로 만들어 천안에 있는 미곡취인소(米穀取引所)에 내다 파는 일이다. 잘 여문 벼 한 가마니(5말)를 사다가 매갈이를 해서 현미로 내다 팔면 보통 벼 한 말이 떨어진다.

그러나 미곡취인소의 현미 값은 잦은 시세변동과 함께 등락 폭이 심했다. 미가(米價)의 근본적인 대세는 그 해의 작황(作況)이 좌우했지만, 당시 현미는 전량 일본으로 수출되고 있었기 때문에 때때로 변동하는 미곡 시세는 중부권의 미곡 수출 창구인 인천 미곡취인소의 영향을 받았다. 인천 미곡취인소에 현미 집하량이 많으면 천안의 현미 값이 떨어지고, 반대로 집하량이 달리면 값이 오르게 마련이었다. 그만큼 현미 장사는 위험 부담을 수반하는 일종의 투기성을 띤 사업이었다. 하지만 재민 공은 오랜 경험을 바탕으로 손해 보는 일 없이 남들이 굶는 보릿고개에도 죽은 끓여먹을 수 있었다.

그렇게 가난한 부대리 농민들이었지만 그들에게는 큰 자랑거리가 하나 있었다. 부대리에는 다른 마을에 없는 학교가 있었다. 물론 천안이나 직산에 있는 6년제 정규보통학교가 아닌 부대리 성공회(聖公會)가 설립한 4년제 부설사립학교였지만, 부대리 농민들은 자식들이 그 학교에서 신학문을 배운다는데 큰 긍지를 지니고 있었다.

부대리 성공회 부설학교가 신명학교(新明學校)라는 이름으로 개설된 것은 1912년. 영국인 선교사 알프레드 세실 쿠퍼(Alfred Cecil Cooper: 한국 이름 具世實)가 천안군 북일면 부대리에 성공회 사제로 부임하고 나서 2년째 되던 해다. 영국 해군장교 출신이며 인도 총독의 아들이기도 한 쿠퍼 신부가 26세의 나이로 한국에 파송되어 온 것은 1908년. 그는 2년 후에 부대리 성공회 사제로 부임해 성당 신축을 마치고, 이어 선교활동의 일환으로 성당부지 빈터에 흙벽돌을 찍어 99㎡(30평) 교실 두 칸을 세우고 마을 아이들에게 신학문을 가르치기 시작했던 것이다.

그 후 신명학교는 1914년 천안군 북일면 부대리가 천안면에 편입되자 학교 이름을 북일사립학교로 바꿨다. 부대리 농민 대부분은 자식들을 공립보통학교에 취학시킬 형편이 못되었다. 북일사립학교 월사금(月謝金)은 5전인데 비해 공립보통학교 월사금은 10전을 내야 했기 때문이다.

종희도 북일사립학교를 2학년까지 다녔다. 그 후에 1년을 쉬었다가, 1931년 직산보통학교 2학년에 편입하기까지에는 가족의 아픔이 있었다. 북일사립학교 2학년 2학기 말인 3월 초 어느 날, 그는 영문도 모른 체 가족들과 함께 부대리를 떠나야 했다. 재민 공이 그 해 겨울 현미 장사에서 큰 손해를 입었던 때문이다. 추수 후에 벼를 사놓으면 으레 조금씩 벼 값이 오르게 마련이었는데, 그 해 겨울에는 웬일인지 날이 갈수록 벼 값이 자꾸만 떨어지는 것이었다. 실은 그 해(己巳年)에는 조선은 물론 일본에서도 벼 농사가 대풍을 이룬 때문이었다. 그 때만 해도 산업정보가 별로 발달하지 못한 때이기는 하지만, 가뜩이나 정보에 어두운 재민 공은 경험만 가지고 장사를 해오던 터에 하필이면 그 해 따라 추수가 끝나자마자 돈을 꿔서까지 많은 양의 벼를 사서 비축해놓았던 것이다.

그 동안은 재민 공이 현미 장사를 해서 재미를 보아온 것이 사실이다. 남들은 5전 하는 월사금이 없어 아이들을 북일사립학교에도 못 보내는 사람이 허다했는데, 재민 공은 현미 장사를 해서 돈을 벌기 때문에 큰 아들 종철을 천안보통학교에 보내면서 둘째 종희까지 북일사립학교에 보내고도 천수답이라고는 하지만 산다랭이 논을 서너 마지기 장만할 수 있었다. 하지만 재민 공은 그 해 현미 장사에서 큰 손해를 보는 바람에 빚을 갚기 위해 가산을 정리하고 알몸이 되어 부대리를 떠나야만 했다.

부인과 아이들 다섯(종식·종숙은 후에 출생)을 앞세우고 천안역으로 나온 재민 공은 주머니 속에서 편지 하나를 꺼내 펼쳐 들었다. 봉투에 적힌 주소는 대전읍 영정 2정목(2町目) 296번지, 발신인은 윤원유(尹元有)로 대전상업학교에 사정(使丁)으로 근무하는 재민 공의 매형이다. 소도 비빌 언덕이 있어야 비빈다고 날품을 팔더라도 의지할 곳은 있어야 하겠기에 매형이 살고 있는 대전으로 나온 것이다.

대전에 와서 보니 막상 매형의 살림도 근근이 살아가는 형편이어서 기댈 만한 처지가 못 되었다. 따라서 날품팔이로 살아가는 재민 공의 대전 생활은 말 그대로 고생의 연속이었다. 당장은 조석으로 끼니 걱정을 해야 할 형편이라 아이들의 학교 문제는 생각할 겨를도 없었다.

그렇게 각박한 하루하루의 1년이 지난 어느 날, 조카인 종호(鍾鎬)가 불쑥 찾아왔다. 그런데 그는 이제까지 부대리에서 보아온 핫바지저고리 차림의 촌뜨기가 아니었다. 아래 위를 새 양복으로 쪽 빼입은 종호의 늠름한 모습을 대하는 재민 공은 잠시 어리둥절해졌다.

"아저씨를 모시러 왔어유."

"날 모시러 오다니…"

"아버지가 모시고 오랬구먼유."

"너희 아버진 시방 어디서 뭘 하고 있는 거여?"

재민 공은 종호의 아버지 봉서(奉瑞) 공과 사촌간이면서도 친형제나 다름없었다. 여섯 살에 부모를 잃은 봉서 공은 큰아버지(金景三: 재민 공의 아버지) 집에서 재민 공과 함께 자랐다. 재민 공이 두 살 위이기는 했지만, 재민 공은 어려서부터 봉서 공을 끔찍하게 사랑했다. 재민 공은 성격이 차분하고 내성적인데 반해 봉서 공은 활동적이고 적극적인 편이었다. 그래서 같이 장난을 치고 놀다가도 재민 공이 다치기 일쑤였고, 집안의 잔살림 같은 것을 봉서 공이 깨뜨리거나 못 쓰게 만들 때마다 재민 공은 봉서 공을 감싸기 위해 혼자 잘못을 뒤집어쓰고 종아리를 맞곤 했었다.

그러나가 봉서 공이 숯골 큰집을 뛰쳐나간 것은 그의 나이 열두 살 되던 해다. 그리고 재민 공이 숯골에서 빠져 나온 것도 사실은 봉서 공의 영향 때문이었다. 봉서 공은 열두 살 때부터 천안에 있는 천직산 사금광에서 일을 했다. 숯골 같은 벽촌에서 밭이나 일구고 숯을 굽는 것보다는 확실히 사금광에서 품을 파는 수입이 더 좋았다. 그래서 봉서 공이 사촌형인 재민 공을 천안으로 불러냈던 것이다.

그러나 천직산 사금광 경기는 매장량이 줄어드는 바람에 오래 계속되지 못했다. 몇 년이 지나 사금광이 폐광되자, 재민 공은 그대로 부대리에 정착하게 되었고, 봉서 공은 다른 금광을 찾아 천안을 떠났다. 그 후 봉서 공은 여러 금광을 전전하다가 여주군 북내면에 있는 석금광에서 십장(什長)으로 일하게 되었다. 그는 서당 문전에는 발도 들여놓아본 적 없는 일자무식꾼이었지만 천부적인 통솔력이 있어 비록 일본인 광부라 할지라도 일단 자기 휘하에 들어오면 꼼짝 못하게 휘어잡았으며, 교제술에도 능해서 가깝게 지내는 광업계의 유력인사들도 여럿 있었다.

오랜 광부생활을 하는 동안 그는 차츰 광업권(鑛業權)이라는 것에 눈을 뜨기 시작했다. 광업권이란 일정한 지역에서 광물을 채굴, 취득할 수 있는 권리를 말하는 것으로 광맥을 발견하는 사람이 총독부에 광업권 설정을 출원하여 허가만 받아내면 되는 것이다. 광업권은 물권이기 때문에 매매할 수 있었고, 광주(鑛主)가 될 수도 있었다. 따라서 광업권만 가지고 있으면 돈을 투자해 광산을 개발할 사람은 얼마든지 있었다.

봉서 공은 나이 마흔이 지나면서부터는 광부생활을 그만두고 금맥을 찾아 나섰다. 그러나 '노다지'는 쉽게 발견되지 않았다. 그렇게 몇 해를 허송하는 사이 여주에 있는 가족은 돌볼 겨를이 없었다.

그러던 어느 날, 봉서 공이 불시에 부대리로 재민 공을 찾아왔다. 그는 부대리에서 별로 멀지 않은 성거면 신월리에서 금맥을 발견하고 광업권을 출원하기 위해 서울로 올라가는 길이라고 했다.

"여러 해 고생하고 다니더니만, 그래도 고생 끝에 보람이 있어 다행이여."

"늘 형님이 걱정해준 덕이지요."

"그래, 여주의 아이들은 다 잘 크고…?"

"그 동안 굶어죽지나 않았는지 모르겠어요. 지난해 이맘 때 한번 들여다보고 여직 안 가봤으니께요."

"저런, 쯧쯧!"

"저는 오늘 밤차로 또 경성으로 올라가야 해요. 하루라도 속히 물주를 잡아 금을 캐내기 시작해야죠."

"계수 씨는 아이들하고 어떻게 살라고, 그렇게 무심해도 괜찮은 거여?"

"설마 산 입에 거미줄 칠까요."

"그런 줄 알았으면 나라도 한번 들여다볼 걸…"

"안 그래도 형님하고 의논 좀 해야겠어요. 어차피 신월리에서 금광을 하게 될 테니까 언젠가는 여주 식구들을 이쪽으로 이사를 시키긴 해야겠는데…"

그래서 재민 공이 여주의 사촌동생 식구들을 부대리로 데려다가 담장 하나를 사이에 하고 아래윗집에 살게 되었다. 그때 종호 나이가 열두 살, 비로소 그가 북일사립학교에 다니기 시작했다.

1년 후에 채광을 시작한 신월리의 석금광은 매장량이 신통치 않아 물주가 9개월 만에 손을 떼는 바람에 폐광이 되고 말았다. 봉서 공은 다시 '노다지'를 찾아 정처 없는 나그네 길을 떠났다. 그리고 그가 인천 해변의 사금 광업권을 출원해 놓고 부대리를 찾은 것은 재민 공이 현미 장사 끝에 빚을 지고 천안을 떠난 다음날이었다.

"내가 한 발 늦었구나! 하루만 일찍 왔더라면 형님을 못 가시게 하는 건데…"

총독부에 출원한 인천의 사금 광업권 허가가 떨어지면 사촌형님 가족까지도 모두 인천으로 데려갈 생각을 하고 온 봉서 공이었다.

"대전의 당고모댁 주소는 잘 적어놨겠지?"

"예 ! 바로 대전 읍내래유."

종호가 주소 적힌 노트를 봉서 공 앞에 펼쳐놓았다.

"이건 누가 썼냐?"

"내가 보고 베껴쓴 거예유."

"네가 한문을 이렇게 쓸 줄 알어?"

"그럼유, 학교에서 가르쳐 줬어유."

"그래…?"

봉서 공은 그 어려운 환경 속에서도 종호를 북일사립학교에 다니게끔 마음 써준 사촌형님의 후의가 새삼스럽게 고마웠다.

"아저씨가 대전에서 자리가 잡히면 바로 우리도 데려가겠다고 하셨어유."

"너희들을 떼어놓고 가면서 걱정이 오죽하셨겠냐. 하지만 이젠 아저씨네도 오래잖아 먹고 사는 고생은 졸업하게 될 게다."

봉서 공은 인천의 사금광을 하루속히 개광해야 한다는 조바심 때문에 부대리에 여러 날 지체할 수 없었다. 그는 다음날 바로 천안역에서 열차편으로 상경 길에 올랐다. 천안역을 떠난 열차가 직산을 지나 상덕리 앞을 달릴 때였다. 무심히 차창 밖을 내다보고 있던 봉서 공 얼굴에 흠칫 경련이 일었다.

'아니, 저 사람들이…?'

그는 놀란 듯이 열려진 차창 밖으로 고개를 내밀었다. 10여 명의 일꾼들이 철도 연변의 논바닥을 파헤치고 있었기 때문이었다.

'사금이구나!'

봉서 공은 그들이 사금을 캐고 있다는 것을 육감으로 알 수 있었다. 그 전부터도 상덕천(上德川) 일대에는 장마가 지고나면 사금이 난다는 말을 풍문으로 들어온 적이 있는 봉서 공이었다.

서울에 올라온 봉서 공은 이미 출원해 놓은 인천의 사금 광업권 문제도 있고 해서 총독부 공광국(工鑛局) 광업과에 들러 천안군 직산면 상덕리 일대의 사금 광업권이 설정되어 있는가를 알아보았다. 다행히 상덕리 일대에는 아직 광업권이 설정되어 있는 것이 없었다. 그렇다면 현재 상덕리에서 사금을 캐고 있는 것은 명백한 불법채굴이다. 총독부 광업령에 의하면 '모든 미채굴 광물은 광업권을 설정하지 아니하고는 채굴할 수 없다'고 규정하고 '이 규정을 위반하는 자는 2년 이하의 징역, 또는 2천 원 이하의 벌금에 처하거나 병과할 수 있다' 는 벌칙 규정을 두어 일체의 도굴 행위를 엄단하고 있었다.

봉서 공은 다시 천안으로 내려와 상덕리 일대의 사금 매장량을 조사한 다음 광업권 출원에 필요한 〈광물채굴 구역도〉 및 〈광상(鑛床)에 관한 설명서〉 등을 작성하여 총독부에 제출했다. 상덕리의 사금 매장량은 인천 해안의 사금 매장량에 비하면 '노다지' 바로 그것이었다.

봉서 공이 인천의 광업권을 2,400원에 팔고, 그 돈을 밑천 삼아 상덕리 사금광을 독자적으로 개발하기 시작한 것은 이듬해 봄부터였다. 한 달이 못가서 떠도는 소문은 상덕리 사금광에서 캐내는 금이 하루에 한 놋대야씩이라고 했다.

"아니, 그러면 너희 아버지가 시방 상덕리에서 사금광을 하고 있다는 거여?"

"참말이래도 그러네유."

재민 공은 사촌이 금광을 한다는 말을 듣고도 실감이 나지 않았다.

"하여간 밤차로 올라가셔유, 아저씨. 아버지가 꼭 모시고 오라고 했어유."

재민 공이 '노다지'에 미친 떠돌이라고 동네 사람들의 손가락질을 받던 사촌의 덕을 볼 줄이야! 대전에서의 날품팔이 생활을 끝내고 상덕리로 올라온 재민 공은 사촌이 새로 지은 널따란 기와집에서 담장 하나를 사이에 하고 부대리에서 살 때처럼 아래윗집에서 우애 좋게 살았다. 대전에 사는 동안 학교에 다닐 수 없었던 종희가 직산보통학교 2학년에 편입하고, 종철이 다시 천안보통학교 5학년에 복학하게 된 것은 바로 그 해 여름이었다.

종희로서는 직산보통학교에 다니게 되었다는 것이 그렇게 자랑스러울 수가 없었다. 상덕리에서 직산보통학교까지는 가까운 십 리 길이다. 통학 거리는 부대리에서 북일사립학교 다니던 때를 생각하면 엄청나게 먼 편이지만, 학교는 비교도 안 될 만큼 직산보통학교가 더 좋았다.

북일사립학교는 교실이 두 칸뿐이고 학생 수도 4, 50명밖에 안 되지만 직산보통학교에는 훨씬 넓은 교실이 강당까지 합해서 열다섯 칸이나 되고, 학생 수도 한 학급에 보통 60명씩 1학년에서 6학년까지 두 학급씩 있어 700명도 넘는다.

직산보통학교는 이미 21회 졸업생을 배출한 학교로 도내에서도 오랜 전통을 지닌 명문이며, 특히 직산은 위례성(慰禮城))이라고 해서 온조왕이 졸본부여로부터 남하해 백제를 개국하면서 도읍지로 정한 유서 깊은 고장이다. 직산은 또 선조 30년(1597년) 정유재란 때 의병들이 명나라 장수들(解生·揚登山·頗貴·牛白英)이 거느리는 수천 군사들과 함께 왜군의 선봉장 구로다 나가마사(黑田長征)의 일진을 격퇴시킨 역사적인 전승지이기도 하다. 직산 의병들의 굳센 기상은 남산 위의 장엄한 바위가 되었고, 직산 사람들은 그 바위 봉우리들을 가리켜 의장봉(義將峰)이라고 불렀다.

직산보통학교 교정에서 보이는 남산의 의장봉은 종희의 마음을 늘 설레게 했다. 의장봉을 바라볼 때마다 그는 의병장이 되어 수만 군사를 거느리고 왜병과 대적해 싸우는 자신의 모습을 그려보는 것이었다. 게다가 종희도 이제는 부대리 시절의 가난한 소년이 아니었다. 어느덧 그에게도 점심밥을 못 싸오는 아이들에게 자신의 도시락을 나누어줄 수 있는 여유가 있게 되었다.

사금을 캐기 시작한 지 불과 1년 만에 봉서 공은 도내에서 손꼽히는 거부가 되었으며, 천안 일원에서는 사람들이 그를 가리켜 '광주(鑛主)양반'이라고 불렀다. 그는 돈을 억수로 벌었지만 인심도 후했다. 일찍 부모를 잃고 객지로 떠돌며 온갖 풍상을 겪어온 그는 가난한 사람들의 딱한 사정을 잘 헤아릴 줄 알았으며, 특히 못 사는 일가친척에 대한 애정이 각별해서 고향인 숯골에서 고생하는 순천김씨 10여 가구를 상덕리로 이주시키고, 그들의 생계를 마련해주기도 했다.

재민 공에 대한 그의 애정이 각별하였을 것은 당연하다. 재민 공에게는 사금광의 한 광구(鑛區)를 따로 떼어주고 물주를 붙여 자영(自營)하게 했으며, 종철이 천안보통학교를 졸업하자 김복산(金福山: 봉서 공의 三從)과 함께 서울에 있는 협성실업학교(건국대의 전신) 입학을 주선하기도 했다.

재민 공은 사금광을 자영해서 버는 돈으로 농토를 장만해나갔다. 사금은 무진장 캘 수 있는 것이 아니었다. 벌써 상덕리 사금을 캐내기 시작한 지 5년, 계속해서 지금처럼 캐낸다면 4년 안에 바닥이 드러날 전망이었다. 재민 공으로서는 사금광이 폐광되기 전에 한 뙈기의 농토라도 더 늘려야 할 처지였다. 지긋지긋한 가난을 멀리하는 길은 오로지 많은 농토를 장만해두는 것이 상책이라고 믿었다. 그 동안 재민 공이 사들인 농토는 봇들논 상답만 해도 이미 1만6,529m²(5천 평)가 넘는다. 1만6,529m²이면 한 섬지기 하고도 닷 마지기다. 그만해도 부대리에서 천수답 닷 마지기를 소작하던 때를 생각하면 부러울 게 없었지만, 6형제나 되는 아들들을 앞으로 결혼까지 시켜 살림을 내줄 생각을 하면 아직 만족할 단계는 아니었다.

김종희가 도상 입학시험에 떨어진 것은 바로 그런 시기였다. 이를테면 종희의 낙방이 재민 공의 생각과 맞아 떨어진 셈이었던 것이다. 재민 공은 큰 아들 하나가 이미 서울에 가서 공부하고 있으니 아예 둘째는 농사를 짓게 하고, 셋째나 더 가르칠 생각을 하고 있었다. 그랬는데, 종희가 막무가내로 농사일을 안 하겠다는 것 아닌가! 어려서부터 장난이 심하고 짓궂은 데는 있어도 어른들 말이라면 순종해온 종희였다. 때문에 재민 공은 종희에게 지게를 사다 주면 군말 없이 고분고분 지게질을 할 것으로 생각했다. 더구나 종희가 도상 입학시험을 치겠다고 했을 때 철석같이 다짐한 약조도 있었다. 만약 시험에 떨어지면 집에서 아버지와 같이 농사를 짓는다는 것이었다.

"얘가 참…, 시험에 떨어지면 농사일 하겠다고 네 입으로 말 안했나 뵈."

"그건 꼭 붙을 생각으로 그런 말을 한 거지유."

"그러면 네 맘엔 첨부터 농사지을 생각이 없었던 거여?"

"아버지! 내년에 한 번만 더 보고 또 떨어지면 그땐 아버지 시키는 대로 할께유."

"내년, 내년 하고 때를 놓치면 이것저것 다 안 되여. 공부도 때가 있고, 더군다나 농사일은 한 살이라도 더 어려서 몸에 배야지 안 그러면 반거충

이가 되고 마는 거여."

"……"

"어느 부모가 자식 잘 되는 걸 싫어할 사람이 있겠냐. 다 네 장래 신상을 생각하고 하는 말이니께 애비 시키는 대로 말 들어!"

종희는 고개를 떨군 채 말없이 입술만 깨물 뿐이었다.

다음날 아침 일찍 사금 채굴장으로 가기 위해 대문을 밀치고 나서던 재민 공이 문득 발길을 세웠다. 부서진 지게가 대문 앞을 가리고 있었던 것이다. 그것은 어제 장에서 사온 새 지게였다. 재민 공이 집안을 향해 버럭 큰 소리로 종희를 불렀다. 기척이 없자, 이번에는 셋째 종근을 불렀다.

"아버지, 왜유?"

종근이 건넌방에서 나왔다.

"종희는 방에서 뭘 하고 있는 거여?"

"형, 어젯밤에 자다가 나갔어유."

"그 녀석, 간밤에 집에서 안 잤단 말여?"

재민 공의 가슴이 철렁했다.

'이 지게를 때려 부순 건 종희 놈의 소행이렷다…? 이 녀석! 어디 이따 들어오거든 보자!'

그러나 종희는 한 나절이 지나도 들어오지 않았다. 그 시간에 종희는 서울 낙원동에 있는 남도여관에서 봉서 공을 만나고 있었다. 어젯밤 잠자리에 들었던 종희는 잠을 이룰 수 없었다. 아무리 생각해봐도 새 지게까지 사온 아버지가 고등과에 보내줄 것 같지 않았다. 방법은 당숙을 만나 한번 사정해보는 길밖에 없다고 생각했다.

'먼 친척도 데려다가 공부시키는데, 설마 내 소원을 안 들어 주실까…?

'그나저나 시방 집에 안 계시는데 어떻게 하지?'

봉서 공은 사업상 한 달이면 보통 열흘 이상을 서울에서 지냈다. 마침 봉서 공이 서울에 올라가고 집에 없을 때였다. 종희는 큰마음을 지어먹고 슬며시 잠자리를 빠져 나왔다. 중천에 걸린 보름달이 한마당 가득 눈부시게 쏟아지고, 헛간에 걸린 새 지게목발이 달빛 속으로 허옇게 떠올랐다.

'죽어도 농사는 짓지 않는다는 내 결심을 아버지에게 보여줘야지!'

종희는 헛간으로 가서 벽에 걸린 지게를 벗겨 들고 대문 밖으로 나갔다.

"그래서, 그 지게를 때려 부수고 올라왔다는 게냐? 이런 엉뚱한 녀석을 봤나!"

"으흐흐 …"

종희는 울컥 설움이 북받쳐 올랐다. 당숙의 반응이 의외로 냉담했기 때문이다.

"듣기 싫다! 뭘 잘했다고 우는 게야?"

"……"

"공부는 왜 하는 게냐, 응? 부모에게 효도하고 나라에 충성하기 위해 하는 게 공부야! 효도의 으뜸은 부모님께 걱정을 끼치지 않는 것이거늘 아버지가 사다준 지게를 대문 앞에 부서 놓고 몰래 서울로 올라와?"

종희는 당숙을 찾아온 것을 후회했다.

"그래, 서울 올라올 차비는 어디서 났느냐?"

"지난번에 시험 치러 왔을 때 아저씨가 주신 용돈을 안 쓰고 가지고 있었어유."

봉서 공이 묵고 있는 남도여관(낙원동 172번지)은 바로 종희가 지난번 도상 입시를 치러 와서 투숙했던 곳으로, 봉서 공이 3년 전에 매입한 여관이다. 서울 출장이 잦았던 그는 서울에 올라올 때 부담 없이 묵을 수 있는 일정한 거처가 아쉬웠던 것이다. 그렇다고 해서 광주(鑛主)라는 체면을 무시하고 여관을 자영할 수는 없는 노릇이었다. 마침 여관을 경영해본 오복용이라는 친구가 있어 봉서 공은 그에게 자신이 하시라도 투숙할 수 있는 특실 하나를 따로 마련할 것과, 그 무렵 협성실업학교에 진학한 조카 종철과 삼종 복산의 숙식을 무료로 제공해줄 것을 조건으로 여관의 경영권 일체를 넘겨주었던 것이다.

"여봐라! 여기 밥상 들여오너라!"

봉서 공이 방문을 열고 점잖게 호령했다.

"손님상도 같이 올릴갑쇼, 나으리?"

여관 하인이 물었다.

"오냐! 겸상을 차려 오너라!"

"저는 밥 생각 없어유, 아저씨."

"암말 말구 공부가 더 하고 싶거들랑 밥이나 먹고 저녁차로 내려가서 아버지한테 '잘못했습니다' 하고 용서를 빌어라! 그러면 내가 지금 네 형이 다니고 있는 협성실업학교에 말해서 넣어주마."

평북 철산(鐵山) 군수의 아들인 협성실업학교 교주 오자헌은 봉서 공의 막역지우였다.

"아저씨! 이왕이면 성환소학교 고등과에 들어가서 1년 더 공부하고 내년에 도상 시험을 한 번만 더 치게 해주세유."

"도상은 내년에도 붙기 어려울 게다."

"아녜유. 올해는 제가 일본어 시험을 조금 잘못 봐서 떨어진 것 같아유."

성환심상소학교(成歡尋常小學校)는 일본인 2세를 위한 초등교육기관으로 취학하는 아이들 대부분이 일본인이었기 때문에 전 교과 과목을 일본어로 가르치고 있었다.

"성환소학교 고등과에 갔다가도 내년에 또 도상 시험에 떨어지면 그땐 어떻게 하겠느냐?"

"……"

"그때는 집에서 농사를 지을 테냐?"

"예!"

종희의 자신만만한 대답이었다.

"음…! 네게 그만한 각오가 서 있다면 좋다!"

이때 점심상이 들어왔다.

"자, 어서 밥이나 먹고 돌아가거라. 내가 이삼 일 후에 내려가면 네가 고등과에 갈 수 있게끔 잘 말씀드려 보도록 하마."

사흘 후에 상덕리로 돌아온 봉서 공은 재민 공을 설득했다. 그리고 그해 4월, 성환소학교 고등과에 진학한 종희는 실력이 다소 달리는 일본어를 중심으로 공부에 전념했다. 보통학교에 다닐 때만 해도 학교에서 돌아오면 공부하는 시간보다 동네 아이들과 어울려 놀던 시간이 더 많던 종희가 고등과에 들어간 후부터는 집에 돌아와서도 방안에 틀어박혀 책만 보는 것을 보게 되자 재민 공은 은근히 걱정이 되지 않을 수 없었다.

말이 도상이지 막상 도상에 붙는 날이면 학비 대는 일이 예삿일이 아니다. 수업료는 제쳐놓는다 하더라도 서울에 하숙을 시키려면 줄잡아도 한 달 하숙비 20원은 들어야 한다. 1년이면 여름 한 달, 겨울 한 달 동안의 방학은 집에 와 있는다 해도 200원이 든다. 수업료가 한 달에 5원, 게다가 차비와 책값 같은 것들이 얼마나 더 들지 모른다. 1년에 300원만 든다고 해도 쌀 한 가마니 값이 17, 8원이고 보면 한 해 쌀을 스무 가마니 정도 종희 하나 밑으로 들이밀어야 할 판이다.

그때까지도 재민 공의 농사는 서른 마지기가 채 안 되었다. 서른 마지기라고 해도 풍년이 든다고 해야 한 마지기에 양석(兩石)이 났으니까 한 해 수확은 쌀 60가마니가 고작인데, 그 중의 3분의 1이 아들 하나 공부 치다꺼리 하는데 들어가야 한다는 것을 생각하면 자다가도 놀랄 일이었다.

재민 공도 그 동안 남들이 자식들 가르치느라 논밭을 팔아대는 것을 흔히 보아왔다. 그러나 그런 일은 어디까지나 강 건너 불이라고 생각해온 터이다. 어쩌면 그 불이 오래지 않아 자기 발등에 떨어지게 될지도 모를 일이다. 그러면서도 그는 한 가지 믿어지는 것이 있었으니, 조선 학생이 도상에 들어간다는 것은 하늘의 별따기란 말을 하도 자주 들어왔기 때문에 종희가 설령 공부를 잘한다고 해도 떨어질 확률이 크다고 생각하는 것이었다.

그랬는데 종희가 정작 합격통지서를 받아들고 사금 채굴장에 나타나지 않았는가! 그러니 재민 공으로서도 아들이 '하늘의 별따기' 로 붙은 학교를 못 보낸다고 할 수는 없었다.

"좌우간 네가 열심히 해서 붙었으니 보내주긴 보내줄 거여. 그렇지만 아예 첨부터 딴 집 아이들처럼 서울에 가서 하숙하고 공부할 생각은 말어."

"그럼 어떻게 해유?"

"매일 새벽마다 천안역에서 떠나는 통근기차 있잖나 뵈. 천안역에서 여섯 시에 뜨니까 성환 역에는 여섯 시 이십 분쯤이면 도착할 거여. 집에서 성환역까지는 삼십 분밖에 더 걸리겠냐? 그러니 기차통학을 하려면 다니고, 안 그럴라면 진작 그만둬버려."

종희는 기차통학도 감지덕지했다. 그러나 기차통학은 여간 힘든 일이 아니었다. 아침 6시 20분까지 성환역에 도착하기 위해서는 늦어도 5시 50분에는 집을 나서야 한다. 상덕리에서 성환역까지는 2.5㎞, 빠른 걸음으로 걸어도 20분은 족히 걸린다. 6시 정각에 천안역을 출발하는 통근열차는 8시 30분이면 서울역에 도착하게 되어 있다. 그런데 통근열차는 으레 정시에서 단 몇 분이 늦어도 늦게 마련이었다. 서울역에서 효자동까지 전차로 15분, 효자동 전차 종점에서 도상까지는 도보로 약 10분. 때문에 통근열차의 서울역 도착시간이 4분만 늦어도 효자동 전차 종점에서 학교까지는 뛰어야 한다. 뛰는 날은 한겨울에도 교복이 땀으로 흠뻑 젖는다. 만약 통근열차가 5분 이상 늦어버리면 아무리 뛰어도 그 날은 영락없이 지각이다. 1주일이면 닷새는 뛰어야 했고, 그 닷새 가운데 하루 이틀은 지각이었다. 지각하는 것도 억울한데, 지각생이라고 해서 당하는 수모는 더욱 억울하고 분했다. 배속장교는 이유 불문하고 지각생이면 무조건 일렬로 세워놓고 잔소리를 늘어놓거나 단체기합을 주기 일쑤였다. 그런 하루이기에 하교 길에는 너무 피곤해서 조느라고 성환역을 지나쳐 종착역인 천안에서 내리는 때도 가끔 있었다. 그럴 때면 천안에서 상덕리까지 장장 삼십 리 길을 밤중에 걸어와야만 했다. 그런 날은 피로에 허기까지 겹쳐 파김치가 되는 날이다.

그렇게 고달픈 기차통학이었지만 종희는 1, 2학년 내내 결석 한번 한 적이 없었으며, 학교 성적 또한 학급에서 항상 5등 이내를 유지했다.

공부는 잘했지만 그는 그때까지도 여전히 촌티를 벗지 못한 시골뜨기 학생이었다. 무엇보다 옷차림이 촌스러울 수밖에 없었다. 교복을 학교가 일괄 구입해서 나누어주었기 때문에 특대(特大)를 얻어 입었는데도 원체 체구가 커서 몸에 맞지를 않았다. 소매가 짧아 양 팔목이 쑥 빠져 나오고, 목의 칼라는 작아서 꽉 끼는 데다가 바짓가랑이도 껑충하니 장딴지가 나올 정도였다. 게다가 1학년 때의 교복을 2학년이 되어도 그대로 입고 다니자니 엉덩이는 성한데 하나 없이 온통 누더기로 기운 자국뿐이었다.

그러나 종희의 학교생활은 조금도 구김살이 없었다. 원래 짓궂으면서도 익살스러운 그는 천성이 명랑하고 쾌활했다. 학급 친구들이 더러 '시골뜨기'라고 놀리기도 했지만 그는 조금도 개의치 않았다. 오히려 놀리는 친구에게 무서운 선생님 흉내를 내며 호통을 쳐 주위 학생들까지도 한바탕 웃겨 놓곤 했다.

2학년 겨울방학이 끝나가는 어느 날 저녁이었다.

"아버지, 소원이 하나 있습니다!"

종희가 재민 공 앞에 꿇어앉았다

"별안간 소원이 뭐여?"

재민 공이 은근히 아들을 경계하며 긴장했다. 종희는 전에도 가끔 그런 식으로 엉뚱한 얘기를 꺼내곤 한 적이 있었기 때문이다.

"우리 학급에서 1등을 한번 해보고 싶어서 그래요."

"원, 싱기운 녀석! 1등이 하고 싶으면 공부를 더 열심히 해야지, 나더러 어떡하라는 거여!"

"한 학기 동안만 하숙을 좀 시켜 주세유."

"별소릴 다 듣네. 하숙을 해야 1등을 하남?"

"제가 통학하는데 뺏기는 시간이 하루에 여섯 시간이에유. 차에서 공부를 안 하는 건 아니지만 차에선 공부가 머릿속에 잘 안 들어와유, 아버지."

"내년엔 동생도 중학교에 가야 할 거 아닌가 뵈."

"그러니까 3학년 1학기, 꼭 한 학기만 시켜 주세유. 저도 1등을 할 수 있나 없나 자신을 한번 시험해보고 싶어서 그러는 거예유."

"그랬다가 만약에 1등을 해버리면 어떡헐 거여?"

"1등을 하든지 못하든지 하숙을 더 시켜 달란 말은 안 할 거예유."

그렇다면 못 들어줄 소원도 아니었다. 재민 공은 그 동안에도 농토를 늘려올 수 있었기 때문에 지금은 두 섬지기가 실했다.

며칠 후, 재민 공은 서울에 살고 있는 친구 한 사람을 찾아갔다. 천안에서 오랫동안 비단 장사를 하다가 몇 해 전 서울로 올라가 안국동에 사는 김창섭이라는 친구였다.

"잘 생각했네, 잘 생각했어. 말이 통학이지 성환에서 서울이면 3백리 길이여. 우리 집 문간방이 비어 있으니 아무 걱정 말고 보내기만 허게!"

"고마우이! 내 청을 이렇게 선뜻 들어주니."

"우리 사이의 지난 정분을 생각해 보게! 내가 자네 집 신세를 얼마나 졌나?"

김창섭이 비단을 짊어지고 직산·성환·입장 등지로 도부장사를 하러 다니던 때의 얘기다. 그는 비단을 지고 오며가며 부대리 재민 공의 집을 곧잘 찾곤 했다. 배가 고프면 찬밥을 한 술 청해 얻어먹기도 하고, 날이 저물거나 비가 와서 궂은 날이면 묵어가기도 했다. 그때마다 재민 공은 그를 제 살붙이처럼 따뜻하게 보살펴주곤 했다. 그 뒤, 김창섭은 천안에서 비단 가게를 차리고 큰돈을 벌어 서울로 이사했고, 재민 공은 빚을 지고 부대리를 떠나 대전으로 이사했었다.

"나는 지금도 비단을 만지면서 가끔 자넬 생각할 때가 있다네. 자네는 그 비단 같은 마음씨 때문에 언젠가는 꼭 남부럽지 않게 잘 살게 되는 날이 올 거라고 생각해왔어. 옛날에 내가 자네 집에 들러 얻어먹은 밥을 합치면 아마 백 그릇도 넘을 걸?"

"그렇다고 시방 내 자식을 자네 집에 거저 하숙시켜 달라고 찾아온 건 아녀. 방값은 모를까 밥값은 낼 모양인데 한 달에 쌀 한 가마니씩만 올려 보냄세!"

"당찮은 소리 그만 두게! 아, 자네 자식 하나 몇 달 거저 먹인다고 내 집 기둥뿌리 흔들릴까봐 그러나?"

"그런 게 아녀, 이 사람아! 친한 사이일수록 예절이 있는 법이여. 밥값도 안 받겠다면 그건 내 자식을 안 맡겠다는 것 하고 같은 거여."

마침내 종희는 3학년 1학기 초부터 한 달에 쌀 한 가마니씩을 주고 안국동 김창섭의 집에서 통학하게 되었다. 그는 정말 자신의 능력을 시험하려는 듯 머리를 싸매고 무섭게 공부했다. 도상에는 럭비부를 비롯해서 농구부·정구부·유도부 등이 있었으며, 그 밖에도 취미활동 중심의 여러 서클이 있었지만 그는 시간이 아까워 운동부나 서클 같은 데는 일체 참여하지 않고, 학교에서 공부하는 시간 말고는 거의 대부분의 시간을 오직 하숙방에 틀어박혀 책과 씨름했다.

그의 노력은 과연 헛되지 않았다. 그는 3학년 1학기 말 성적에서 당당히 학급 1위의 영예를 성취함으로써 노력하면 된다는 자신의 잠재능력을 확인할 수 있었다. 종희는 기뻤다. 재민 공도 무척 대견하게 여겼다. 특히 동네 사람들로부터 "종희가 자기 학교에서 1등 했다면서유?" 하는 인사를 받을 때면 재민 공의 어깨가 절로 으쓱해지는 것이었다.

'내가 그때 바로 서울로 올라가서 그 녀석을 하숙시키길 잘했지!'

재민 공은 부인 앞에서까지도 아들이 1등 한 것을 자랑스러워했다.

"임자! 우리 종희가 1등 한 거, 이거 보통 일이 아녀. 옛날 같으면 동네잔치를 해야 할 일이여."

"학교서 1등 한 걸 가지고 왜 동네잔치를 한대유?"

"전 같으면 서당에서 장원한 거나 마찬가지여. 그 전에 서당에 장원했다고 해서 시루떡 하고 돼지 잡고 해서 동네잔치하는 거 구경 안 했나 뵈."

"종희 앞에서는 그런 말씀 말아유."

"왜?"

"아, 우쭐해서 그냥 그대로 더 하숙하고 있겠다고 하면 어쩔라고 그래유?"

"내내 1등만 한다면야 그까짓 한 달에 쌀 한 가마니가 대수여?"

"영감도 옛날 배곯던 생각을 잊어버렸구먼유?"

"그나저나 이 녀석이 어딜 갔기에 하루 종일 안 뵈여?"

"아침에 아산의 형한테 간다고 나갔어유."

"며칠 있다 월급 타면 집에 올 걸, 거긴 뭣 하러 가?"

그 동안 협성실업학교를 졸업한 큰아들 종철이 2년 전부터 봉서 공의 주선으로 아산금융조합(牙山金融組合)에 취직되어 서기보(書記補)로 근무하고 있을 때였다. 종철의 월급은 45원. 시골에서 45원이면 큰돈이다. 그러나 그가 매월 집에 가져오는 돈은 10원밖에 안 되었다. 그래도 재민 공은 제 입벌이 하는 것만 해도 어디냐고 하면서 여간 기특하게 생각하지 않았다. 3년제 실업학교를 졸업한 종철이 그만하거든 하물며 5년제 상업학교를, 그것도 도상을 1등으로 졸업할 종희가 더 많은 월급을 받는 직장에 취직되리라는 것은 불문가지의 일이다.

"종희야! 다시 기차통학을 할래, 서울에서 그냥 하숙을 더 할래?"

재민 공은 아산에서 돌아온 종희를 붙잡고 물었다.

"제 걱정은 마세유, 아버지."

"어떻게 할 거냐고 묻는데 무슨 말버릇이 그려?"

"그냥 서울에서 통학할 거예유. 하지만 하숙비 달란 말은 안 할 게유."

"뭣이여?"

"2학기부터 먹고 잘 데는 따로 구해놨구먼유."

"아니, 얘가 무슨 소릴 하고 있는 거여?"

종희는 한 학기 동안만 하숙하겠다고 한 아버지와의 약속을 지키기 위해 이미 방학 전에 가정교사 자리를 마련해놓고 내려왔던 것이다. 학급친구 심영구(沈永求)가 소개한 가정교사 자리였다. 심영구도 학급에서 3위권에 드는 공부벌레였다. 그러나 용인에서 자란 그도 종희처럼 촌티가 넘치는 '시골뜨기'였다. 두 시골뜨기는 이심전심으로 곧 가까워질 수 있었다. 하지만 종희가 기차통학을 하기 때문에 그들은 서로 친할 시간이 없었다. 두 사람이 친해지기 시작한 것은 종희가 안국동에 하숙을 정한 뒤부터다. 심영구의 하숙은 제동(齊洞)이었으므로 그들의 학교 길이 같았다. 등교시간에는 심영구가 안국동으로 와서 종희를 불러내 같이 가기도 하고, 하교 길에는 같이 오다가 소격동 파출소 옆에 있는 중국 호떡집에 들러 5전에 2개 하는 호떡을 사서 나누어 먹기도 했다. 그런 어느 날 심영구는 종희가 2학기부터 다시 기차통학을 하지 않으면 안 된다는 사실을 알게 되었다.

"종희야! 너 가정교사 한번 안 해볼래?"

"그런 자리가 어디 있어야지."

"나한테 공부 잘하는 학생 있으면 가정교사 한 사람 소개해 달라는 사람이 있어."

"그럼, 너보다 더 잘해야 할 것 아냐?"

"요새는 네가 우리 반에서 제일이잖아. 시험 칠 때마다 백 점 받는 사람은 너밖에 더 있어? 내가 한번 얘기해 볼게."

"뭐하는 집이냐?"

"우리 고향 사람인데, 김선일 사장이라고 산판을 아주 크게 하는 분이야. 살림집은 삼청동에 있는데 식구는 부인하고 아들 하나, 딸 하나야. 그런데 보통학교 5학년에 다니는 아들이 공부를 좀 못하나 봐."

"딸은 몇 학년이여?"

"참, 그 집 딸이 문제구나… 딸이 여학교 3학년인데 보통 미인이 아니거든."

심영구는 자못 심각한 표정을 지었다.

"그게 무슨 문제여?"

"네가 그 집 가정교사로 들어갔다가 만약 그 여학생하고 연애라도 하게 되면 공부를 못 할 것 아니냐 말야."

그들 나이 어느덧 열여덟, 코 밑의 수염이 까뭇해지기 시작한 사춘기였다.

"야! 농담하지 말고, 참말 그 집에 얘기 좀 해줄래?"

"돌아오는 일요일에 나하고 같이 김 사장님 댁에 가볼까?"

"야, 덮어놓고 갔다가 미역국 먹으면 어떡할 거여?"

"내가 토요일쯤 미리 가서 잘 얘기해 놓을 게!"

그래서 종희는 2학기 초부터 김 사장 집에 가정교사로 들어가기로 하고, 이미 안국동 하숙방의 책상을 삼청동으로 옮겨 놓고 내려왔던 것이다.

"기왕에 그 댁 가정교사가 되기로 작정을 봤다니께 억지로 말리진 않겠다만 생각처럼 남의 집 밥 먹기가 그렇게 수월한 일은 아닐 거다."

"각오하고 있어유, 아버지!"

과연 남의 집 밥을 먹는다는 것이 쉬운 일은 아니었다. 가정교사니까 아이만 잘 가르치면 된다고 생각한 것은 어디까지나 종희의 일방적인 판단이었다. 아침 일찍 일어나 마당도 쓸어야 하고, 화단 손질도 해야 하고, 때로는 자존심 상하게 변소 청소까지도 해야 했다. 아이를 가르치는 시간 말고도 그런 식으로 집안일에 시간을 빼앗기다 보니 공부할 시간이 부족했다. 학교성적이 1학기에 비해 떨어질 것은 당연했다.

'빌어먹을…, 내일부터라도 당장 기차통학을 할까부다!'

그런 생각이 하루에도 몇 번씩 속에서 치밀어 올라오곤 하는 것이었다. 그때마다 그는 꾹 참았다. 작심삼일(作心三日)이 되어서는 안 된다는 생각 때문이었다.

그러나 그의 가정교사 생활은 이듬해(1940년) 봄에 상덕리의 당숙 집이 서울로 이사해 오는 바람에 한 학기로써 끝나게 되었다. 그 해 3월, 봉서공이 상덕리의 사금광 채굴이 거의 끝나가자 경기도 광주군 구천면 천호리금광(千戶里金鑛) 광업권을 15만 원에 매입하면서 상덕리의 살림집도 서울 창성동(昌成洞) 155번지로 옮겼던 것이다. 창성동의 당숙 집에서 통학하게 된 김종희는 4학년 1학기 말에 다시 학급 1위를 성취했다.

공부는 그렇게 잘해도 그의 글씨 하나만은 아주 졸필이었다. 글씨가 얼마나 엉망이었던지 그의 노트는 남이 봐서는 읽을 수가 없었다. 대신 그는 굉장한 속필(速筆)이었다. 공부시간이면 선생님이 설명하는 내용을 거의 한마디도 놓치지 않고 다 받아썼다. 그러자니 마구 휘갈겨 쓸 수밖에 없었고, 그래서 속필이 난필이 되다 못해 악필이 되고 말았던 것이다. 그의 학습태도는 그만큼 철저하고 치밀했다.

그렇지만 그는 책벌레 같은 학생들에게서 흔히 보는 좀생원은 아니었다. 그에게는 위트가 있고, 유머가 있어 친구를 잘 사귀기 때문에 학생들 사이에 인기가 좋았다. 그는 교사들 사이에서도 항상 모범생으로 꼽히고 있었다.

4학년 2학기 중반인 11월 어느 날, 김종희가 학교수업을 끝내고 어둑어둑해진 효자동 길을 내려오고 있을 때였다. 제2고보(현 경복고) 옆 골목에서 학생 한 패거리가 일대 활극을 벌이고 있었다. 패싸움을 하고 있는 그들은 도상 4학년의 럭비부 일본인 학생 4명과 조선인 학생 3명이었다.

열세에 몰린 조선인 학생들을 보는 순간 김종희는 앞뒤 생각 없이 무조건 조선인 학생 편에 가세해서 일본인 학생들을 닥치는 대로 걷어차고 들이받으며 주먹을 휘둘렀다. 이윽고 순사들이 달려와서 학생 8명을 궁정동 파출소로 연행했다. 학생들은 그 날 밤으로 학교 측에 인도되어 조사를 받고 밤늦게야 귀가할 수 있었다.

다음날 교장실 분위기는 아침 일찍부터 침통했다. 어젯밤에 패싸움을 벌인 학생 8명에 대한 징계문제가 논의되고 있었다. 징계논의는 '무기정학'에서 갑자기 '퇴학처분' 쪽으로 기울기 시작했다.

# 2

# 억울한 퇴학처분

도상에 입학했을 때까지만 해도 그는 보다 나은 직장에 취직하는 것이 소망의 전부였다. 소박했던 그의 꿈이 충남회와 인연을 갖게 되면서 보다 훌륭한 인물이 되어야겠다는 의지로 변해갔다. 일신의 영달보다는 민족의 장래가 더 소중하다는 것을 자각하게 되었던 것이다.

김종희가 패싸움에서 조선인 학생 편에 가세한 것은 단순히 그들이 열세에 몰려 있어서만은 아니었다. 그것은 오랫동안 억압돼오던 의분의 폭발과도 같은 것이었다. 그 무렵 대부분의 조선인 학생들은 일제의 식민지 정책을 마음속으로는 불복하면서도 어쩔 수 없이 묵묵히 참고 따를 수밖에 없는 때였다. 특히 도상의 경우는 '내선일체'를 표방하면서 일본인 학생과 조선인 학생을 반반씩 수용했으나 실제로는 교사진을 거의 일본인 일색으로 충원함으로써 조선인 학생들에 대한 황국신민화(皇國臣民化) 교육을 강력하게 실시해오고 있었다.

그러나 그와 같은 황국신민화 교육은 오히려 반사적으로 조선인 학생들의 민족적 자각을 일깨우고, 또한 일제에 대한 반감만 자극하는 결과를 더할 뿐이었다. 도상에는 오래 전부터 충청남도 출신 학생들의 모임인 충남회(忠南會)가 있었다. 당시 도상에는 도별로 따져서 서울을 포함한 경기도 출신 학생들이 제일 많았고, 그 다음으로는 충남 출신 학생들이 많았는데, 특히 충남 출신 학생들 가운데는 공부를 잘하는 학생들이 많았다. 그들이 충남회 서클을 통해 1년이면 몇 차례씩 모이곤 했다. 모임의 취지는 충남 출신 학생 상호간의 친목을 도모하는데 있었으나, 그 모임에서 오가는 학생들의 대화는 주로 민족의 장래에 관한 문제들이었다.

김종희가 충남회 모임에 참석하기 시작한 것은 2학년 1학기부터였다. 그때 충남회를 이끌던 학생은 4학년에 재학 중인 천안 출신의 성백우(成白愚)를 중심으로 임현재, 이종하 등이었다.

"중국에 있다는 대한민국 임시정부는 지금도 활동을 하고 있는가? 만주를 무대로 활약하는 마적대는 조선독립군인가? 일제의 조선 민족 말살 정책이 이대로 계속되어 조선 민족은 끝내 독립을 못 하고 영영 일본에 예속되고 말 것인가? …"

그와 같은 선배들의 열띤 토론은 김종희의 마음을 사로잡기에 충분했다. 정유재란 때 왜군의 선봉장을 대적해 싸우던 직산의 이름 없는 의병장들이 용감하게 싸우다 죽어 남산의 의장봉(義將峰)을 이루었다는 전설에 가슴 설레던 김종희였다. 그는 충남회 모임에 참석할 때마다 민족의 긍지를 느낄 수 있었다.

그 날 모임은 이미 도상을 졸업하고 연희전문(연세대 전신)으로 진학한 성백우 선배가 주재했다. 성백우는 졸업 후에도 충남회 모임을 가끔 주재하곤 했는데, 그 날 모임에서는 국내에서 활약 중인 민족지도자들(여운형·최남선·이광수 등)의 근황이 소개되고 나서, 11년 전(1929년)에 일어났던 광주학생독립운동이 화제에 올랐다. 성백우는 1919년 3·1운동에 버금가는 광주학생독립운동의 모체가 바로 광주학생독서회 중앙본부였다고 설명하면서, 그 독서회는 1925년경에 광주고보 학생을 비롯한 광주농업·광주사범 학생들 사이에 조직된 성진회(醒進會)가 발전된 것으로서 충남회도 장차 전국의 학생운동을 주도할 만한 실력을 키워가자고 역설했다.

설령 김종희가 충남회 멤버가 아니었다고 해도 그는 조선인 학생들이 일본인 학생들에게 얻어맞는 것을 못 본 척하고 그냥 지나치지는 않았을 것이다. 더구나 일본인 학생이 4명인데 반해 조선인 학생은 3명이었음에랴! 불문곡직(不問曲直)하고 의협심 하나로 뛰어든 싸움이었다.

김종희가 가세했는데도 일본인 학생들이 럭비 선수들이었기 때문에 조선인 학생들은 여전히 열세였다. 게다가 김종희가 휘두르는 주먹은 어설프고 서툴렀다. 싸움도 해본 사람이 잘하는 법인데 김종희는 싸움은커녕 운동하고도 거의 담을 쌓다시피 하고 지내온 터라 체격만 컸지 운동신경 자체가 둔해서 주먹질도, 발길질도 날렵할 수가 없었다. 나중에는 안 되겠다 싶었던지 김종희가 한 녀석의 멱살을 움켜잡고 머리로 들이받았다. "퍽!" 하는 소리와 함께 머리를 받힌 녀석이 뒤로 벌렁 나자빠졌다. 또 한 녀석이 김종희에게 받혀 넘어졌을 때, 순사들의 호각 소리가 요란하게 울렸다.

김종희는 궁정동 파출소로 연행된 뒤에야 비로소 그들이 싸우게 된 이유를 알았다. 뒤에 따라오던 일본인 학생들이 저희끼리 장난을 치다가 들고 있던 럭비공을 떨어뜨리게 되었고, 그 공이 조선인 학생들 앞으로 굴러오니까 한 학생이 무심코 럭비공을 발로 툭 건드렸다. 그러자 일본인 학생이 조선인 학생에게 왜 건방지게 럭비공을 차느냐고 시비하면서 사과를 강요했다. 아무리 조선인 학생이라 해도 그만한 일에 사과할 리가 없었다.

"그래서 상대방을 먼저 때린 놈이 누구냐?"

학교의 배속장교가 버럭 소리를 질렀다. 학생들은 파출소에서 곧 학교 측으로 인도되었었다. 학생들은 아무도 입을 열지 않았다.

"어서 말해! 김종희, 네가 먼저 때렸나?"

"아닙니다! 나는 싸움을 시작할 때는 그 자리에 없었습니다."

"그렇다면 너는 싸움을 말리려고 하다가 싸우게 되었다는 말인가?"

"아닙니다! 지나가다가 4대 3으로 싸우는 것을 보고 비겁하다는 생각이 들어 같이 싸웠습니다."

"그랬다면 너는 더 나쁜 놈 아니냐? 친구들이 싸우고 있는 것을 보았으면 당연히 싸우지 않도록 말렸어야지, 4대 3이라고 해서 3에 가세했다는 것은 용서할 수 없다!”

“약자를 돕는 것은 당연합니다.”

“뭐라고? 만약 일본인 학생이 3명이고 조선인 학생이 4명이었다면, 그런 경우라면 너는 일본인 학생 3명 편에 가세하지 않았겠지?”

김종희는 입술만 지그시 깨물었다.

“럭비공을 걷어찬 놈은 누구냐?”

“굴러오는 공을 발끝으로 슬쩍 건드렸을 뿐입니다.”

“그럼, 사과를 요구한 놈은 누구지?”

“납니다!”

“먼저 주먹질을 한 놈도 너냐?”

“아닙니다.”

“조센징 주제에 뭐가 어쩌구저쩌구 해서 내가 먼저 한 대 갈겼습니다.”

학생들은 싸움의 자초지종을 다 털어놓았다. 일본인 학생들과 조선인 학생들 사이에 흔히 일어나는 대수롭잖은 싸움이었다. 그러나 문제의 심각성은 일본인 학생과 조선인 학생 간에 일어난 패싸움이라는데 있었다.

다음날 오전 9시, 조회 단상에 오른 마츠시마(松島信昭) 교장은 어젯밤에 패싸움을 벌인 학생 8명 전원에게 ‘퇴학처분’ 을 내린다고 선언했다. 청천벽력이었다. 김종희는 자기 귀를 의심했다. 카랑카랑한 교장의 목소리가 계속해서 울려왔다.

“일본인 학생과 조선인 학생이 패싸움을 했다는 것은 내선일체를 구현하려는 본교 설립취지에 정면으로 위배된 행위이기 때문에 금번의 전원 퇴학조치로써 일벌백계의 본보기를 삼고자 하는 바이다. 따라서 앞으로는 이유를 막론하고…”

김종희의 귀에는 더 이상 아무 말도 들리지 않았다. 그는 절망의 고개를 들고 하늘을 쳐다보았다. 높푸른 가을 하늘이 깜깜하게 얼어붙는 듯했다.

'아! 얼마나 어렵게 들어온 학교였는데… 나의 장래는 이로써 끝장이란 말인가?'

그의 꿈은 일본 유학이었다. 그 무렵, 아산금융조합에 근무하던 김종철은 도쿄에서 메이지(明治) 대학을 다니고 있을 때였다. 김종철의 유학은 그를 총애하던 아산금융조합 이사 모리 다케오(毛利武雄)의 주선에 의한 것이었다.

도상에 입학했을 때까지만 해도 김종희의 꿈은 소박하고 단순했다. 보다 나은 직장에 취직하는 것이 그의 소망의 전부였다. 그렇게 소박했던 그의 꿈이 충남회와 인연을 갖게 되면서 '보다 훌륭한 인물'이 되어야겠다는 의지로 변해갔다.

그것은 김종희가 생각하는 인생에 대한 가치관의 변화이기도 했다. 일신의 영달보다는 민족의 장래가 더 소중하다는 것을 자각하게 되었던 것이다. 그가 유학을 결심하게 된 것도 직접적인 동기는 형이 도쿄에서 유학중이라는데 있었지만, 보다 깊은 동기는 더 많은 것을 배움으로써 민족사회에 공헌하고자 하는 강인한 의욕 때문이었다.

'내가 퇴학당했다는 사실을 알게 되면 아버지가 얼마나 낙심해 하실까…?'

김종희는 무엇보다도 아버지에게 실망을 안겨 주게 된 일이 제일 가슴 아팠다.

'지금부터 어디로 가야 하지…?'

조회가 끝난 텅 빈 교정에 홀로 남게 된 김종희에게는 갈 곳이 없었다. 이윽고 그는 4년간 정들었던 교정을 등지고 자하문 고개를 향해 발길을 옮기기 시작했다. 부암동을 지나 자두밭길을 따라 북한산 계곡 쪽으로 올라가던 그의 발길이 세검정(洗劍亭) 앞에서 멎었다. 불현듯 김종희의 머릿속에는 3백여 년 전, 서인(西人) 장수들이 광해군의 폐위를 다짐하면서 육모정자(六角亭子) 밑으로 흐르는 계곡물에 6척 장검을 씻어 칼집에 꽂는 비장한 모습들이 떠올랐다.

김종희가 수각(水閣)으로 지어진 육모정자에 '세검정' 이라는 이름이 붙게 된 유래를 들은 것은 지난여름 육촌 형들과 함께 당숙을 따라 자두밭에 놀러 왔을 때였다. 당숙은 그때 방조(傍祖) 문충공 김유(文忠公 金瑬)의 얘기를 들려주기 위해 세검정 골짜기의 자두밭을 일부러 찾은 것인지도 모른다. 당숙이 들려준 세검정의 내력은 이러했다.

광해군 10년 일어났던 인목대비 유폐사건(幽閉事件)은 당시의 집권 세력이었던 대북파(大北派)에게 억눌려 지내오던 서인(西人) 일파에게 반정(反正)의 명분을 주게 되었다. 정변을 기도하던 김유·이귀(李貴) 등 서인 일당은 마침내 광해군 15년 3월 12일을 거사일로 정하고 모든 계획을 실행에 옮겼다. 장단(長湍)의 이서(李曙)와 이천(伊川)의 이중노(李重老)가 홍제원(弘濟院)의 김유 군사와 합류하여 능양군(綾陽君)이 직접 인솔하여 창의문(彰義門: 자하문)을 향해 진군할 때, 김유를 비롯한 서인의 무장들이 육모정자 밑으로 흐르는 정한 물에 장검을 씻고 거사의 성공을 다짐했다.

'그렇다! 대북파의 압제 하에서도 문충공은 굴하지 아니하고 와신상담하며 때를 기다렸다가 마침내는 인조반정으로 뜻을 이루고 한 나라의 영상 자리에까지 오르셨다. 나도 문충공의 후예다!'

김종희의 양 어깨에서 새 힘이 솟았다.

'지금 내 나이 열아홉, 어디에 가든지 굶지 않는다. 당숙에게 전후 사정을 다 말씀드리고 일본으로 건너가자. 일본에 가면 형도 있으니까, 고생은 될지 몰라도 공부를 계속할 수 있는 길이 있을 것이다!'

당시에는 일단 '사상불온'으로 퇴학된 학생이면 어느 학교에서도 받아주지 않았고, 또 제도적으로도 받아줄 수 없게 되어 있었다.

김종희가 창성동의 당숙 집에 돌아온 것은 이미 전등불이 밝혀진 밤이었다. 방문 앞으로 다가오던 김종희의 얼굴이 흠칫 긴장했다. 깜깜한 방안에서 인기척이 들렸기 때문이다. 방문이 열리더니 심영구의 얼굴이 보였다.

"어디 갔다 이제 오니?"

"난 누구라구. 네가 와 있었구나?"

김종희는 반가웠다. 심영구는 가정교사 자리를 소개한 적이 있는 호떡 친구다.

"왜 방에 불도 안 켜고 있어?"

"기분이 나야 불도 켜지."

"자식, 괜찮아, 임마!"

"종희야! 지금이라도 나와 같이 담임선생님한테 찾아가보자. 잘못했다고 빌고 애원이라도 해봐야 할 것 아니니?"

"필요 없어."

"그럼, 너 학교 이대로 그만 둘 거야?"

"퇴학인데 그만 두잖으면 어떡하나?"

"그러니까 담임선생님한테 가서 사정해보잔 말야. 담임선생님은 아침에 너희들 퇴학을 결정할 때 반대하셨대."

담임선생님을 찾아가서 퇴학처분이 풀릴 수 있다면 한번쯤 자존심을
굽히는 것은 상관없다고 생각했다. 퇴학으로 학교에 다닐 수 없게 되었다
는 사실보다 퇴학으로 해서 일어날 주변의 충격파가 더 두려운 것이다.

"종희야, 용기 내!"

다음날 그는 학교로 담임선생님을 찾아갔다. 그러나 벌써 교장의 결재
까지 끝나버린 퇴학 결정을 일개 교사의 노력으로 번복시킬 수 있는 일이
아니었다.

며칠 후, 천호리 구성금광에서 돌아온 봉서 공이 종희의 퇴학 사실을
알고 물었다.

"그래, 앞으로 어떻게 할 생각이냐?"

"일본으로 갔으면 해요."

"일본엔 뭣 하러?"

"고학을 해서라도 계속 학교에 다니겠습니다."

"말이 쉬워서 고학이지, 고학은 아무나 하는 건 줄 아느냐? 네 형도 지
금 낮에 학교에 나가고 밤에는 수도 공사하는 데 나가서 곡괭이로 땅을
파느라고 죽을 고생을 한다더라. 그리고 네 형은 대학이니까 그렇게라도
고학을 한다지만, 너야 그럴 처지도 아니잖느냐 말이다."

"……"

"사람은 누구나 실수를 범하게 되어 있느니라. 실수하고 나서 그 실수
위에 주저앉아 버리면 그건 불행한 일이지만, 실수를 딛고 일어서기만 하
면 오히려 실수가 경험이 돼서 실수 안 한 것보다 나을 때가 있느니. 다만
같은 실수를 되풀이 하지만 않으면 되는 게다."

당숙은 의외로 관대했다. 김종희는 그제서야 퇴학이라는 비운이 살 속

에 저며드는 듯한 아픔을 느끼며 울음을 터뜨렸다.

"당분간 아무 생각 말고 집에 들어앉아 자중하면서 자습이나 하도록 해라! 알겠느냐?"

"예 …"

봉서 공은 종희를 내보내고 나서 바깥채를 향해 유 주사를 불렀다. 유 주사는 봉서 공의 집안일과 관련된 출납 일체를 총괄하는 40대 서생 유 남준(劉南准)의 호칭이다.

"어르신네 심기가 안 좋으신 것 같습니다. 무슨 일이…?"

"유 주사! 자네, 내일이라도 곧 원산에 좀 다녀와야겠네."

"원산이면, 함경도 원산 말씀이신가요?"

"음! 얼마 전에 대전경찰부에 있다가 원산 경찰서장으로 나간 고이케 경부, 유 주사도 알고 있지?"

"알다 뿐이겠습니까요."

천안 경찰서장이던 고이케 쓰루이치(小池鶴一) 경부(警部)는 봉서 공이 상덕리에서 사금광을 시작할 때부터 잘 아는 일본인이다. 고이케가 대전 경찰부로 전근해간 뒤에도 두 사람의 친교는 계속되었는데, 특히 대전경찰 부 관사를 지을 때는 봉서 공이 고이케의 부탁으로 거금 1만 원을 기부한 적이 있을 정도로 아주 가까운 사이였다.

봉서 공은 비록 가난한 가정에 태어나 배움도 없이 고생스럽게 자라 말 년에 이르러 금광으로 일확천금했으나 없는 사람들의 딱한 사정을 잘 알 아서 헤아렸으며, 사업상 교제하는 각계 인사들과의 관계도 예의에 벗어 나지 않게 돈독한 우의를 맺어갔다. 그는 천안농업학교에도 1만 원을 기부 한 적 있으며, 직산 관내 주민의 복리를 위해서도 많은 돈을 쾌척했고, 생활이 어려운 농민들에게는 구제의 손길을 아끼지 않았다. 그래서 그가 서울로 이사한 뒤에는 직산면 군동리를 비롯해서 상덕리, 천안면 부대리 등지에 그의 송덕비가 잇따라 세워지기도 했다.

봉서 공은 어떻게 해서라도 종희를 상업학교까지는 졸업시켜야 한다고 생각했다. 졸업을 1년 남짓 앞둔 지금 와서 학교를 그만두게 되면 그 동안 어렵게 공부해온 보람이 하나도 없게 된다.

"유 주사! 그러니 원산에 내려가서 고이케 경부한테 내가 각별히 부탁하더라고 말하고, 종희를 그곳에 있는 상업학교에 편입시켜 달라고 사정해보게!"

"하오나…, 사상불온으로 퇴학당한 학생을 그쪽 학교에서 받아주려고 하겠습니까?"

유 주사가 난색을 지었다.

"자넨, 우리 종희가 무슨 사상운동이라도 했다는 겐가?"

"그런 건 아닙니다만…"

"단순히 싸움에 가담했다는 이유로, 그것도 싸움의 주모자도 아닌데 다른 학생들을 퇴학시킬려니까 우리 종희도 하는 수 없이 싸잡아서 퇴학시킬 수밖에 없었던 걸세."

"그렇기는 합니다만, 종희는 도상의 충남회 회원이었다고 하지 않습니까?"

"충남회가 어쨌다는 겐가? 고향 학생들끼리 1년에 한두 번 모이는 것도 죄가 된다던가? 자네도 그 동안 왜놈 물이 어지간히 들었네, 그려."

"아닙니다, 어르신네! 걱정이 돼서 여쭈어본 말씀입니다."

"여러 말 말고 고이케 경부한테 가서 내 말이나 잘 전하고 오게!"

"예!"

"자네가 아다시피 종희는 내 종질(從姪)이지만 친자식이나 진배없는 아이야. 그러니 고이케 경부에게 신원 일체를 책임지고 그곳에 있는 상업학교에 다닐 수 있도록 주선해 달라고 허게! 설마 하니 현지의 경찰서장이 신원을 보증하는데 편입을 거절할 학교가 있겠는가!"

한 달 후, 김종희는 원산 경찰서장 고이케 쓰루이치의 노력으로 원산상업학교 4학년에 편입될 수 있었다. 그런데 그의 원산상업학교 편입에는 한 가지 엄격한 조건이 붙어 있었다. 편입 후 반드시 원산경찰서 관사인 고이케의 집에서 통학해야 한다는 조건이었다. 원산상업학교를 다니자면 그렇지 않아도 어차피 하숙을 해야 할 김종희였다.

봉서 공으로서는 종희를 고이케의 집에 맡기게 되는 것을 오히려 다행스럽게 생각했다. 김종희 자신도 학업을 다시 계속할 수 있게 된 것이 기뻐서 하숙 같은 것은 누구 집이건 개의치 않았다.

그러나 김종희가 고이케의 집에서 하숙한다는 것은 학교생활에 큰 장애 요인으로 작용했다. 원산상업학교에는 조선인 학생들이 대부분이었는데, 그는 학생들로부터 서울에 사는 거물급 친일파의 아들로 오해 받게 되었던 것이다. 그렇다고 해서 김종희로서는 학생들에게 원산상업학교로 전학해온 사정을 얘기해줄 수도 없었다. 전학해온 사정을 설명하자면 도상에서 퇴학당한 이유를 말하지 않으면 안 된다. 하지만 도상에서 퇴학당했다는 사실에 대해서는 고이케로부터 절대 함구령이 내려져 있었다. 만약 전학해온 까닭을 묻는 학생들이 있을 때는 도상에 다니다가 건강이 나빠서 1년간 휴학을 했는데 도상에 그대로 복학하면 후배들과 같이 공부하게 되는 것이 창피해서 학교를 옮겨온 것으로 둘러대게끔 약속되어 있었다.

전학해온 변명에 대해서는 학생들도 그럴싸하게 받아들이는 것 같았다. 그런데 요는 하필이면 왜 경찰서장 관사에서 통학을 하느냐는 것이었다. 학생들은 그가 친일파의 아들이기 때문에 경찰이 신변을 보호해주기 위해 서장 관사에 데려다 놓은 것이라고 했다.

김종희로서는 안 그래도 전입생이라서 학교 분위기가 낯설고 서먹서먹한 판에 학생들에게 따돌림까지 받게 되니까 공부할 의욕이 나지 않았다. 그럭저럭 4학년 2학기 말이 지나고 다음해(1941년) 4월에 5학년이 되었다. 여전히 공부하고 싶은 생각은 없었다. 졸업까지는 앞으로도 1년, 일단 졸업 후에는 일본으로 건너간다는 작정을 하고 있었기 때문에 하루빨리 날짜나 후딱후딱 지나가 주기를 바랄 뿐이었다.

그런 초여름의 어느 날 저녁, 고이케가 김종희를 거실로 불렀다.

"김 군! 한 잔, 어떤가?"

고이케는 일본 전통 옷차림으로 술상을 앞에 하고 앉아 있었다.

"예, 받겠습니다."

"너는 역시 사나이야, 핫하…"

오늘따라 고이케의 기분이 좋아 보였다. 김종희는 전에도 가끔 고이케와 대작하면서 학교생활을 중심으로 여러 가지 주변 애기를 나눈 적이 있다. 고이케는 여느 경찰관들처럼 교활하거나 포악하지는 않았다. 오히려 그는 근엄하면서도 자상한 편이어서 어떻게 이런 사람이 하필이면 경찰관이 되었을까 하는 생각이 들 정도로 친근감을 느끼게 했다. 봉서 공과 오랜 교분관계 때문이라고는 하지만, 그는 김종희에게도 각별한 호의를 가지고 대했다. 김종희는 그런 고이케가 싫지는 않았다. 그러면서도 김종희로서는 그가 일본인이라는 데서 오는 마음 한 구석의 거부감 같은 것은 깨끗이 지워버릴 수가 없었다.

언젠가 고이케는 원산상업학교 안에 '고래모임(鯨會: 구지라카이)'이라는 조선 학생 서클이 있다는 것을 귀띔해주면서, 그 모임은 조선의 독립을 꿈꾸는 몇몇 어리석은 자들에 의해 사상적으로 오염된 조직이니 절대로 관여하지 말라고 충고해주는 것이었다. 그 얘기를 듣고 난 김종희는 오히려 도상 시절의 충남회 일이 생각나서 고래모임에 어울리고 싶은 충동을 느꼈다. 그랬지만 그는 친일파의 아들이라는 오해 때문에 고래모임 학생들에게는 가까이 접근할 수가 없었다.

고이케가 지금 거실로 부른 것은 어쩌면 학교의 고래모임 얘기를 하려는 것인지도 모른다. 최근 원산상업학교 학생들 사이에는 중국에 조선독립군이 생겼다는 소문이 떠돌고 있었다. 그것은 전혀 근거 없는 헛소문이 아니었다. 학생들에게 어떤 방법으로 전달되었는지는 몰라도 그들이 얘기하는 조선독립군이란 바로 지난해(1940년) 8월 중국의 충칭(重慶)에서 창설된 임시정부 광복군(光復軍)을 두고 하는 말이었다.

고이케는 전작이 있는 듯 거나하게 취하기 시작했다. 김종희도 두어 잔 마시고나니까 얼굴이 화끈하게 달아올랐다.

"김 군! 오늘은 많이 마셔도 좋다. 아마도 김 군하고 이렇게 같이 마시는 것이 오늘로서 원산에서는 마지막이 될 것 같다."

"예…?"

"7월 1일부로 경기도 경찰부에 가서 근무하게 됐다."

"그럼, 경성으로 영전해 가시는 겁니까. 서장님?"

"영전이랄 것까지는 없지만…"

상부의 특별한 배려인 것만은 틀림없었다. 근무성적이 양호한 경찰간부의 경우는 정년이 다가오면 경기도 경찰부 근무를 시키다가 퇴직과 동시에 일반 직장을 알선해주는 것이 총독부 경찰국의 관례이기도 했다.

"아무튼 경성으로 전근하신다니 축하합니다, 서장님!"

"고맙다! 그런데 김 군의 하숙문제를 어떻게 했으면 좋겠나? 김 군이 관사에 계속해서 있고 싶다면 내가 후임자에게 부탁할 수도 있다."

"아닙니다! 새로 부임하는 서장님한테까지 폐를 끼치고 싶지 않습니다."

김종희는 고이케와 헤어지게 되는 것이 다소 섭섭하기는 했으나, 한편으로는 그의 전근을 계기로 경찰서장 관사에서 해방될 수 있다는 생각이 들자 두 어깨가 홀가분해지는 듯했다. 그로서는 그 동안 경찰서장 관사에서 하숙하고 지낸다는 것이 정신적으로 얼마나 부담스러웠는지 모른다. 학생들 사이에서 큰소리칠 일이 생겨도 경찰서장을 믿고 큰소리친다는 말을 듣지 않기 위해 꾹 참아야 했으며, 불량 학생들이 일부러 권하는 담배도 받아 피워야 했고, 때로는 술집에 가자는 친구들의 유혹을 그대로 따르기도 했다.

"김 군! 나는 그 동안 너를 특별히 지켜봐 왔다. 내게는 30년 동안 사람들을 관찰해오면서 나름대로 쌓아온 안목이 있다고 자부한다. 너는 너의 체격만큼이나 대범하고, 너의 그 큰 머리만큼이나 명석하다. 그리고 너의 인상처럼 온화한가 하면, 너의 근성처럼 강인한 녀석이기도 하지. 그런데 네가 앞으로 이 사회에 나가서 성공하기 위해서는 꼭 버려야 할 것이 하나 있다. 그것이 뭐냐? 바로 너의 핏속에 흐르고 있는 조선 사람 근성이다. 어쩌면 그 근성이 너를 파멸로 이끌지도 모른다는 것을 이 기회에 충고해 두겠다."

고이케는 강경한 어조로 말을 이었다.

"네가 생각하고 있는 조선이라는 나라는 이 지구상에 존재하지 않는다. 그리고 앞으로도 존재할 수 없다는 사실을 똑똑히 명심하기 바란다."

그는 취기를 떨쳐 버리려는 듯이 자세를 똑바로 고쳐 앉고 다시 진지하게 말을 이었다.

"너도 일·독·이(日·獨·伊) 3국 군사동맹을 알고 있을 것이다. 이 지구는 장차 일본과 독일, 이탈리아 세 나라가 분할 지배하게 된다. 독일과 이탈리아는 이미 개전 1년 만에 유럽 전역을 점령하고 소련의 모스크바를 향해 총공격을 개시했으며, 북아프리카 사막에서도 영·불(英·佛) 연합군이 독일과 이탈리아 동맹군에게 패전을 거듭하고 있다. 그런가 하면 동양에서는 너도 알다시피 일본이 중국 대륙을 장악하고, 얼마 전에는 남부 베트남에도 상륙을 감행했다. 일본은 머지않아 동남아 전역을 장악하게 될 것이다. 너는 조선의 독립운동가 몇 사람의 힘으로 이와 같은 역사의 대세를 반전시킬 수 있을 것이라고 생각하나? 그런 바보스러운 망상은 하루빨리 버릴수록 좋다. 나는 네가 장차 틀림없이 대일본제국의 당당한 황국신민으로서 대동아공영권(大東亞共榮圈) 건설에 크게 기여하게 되리라고 믿는다."

입을 다물고 있는 김종희의 마음은 착잡했다.

"내가 원산에 없더라도 열심히 공부하기 바란다."

"알겠습니다."

"졸업 후, 내년 봄에 다시 경성에서 만나자!"

김종희가 원산상업학교를 졸업한 것은 그 해 12월 21일이었다. 예년 같으면 12월 21일은 겨울방학이 시작되는 날이다. 그러나 그 해는 전국의 중등학교 졸업식이 일제히 12월로 앞당겨져 실시되었다. 그것은 일제가 태평양전쟁에 동원해야 할 막대한 인력을 충원하기 위해 미리 결정해놓은 작전계획의 일환이기도 했다. 그 해 12월 8일, 일제는 드디어 진주만 기습공격을 감행함으로써 동맹국 독일의 주요 교전 상대국인 소련을 지원해온 미국을 태평양전쟁으로 끌어내기에 이르렀던 것이다.

김종희는 지난 7월 초, 고이케가 전근해가자마자 바로 하숙을 학교 근처로 옮겼었다. 하숙을 옮긴 것이 그렇게 좋을 수가 없었다. 먹는 것이나 잠자리는 예전만 못해도 마음이 편하니까 살이 찌는 것 같았다. 그는 심기일전해서 내년 졸업시험 때까지는 꼭 도상 당시의 실력을 발휘할 목적으로 그 동안 게을리 했던 공부에 전념했다. 그런데 고이케의 말이 신경에 걸려 도저히 공부가 되지 않았다.

'조선이라는 나라는 정말 이 지구 위에서 영영 사라진단 말인가…?'

사실이 그렇다면 공부에 열을 올릴 필요가 없었다. 만약 일제가 조선을 비롯한 동양권을 지배하게 된다면 제 아무리 공부를 열심히 한다고 해도 결국은 황국신민의 탈을 쓰고 충성하지 않는 한 출세할 길은 없는 것이다. 일신의 영달을 위해 황국신민의 탈을 쓰기보다는 차라리 본래의 조선 사람 모습 그대로의 길을 걷는 편이 낫다는 생각이 들곤 하는 것이었다.

그런 회의와 방황 속에 5학년 2학기가 시작되었다. 한 가지 다행스러운 일은 2학기부터는 친일파의 아들이라는 그에 대한 학생들의 오해가 말끔히 사라지게 된 것이었다. 학생들은 고이케가 전근해가더라도 김종희는 그냥 계속해서 경찰서장 관사에 하숙하고 있을 것이라고 생각했다. 그랬는데 그가 고이케의 전근을 계기로 바로 하숙을 옮겼을 뿐 아니라, 옮긴 하숙집이 경찰서장 관사에 비하면 너무나도 차이가 있는 아주 초라한 집이라는 데 학생들은 놀라움을 금치 못했다.

이상하게 여긴 학생들이 김종희에게 까닭을 물어 보았으나 그는 아무런 해명도 하지 않았다. 학생들의 궁금증이 풀린 것은 여름방학이 끝나고 2학기가 시작되었을 때였다. 여름방학 동안 서울의 친척집에 놀러 갔던 한 학생이 도상 학생을 만나 김종희가 일본인 학생들과 패싸움을 했다는 이유로 퇴학당한 사실을 알게 되었던 것이다. 그 이야기가 곧 2학기 초부터 원산상업학교 학생들 사이에 하나의 무용담이 되어 퍼지기 시작했다.

"김종희는 도상 럭비부의 일본 학생들을 전부 박치기로 묵사발을 만들어 놓았다."

"김종희는 공부도 항상 도상에서는 1등만 했다."

"김종희는 공부를 잘했기 때문에 도상의 마츠시마 교장이 원산 경찰서장에게 특별히 부탁해서 우리 학교에 전입해온 것이다."

"김종희는 불온사상 때문에 그 동안 고이케 경찰서장이 관사에 데려다 놓고 감시를 해왔다."

학생들 사이에서 과장된 김종희의 무용담은 많은 학생들로 하여금 그의 존재를 새롭게 인식하게 되는 계기가 되었다. 그러나 김종희 자신은 학생들 사이에 떠도는 얘기를 부인도, 시인도 하지 않았다. 학생들이 더러 확인하려고 들면 그는 다만 '상상에 맡긴다' 는 말로 일관했다. 애써 아니라고 부인할 일도 아니거니와, 어쩌면 화를 자초하게 될지도 모를 일인데 굳이 본인의 입으로 확인해야 할 이유는 없었기 때문이다. 그럴수록 그의 인기는 학생들 사이에서 높아갔다.

그 후 김종희는 원산상업학교의 학생 서클인 고래모임 멤버들과도 자연스럽게 어울리게 되었다. 고래모임 학생들은 놀라우리만큼 정확한 정보에 접하고 있었다. 김종희도 중국에 대한민국 임시정부가 있고, 그 휘하에 광복군이 있다는 얘기는 들어서 알고 있었지만, 고래모임 학생들이 말하는 '대서양헌장' 얘기는 금시초문이었다.

대서양헌장이란 미국 대통령 루즈벨트와 영국 수상 처칠이 지난여름(8월 13일) 대서양 함상에서 회동하고 발표한 공동선언이다. 그 선언에서 미·영 양국은 영토 확장을 기도하거나 관계국 국민의 자유의사에 반하는 영토적 변경을 반대한다는 '영토상의 원칙' 과, 모든 국민의 정체 선택권은 존중되어야 하며 강탈된 주권은 강탈당한 국민에게 반환되어야 한다는 '주권 존중의 원칙' 과 함께 '평화 경제상의 원칙' '군비 축소의 원칙' 등을 제시했다.

그것이야말로 일제에 의해 영토를 강점당하고 주권을 강탈당한 조선 민족에게는 고무적인 선언이 아닐 수 없었다. 이에 중국에 있는 대한민국 임시정부에서도 즉각 대서양헌장을 환영하고 지지하는 성명을 발표했다.

미국과 영국이 과연 일제에 대해서 어떤 영향력을 얼마나 행사할 수 있을지는 미지수다. 그러나 고이케의 말을 듣고 난 후로는 가끔 조선이라는 나라가 이 지구상에서 영원히 사라지는 것이 아닌가 하는 생각을 해온 김종희로서는, 조선이 아직까지도 세계열강의 관심권에 속해 있다는 것만으로도 여간한 위안이 되지 않았다.

'비록 내일 세계의 종말이 올지라도 나는 오늘 한 그루의 사과나무를 심겠다.'

김종희는 저 유명한 16세기 네덜란드 철학자 스피노자의 명언을 상기했다. 스피노자는 교회의 온갖 박해와 냉대 속에서도 자신의 소신인 범신론(汎神論)을 굽히지 않았으며, 만년에는 하이델베르크 교수직 같은 학계의 호의적인 제의가 있었지만 끝내 안경알을 연마하는 일로 생업에 만족하며 쓸쓸한 하숙집 다락방에서 45세를 일기로 고고한 생애를 마쳤다.

'설령 조선이라는 나라가 지구상에서 사라질지라도 나는 조선 사람으로서 의연하게 살아갈 것이다.'

일제가 조선을 지배하는 엄연한 현실과 주권 존중의 원칙을 선언한 대서양헌장이 시사하는 아득한 미래 사이에서 김종희는 자기 갈등을 극복하기 위해 하나의 원대한 이정표를 세웠던 것이다.

그러나 일제의 태평양전쟁 도발은 김종희에게 커다란 허탈감을 안겨주었다. 돌이켜 생각하면 원산상업학교로 전학해온 지 1년, 그 동안 제대로 공부 한번 못해보고 갑작스러운 졸업을 맞게 되자 그로서는 온몸에 허전함을 느끼지 않을 수 없었다. 더구나 그에게는 졸업 후의 계획이 미처 서 있지도 않은 때였다.

물론 올해에는 전국의 모든 중등학교 학생들 대부분이 진로결정을 하지 못한 채 졸업할 수밖에 없었다. 실업학교의 경우, 예년 같으면 대개의 학생들은 졸업 후의 직장이 미리 정해지게 마련이었는데 올해는 그런 기회를 박탈당하고 말았던 것이다.

김종희의 꿈은 그때까지도 일본 유학이었다. 때문에 그는 졸업 후에 취직한다는 생각은 별로 해본 적이 없었다. 그는 도쿄에 있는 형 앞으로 편지를 띄웠다. 졸업식을 마치는 대로 상덕리의 집으로 내려가 음력설을 쇠고 바로 도일하겠으니 미리 일자리를 하나 알아봐달라는 부탁의 내용이었다.

12월 23일, 졸업식 다음다음날 서울로 올라온 김종희는 인사를 드리기 위해 당숙 집에 들렀다.

"잘 왔다. 나는 그저께가 졸업식이라고 해서 어제부터 널 기다리고 있었다.”

“친구들이 붙잡는 바람에 어제 못 왔습니다.”

“그랬겠지.”

“우등상장을 못 타 와서 죄송합니다, 아저씨!”

“졸업장만이래도 괜찮다. 네 취직은 이미 결정이 돼 있다.”

“예?”

“중등학교 졸업식이 12월로 앞당겨진다는 말을 듣고 내가 미리 부탁을 해놨었다.”

“실은 저어…”

“뭐야? 말해 봐!”

“취직보다 공부를 좀 더 해볼까 해서요.”

“공부라는 게 어디 끝이 있겠냐만, 여러 가지로 형편도 생각해봐야 할 게 아니겠냐?”

“사실은 설이나 지내고 나서 일본으로 가려고 형님한테 편지까지 해놨습니다.”

“일본? 아니, 세상이 어수선해진 때에 일본이라니? 일본에 나가 있는 사람들도 돌아와야 할 시기에 나가려고 하다니 말도 안 되는 소리! 일본에 있는 조선 학생들은 벌써부터 학병을 자원하라는 압력을 받는 모양이더라.”

“……”

“네 형처럼 취직을 했다가도 기회가 닿으면 공부는 얼마든지 할 수 있는 게야. 그러니 아무 말 말고 내가 시키는 대로 해라! 내일 당장 경기도 경찰부로 고이케 경부를 찾아가 만나도록 해라!”

"고이케 경부를요?"

"그 사람은 네가 크게 될 인물이라고 칭찬이 여간 아니더구나. 이번 네 취직도 고이케 경부가 주선했느니라."

김종희의 마음은 착잡했다.

'원산상업학교 편입도 고이케 경부의 신세를 졌는데, 취직까지도 그가 주선하다니…'

숙명적인 인연에 발목을 잡히는 듯한 예감이 불현듯 김종희의 머릿속을 스치고 지나갔다.

'그가 알선하는 직장이라면 그것은 틀림없이 경찰 계통이 아니겠는가.'

"아저씨! 고이케 경부는 시골집을 다녀와서 천천히 만나면 안 되겠습니까?"

"그럴 시간이 없을 게다. 1월 1일부터 회사 출근을 해야 한다고 하던데."

"무슨 회사인지…?"

"거 뭐냐, 화약을 공판하는 회사라고 하던데, 자세한 것은 그 사람을 만나서 물어보도록 해라."

김종희로서는 고이케도 어차피 한 번은 인사차 만나야 할 사람이었다. 다음날 그는 경기도 경찰부 보안과장실을 노크했다. 고이케 보안과장이 김종희를 반갑게 맞이했다.

"김 군! 졸업을 축하한다. 졸업은 또 하나의 새로운 출발을 의미하는 것이니, 이제부터 사회인으로서의 분발을 부탁한다."

"노력하겠습니다."

"집에서 얘기 들었겠지만 너의 취직은 이미 결정되었다. 내가 오늘 중에 연락을 취할 테니 내일 아침 일찍 찾아가서 그쪽 회사 지시에 따르도록 해라! 알았나?"

"화약을 파는 회사라고만 알고 있는데…"

"음! 지난 12월 1일에 발족한 조선화약공판주식회사다. 회사가 설립된 지는 아직 한 달도 안됐지만 조선에 있는 유명한 4대 화약제조회사와 2개의 화약판매회사가 통합된 회사이기 때문에 회사 규모도 클 뿐 아니라 장래성도 매우 밝은 직장이다."

"하지만 저는 화약 계통에는 전혀 문외한이 아닙니까, 경부님?"

"화약을 만드는 것은 기술자이지만, 화약 원료를 구매하고 생산을 통제하고 판매를 관리하는 것은 사무직이 하는 일이다. 너는 앞으로 그 회사에서 구매부서 업무를 보조하게 되어 있다."

김종희는 이미 직장의 근무 부서까지 결정해놓은 고이케의 과잉 친절이 당혹스러웠다. 사실 그는 고이케를 만나러 오면서도 어떻게 하면 취직을 거절할 수 있을까 적당한 구실을 찾기에 골몰해 있었다.

고이케는 내일 아침에 김종희가 찾아가야 할 조선화약공판 건물이 남대문에서 남산 쪽으로 올라가는 오른쪽 길목의 3층 벽돌집이라고 했다.

"앞으로 근무하는데 어려운 점이 있을 때는 언제든지 나한테 와서 상의해도 좋다!"

"알겠습니다. 최선을 다하겠습니다!"

보안과장실을 나서는 김종희의 마음은 무거웠다.

'그 회사에 근무한다고 해서 일본에 갈 수 있는 기회를 아주 박탈당하는 것은 아니다. 아직은 시간이 촉박한 것도 아닌데 당숙이나 고이케 경부의 호의를 정면으로 거부하면서까지 그 분들의 마음을 언짢게 할 이유가 없다.'

김종희가 그런 생각을 하며 창성동의 당숙 집으로 돌아왔을 때, 유 주사가 편지 한 통을 내밀었다.

"자네가 학수고대하던 편질세!"

"아! 도쿄에서 왔군요."

"원산에서 올라오자마자 편지 안 왔냐고 묻더니만, 무슨 좋은 일이 있는 건가?"

"아니 뭐, 별루요."

김종희는 편지 봉투를 뜯으면서 마음속으로 은근히 걱정했다.

'하루 빨리 일본으로 건너오라고 했으면 어떡한다…?'

그러나 형의 편지 내용은 정반대로 현지 사정이 여의치 않으니 도일을 서두르지 말고 연락할 때까지 기다리라는 것이었다.

조선화약공판주식회사는 일제가 강력한 전시 경제 체제를 확립할 목적으로 시행한 기업정비령에 의해 통합된 회사로서 그 권한이 막강했다. 이미 6개월 전에 일본에 설립된 일본화약공판주식회사와 마찬가지로 조선 안에 있는 각 화약공장에서 생산하는 제품을 공판회사가 전량 구매하는 형식으로 인수해서 판매가격을 결정하고 수요처에 배급할 뿐 아니라, 각 화약공장의 생신량을 할당하며, 각 공장이 필요로 하는 원재료를 일괄 구입해서 공급하는 일까지 담당하게 되어 있었다.

김종희가 조선화약공판에 근무한 지도 어느새 3개월, 그러나 그는 화약에 대한 관심은 별로 없었다. 그의 입사 후 초임은 50원. 지난해 12월에 도상을 졸업하고 조선식산은행의 행원이 된 친구 월급이 45원이었다. 원래 화약 계통은 위험물을 취급하는 특수직종이기 때문에 비록 관리직이라 해도 일반적으로 다른 직종 종사자들에 비해 대우가 나은 편이었다. 김종

희는 그 동안 받은 월급을 몽땅 저금했다. 여름방학에 도쿄의 형이 나온
다는 편지를 받은 그는 형이 다시 일본으로 들어갈 때 무조건 따라붙을
작정이었다. 회사도 아직은 사무체계가 잡히지 않은 때였다. 통합된 회사
라서 각사를 대표해나온 중역들의 이해관계가 서로 달랐다.

화약공판에는 1명의 취체역 사장과 2명의 상무 취체역, 그리고 3명의 취
체역을 합한 6명의 중역이 있었는데, 그들은 각자 소속 회사를 달리하고
있었다. 취체역 사장 미야모도(宮本政治)는 흥남에 화약공장을 가진 조선
질소화약주식회사 출신이고, 상무 취체역은 조선질소화약 제품의 총판을
관장해온 조선질소화약판매주식회사 출신의 스즈키(杉木勤)와 일본의 화
약판매전문회사인 제국화약(帝國火藥) 계열의 조선화약총포판매주식회사
출신의 기무라(木村泰介)이다. 그 밖의 3명의 취체역은 해주군 벽성면에 화
약공장을 가진 조선화약제조주식회사 출신의 우에노(上野行藏) · 인천에
화약공장을 가진 조선유지주식회사 출신의 마쓰무로(松室信夫) · 황해도
봉산군 문정면에 화약공장을 가진 조선아사노카리트주식회사 출신의 요
시다(吉田政五郎)이다.

사원들도 각 사가 차출해 보낸 사람들이어서 손발이 잘 맞지 않았다.
50명 가까운 관리직 사원의 대부분은 일본인들이었다. 조선인으로는 와
세다(早稻田) 대학을 졸업했다는 조선화약총포판매주식회사 출신의 부여
태생 김봉수(金鳳秀)가 총무부 관리과의 창고계장 자리에 앉아 있었고, 평
사원으로는 김종희를 비롯해 민영만(閔泳晩)·김덕성(金德成) 등 5명이 근무
하고 있었으며, 그 밖의 20여 명의 노무직은 모두 조선 사람이었다. 그 중
에서 화약계에 처음 입문한 신입사원은 김종희뿐이었다. 따라서 그는 어
느 회사 출신에도 속하지 않았다. 대신 그는 회사 내의 외톨이로 그만큼

고독했다. 그러면서도 그는 종종 조선질소화약 출신으로 취급되곤 했는데, 이유는 그의 채용이 조선질소화약 출신인 미야모도 사장의 배려에 의한 특별 케이스였기 때문이다.

미야모도 사장이 그를 채용한 것은 물론 고이케의 부탁 때문이었다. '총포 및 화약류 취체령'에 따라 원료 구입부터 제품 판매에 이르는 전 과정을 일일이 경찰당국에 보고해야 하고 감시감독을 받아야 하는 화약공판 회사의 미야모도 사장으로서는 관할 관서인 경기도 경찰부의 고이케 보안과장을 무시할 입장이 못 되었던 것이다.

당시 각 신문은 일본군의 승전보를 연일 대서특필로 보도하고 있었다. 기습 공격으로 초전의 기선을 제압한 일제는 그 여세를 몰아 전쟁의 주도권을 장악하고 개전 6개월에 접어든 5월에는 점령지를 이미 필리핀·말레이시아·미얀마·인도네시아 등지에 이르는 광범위한 지역으로 확대해나갔다.

6월부터는 각 화약제조회사에 대한 생산량 할당이 큰 폭으로 늘어나면서 중역들 사이의 반목이 사라지기 시작했다. 어느 화약공장이 얼마만큼의 생산량을 할당받느냐 하는 것은 회사의 이해와 직결되는 문제다. 많은 제품을 생산할수록 회사의 이익이 더할 것은 당연하다. 그러나 조선화약공판 출범 초기에는 원료 공급난으로 부득이 각 사의 생산량을 통합 이전의 생산 실적 기준으로 할당할 수밖에 없었다. 그렇게 되니까 선발업체이자 시설이 제일 큰 조선질소화약이 유리하고, 다른 3개 제조회사는 후발업체일수록 불리했다. 그 중에서도 1939년에 인천화약공장 건설을 착수해서 조선화약공판이 발족하던 지난해 12월에 와서야 겨우 다이너마이트를 생산하기 시작한 조선유지의 경우가 치명적인 불이익을 당해왔던 것이다.

지난해 정어리 흉년으로 다이너마이트의 주된 원료 중의 하나인 글리세린의 절대 물량이 부족했었기 때문이다. 그 정어리가 다행히 지난봄부터 풍어를 이루게 되어 다이너마이트의 제한 생산이 해제된 것이다.

우리나라 동해안은 정어리의 보고다. 1937년에는 우리나라가 동해안 일대에서 연간 139만 톤의 어획고를 올림으로써 세계 2위를 기록한 일이 있다. 그래서 청진에서 삼척에 이르는 동해안 일대에는 크고 작은 1천3백여 개의 정어리 기름공장이 가동되고 있었으며, 그 공장에서 생산되는 기름이 3대 유지공장인 조선유지 청진공장 · 흥남화학 흥남공장 · 미쓰이물산 삼척유지공장으로 보내지면 그곳에서 수소를 첨가해서 경화유(硬化油)를 만든 다음 가수분해하여 글리세린과 고체 지방산으로 분리하고, 글리세린은 화약원료로 공급되고 고체 지방산은 비누원료로 공급되는 것이다. 다이너마이트의 또 다른 주요 원료인 초산과 질소는 조선질소비료 흥남공장에서 대량으로 생산 공급되고 있었다.

김종희가 글리세린과 초산 및 질소의 구매 창구에서 근무할 때다. 눈이 빠지게 기다리는 도쿄의 형은 여름이 다 가도록 오지 않았다. 여름이 가고 찬바람에 실려 온 형의 편지는 김종희의 마음을 더없이 쓸쓸하게 했다. 내년 봄에 대학을 졸업하는 즉시로 귀국하겠으니 그때까지 딴마음 먹지 말고 지금 다니고 있는 직장 일에 충실하기 바란다는 편지 내용이었다.

'아, 나의 꿈은 정녕 이루어질 수 없는 것일까…?'

김종희의 손에 들린 편지 글씨가 글썽해진 눈물로 부옇게 흐려지고 있었다.

# 3

# 화약 입문

너는 지난 4년간 화약을 제조하는 기술을 배우지는 못했지만 화약공판 구매부와 생산부에 근무해오면서 화약이 무엇이며, 화약이 어떤 경로로 생산된다는 사실을 알았을 것이다. 네가 진정으로 너의 조국을 사랑하거든 우리가 떠난 후에라도 너만은 화약계를 떠나지 말아 다오!

바깥 날씨가 워낙 추운 탓인지 난로불은 활활 타고 있는데도 사무실 안이 선득선득하다. 입춘이 지났다고는 하지만 아직은 2월 초순이다. 벌써부터 봄소식이 기다려지는 것은 마음이 조급한 때문일까.

김종희는 도쿄의 형이 돌아오겠다고 약속한 봄을 생각하면 한없이 지루했다. 형이 다니는 메이지 대학 상과는 일본 내에서도 알아주는 사학의 명문이다. 형이 도쿄에서 최고학부를 졸업하고 돌아오는 날이면 틀림없이 자신에게도 새로운 진로가 활짝 열릴 것이라고 믿고 있는 김종희였다. 그는 구매부 말석에서 매일같이 전표 정리나 해야 하는 자신의 초라한 월급쟁이 모습에 연민의 정을 금치 못했다. 오늘도 그는 전표철을 뒤적이며 제법 익숙해진 손놀림으로 주판알을 굴리고 있었다.

"때릉, 때릉…"

중역실의 전화소리가 요란하게 울렸다. 화약공판에는 전화기가 5대 있는데, 2대는 1층의 사장실과 총무담당 중역실에, 1대는 영업부가 있는 2층에, 그리고 3층의 생산부와 구매부 중역실에 각각 1대씩 가설되어 있었다.

"김 군!"

취체역 마쓰무로 부장이 중역실 문을 밀고 나오며 김종희를 찾았다. 그는 조선유지 인천화약공장 공장장을 역임한 동경제대(東京帝大) 화약과 출신으로, 화약공판의 구매업무를 총괄하고 있다.

"전화 받아라!"

"예?"

김종희는 마쓰무로 취체역이 전화를 잘못 받은 것이라고 생각했다. 그는 일찍이 다이너마이트 폭발 실험을 하다가 폭음에 고막이 찢겨 왼쪽 귀 하나는 절벽이었다.

"나한테는 전화 올 데가 없습니다. 혹 다른 사람 아닙니까, 부장님?"

"임마, 이쪽 귀로 받은 전화다!"

마쓰무로는 바른쪽 귀를 잡아당기며 씩 웃어 보였다.

"미안합니다!"

김종희는 얼른 중역실로 들어가서 수화기를 들었다.

"아, 여보세요."

"종희냐?"

"그런데요, 누구시죠…?"

"나다, 나! 형이야!"

"아! 형님이에요?"

"그래! 잘 있었어?"

"언제 왔어요, 형?"

"이제 막 창성동에 도착해서 네 전화번호 찾아 전화하는 거다."

"졸업은 하고 온 거유?"

"응! 오늘도 퇴근 후에 도장에 들렀다 오는 거냐?"

"바로 들어갈 게요."

김종희는 지난해 가을부터 미쓰코시(三越) 백화점(현 신세계) 뒤에 있는 유도관에 나가고 있었다. 그가 퇴근 후에 유도관에 나가는 것은 단지 운동만 하기 위해서가 아니었다. 그곳에 나가면 충남회 멤버였던 성백우·임현재 등 한때 도상에서 유도선수로 활약하던 선배들을 여럿 만날 수 있었기 때문이다. 그는 사무실에서 하루 종일 쌓인 스트레스를 도장 매트 위에 땀으로 발산하고, 생각을 같이 하는 선배들과 어울려 마시는 한잔 술로 낙을 삼았다. 김종희가 전화를 끊자 마쓰무로 취체역이 물었다.

"기쁜 소식인가?"

"예! 도쿄에서 형님이 돌아왔습니다."

"메이지 대학 상과에 다닌다고 자랑하던 그 형인가?"

"그렇습니다."

"그렇다면 빨리 가서 만나야겠군."

"아닙니다. 괜찮습니다."

"퇴근시간도 얼마 남지 않았다. 그만 들어가도 좋다!"

마쓰무로 취체역은 모든 부하 직원들에게 관대한 편이었으나 김종희에게는 특히 호의적이었다. 김종희가 그를 좋아했기 때문인지도 모른다. 김종희는 마쓰무로 취체역의 해박한 지식을 존경했다. 그는 화약에 관한 전문지식 이외에도 정치·경제·문학 등 각 분야에 걸쳐 모르는 것이 없을 정도로 박식했다.

"돌대가리 같은 군인 놈들…"

그는 가끔 신문을 보면서 군부에 대한 불만을 터뜨릴 때가 있었다. 김종희는 마쓰무로 취체역의 그런 불만을 들을 때면 신선한 충격을 느끼곤 했다. 그 충격은 쾌감과도 같은 것이었다. 감히 대일본제국 군인을 가리켜 '돌대가리 같은 놈'이라고 욕하는 것은 은근히 통쾌한 일이 아닐 수 없었다.

김종희는 지난여름 일본군이 동남아 일대에서 승승장구할 때 마쓰무로 취체역을 따라 조선유지 인천화약공장을 견학하러 간 적이 있었다. 인천 시내에서 남쪽으로 25㎞나 떨어진 닛코마치(日向町-현 고잔동) 해안 개펄에 위치한 조선유지 인천화약공장은 초화공실(硝化工室)과 날화공실(捏和工室) 같은 작업장이 어마어마한 토치카처럼 네모꼴 흙제방에 둘러싸여 있어서 마치 요새 속의 군사시설을 방불케 했다. 폭발성 물질을 다루는 화약공장에는 항상 폭발의 위험이 따르기 때문에, 만약 한 작업장에서 불의의 폭발사고가 발생하는 경우라도 연쇄폭발이 일어나지 않게 하기 위해 일정한 거리를 두고 토제(土堤)를 쌓아올려 작업장마다 멀리 격리시키지 않으면 안 된다.

마쓰무로 취체역은 김종희에게 노벨이 1864년 세계 최초로 니트로글리세린 분야의 화약회사를 설립했을 때는 호수 한가운데 배를 띄워놓고, 그 배 위에 공장을 세우고 폭약을 생산했다고 설명하면서 화약공장의 폭발 위험은 그 때나 지금이나 아무리 강조해도 지나치지 않는다고 했다.

"김 군! 다이너마이트가 무슨 의미인지 아나? 다이너마이트는 노벨이 33세 때인 1866년 독일 함부르크의 크뢰멜 공장 연구실에서 발명했다."

"그럼, 벌써 77년이나 되었군요."

"그렇다. 최초의 다이너마이트는 니트로글리세린을 규조토에 흡수시켜 만든 규조토 폭약이었다. 규조토 폭약은 액체인 니트로글리세린보다 훨씬 안전하고, 또 종전의 흑색화약보다 폭발력이 다섯 배나 강했다. 그래서 노벨이 규조토 폭약에다 그리스어의 '힘' 이라는 뜻을 가진 '다이너마이트' 라는 이름을 붙인 거야."

그때 초화공실 토제 앞을 걸으면서 마쓰무로 취체역과 나눈 대화들을 김종희는 잊을 수 없었다.

"하지만 지금쯤 노벨은 지하에서 자신이 다이너마이트를 발명한 것을 대단히 후회하고 있을 거다."

"왜 후회합니까?"

"그가 다이너마이트를 발명하지 않았더라면 오늘날과 같은 가공할 세계 전쟁이 안 일어났을 테니까."

"하지만 일본은 지금 승리에 승리를 거듭하고 있지 않습니까."

"어느 편이 이기고, 지느냐 하는 것이 문제가 아냐! 인류 문명이 현재 전쟁 미치광이들에 의해 궤멸되어 가고 있다."

그렇게 말하는 마쓰무로 취체역의 얼굴에는 짐짓 노기가 서려 있었다. 김종희는 감히 대꾸할 말이 생각나지 않았다.

"인류 역사상의 모든 전쟁은 비극으로 종말을 고했다. 그것은 승자에게도 패자에게도 마찬가지였지."

"부장님! 일본이 그런 전쟁을 왜 하는 겁니까?"

"너는 바보 같은 질문을 하고 있다. 군국주의를 표방하는 일본 군인들이 전쟁 이외에 무엇을 생각하겠나?"

"그럼, 이 전쟁은 빨리 끝나지 않습니까?"

"글쎄다…, 아마 이 화약공장이 문을 닫게 될 때면 전쟁도 끝이 나겠지."

그때 마침 마쓰무로 후임으로 부임한 기리지마(桐島信義) 공장장이 날화공실 쪽에서 다가옴으로써 더 이상의 대화가 이어지지 못했다. 그 후 김종희는 태평양전쟁이 화약공장 문을 닫게 될 때 끝날 것이라고 한 마쓰무로 취체역의 말을 두고두고 생각해 보았다. 그러나 그의 상식으로서는 도저히 헤아릴 길이 없었다.

화약공판 사무실을 나선 그는 도쿄에서 돌아온 형의 모습을 머릿속에 떠올리며, 창성동의 당숙 집으로 가기 위해 남대문에서 효자동으로 가는 전차를 탔다.

'일본에서 최고학부를 나온 형! 실력은 어쩌면 형이 마쓰무로 취체역보다 더 있을지 모른다. 한갓 보잘 것 없던 시골 금융조합 서기에 지나지 않던 형인데, 그 동안 얼마나 세련된 신사로 변했을까? 형은 앞으로 메이지대학 졸업장 한 장만 가지고도 어디서나 좋은 대우를 받을 수 있겠지…?'

"종희야! 잘 있었니?"

사랑채에서 나오던 형이 집안으로 들어서는 김종희를 보고 반색하며 소리쳤다.

"형…"

김종희는 형을 바라보는 순간 제자리에 얼어붙고 말았다. 눈에 들어온 형의 모습이 너무나 초라했기 때문이다. 형이 와락 다가와서 김종희의 두 손을 덥석 잡았다.

"너, 직장에 다니느라고 고생 많겠구나."

"형, 어디 아픈 거야?"

"아니, 왜?"

"얼굴이 왜 그래?"

형의 얼굴은 마치 심하게 열병을 앓고 난 사람처럼 두 눈이 움푹 패이고, 피골이 상접해서 광대뼈가 툭 튀어나와 있었다.

"고생하느라고 살이 빠져서 그렇지, 건강은 괜찮아. 너, 일본에 안 오기를 잘했지. 나, 일본에서 고생한 거 말도 못한다."

추레한 모습과는 달리 형의 표정은 아주 밝고 명랑했다. 그날 밤, 김종희는 형에게 믿어지지 않는 충격적인 얘기를 들었다. 일본이 이번 전쟁에서 진다는 것이었다. 일본이 전쟁에 진다는 것은 도저히 상상할 수도 없는 일이었다.

"형! 일본이 현재 이기고 있는데, 그게 무슨 소리야?"

"일본은 전쟁의 주도권을 이미 미국에게 빼앗기고 있어! 지난해 여름 미드웨이 해전에서 일본 해군의 주력 함대가 풍비박산됐단 말야. 그리고 일본이 믿고 있는 독일군이 모스크바 근처까지 쳐들어갔다가 소련군의 일대 반격으로 지금 대참패를 거듭하고 있는 중이라구."

"하지만 세계 최강을 자랑하는 일본군을 미국이 이길 수 있을까, 형?"

"현대전은 돌격정신만 가지고 이길 수 있는 게 아냐! 일본에는 태평양전쟁을 감당할 만한 전략물자의 절대량이 부족해. 선철(銑鐵) 생산량은 미국의 20분의 1도 안 되고, 특히 석유 생산량은 50분의 1도 안 된단 말야. 생각해봐! 솔뿌리에서 짜내는 송근유로 몇 대의 탱크를 굴리며, 몇 대의 비행기를 띄우겠니?"

형의 말을 들으며 김종희의 뇌리에는 마쓰무로 취체역이 하던 말이 떠올랐다.

'이 화약공장이 문을 닫게 될 때면 전쟁도 끝나겠지.'

그 말은 결국 일본이 전략물자의 절대량 부족으로 이번 전쟁에서 패할 것이리는 형의 말과 일맥상통하는 것이다. 일제가 학생들을 솔뿌리 캐기에 동원하고, 집에서 받아먹는 놋그릇붙이를 강제로 걷어가기 시작한 것은 벌써 오래 전부터다. 형은 일제가 최근 실시해오고 있는 일련의 전시경제 정책을 설명했다.

"네가 다니고 있는 조선화약공판이 바로 전쟁 목적을 위해 물자를 통제하고 동원하기 위한 수단으로 설립된 회사다. 오늘날의 전시경제는 통제경제라는, 개념을 초월한 일종의 명령경제 같은 거다."

사실상 모든 경제활동이 관의 명령 하에 이루어지고 있는 셈이었다. 전략물자동원을 위한 생산력 확충계획과 모든 국가 자금의 군수산업에의 집중 투입, 그로 인한 인플레이션 억제책으로서의 강제저축과 물가통제, 배급제도를 통한 소비억제 등 일제의 통제 정책은 경제 일반에 한정된 것이 아니었다. 국민의 생활권은 물론 직업의 선택권이 말살되는가 하면 노동력까지도 통제되어 조선의 수많은 청장년들이 징용이라는 이름으로 강제노역에 동원되고 있었다.

"일본이 지면 우리 조선 사람들은 어떻게 되는 거요, 형?"

"그때는 우리도 패전국 국민으로 취급되겠지."

"그럼, 2년 전에 미국과 영국이 공동으로 선언한 대서양헌장은 아무 것도 아닌 건가?"

"아니, 네가 대서양헌장을 어떻게 알지?"

"학교 다닐 때 친구들에게 들은 거야. 그런데 대서양헌장에는 영토상의 원칙과 주권 존중의 원칙이 포함되어 있다잖아, 형?"

"그것은 어디까지나 미·영 양국이 자국의 대외정책을 천명한 것에 불과한 거야. 그리고 대서양헌장을 발표하던 해 봄에 미국은 일본에 대해 만주국을 해체하고 중국 본토에서 일본군을 철수시킬 것을 요구하면서도 우리 조선에 대해서는 한마디도 언급하지 않았어."

"그렇다면 우리 조선이라는 나라는…"

"글쎄, 조선이라는 나라는 역사 속에 표류하다가 사라질지도 모르지만 조선 말을 하고, 조선 옷을 입고 사는 조선 사람은 멸종하지 않을 거다. 너나 내가 조선 사람으로 살아남기 위해서라도 우리는 어떤 일이 있어도 전쟁터의 대포밥은 되지 말자."

"어떻게 해야 되는 거유?"

"너는 지금 나가는 화약회사에 그대로 붙어 있으면 징용 같은 데는 안 끌려갈 거다."

"형은?"

"실은 내가 도쿄에서 졸업식을 앞두고 서둘러 돌아온 것은 학병에 끌려가지 않기 위해서다. 나도 가능한 한 경성에서 징용이나 면할 수 있는 직장을 한번 알아볼까 한다."

형이 도쿄에서 돌아오면 자신에게 새로운 진로가 열릴 것으로 기대해온 김종희는 절망할 수밖에 없었다. 그러나 그는 형의 말대로 조선 사람으로 살아남기 위해 적어도 전쟁이 끝날 때까지는 아무 소리 안 하고 그냥 화약공판에 붙어 있기로 결심했다.

과연 날이 갈수록 일본군의 전세는 불리해지는 것 같았다. 5월이 되자 대본영 본부는 개전 후 처음으로 일본군이 뉴기니아 동쪽의 과달카날 제도에서 전략상 철수했음을 발표함으로써 태평양 전선에 이상이 있다는 사실을 간접적으로 시사했다. 9월에는 이탈리아의 독재자 무솔리니가 실각하고, 새로 들어선 정권이 연합군에 항복했다는 소식이 전해지면서 일본군이 다시 솔로몬 제도에서도 철수했다는 대본영 본부 발표가 잇따랐다.

그 해 여름부터 김종희는 마쓰무로 취체역의 호의로 홍제동에 있는 화약공판 기숙사에서 통근하게 되었다. 화약공판 기숙사는 총독부 공광국이 1935년 착공해서 1937년에 완공한 조선화약발파연구소를 인수한 시설의 일부로서 9,917㎡(3천 평)나 되는 연구소 대지 위에 본관 건물과 직원용 사택 및 기숙사와 시험 발파용 갱도를 비롯한 탄동구포실(彈動臼砲室) ·

가스 발생실 · 암석폭파 시험실 · 화약 창고 등 각종 설비와 함께 많은 시험기기들이 갖추어져 있었다.

김종희가 숙소를 홍제동 기숙사로 옮긴 것은 형이 당숙 집에서 기거하고 있었기 때문이다. 아무리 당숙이 부자라고는 하지만 형제가 같이 신세를 진다는 것은 미안한 일이었다. 그렇다고 밥값을 받을 당숙도 아니었거니와 설사 밥값을 낸다 하더라도 배급제를 통한 양곡통제가 엄격하게 실시되고 있어 쌀을 마음대로 살 수도 없는 때였다.

기숙사에 들어간다는 것이 쉬운 일은 아니었다. 화약연구소에는 각종 폭발물이 많았기 때문에 처음부터 조선인 직원은 기숙사에 입주시키지 않는다는 불문율이 적용되어 오고 있었다. 그 불문율을 마쓰무로 취체역이 깨뜨렸던 것이다. 그는 연구소장 직을 겸하고 있어 가족과 함께 홍제동 사택에 살고 있었다.

지난여름 연구소 기숙사에 들어 있던 사원 한 사람이 징집영장을 받고 군에 입대하는 바람에 방 하나가 비게 되었다. 이전 같으면 기숙사 입주를 희망하는 일본인 사원들이 항상 대기하고 있는 실정이었으니까 아무리 빈 방이 난다 해도 김종희에게 차례는 돌아오지 않았을 것이다. 하지만 그 무렵에는 이미 20대 일본인 남자는 말할 것도 없고 30대까지, 심지어 40대도 예비역 장교의 경우는 거의 다 소집영장을 받고 일선으로 동원되는 판국이었기 때문에 독신자를 위한 기숙사에 입주할 일본인 사원이 없는 실정이었다.

김종희가 화약에 대한 관심을 갖기 시작한 것은 바로 숙소를 홍제동 기숙사로 옮긴 다음부터였다. 일요일이면 그는 자연히 연구소의 각종 시설을 돌아보게 되었고, 또 마쓰무로 취체역의 사택으로 놀러갔다가 화약이 근대산업발전에 끼친 영향이라든가 다이너마이트를 발명한 노벨의 집념 어린 위대한 생애에 관한 얘기며, 또 화약의 본질이 어떻고, 화약의 역사가 어떻고 하는 얘기를 많이 듣게 되었던 것이다. 마쓰무로 취체역은 화약이야말로 인류 문명이 발달해오는 과정에서 가장 큰 영향을 미친 동양의 3대 발명품 가운데 하나라고 설파하는 것이었다.

"하나는 항해술을 발전시킨 나침반의 발명이요, 다른 하나는 동양문화를 꽃 피운 활자의 발명이고, 마지막이 정치·군사·경제 발전에 일대 전환을 가져오게 한 화약이다!"

"화약도 동양에서 먼저 발명했습니까?"

"물론! 화약의 효시라고 할 수 있는 흑색화약은 이미 기원전 중국에서 제조되어 왔다. 그 후 흑색화약이 중국 영향권에 속한 여러 나라에서 사용되다가 화약제조기술이 서양으로 이전된 것은 13세기 말경이지. 문헌에 의하면 독일의 슈바이츠가 1346년 발사용 화약을 최초로 전투에 사용했다는 기록이 있다."

마쓰무로 취체역은 화약 얘기만 시작하면 신들린 사람처럼 열변을 토하곤 했다.

"화약의 역사를 살펴보면 결국 오늘날과 같은 강력한 화약을 개발해온 것은 서양이지만, 근본적으로 서양과 동양은 화약을 발명하고 발전시켜온 철학적 배경이 다르다는 것을 알아야 한다. 동양에서는 신선이 되어 불로 장생하고자 하는 도학적, 의학적 욕구에서 어디까지나 화약을 하나의 연단술(鍊丹術)로 발전시켜 왔고, 서양에서는 단지 귀금속을 만들어내던 연금술(鍊金術)을 통해서 터득한 약간의 화학지식을 바탕으로 동양의 화약 기술을 발전시켜 왔다는 사실이다."

마쓰무로 취체역은 김종희에게도 화약서적을 읽게 했다. 김종희가 처음 읽은 〈화약입문〉 책의 제1장 '화약이란 무엇인가?' 에는 다음과 같은 설명이 있다.

『 우리는 자연계의 물질이 공기 속의 산소와 화합하는 반응을 산화(酸化) 현상이라고 한다. 쇠붙이에 녹이 슬고, 음식물이 상하고 하는 것은 다 산화하기 때문이다. 이와 같이 산소가 어떤 물질과 화합하는 반응에는 연소(燃燒) 현상도 있다. 예를 들어, 성냥을 그으면 불이 일어나는데 그 불은 곧 빛과 열을 발생시키는 산화반응인 것이다.

산화와 연소는 모두 같은 산화반응이기는 하지만 쇠붙이의 녹과 성냥불처럼 산소와 물질이 화합하는 반응속도에 따라 구별된다. 산화보다는 연소의 반응속도가 훨씬 빠르다. 그러나 연소도 같은 산화반응인 폭발(爆發)에 비하면 그 반응속도가 아주 느린 편이다.

폭발은 그야말로 전광석화와 같은 순간적인 산화반응으로 어떤 물질의 체적(體積)이 팽창, 파괴되는 현상을 말한다. 따라서 연소와 폭발의 차이는 산소의 공급 상태로 결정된다. 어떤 물질이 폭발할 때는 무서운 폭발 속도를 수반하면서 많은 양의 기체와 고도의 열을 발산하게 되는데, 이때 폭발에 필요한 산소는 폭발하는 물질 자체 내에 잠재되어 있게 마련이다.

염소산칼륨이나 질산칼륨 같은 물질은 그 자체가 분해될 때 많은 양의 산소를 발생하게 되므로 이들과 가연물(可燃物)을 혼합하면 그 혼합 가연물은 염소산칼륨이나 질산칼륨이 분해될 때는 언제든지 폭발한다.

그와 같이 그 물질 자체를, 또는 혼합된 가연물을 충분히 산화시킬 수 있는 양의 산소를 함유하고 있는 산소 공급체로서 열을 가하거나 충격을 가하면 쉽게 폭발할 수 있는 것을 통칭해서 화약이라고 하는 것이다.

화약은 물질의 산화반응을 연구 발전시킨 인조 폭발물이다. 화약을 사용해서 거대한 암석이나 고체물질을 파괴할 수 있는 것은 바로 화약이 폭발할 때 발산하는 기체가 순간적으로 열에 가열, 팽창되면서 폭발적인 충격파동을 일으키기 때문이다. 그렇기 때문에 화약이 산업용으로 사용되기 위해서는 폭발 속도가 최소한 초당 3천 미터 내지 8천 미터에 이르는 강력한 폭발력을 갖지 않으면 안 된다.

산업용 화약도 이용 목적이나 성능 등에 따라 여러 가지로 분류되는데, 크게는 초산염·염소산염·과염소산염에 두 가지 이상의 비폭발성 물질을 혼합해서 만든 혼합화약류와 초산에서 유도된 화합화약류로 대별된다. 』

당시 조선화약공판에서 취급하는 화약류는 대부분 혼합화약류로서 그 해(1943년) 각 화약공장에 할당된 화약 생산량 총 99톤(다이너마이트 80톤 · 과염소산폭약 10톤 · 흑색화약 6톤 · 초안폭약 3톤)이었으며, 그 밖에 공업 뇌관 60만 개 · 전기뇌관 1만 개 · 도화선 185㎞ 생산이 할당되었다.

그러나 그 해의 생산실적은 할당량의 절반에도 못 미치는 부진을 면치 못했다. 주력 생산품종인 다이너마이트의 경우만 해도 조선질소화약 흥남공장이 40톤 할당을 받고도 28톤 생산에 그쳤으며, 조선화약 해주공장도 30톤 할당에 12톤 생산, 조선유지 인천공장 역시 10톤 할당에 4.7톤 생산에 그치고 말았던 것이다. 원인은 원료 부족이었다. 화약의 주된 원료의 하나인 글리세린의 절대량이 부족했다. 동해안의 어민들이 어선의 연료배급을 받지 못해 정어리잡이를 나갈 수가 없었기 때문이다.

일제의 전시경제는 바야흐로 파국에 직면하고 있었다. 육상 수송 수단인 화물자동차와 여객자동차는 전부 목탄차로 개조 운행되고 있었으며, 국민들이 먹고 입는 것은 물론 신발과 옷을 빨아야 할 양잿물(수산화나트륨)까지도 배급품에 의존해야 했다. 그런 현실을 무시하고 군부에서는 1944년 화약 책임생산량을 독단으로 결정, 이를 조선화약공판에 일방적으로 통보했다.

그 해 화약 책임생산량을 통고받은 조선화약공판 중역들은 그 가공할 물량에 경악을 금치 못했다. 다이너마이트 120톤 · 과염소산폭약 20톤 · 흑색폭약 6.5톤 · 초안폭약 5톤 · 면약(綿藥) 10.2톤 · 공업뇌관 1백만 개 · 전기뇌관 2만 개 · 도화선 725km · 도폭선 5km로 지난해 생산실적의 3배가 넘는 엄청난 책임생산량이었던 것이다. 그와 같은 책임생산을 이행할 수 있다고 생각하는 중역은 한 사람도 없었다.

구매부 글리세린계 사원으로 근무해온 김종희가 생산부 다이너마이트계 계장으로 승진한 것이 바로 그 해(1944년) 1월이었다. 그의 나이 스물셋. 그의 승진은 당연히 축하해야 할 일이었다. 조선화약공판 설립 이전부터 이미 화약계에서 몸담고 일해 온 조선인 사원들도 여럿 있었거니와, 징병검사에서 불합격 판정을 받고 병역이 면제된 일본인 사원들도 여러 사람이 근무해오고 있었다.

"김 군, 승진을 축하한다. 생산부에 가서도 노력하기 바란다."

승진 발령이 나던 날, 마쓰무로 취체역은 김종희를 일부러 중역실로 불러서까지 격려했다.

"내가 꼭 생산부로 가야 합니까, 부장님?"

"왜, 불만이 있나?"

"이대로 계속 구매부에서 근무하고 싶습니다."

"다른 사람은 승진을 못 해서 불만인데, 너는 마치 승진한 것이 못마땅하다는 투니 정말 이상한 놈이구나. 핫하하…"

"부장님, 어차피 올해 다이너마이트 책임량 생산은 불을 보듯이 불가능한 일 아닙니까? 그런데 무엇 때문에 내가 다이너마이트 계장자리에 앉아서 책임추궁을 당해야 합니까?"

"하하… 너한테 책임이 돌아올 것 같아서 그러는구나."

"안 그렇습니까?"

"각 공장에는 생산책임을 맡고 있는 공장장이 있다. 그리고 그들의 책임생산을 독려하고 감독하기 위해 군에서 파견한 감독관이 있는데, 그 책임이 왜 너한테 돌아가겠느냐? 그런 것은 네가 걱정할 일이 아냐!"

"……?"

"내가 너의 승진을 적극 천거한 것은 너에게 화약에 관해 폭 넓은 수업을 시키고 싶어서다. 화약계에서 입신하려면 보다 많은 화약지식을 쌓아야 할 것 아닌가! 생산실태를 파악하기 위해서는 여러 공장으로 직접 출장을 나가게 될 것이다. 그런 기회에 많은 것을 보고 듣고 배워라! 네가 장차 화약회사의 사장이 되지 말라는 법은 없을 테니까."

그러나 김종희는 전쟁이 끝나는 날까지 징용에 끌려가는 일이나 모면하면 그만이라는 생각뿐이었다. 그는 마음속으로 일제가 하루빨리 전쟁에서 지게 되는 날만을 고대하고 있었다. 현대 전쟁은 돌격정신만 가지고 이길 수 있는 것이 아니라고 하던 형의 말이나, 인천화약공장이 문을 닫게 될 때면 전쟁도 끝나게 될 것이라고 하던 마쓰무로 취체역의 말을 생각하면 이미 패전의 조짐이 피부에 와 닿는 듯했다.

그는 퇴근 후에 나가던 유도관에서 성백우를 만나 들은 얘기가 있었다. 성백우는 충남회를 이끌 때부터 국내의 저명한 지사들을 접촉하면서 임시정부 소식 같은 것을 전해주던 선배다. 그가 전하는 바에 의하면 일제가 망해야 조선이 독립될 수 있다는 것이었다.

지난해(1943년) 11월 27일 미국의 루즈벨트 대통령과 영국의 처칠 수상, 그리고 중국의 장제스(蔣介石) 총통이 이집트의 수도 카이로에서 회동하여 합의한 '카이로선언' 이 있는데, 그것은 김종희가 원산에 있을 때 고래모임 멤버들한테 들은 '영토상의 원칙' 과 '주권 존중의 원칙' 이 포함되어 있는 대서양헌장 정신하고도 일맥상통하는 내용이었다. 즉 미·영·중 3국은 전쟁에 이긴 후에도 자국의 영토 확장을 도모하지 않으며, 오직 제1차 세계대전 이후에 일본이 타국에게 약탈한 영토를 원 소속국에 돌려줄 것임을 선언하고, 특히 조선에 대해서는 '현재 조선 인민이 노예 상태 하에 있음을 유의하고 장차 조선을 자유국가로 독립시킬 것' 을 국제적으로 보장했던 것이다.

7월이 되자 대본영 본부는 사이판 섬에 주둔하는 일본군의 전원 옥쇄(玉碎)를 발표했다. 이는 종래의 태평양 전선이 거의 절반으로 축소되었음을 시사하는 것이었다. 2년 전까지만 해도 동으로는 멀리 미드웨이 섬에서 남으로는 뉴기니 섬과 자바 섬, 서로는 인도 접경에 이르는 미얀마까지 광활하게 뻗쳐 있던 태평양 전선이다.

사이판 섬의 함락은 마침내 도조(東條英機) 내각의 붕괴를 몰고 왔다. 태평양전쟁을 일으키고 병력을 증강하기 위해 병역법을 고쳐 조선에 징병제를 실시하는 한편, 학생들의 징병유예를 취소하는가 하면 부족한 노동력을 보충하기 위한 방법으로 국민징용령을 개정하여 중등학교의 교육 연한을 단축시키고 학생전시동원을 실시했으며, 전력 증강을 위한 기업정비요강을 만들고 통제회사법·군수회사법 등을 제정 시행하여 경제 통제를 강화함으로써 국민총력전을 펼쳐온 도조 내각의 능력이 한계에 부딪치고 말았던 것이다.

사임한 도조 수상의 뒤를 이어 조선총독 고이소(小磯國昭) 예비역 육군대장이 수상에 취임했다. 고이소 내각은 한 술 더 떠서 '1억 총무장'이라는 구호를 내걸고 병역 연령을 17세로 낮추는 한편, 대만인에 대한 징병제까지 실시하면서 기울어진 태평양전쟁의 전세를 만회해 보려고 안간힘을 썼다.

그러나 전국은 날이 갈수록 불리해질 뿐이었다. 제 아무리 기상천외한 비상대책을 강구한다 하더라도 일본의 경제력은 이미 그 비상대책을 뒷받침할 만한 저력을 상실하고 있었다. 그 해의 화약생산만 해도 책임생산량 161톤의 4분의 1 수준에 지나지 않는 43톤(다이너마이트 28톤 · 흑색화약 5.5톤 · 과염소산폭약 5톤 · 초안폭약 4.5톤)에 그치고 말았다. 특히 조선유지 인천화약공장의 경우는 1년 내내 다이너마이트 3톤, 공업뇌관 1만1천 개밖에 생산하지 못했는데, 그나마 올해 들어와서는 원료공급이 중단되는 바람에 공장 조업을 단축하고 4백여 명의 종업원을 하루에 몇 시간씩 염전조성을 위한 방조제 축조공사에 동원하고 있는 실정이었다.

태평양전쟁은 바야흐로 패망의 나락으로 곤두박질치기 시작했다. 1월에는 필리핀의 루손 섬에 미군이 상륙하고, 2월에는 유황도(硫黃島), 3월에는 오키나와 섬에도 미군이 상륙하게 되었으며, 그때부터는 일본 본토가 연일 미 공군의 신형 전폭기인 B-29의 폭격을 받기 시작했다.

일본 본토가 미 공군기의 잇따른 폭격으로 쑥밭이 되어 간다는 소리에 김종희는 불안해 견딜 수 없었다. 동생 종근이 도쿄에서 와세다(早稻田) 대학 예과에 다니고 있었기 때문이다. 만일 폭격으로 동생에게 무슨 일이 생기는 날이면 그로 인한 원망이 몽땅 김종희에게 돌아오게끔 되어 있었다. 2년 전 종근이 대전중학을 졸업하고 도쿄 유학을 가겠다고 했을 때, 주위의 반대를 무릅쓰고 그의 유학을 적극적으로 부추기면서 학비 부담까지 약속하고 나선 것이 바로 김종희였다.

형도 전황이 심상치 않다는 이유로 종근의 유학을 극력 반대했었다. 그러나 김종희 생각에는 당시의 전세가 일본에 불리한 것 같지도 않은데다가 종근의 나이가 당장 징병에 끌려갈 나이도 아니었기 때문에 이루지 못한 자신의 유학의 꿈을 생각해서라도 동생이 희망하는 일본 유학만은 꼭 보내주고 싶었던 것이다.

매월 초순과 중순이면 꼬박꼬박 한 번씩 오던 동생의 편지가 이 달에는 웬일인지 중순이 다 되도록 감감무소식이다.

'혹시 창성동으로 편지를 했나…?'

김종희는 동생의 일이 궁금해서 퇴근길에 당숙 집을 들렀다. 형은 지난해부터 마포에 있는 조선목재주식회사에 다니고 있었다. 그 회사 역시 기업정비령에 의해 설립된 통합회사였다. 김종철이 그 회사에 나가게 된 것도 실은 당숙 덕택이다. 1년 전에 정년퇴직한 고이케가 그 회사의 취체역으로 근무하고 있었다.

"어서 와라! 오늘은 도장에 안 나가고 어쩐 일이냐?"

김종철은 모처럼 찾아온 동생을 반갑게 맞았다.

"종근이한테서 편지 온 것 없었어요?"

"걔가 언제 나한테 편지하던?"

"그 자식…"

"왜…?"

"도쿄는 하루도 안 빼고 매일 폭격이라지 뭐예요."

"설마, 무슨 일이 있을려구?"

"이 달엔 아직 편지도 없으니…"

"위험하다 싶으면 조선으로 나오겠지."

"관부연락선도 요새는 폭격 때문에 밤으로만 운항한대요."

"이제는 태평양전쟁도 막다른 골목에 들어선 거다."

"하지만 이 전쟁이 그렇게 쉽게 끝나겠어요? 본토 결전이니 뭐니 하면서 학생들에게 죽창까지 나누어주는 판국이니…"

"무슨 색다른 소식 들려오는 건 없었니?"

김종철은 최근의 국제 정세가 궁금했다. 최근의 국내 정치상황이나 국제 정세에 관해서는 김종희가 더 밝은 편이었다. 그는 마쓰무로 취체역이 단편적으로 흘리는 일본 내의 정치상황을 얻어들을 수 있었으며, 또한 유도관에 나오는 성백우 선배를 통해 국제 정세의 흐름이 대강 어떻다는 것을 은밀히 들어오고 있었다.

5월 접어들면서부터는 제2차 세계대전을 둘러싼 국제 정세가 급변해갔다. 지난 4월 초 베를린 총공격을 개시한 소련군이 독일군의 필사적인 저항을 무찌르고 5월 2일 베를린을 점령한 데 이어 마침내 7일에는 독일의 무조건 항복을 받아냈다. 베를린이 함락되기 이틀 전인 4월 30일에는 히틀러가 스스로 목숨을 끊음으로써 2년 전 7월에 이탈리아의 유격대원에 의해 살해된 무솔리니의 뒤를 이었으며, 일본에서는 도조 내각을 승계했던 고이소 내각이 소련을 내세워 미국과의 종전 협상을 시도하려다가 본토 결전을 주장하는 군부에 의해 붕괴되고, 중신들의 천거로 스즈키(鈴木貫太郎)가 79세의 고령을 무릅쓰고 주전파의 육상(陸相 ─ 阿南惟幾)과 화평파의 해상(海相 ─ 米內光政)을 주축으로 하는 중도내각을 성립시켰다.

중도내각을 이끌고 패전 국면에 임하게 된 스즈키 수상의 기본전략은 우선 최후의 총력전을 펼침으로써 미군에게 타격을 주어 일단 전세를 호전시켜 놓은 후에 종전을 시도한다는 것이었다. 6월 초, 스즈키 내각은 최고전쟁지도자회의를 소집하고 본토 결전을 위한 전쟁지도요강을 결정하는 한편, 15세부터 60세까지의 남자와 17세 이상 40세 미만의 여자를 대상으로 국민의용전투대를 편성하는 의용병역법 및 전시긴급조치법을 의회에 제출했다. 그러나 그와 같은 초비상 초강경 대책도 이미 무기력해진 국민을 전력화시킬 수는 없었다.

일본 영토의 일부인 오키나와 섬이 완전히 미군 점령 하에 들어가 있었고, 일본 국토 전부가 미 공군의 제공권 안에 들어가 있었기 때문에 연일 계속되는 무차별 폭격으로 온 국민이 전의를 상실하고 있었다. 스즈키 내각도 하는 수 없이 7월 초순에는 다시 최고전쟁지도자회의를 소집하고 태평양전쟁 도발 직전에 도조에게 수상 자리에서 밀려난 바 있는 고노에(近衛文麿)를 소련에 특사로 파견하여 미국과의 종전 협상 중재를 요청키로 하는 결정을 내린다.

그러나 스즈키 내각의 그와 같은 시도는 소련 당국이 특사의 입국 자체를 거부해옴으로써 무위로 끝나버렸다. 7월 하순, 미·영·중 3개국 수뇌들은 드디어 포츠담선언을 채택하면서 일본의 무조건 항복을 요구하고 나왔다. 일본이 이에 응할 리는 만무했다. 스즈키 내각은 즉각 포츠담선언을 묵살한다는 담화를 발표하고 1억 국민의 새로운 본토 결전의 결의를 비장하게 촉구했다.

김종희는 테이블 맨 밑서랍에 보관해오던 지카다비(발가락이 갈라진 일본식 운동화) 한 켤레를 꺼냈다. 지난봄에 배급받은 것을 동생이 일본에서 나오면 줄까 하고 여태껏 보관해 오던 것이다. 그런데 오늘 온 편지에도 동생은 일본에서 나올 생각이 없는 것 같았다. 하기야 그의 편지대로 전쟁이 이런 상태로 계속된다면 조선이라고 해서 언제까지나 안전지대일 수는 없을 것이다. 미 공군기가 조선 땅 위에도 언제 폭탄을 쏟아 부을지 모른다.

김종희는 지카다비를 종이에 쌌다. 창성동의 형에게 가져갈 생각이다. 화약공장은 일종의 군수공장이기 때문에 다른 데 비하면 배급품이 비교적 넉넉한 편이다. 시중에서는 구경도 못 하는 설탕이 배급되기도 하고, 광목이라든가 각종 의약품 같은 것도 배급되곤 했다.

"너나 됐다 신지, 뭘 나한테까지 가져 오느라구…"

김종철은 지카다비를 일부러 싸들고 온 동생의 마음이 고마웠다. 김종희는 전에도 설탕이며 의약품 같은 것들을 자주 가져오곤 했다.

"형, 발에 맞나 한번 신어 봐요."

"네 발에 맞으면 내 발에도 맞지 뭘."

김종철은 동생 앞에서 지카다비를 신어 보인다.

"지난 주일에 집에 다녀왔다면서요, 형?"

"응! 아버지 어머니는 다 잘 계셔, 종환이도 학교 잘 다니고."

"종식이는?"

"종식이도 잘 다녀, 종숙이가 꽤 컸더라."

"종숙이도 내후년에는 학교 가야 하잖아요?"

"그렇지, 올해 다섯 살이니까."

"종상이가 살아 있으면 지금 몇 살이죠?"

"종상이가 다섯 살 때 죽었으니까…, 살아 있으면 열세 살이다."

"세실이가 살아 있으면 지금쯤 시집갈 나이인데…"

세실이는 3년 전 여름에 병사한 바로 밑의 동생이다. 8남매 중에서 1남 1녀가 죽고 지금은 5남 1녀다.

"종근이 그 자식…, 아무 일 없어야 할 텐데."

"도쿄에는 집집마다 튼튼한 방공호가 있어 오히려 무방비 상태나 다름없는 서울보다 안전할지도 모른다."

"미국이 조선에도 폭격을 할까요?"

"미군이 일본 본토에 상륙하기로 작정하면 조선에 있는 후방기지를 가만 놔두겠니?"

"글쎄요…"

"너, 혹시 포츠담선언 내용에 대해서 얘기 들은 것 있니?"

김종희가 들어서 알고 있는 포츠담선언의 요지는 대강 다음과 같은 것이었다.


『일본의 군국주의 권력 및 세력의 영구적인 제거. 일본의 새 질서 건설을 위한 일본 영역의 연합군 점령 보장. 일본의 영토와 주권을 혼슈(本州)·규슈(九州)·시코쿠(四国)·홋카이도(北海道) 및 후에 정

하는 제 도서로 한정. 전범의 엄중 처벌 및 언론 · 종교 · 사상의
자유 보장과 기본 인권의 존중. 경제 재건과 제(諸) 군비산업의 배제.
점령 해제를 전제로 하는 일본 국민의 자유의사에 의한 평화적 책
임정부 수립. 일본 정부에 대한 무조건 항복의 요구.』

"일본의 영토와 주권을 제한한다는 조항에서 분명히 조선은 제외되어
있다는 거예요. 그러니까 조선은 어떤 형태로든지 일제의 식민지 상태에
서 해방이 되는 거라구요, 형!"

"그러나 일본이 무조건 항복을 수락해야 말이지?"

"저희들이 항복 안 하면 뭘로 싸울 거예요? 지금 화약공장은 거의 다
못 돌아가고 있단 말예요."

"최후의 일인까지 싸우다 죽는다고 발악들이니…"

"하지만 인류 역사상 어떤 전쟁도 한 민족을 멸종시킬 수는 없었어요.
결국 모든 전쟁은 협상 테이블에서 끝나게 되어 있는 거예요."

다음날인 8월 6일, 히로시마(廣島) 상공에는 '실로 측량할 수 없는 무서
운 파괴력을 가지고 무고한 생명의 희생을 요구하는 전대미문의 폭탄' 이
투하됐다. 8월 8일 소련의 내일 신진포고가 있었고, 8월 9일에 다시 나가
사키(長崎) 상공에서 원자탄이 터졌다. 마침내 8월 15일 정오, 전국의 라디
오를 통하여 일본의 항복을 알리는 천황의 떨리는 목소리가 울려 퍼졌다.

"우리 선량하고 충실한 신민들이여… 짐은 정부에 명하여 아메리카 합
중국·영국·중국 및 소비에트 연방정부에게 우리 제국이 이들 여러 나라
의 공동성명조건을 수락할 것을 통고하게 한 바 있다…"

조선화약공판 사무실의 김종희도 라디오에 빨려 들어갈 것처럼 귀를

기울이고 있었다.

"… 이 같은 사정 하에 우리가 어떻게 우리 기천만의 신민을 구원하고, 또 우리 천황가의 만세일계(萬世一系)의 전통을 이어갈 수 있을 것인가. 짐이 열강의 공동선언조건을 수락할 것을 명한 이유도 여기에 있는 것이다."

이윽고 20여 분간에 걸친 천황의 비통한 육성방송이 끝나는 순간이었다.

"만세!"

별안간 김종희가 소리치며 자리에서 벌떡 일어섰다. 그러자 여태까지 침통한 얼굴로 방송을 듣고 있던 사원들이 -- 일본인 사원, 조선인 사원 할 것 없이 모두가 놀라면서 김종희를 쳐다보았다.

"조선 독립 만세! 만세! 만세…"

김종희는 다시 소리 높이 만세를 부르면서 사무실 밖으로 뛰쳐나갔다. 거리는 마치 태풍전야와도 같은 적막에 싸여 있었다. 김종희는 그 적막을 가를 듯이 질풍처럼 미쓰코시 백화점 방향으로 달려갔다. 성백우 선배를 만나기 위해 유도관으로 가는 길이었다. 하지만 성백우 선배는 오늘도 유도관에 나타나지 않았다.

'성 선배가 웬일일까? 벌써 닷새째나 되는데, 어디 갔을까…?'

성백우는 이미 지난 10일 비밀리에 발족한 조선건국동맹(朝鮮建國同盟)에 참여하고 있을 때였다. 조선건국동맹은 8월 9일에 개최된 심야 어전회의에서 일본이 포츠담선언을 수락하기로 결정했다는 정보를 입수한 국내 인사들이 종전(終戰)과 동시에 닥쳐올 혼란에 대처하기 위해 여운형(呂運亨)을 중심으로 결성한 건국준비위원회(建國準備委員會)의 전신이다.

어느덧 서울 거리 도처에는 태극기가 나부끼고 있었으며, 거리로 쏟아져 나온 시민들의 만세 소리가 천지를 진동시키고 있었다.

'아! 정녕 빼앗긴 나라를 다시 찾게 되었단 말이냐… 얼마나 간절하게 소망해온 조국의 해방이던가!'

김종희는 군중 속에 휩싸여 목이 터지도록 만세를 외치고 다녔다.

이튿날은 아침부터 수천 군중이 계동 쪽으로 몰려가고 있었다. 건국준비위원회가 주최하는 해방경축 군중대회에 참석하기 위한 인파였다. 어젯밤을 창성동의 당숙 집에서 흥분 속에 지샌 김종희도 일찌감치 대회장인 휘문중학교 교정으로 나갔다.

이윽고 군중의 박수갈채를 받으면서 한 연사가 위풍당당한 모습으로 연단 위에 올라서는 것이었다. 그가 바로 지금까지 말로만 들어오던 여운형이었다.

"친애하는 동포 여러분! 나는 어제 아침에 총독부의 엔도(遠藤柳作) 정무총감의 초청으로 그를 만나 이런 제의를 받은 바 있습니다. 지난날에 일본 민족과 조선 민족이 합한 것이 합당했는가 합당치 않았는가 하는 것은 따지지 말자. 다만 서로가 헤어져야 할 오늘을 당하여 마음 좋게 헤어지자. 흥분과 오해로 피차간에 피를 흘린다든지 불상사가 일어나지 않도록 조신 민중을 잘 지도해 달라는 요청이었습니다. 나는 그 자리에서 다음의 다섯 가지 사항을 요구하고, 즉석에서 무조건 응낙을 받았습니다."

그가 열변을 토하면서 설명한 다섯 가지 사항은 다음과 같은 것들이었다.

첫째, 구속 중인 정치범과 경제사범을 즉시 석방할 것.

둘째, 조선 인민에 대한 3개월분의 식량을 확보, 명도할 것.

셋째, 치안유지권을 완전히 이양할 것.

넷째, 민족해방에 따른 결사와 집회의 자유를 보장할 것.

다섯째, 각 사업장에서의 계속적인 안전조업을 협력할 것.

"이로써 우리는 민족해방의 첫걸음을 내딛게 되었으니 우리들의 지난날에 아프고 쓰렸던 설움은 이 자리에서 모두 잊어버립시다. 물론 우리들의 통쾌한 마음은 금할 수 없습니다. 그러나 백기를 든 일본인의 심흉(心胸)을 헤아려 그들에게는 우리들의 아량을 보여줍시다. 그리하여 백두산 아래서 자라난 우리 민족의 저력을 한데 모아 이 땅 위에 이상적 낙원을 건설해 나가는데 총매진합시다…"

그 날 오후 1시부터 시작된 경축해방 군중시위로 장안은 온통 만세의 함성과 태극기의 물결이 소용돌이치는 환희와 감격과 흥분의 도가니로 변하면서, 여운형의 충정어린 설득이 있었음에도 불구하고 도처에서 일본인에 대한 시위군중의 보복 행위가 자행되기 시작했다.

그 날 따라 장안에는 난데없는 소련군 입경설이 퍼져 10만 명에 가까운 인파가 서울역 쪽으로 쇄도하는 바람에 남대문 일대에는 발 디딜 틈이 없었다. 시위군중 속에 끼어 있던 김종희는 가까스로 화약공판 사무실이 있는 남산 쪽으로 빠져 나왔다. 인파는 화약공판 건물 앞까지도 붐비고 있었다.

3층 생산부 사무실에서는 기가 꺾인 일본인 사원들이 공포에 떨고 있었다. 중역실의 요시다(吉田政五郎) 취체역은 보이지 않았다. 생산부의 업무는 조선아사노카리트 출신의 요시다 취체역이 총괄해오고 있었다. 김종희가 한 일본인 사원에게 물었다.

"요시다 취체역은 안 나왔나?"

"나왔습니다."

"어디 있나?"

"옥상으로 끌려갔습니다."

"옥상으로 끌려가다니? 누가 끌고 갔단 말야?"

"올라가보면 알 겁니다."

옥상으로 올라온 김종희는 아연실색하고 말았다. 너무나도 어처구니없는 광경이 벌어지고 있었기 때문이다. 몇몇 관리직 조선인 사원들이 10여 명의 조선인 노무직 사원들과 작당하여 미야모도 사장을 위시해서 기무라·스즈키·우에노·요시다 등 마쓰무로 취체역 한 사람을 제외한 회사 중역 전원을 뜨겁게 달아오른 콘크리트 바닥 위에 모조리 꿇어앉혀 놓고 있었다.

"아니, 무슨 짓들을 하고 있는 거요?"

김종희가 일갈하며 중역들을 둘러싸고 있는 조선인 사원들을 밀쳤다.

"김 계장! 너는 어디 갔다 이제 나타나는 거냐?"

몸집이 크고 나이가 든 총무부 사원 강선호가 힐난하듯이 큰소리를 치며 김종희 앞으로 다가섰다. 강선호는 총무부에 근무해오는 동안 중역들에게는 말할 것도 없고, 일본인 평사원들 앞에서까지도 구역질이 날 만큼 온갖 아첨을 떨어온 친구였다.

"대체 이 사람들을 어쩌려고 이 모양으로 꿇어앉혀 놓은 거요?"

"뭐라구? 지금까지 우리 조선인 사원들을 차별대우하면서 강압적으로 일만 시켜온 자들인데, 김 계장은 우리한테 불만이 있다는 거야, 뭐야?"

"이들은 이미 백기를 들고 항복한 사람들이오. 지금은 오히려 우리가 이들에게 아량을 보일 때요."

"뭣이? 너는 이 새끼들한테 잘 보여서 계장이 되더니만 역시 일본 놈들

편이었구나?"

"말조심하지 못해!"

"왜? 내 말에 찔리는 데가 있는 모양이지, 헷헤…"

"당신은 어제 아침까지도 일본 사람의 발바닥까지 핥고 다니던 똥강아지 아니오?"

"아니, 이 자식이!"

강선호의 주먹이 김종희의 턱밑으로 날아오는 순간, 김종희가 번개같이 강선호의 목덜미를 낚아채며 어깨너머로 메꽂았다. 김종희는 분이 가시지 않은 듯 다시 나가뻗은 강선호를 번쩍 들어 올리더니 물을 가득 채워 놓은 드럼통 속에 텀벙 쑤셔 박는 것이었다. 조선인 사원들은 다만 겁에 질린 얼굴로 김종희의 거동을 지켜볼 뿐이었다.

"여러분! 내 말을 들으시오!"

김종희는 홍분을 자제하고 아침나절에 휘문중학교 교정에서 들은 여운형의 연설 내용을 상기하면서 사자후를 토했다.

"지금은 우리가 이런 간사하고 악랄한 자의 선동으로 부화뇌동할 때가 아닙니다! 우리는 지금 민족해방의 첫걸음을 내딛고 있는 것입니다. 백두산 아래서 자란 우리 민족의 저력을 한데 모아서 이 땅에 이상적 낙원을 건설해야 합니다. 우리 직장은 우리 손으로 지켜야 합니다. 건국준비위원회에서는 이미 각 전문학교 학생들과 중학생들로 치안대를 조직해서 시내 요소요소에 경비원을 배치해 놓고 있습니다. 우리도 먼저 우리 화약공판 산하에 있는 전국의 화약고를 지켜야 합니다."

"옳소!"

조선인 노무직 사원들이 박수로 환호했다.

"이 사람들의 결박을 풀어주시오! 그리고 상부의 어떤 결정이 있을 때까지 우리는 맡은 일에 각자 책임을 다합시다!"

"옳소!"

"김 계장 말이 맞다!"

김종희는 조선인 사원들이 중역들의 결박을 푸는 것을 보지도 않고 바로 2층 구매부 사무실로 뛰어 내려왔다. 마쓰무로 취체역이 옥상에 보이지 않았기 때문이다.

"마쓰무로 취체역은 어디 있나?"

"출근하지 않았습니다."

"그래…?"

김종희는 그 길로 홍제동 사택을 향해 달려갔다.

'마쓰무로 취체역에게도 어떤 보복이 가해지고 있는지 모른다…'

홍제동 사택의 마쓰무로 취체역은 집안 살림을 정리하는 중이었다.

"다른 데로 옮길 겁니까, 부장님?"

"음! 떠날 준비를 하고 있는 거다."

마쓰무로 취체역의 태도는 평소처럼 태연하고 침착했다.

"떠나다니요?"

"이제 일본인은 일본으로 돌아가야지."

"하지만 아직은…"

"연합국은 이미 카이로선언에서 모든 일본인은 강점하고 있는 전 지역에서 축출되어야 한다는 사실을 못 박아 놓고 있으니까."

"그럼, 부장님은 카이로선언도 알고 있었군요?"

"음!"

그는 일손을 쉬지 않았다.

"부장님은 개전 초에 벌써 일본이 진다는 것을 알고 있었잖았습니까?"

"일본이 질 거라고 생각한 사람은 비단 나뿐이 아니었을 거다."

"일본은 앞으로 어떻게 되는 겁니까, 부장님?"

"전쟁에 졌다고 해서 일본 민족이 지구상에서 사라지는 것은 아니다. 일본에는 일본대로의 새로운 질서가 서게 되겠지."

"그 동안 부장님이 저에게 베푼 호의는 잊지 않겠습니다."

"솔직하게 말한다면 내가 그 동안에 너에게 베푼 친절은 나의 호의가 아니다."

그는 일손을 놓고 마주 앉으며 엄숙한 표정을 지었다.

"나의 욕심이었다고 해야 정직한 고백이 될 거다."

"욕심이라구요?"

"그렇다! 일본은 조선에 화약공장을 네 군데나 건설했지만 화약이 갖는 특수성 때문에 조선인에게 화약에 대한 전문지식을 전수하는 데는 매우 인색했던 것이 사실이다. 그러나 나는 화약인의 한 사람으로서 조선 땅에 나와 땀 흘려 이룩해놓은 화약산업이 물거품이 되는 것을 원하지 않았다. 그래서 나는 조선유지 인천화약공장의 몇몇 조선인 종업원을 초화공실이라든가 날화공실 같은 주요 생산 공정에 견습공으로 일할 수 있게 해왔지만, 결국은 인천공장이 그 동안 휴업상태에 있었기 때문에 그들이 기술에 익숙해질 수 있는 충분한 기회를 얻지 못한 채 오늘에 이르고 말았다. 이제 일본인이 조선에서 떠나고 나면 조선에 있는 화약공장들은 사실상 무용지물이 될 것이다. 너도 아는 바와 같이 어느 공장에도 조선인 화약 기술자는 단 한 사람도 없으니까…"

그는 한숨을 내쉰 뒤에 다시 말을 이었다.

"앞으로 새 조선을 건설하는데 화약이 어느 정도로 큰 비중을 차지하게 되는지 아직 나로서도 모른다. 그러나 분명한 것은 화약 없이 산업 근대화를 이룩한 나라는 이 지구상에 한 나라도 없다는 사실이다."

김종희는 묵묵히 듣고만 있었다.

"김 군! 다행히 너는 지난 4년간 화약을 제조하는 기술을 배우지는 못했지만 화약공판 구매부와 생산부에 근무해오면서 화약이 무엇이며, 화약이 어떤 경로로 생산된다는 사실을 알았을 것이다. 네가 진정으로 너의 조국 조선을 사랑하거든 우리 일본인이 조선을 떠난 후에라도 너만은 화약계를 떠나지 말아 다오! 이것이 너에 대한 나의 마지막 부탁이다!"

김종희는 아무 말 없이 마쓰무로 취체역의 얼굴만 물끄러미 바라볼 뿐이었다. 화약인으로서 오직 외길인생을 살아온 마쓰무로 취체역의 진심은 어느 정도 헤아릴 수 있을 것 같았지만, 화약계를 떠나지 말아 달라는 그의 부탁은 왠지 마음에 흔쾌히 와 닿지 않았다. 그는 해방된 조국에 이바지해야 할 일 가운데는 화약보다 더 큰일이 얼마든지 있을 것이라고 생각했다.

그가 계동에 있는 건국준비위원회 사무실에서 성백우 선배를 만난 것은 미·소 양국이 북위 38도선을 경계로 해서 조선을 분할 점령할 것이라는 사실이 보도되던 8월 25일 오후였다.

"선배님! 그럼 우리나라는 새로 미·소 양국의 지배를 받게 되는 겁니까?"

"아닐세! 다만 미국과 중국, 소련이 일본에 대한 수항지구(受降地區)를 그렇게 설정한 것뿐이라네. 중국은 북위 17도선 이북의 베트남에서 산해관

이남의 중국 본토와 대만에서 일본군의 항복을 받고, 소련은 산해관 이북의 만주 전역과 38도선 이북의 조선에서, 그리고 미국은 38도선 이남의 조선과 일본 본토에서 일본군의 항복을 받기로 되어 있다네.”

“미군이 들어와서 일본군의 항복만 받고 나면 우리나라는 바로 독립이 되는 거죠, 선배님?”

“그러기 위해서 건국준비위원회가 현재 일을 하고 있는 거 아닌가.”

“제가 도와 드릴 일은 없겠습니까, 선배님?”

“자네가 지금 나보다 더 중요한 일을 하고 있어. 우리나라가 자주독립을 하기 위해서는 앞으로 제일 먼저 산업부흥을 이룩해야 한다네.”

“하지만 산업부흥보다 더 큰일이 있을 것 아닙니까?”

“그보다 더 큰일이 어디 있겠는가! 자네는 다른 생각 말고 그냥 화약계에서 열심히 일해 주게! 그것이 바로 해방된 조국을 사랑하고 위하는 최선의 길일세. 나도 머지않아 정치와는 인연을 끊고 교육계에 진출해서 후학양성에 진력할 생각일세.”

김종희는 건국준비위원회 사무실을 나서면서 마쓰무로 취체역이 하던 말을 뇌리 속에 떠올렸다.

‘너는 지난 4년간 화약을 제조하는 기술을 배우지는 못했지만 화약공판 구매부와 생산부에 근무해오면서 화약이 무엇이며, 화약이 어떤 경로로 생산된다는 사실을 알았을 것이다. 네가 진정으로 너의 조국 조선을 사랑하거든 우리 일본인이 조선을 떠난 후에라도 너만은 화약계를 떠나지 말아 다오!’

형도 비슷한 말을 한 적이 있다.

“일본 사람들이 다 돌아가고 나면 어차피 누군가 화약을 잘 아는 사람이 화약공판 일을 책임지고 관리해나가야 할 것 아니냐? 아무 말 없이 묵묵히 제 할 일을 하는 사람이 애국자냐, 입으로 애국한다고 떠들고 다니는 사람이 애국자냐?”

그 무렵 김종철은 학병에 끌려갔다가 귀환한 동지들과 함께 국군준비대(國軍準備隊)를 결성한다고 분주할 때였다.

‘그렇다! 명예는 얻지 못할는지 모른다. 빛나지 않을는지도 모른다. 그러나 나는 해방된 조국의 화약계를 지키는 등대수가 되는 거다!’

김종희의 발길은 부지런히 남대문 쪽으로 옮겨지고 있었다.

# 4

# 미군과의 인연

김종희는 화약공판의 업무내용을 간단히 설명하고, 그들을 바로 홍제
동 화약고와 녹번동 화약고로 안내했다. 스미스 대위는 공병장교답게
다이너마이트와 도화선의 보관 상태를 일일이 점검하면서 "베리 굿!
베리 굿…" 하고 연방 고개를 끄덕였다.

맥아더 사령부가 남조선에 미 군정(軍政)을 선포한 것은 9월 7일이며, 8일에는 하지 중장 휘하의 미군이 인천에 상륙했다. 그리고 9일, 조선 총독인 아베(阿部信行)가 항복문서에 조인함으로써 36년간의 기나긴 일제 식민지 통치는 종막을 고하고 미 군정시대가 새롭게 개막되었다.

11일에는 아베 총독이 정식으로 파면되고 미 군정장관에 아놀드 소장이 임명되었으며, 미국 정부는 같은 날짜로 남조선에 GARIOA(Government Appropriation for Relief in Occupied Areas; 점령지 구제기금) 원조가 제공될 것이라고 발표했다. 김종희로서는 조선을 자유국가로 독립시키기로 한 카이로선언에도 불구하고 당장 독립정부를 세우지 않는 것이 불만스러웠다.

해방된 지 불과 한 달, 조선공산당을 위시해서 한국민주국민당·건국부녀동맹·조선문화건설중앙협의회·각 정당통일기성준비회 등 갖가지 정당 사회단체가 어지럽게 난립하는 가운데 직장에는 각기 자치위원회가 결성되기 시작했다.

9월 12일은 화약공판에서도 자치위원회를 결성하기로 한 날이었다. 김종희는 회사로 출근하기 전에 먼저 회현동 김봉수의 집에 들렀다. 김봉수는 일찍이 와세다 대학을 졸업하고 조선화약총포판매주식회사에 근무해오다가 화약공판이 발족하는 바람에 총무부 창고계장으로 재직하고 있는, 조선인 사원 중의 선임사원이다. 김종희는 오늘 결성하는 자치위원회 위원장에 그를 추대할 생각이었다. 그런데 그는 해방되던 다음날부터 회사에 잘 나오지를 않았다.

"어서 오게, 김 계장!"

김봉수는 평소에도 김종희를 동생처럼 대해왔다.

"궁금해서 들렀습니다."

"좀 바쁜 일이 있어서…"

"회사에도 좀 자주 나오셔야죠."

"사실 그 동안엔 어쩔 수 없이 그 자리에 그냥 붙어 있었지만, 이제는 나도 내가 가야 할 길을 가야 할 것 아닌가."

이때 전화가 걸려왔다. 김봉수는 집에 전화까지 놓고 살 만큼 여유가 있는 부여 갑부의 후손이다. 전화하는 얘기를 들어보니 그도 정치에 관계하고 있는 것 같았다.

전화가 끝나자 김종희는 단도직입적으로 말을 꺼냈다.

"계장님께서 우리 화약공판의 자치위원회 위원장을 좀 해주서야겠어요."

"원, 별소릴…"

"우리도 오늘 자치위원회를 만들기로 했거든요."

"화약공판에도 그런 게 있기는 있어야 할 거야."

"그런데 계장님 아니면 위원장 맡을 사람이 있어야죠?"

"김 계장, 자네가 하게! 자네는 위원장이 되고도 자격이 남아."

"제가 위원장을 어떻게 합니까?"

"자네가 총무부의 강선호를 혼내주었다는 얘기도 내가 듣고 있네. 이런 때일수록 완력은 완력으로 다스려야 하는 법이야. 일본인의 공공재산이 앞으로 어떻게 처리되는지는 모르지만, 좌우간 어떤 결정이 내려질 때까지 김 계장이 자치위원회를 만들어 말썽 없이 잘 이끌도록 하게! 만약 어려운 일이 생겨 내 힘이 필요하다면 언제든지 내가 도움세!"

김종희를 위원장으로 뽑자는 공론은 자치위원회를 결성하자는 움직임이 일 때부터 나온 얘기였다. 그러나 김종희로서는 나이가 지긋한 선임자를 위원장으로 추대하고 싶었던 것이다.

좋든 싫든 김종희는 화약공판 자치위원회 위원장이 될 수밖에 없었다. 그는 먼저 위험물인 화약이 혼란기에 외부로 유출되어 사고가 발생하는 일이 없도록 할 것을 화약공판 산하 각 화약고 관리책임자들에게 엄중히 시달했다.

그러나 화약공판 자치위원회의 영향이 미치는 지역은 그때 이미 38선 이남에 제한되어 있었다. 이북에도 미군보다 먼저 평양에 진주(8월 22일)한 소련군에 의해 군정이 실시되고 있었기 때문이다.

9월 중순부터는 그 동안 고국을 떠나 살던 해외동포들이 속속 귀국하기 시작했으며, 조선에 살고 있는 일본인들도 본국으로의 귀환을 서둘렀다. 화약공판에서도 본국 귀환을 앞두고 일본인 사원들이 분주한 움직임을 보이는 가운데 하루는 사장실에서 김종희를 불렀다.

그 무렵 경전(京電-한전의 전신) 같은 데서는 조선인 종업원들이 일본인 간부들의 퇴진을 요구하고 총파업을 일으키기도 했지만, 화약공판의 경우는 일본인들 스스로가 물러갈 것을 약속하고 있었기 때문에 별다른 마찰이 없었다.

사장실에 들어선 김종희는 의외로 엄숙한 실내 분위기에 긴장감을 느꼈다. 미야모도 사장을 비롯해서 기무라 수석상무 취체역 · 스즈키 영업담당 상무취체역과 우에노 총무담당 취체역 · 마쓰무로 구매담당 취체역 · 요시다 생산담당 취체역 등 6명의 중역 전원이 장방형 테이블에 정연하게 자리잡고 앉아 있었다.

"김 계장! 이리 앉아요!"

미야모도 사장이 오른쪽의 비워 놓은 상석을 권했다.

"아닙니다. 저쪽으로 앉겠습니다."

김종희는 상석을 사양하고 말석으로 가서 앉으려고 했다.

"김 계장! 오늘은 여기가 김 계장 자리요. 이리 와서 앉아요."

"괜찮습니다."

"지금 우리는 김 계장에게 조선화약공판주식회사의 업무인계를 하려는 거요."

"업무인계라구요…?"

"그렇소!"

김종희는 미야모도 사장이 권하는 상석에 앉으면서 중역들의 얼굴을 둘러보았다. 그들의 얼굴이 다소 상기되어 있었다. 미야모도 사장이 회의 테이블 위의 두툼한 서류철을 앞으로 끌어당기며 다시 말을 이었다.

"김 계장도 아는 바와 같이 우리는 모두 조만간 본국으로 돌아가야 할 사람들이오. 그래서 이 화약공판 업무를 어떻게 처리하고 떠나야 할 것인가 하는 문제를 놓고 장시간 논의한 끝에 회사의 업무 일체를 김 계장에게 인계하기로 한다는 데 의견의 일치를 보았어요."

"여러분이 물러나게 되면 회사업무는 어차피 우리 자치위원회가 맡게 되는 것 아니겠습니까?"

"자치위원회 얘기가 없었던 것은 아니오. 허나 우리 중역회의는 여러분이 임의로 결성한 자치위원회를 인정하지 않기로 했어요."

"그렇다면 나한테 업무인계를 하겠다는 것은 무슨 얘깁니까?"

　"자치위원회 위원장이 아닌 화약공판 사원의 자격으로 업무를 인수해 줘야 하겠어요."

　"사원 자격이거나 위원장 자격이거나 무슨 상관있습니까? 이러나저러나 김종희는 같은 한 사람입니다."

　"그렇지가 않아요. 자치위원회는 아무 법적 근거가 없는 임의단체에 불과해요. 따라서 자치위원회는 언제든지 해체될 수 있고, 그렇게 되면 위원장 자격도 자동적으로 소멸되는 거요. 그래서 중역회의가 오늘 날짜로 김 계장을 우리 화약공판의 지배인으로 선임하는 한편, 회사 업무 일체를 지배인에게 인계하기로 의결한 거요."

　"나를 지배인으로…?"

　여태까지 화약공판에 지배인이란 없었던 제도다. 그러나 주식회사의 중역회의가 회사의 업무집행과 관련해서 지배인을 선임하거나 해임하는 일은 사업이 보장하고 있는 권한에 속한다.

　"조선이 현재 미 군정 하에 있다고는 하지만 아직 현행법이 존속하는 한 우리 조선화약공판주식회사 중역회의 결의는 어디까지나 정당하고 합법적인 거요. 그러니 중역회의 결정을 존중하고 따라주었으면 좋겠소."

　'어차피 누군가 인수해야 할 화약공판 업무가 아닌가…? 그렇다면 굳이 합리적으로 업무를 인계하겠다는 이들의 제의를 거부할 이유가 없다.'

　김종희는 미리 준비된 각종 주요 인계서류 목록과 중역회의 의사록을 검토한 후에 미야모도 사장이 제시하는 각서에 서명 날인했다.


　〈각서〉

　본인은 조선화약공판주식회사 제47차 중역회의 결의에 따라 일체의 회사업무를 인수함에 있어 관계법령을 비롯한 회사정관과 제반 사규를 준수하며 대외적으로 회사를 대표하고 대내적으로는 회사 경영의 책임자로서 선의의 관리임무를 성실히 이행할 것을 엄숙히 각서한다.

1945년 9월 22일
지배인 김종희
조선화약공판주식회사 중역회의 귀중

조선인 사원들은 김종희에게 화약공판 업무를 인계하기로 한 중역회의의 결정을 당연한 일로 받아들였으며, 모든 일본인 사원들이 중역들과 함께 9월 23일자로 총퇴진하고 9월 24일부터는 김종희 지배인 중심의 새로운 조선화약공판주식회사 체제가 들어섰다.

다음날인 25일, 미 군정은 일본인의 재산을 적산(敵産)으로 접수하기 위한 사전 동결조치로서 모든 일본인 재산의 이양을 금지하는 한편, 8월 9일(일본이 어전회의에서 항복할 것을 결정한 날) 이후에 성립된 일본인 재산에 대한 매매행위 일체를 무효화한다는 내용의 군정법령 제2호를 공포했다.

화약공판 사원들은 미 군정의 그와 같은 조치가 자신들에게도 어떤 영향을 미칠 것이라고 생각했다.

"우리 화약공판은 어떻게 되는 거야?"

"김 지배인이 인수한 거, 무효 아냐?"

"그럼, 창고 안에 쌓여 있는 것들은 어떻게 하지?"

"그것까지 미군한테 빼앗기면 억울하잖아?"

화약공판 창고에는 미처 각 화약공장에 배급하지 못한 상당량의 작업

복과 광목, 면화 등의 생필품이 보관되어 오고 있었다. 사원들은 김종희에게 인수인계가 무효라면 차라리 창고 안에 있는 생필품이라도 나누어 갖자고 했다.

그러나 군정법령 제2호와 화약공판의 업무인수는 전혀 무관한 것이었다. 화약공판의 중역회의 결의는 어디까지나 회사의 업무를 인계한 것뿐이지 회사 자산을 양도한 것이 아니기 때문이다. 김종희는 그 점을 분명히 설명하고 사원들의 동요를 막으면서 10월 1일자로 화약공판 산하의 각 지역 영업소장을 임명했다. 일본인 사원들의 총퇴진으로 각 영업소의 소장이 공석 중이어서 영업소 소관인 그 지역 화약고 관리의 안정성이 염려되었던 것이다. 당시의 인사 내용은 다음과 같다.

부산영업소장 주수택 : 괴정동 화약고 5개 동

대구영업소장 최덕기 : 범어동 화약고 4개 동

산격동 화약고 2개 동

전주영업소장 김학영 : 인후동 화약고 2개 동

제천영업소장 이희규 : 장락동 화약고 2개 동

군산출장소장 문병기 : 사풍리 화약고 4개 동

본사 영업담당 민영만 : 홍제동 화약고 8개 동

녹번동 화약고 4개 동

그 밖의 본사 총무담당에는 전부터 총무부에서 근무해오던 강선호를, 그리고 구매담당과 생산담당에는 김덕성과 민영만을 각각 임명했다.

다음날 사원들은 이번 인사 발령이 군정청과의 사전협의를 거친 것이라고 수군거렸다. 군정청과의 사전협의가 있었던 것은 아니지만 사원들의 추측은 그럴싸했다. 군정청이 10월 2일을 기해서 남조선의 광산을 일제히 접수하기 시작했던 것이다. 군정청이 광산을 접수한다는 것은 곧 화약의 수요 유발을 뜻하는 것이며, 광산에 필요한 화약을 충당하기 위해서는 화약공판을 통해 공급하지 않으면 안 된다. 화약은 여느 물품처럼 아무나 취급할 수 있는 것이 아니다. 허가 받은 사람만이 취급할 수 있고, 팔 수 있고, 살 수 있는 것이 화약인 것이다.

"지배인! 이제 코 큰 친구들이 우리한테 굽실거리게 됐어요."

김종희보다 나이가 많은 영업담당 민영만이 싱글벙글거리며 1층 지배인실을 들어섰다.

"왜요?"

"자기네들이 광산 일을 하려면 우리 신세 안지고 될 거예요?"

"그건 주객이 바뀐 생각인데요."

"주객이 바뀌다뇨?"

"미국은 세계에서 지하자원이 제일 풍부한 나라인데, 그들이 우리나라 광산물이 탐나서 개발하려고 하겠어요?"

"그렇잖으면 군정청에서 무엇 때문에 허구많은 생산공장을 다 제쳐놓고 맨 먼저 광산부터 접수한단 말이오?"

"광산개발이 우리나라 경제 건설에 차지하는 비중이 그만큼 크다는 걸 알아야 합니다. 우리나라가 독립을 하자면 먼저 경제적으로 자립해야 합니다. 그런데 미군이 광산개발을 하겠다는 마당에 우리가 마치 남의 일을 돕는다는 생각으로 일해서 되겠어요?"

"우리나라가 독립은 되는 거요?"

"하지 장군이 각 정당 대표들에게 건국에 대한 제언을 해달라고 요청하고 있잖아요?"

"그 놈의 정당이 하도 많이 생기니…"

"정치는 정치하는 사람들에게 맡기고, 우리는 우리가 맡은 화약일 한 가지만이라도 잘해 봅시다!"

김종희는 새 조국 건설에 드디어 화약이라는 한 분야에서 기여할 수 있게 된다는 것이 여간 흐뭇하지 않았다. 화약공판 입사 이래 오늘에 이르기까지 자신을 음으로 양으로 격려해온 마쓰무로 취체역의 각별한 배려가 새삼스럽게 고마웠다. 그는 홍제동 사택에서 일본으로 돌아가게 되는 날만을 기다리며 일체 두문불출하고 있었다.

'오늘은 퇴근 후에 마쓰무로 취체역을 만나야지. 그가 떠나기 전에 좀 더 조선 화약계에 대한 그의 솔직한 견해와 충고를 들어두어야 한다…'

김종희가 그런 생각을 하며 업무파악을 하기 위해 기숙사에 가지고 들어갈 서류철을 보자기에 싸고 있을 때였다.

"야, 디도!"

누군가 자신을 부르는 소리가 들렸다. 참으로 오랜 만에 들어보는 소리였다. '디도' 는 김종희의 세례명이다. 문득 고개를 돌린 김종희가 크게 반색하며 일어섰다.

"야, 이거… 노엘이 웬일이냐?"

지배인실을 들어서고 있는 '노엘' 이라는 청년은 김종희와 함께 부대리에서 북일사립학교를 다닌 송태식(宋泰植)이었다. 부대리 소년들은 거의 모두가 본명보다는 세례명에 더 친숙해 있었다. 부대리 주민의 대다수가 성공회 신도여서 아이들이 대부분 교회 유치부에 다닐 때 영세를 받게 되고, 영세를 받은 후부터는 서로 세례명을 불러오기 때문이었다. 김종희와 송태식이 영세를 받은 것도 유치부에 다니던 시절이다. 두 사람은 특히 담장 하나를 사이에 두고 자란 소꿉친구다. 김종희가 도상에 진학하기 전까지만 해도 둘은 자주 교회에서 만나곤 했었다.

"노엘! 우리가 얼마 만에 만나는 거냐?"

"네가 원산상업학교로 전학간 뒤엔 못 만났으니까, 5년도 더 되나 뵈여."

"그래, 어떻게 지냈냐?"

"농사나 짓는 촌놈이 그렇지 뭘."

"그런데 촌놈이 여긴 어떻게 알고 찾아온 거여, 핫하…"

"아무리 촌놈이기로서니 서울 와서 남대문 못 찾을까?"

"그래, 반갑다. 잘 왔어!"

"실은 어제 기차를 타려고 천안역에 나오다가 너희 아버질 만났던 거여."

"응, 그랬었구나."

"너희 아버지께서 여길 가르쳐 주면서 널 꼭 좀 만나보라고 해서 온 건데…"

"왜, 무슨 일인데?"

"일본에서 공부하던 네 동생 종근이 있잖아? 얼마 전에 돌아왔다더라."

"그래…?"

"그런데 시방 굉장히 아픈가 뵈여."

"아프다구?"

"너희 아버지가 천안에 의사를 데리러 나오셨다가 날 만났던 거여."

"어디가 아픈데?"

"거기까지는 잘 모르겠고, 좌우간에 너희 아버지 말씀이 종근이가 너를 퍽 보고 싶어 한다고 하시면서 바쁘더라도 꼭 한 번 다녀가도록 하라더라."

“어쨌든 종근이가 살아서 돌아왔다니 다행이다. 그렇잖아도 어제 신문에서 교포 귀환선 하나가 일본 마이쓰루(舞鶴) 항에서 침몰했다는 기사를 보고 큰 걱정을 하고 있었는데…”

“그럼, 난 이만 내려가 볼란다.”

“지금 내려가겠다는 거야?”

“일 다 보고 시방 내려가는 길이었어.”

“오늘밤 나하고 같이 자고, 내일 함께 내려가자구!”

다음날 김종희가 상덕리에 도착했을 때, 종근은 이미 사경을 헤매고 있었다.

“종근아! 나다, 종희 형이야! 종근아, 정신 차려! 정신 차려봐, 종근아!”

도쿄에 있을 때부터 극심한 식량난으로 영양실조에 걸려 있던 종근은 귀국길에 겹친 피로 때문에 집에 돌아와 이삼일 동안은 몸도 제대로 가누지 못했었다. 그러다가 기운을 차린 종근이 입맛을 찾기 시작했던 것이다. 그런 때일수록 조심해야 할 것은 음식이었다. 그런데, 오랫동안 먹지 못해 병이 나서 돌아온 아들을 대하는 부모는 애틋한 정에 끌려 몸에 좋다는 음식을 아낌없이 장만해대고, 본인은 본인대로 왕성하게 살아난 식욕을 절제하지 못하고 과식한 것이 발병의 원인이 되었던 것이다.

“아버지! 의사를 불러야겠어요.”

“아침에도 데리러 갔었는데, 의사가 안 오려고 하더라.”

“어느 병원 의사인데요?”

“천안 역전의 박해병원이여.”

‘의사가 왕진을 거부하다니…’

상기된 김종희는 천안 읍내로 가는 신작로를 정신없이 걸어가고 있었다.

부대리 앞길을 지날 때였다. 멀리 자전거를 탄 사제복 차림의 신부님이 나타났다. 김종희는 걸음을 멈추고 가까이 다가오는 신부의 모습을 바라보았다. 신부의 옷자락이 바람에 흩날리고 있었다. 하도 오랜만에 보는 신부의 옷차림이 신비스럽게 느껴지기까지 했다. 신부의 자전거가 김종희 앞에 멈췄다. 그는 머리가 희끗희끗한 초로의 강희선(姜喜善) 신부였다. 김종희는 구세주를 만난 듯한 감격에 와락 강 신부 앞으로 다가섰다.

"이게 누구신가…?"

"신부님! 저, 디돕니다."

"디도! 반갑네!"

"안녕하셨습니까?"

"음! 오늘 이렇게 디도를 만나려고 내가 어젯밤 꿈에 세실 주교님을 뵈었던 게야."

"주교님 소식, 알고 계십니까?"

강 신부는 모른다는 뜻으로 고개를 설레설레 내젓곤 가슴에 성호를 그었다. 강희선 신부는 평택 태생으로, 1908년에 강화 신학원을 졸업하고 평택 성당 전도사로 임명되어 시무해 오다가 1923년 사제서품을 받은 우리나라 성공회 초기 신부의 한 사람이다. 부대리에 성공회가 뿌리를 내리게 된 것도 실은 강희선이 그 마을에 사는 동생 강기선에게 전도한 데서 비롯되었다.

강 신부가 부대리 교회 사제로 부임한 것은 세실 쿠퍼 신부가 조선 성공회 제4대 주교가 되어 서울의 정동교회로 영전한 1931년 6월이다. 당시의 부대리 성공회 신도는 7백여 명을 헤아렸다. 성공회가 부대리에 쉽게 정착할 수 있었던 것은 그 마을이 인근에서 가장 가난했기 때문이며, 신도 수가 많았던 것은 선교활동의 일환으로 북일사립학교를 개설하고 신학 문을 가르쳐왔기 때문이다.

그 많던 신도들이 거의 다 떨어져 나가고 지금은 겨우 20여 명이 남아 부대리 성공회의 명맥을 유지해가고 있는 실정이었다. 태평양전쟁이 시작 되면서 모든 교회가 수난을 당하게 되었던 것이다. 일제는 유일신을 신앙 하는 기독교도들에게 신사참배를 강요하는가 하면 국방헌금을 강요했고, 이에 불응하는 교단에는 해체명령을 내리고, 그 교단에 속한 교회를 폐쇄 하는 한편 많은 목회자들을 투옥하기까지 했다. 특히 성공회의 경우는 제 2차 세계대전의 발발로 영국에 대한 일제의 적대감정이 표면화되면서 핍 박을 가하기 시작해 급기야 1941년 초에는 구세실(Cecil cooper) 주교를 비 롯한 모든 영국인 선교사들을 추방함으로써 8·15해방까지 5년간의 목회 공백기를 겪어야만 했었다.

재민 공이 영세를 받은 것은 부대리에 성당이 세워진 1910년. 그의 세 례명은 '바울'이다. 그는 바울답게 강 신부가 투옥된 후에도 일제의 온갖 핍박을 무릅쓰고 몇몇 신도들과 더불어 끝까지 부대리 교회를 지켜왔다. 김종희의 믿음은 모태신앙이다. 그러나 그가 교회를 멀리해온 지도 어느 덧 10년. 그는 멀리 자전거를 타고 오는 신부님 모습에서 까맣게 잊혀졌던 '하느님'을 뇌리에 떠올렸던 것이다. 길에서 강 신부를 만나게 된 것이 우 연한 일 같지 않았다. 동생에게 신유(神癒)의 은사가 나타날 것 같은 생각 이 들기도 했다.

"어디 가시는 길인가?"

"급한 일로 천안 읍내 좀 나가는 길입니다."

"급한 일이면… 무슨 일인지, 이 자전거를 이용하시게!"

"고맙습니다. 사실은 지금 제 동생 때문에 의사를 부르러 갑니다."

"의사를…?"

"예! 기도 좀 해주십시오, 신부님! 어쩌면 제 동생은 죽을지도 모릅니다."

"뭣이! 일본에서 돌아온 동생 요한 말씀인가?"

"예! 그럼…"

김종희는 강 신부의 자전거를 타고 신작로를 쏜살같이 달렸다. 상덕리에서 천안역까지는 삼십 리 길이 넘는다.

김종희가 천안에서 의사와 함께 자전거를 타고 상덕리 어구에 들어섰을 때는 이미 해가 져서 어둑어둑해질 무렵이었다. 막 대문 앞에 도착했을 때, 별안간 집 안에서 통곡소리가 터져 나왔다. 김종희는 온몸에 전율을 느끼며 거의 반사적으로 제자리에 얼어붙었다. 불길한 예감이 머리끝을 잡아당겼다. 열려 있는 대문 사이로 안방을 나서는 강 신부의 모습이 보였다. 김종희는 구원을 호소하려는 듯 비통하게 강 신부 앞으로 다가갔다.

"디도! 요한은 방금 하느님의 부르심을 받았네."

"예…?"

김종희는 번갯불 같은 현기증을 느끼는 순간 엄습해오는 허탈감에 몸을 지탱하고 있을 수가 없었다. 그는 비칠비칠 걸어가 안방마루의 난간을 등지고 돌아섰다. 몽롱한 의식 속에 강 신부의 사제복 옷자락이 펄럭이고 있었다. 강 신부를 만나던 순간부터 하느님의 기적이 일어날 것을 기대해 온 김종희였다.

"디도! 기운을 차리시게!"

"신부님! 예수님은 죽은 나사로도 무덤에서 살려 내셨습니다. 요한을 살릴 길이 없겠습니까?"

"요한을 이 땅에 보내신 분이 하느님이시니 요한을 하늘나라로 데려가 실 권능도 하느님께 있지 않겠나. 하느님의 섭리는 인간의 힘으로 거역할 수도 없거니와 인간의 지혜로 헤아릴 수도 없는 일…"

"이런 것이 무슨 하느님의 섭리입니까!"

김종희는 울부짖으며 안방으로 뛰어 들어갔다.

요한의 장례를 치른 다음날, 김종희가 서울로 올라가는 길에 인사차 부 대리 교회로 강 신부를 찾아갔다. 강 신부는 여간 기뻐하지 않았다.

"나는 그 동안 하느님께서 왜 요한을 데려가셨을까 하고, 그 해답을 구 하기 위해 얼마나 열심히 기도했는지 몰라."

"요한은 정말로 하느님이 데려가신 겁니까, 신부님?"

"성경에 참새 한 마리도 하느님의 허락 없이는 땅에 떨어지지 않는다고 하지 않았나."

"하느님은 왜 요한을 데려가셨습니까?"

"이를테면 큰 양을 돌아오게 하시려고 작은 양을 데려가신 거지."

"큰 양이 누구란 말씀입니까?"

"디도, 자네기 큰 양일세! 하느님께서는 멀리 떠난 큰 양을 부르고자 하 신 거야."

"그렇다면 저 때문에 동생이…?"

"하느님은 지금 큰 양이 돌아온 것을 기뻐하고 계실 걸세."

"하느님은 굳이 작은 양을 데려가지 않으셔도 큰 양을 얼마든지 돌아오 게 하실 수 있었을 겁니다."

"거기에 바로 하느님의 뜻이 있지 않겠나?"

"무슨 뜻이 있단 말씀입니까?"

"하느님께서는 돌아오는 큰 양에게 데려가는 작은 양의 몫까지 두 몫을 축복하고, 그 대신에 큰 양으로 하여금 이십 배 이백 배로 크신 영광을 거두려 하시는 거야."

"… 위로의 말씀 고맙습니다."

"디도! 내가 지금 하는 말은 위로하기 위해 꾸며낸 말이 아닐세. 내가 기도로 응답받은 말씀을 그대로 전하는 것뿐일세!"

그 날 오후 완행열차 편으로 늦게 서울에 도착한 김종희는 곧바로 홍제동의 화약연구소로 향했다.

홍제동에 도착했을 때는 밤이었다. 예전 같으면 연구소 사택이나 기숙사 창문에 아직 불이 밝혀져 있을 시간인데, 연구소 전체가 깜깜한 어둠 속에 잠겨 있었다.

'정전인가…?'

연구소 정문 경비실에 불이 켜져 있는 것을 보면 정전은 아닌 성싶었다. 이상한 일이었다. 김종희가 경비실 앞을 지나가는 데도 아무도 내다보는 경비원이 없었다. 연구실 경내에는 화약고가 있었기 때문에 정년으로 퇴직한 일본인 사원 3명이 매일 8시간씩 24시간 내내 경비근무를 해오고 있었다. 경비실에는 불만 켜진 채 아무도 없었다.

"누구요?"

김종희가 썰렁한 분위기를 느끼며 사방을 두리번거릴 때 갑자기 어둠 속에서 목소리가 들려왔다

"나요!"

"아이구, 난 누구시라구… 지배인님 오셨군요."

기숙사 쪽에서 다가오는 사람은 지난 10월 1일부로 홍제동 화약고 관리 책임자로 임명된 홍용기(洪龍基)였다.

"경비원은 어디 갔지요?"

"다들 떠났습니다."

"떠나다니요?"

"우리 화약공판의 일본 사람들은 오늘 아침 특별귀환열차 편으로 몽땅 떠났어요."

"뭐라구…?"

뜻밖의 일이었다. 김종희는 마쓰무로 취체역이 거처하던 소장 사택을 멍하니 바라보았다. 그 동안 화약공판에서 있었던 여러 가지 일들이 주마등처럼 머릿속을 스치고 지나갔다. 비록 민족적인 감정의 골은 깊었어도 인간적으로는 서로 큰 허물없이 지내온 그들이었다. 영영 헤어지는 마당에 따뜻한 작별인사 한마디 나누지 못한 것이 허전하도록 서운했다. 특히 마쓰무로 취체역에게는 화약공판의 진로에 대해서 허심탄회하게 물어보고 싶은 일도 많았는데, 끝내 기회를 놓친 것이 아쉬웠다.

"지배인님 없는 동안에 회사가 엉망이 되었어요."

"뭐기요?"

"총무부의 강선호 있잖아요? 그 자가 창고를 다 털어먹었어요."

"창고를 털어먹다니?"

"창고 안에 있는 광목이랑 솜, 작업복, 신발… 돈이 될 만한 물건은 깡그리 빼돌렸지 뭡니까. 어떻게 그런 인간한테 창고를 맡겼어요, 그래?"

설마하고 믿었기 때문이다. 강선호는 조선인 사원들을 선동해 회사 중역들을 옥상으로 끌어내놓고 골리던 친구다. 그러나 김종희는 그가 배신하리라고는 꿈에도 생각지 않았다. 자신의 잘못을 바로 뉘우치고 그 동안 김종희가 하는 일에 누구보다도 열심히 협조해온 강선호였다.

"강선호가 정말 창고 물건을 다 빼돌렸어요?"

"내 말이 믿어지지 않는 모양이군요. 강선호는 그래 놓고 아예 회사엔 나오지도 않아요."

"강선호 혼자 해먹진 않았을 거 아니오?"

"같이 해먹은 놈들도 회사에 안 나오죠."

"해먹은 사람이 몇이나 되오?"

"확실하게는 모르지만, 회사에 붙어 있어 봐야 별 볼일 없다고 생각하는 사람들이 많은 것 같아요."

"화약공판이 망한 것도 아닌데 왜들 그렇게 생각하는 거요?"

"망한 거나 마찬가지죠. 지난 9월 월급도 안 나왔지요, 이제 일본 사람들까지 싹 떠나버리고 말았으니 10월 월급도 없을 것 아니겠어요? 아마 내일부터는 회사에 나오는 사람도 많지 않을 겁니다."

홍용기의 말대로 과연 다음날 회사에 출근한 사원은 노무직을 합해도 10명이 되지 않았다. 김종희는 앞으로 화약공판을 이끌어갈 일이 큰 걱정이었다.

'이렇게 될 줄 알았으면 차라리 사원들 얘기대로 지난달 월급 대신 창고 안에 있는 광목이나 나누어주는 것인데…'

그는 광목 한 자투리, 작업복 한 벌도 군정당국의 지시가 있기 전까지는 함부로 손을 대서는 안 된다고 생각해왔던 것이다.

김종희는 출근한 사원들을 한 자리에 모으고, 자신의 비장한 결의를 이렇게 밝혔다.

"여러분! 나는 여러분이 알다시피 조선화약공판주식회사의 중역회의 결의에 의해 이 회사의 업무를 인수한 지배인입니다. 따라서 나는 여러분이 회사를 그만두고 나 혼자만 남는 한이 있어도 화약공판 지배인으로서의 책임과 의무를 성실하게 다해나갈 것입니다.

지배인으로서 수행해야 할 나의 책임과 의무 가운데는 여러분의 급료를 지불해야 할 일도 포함되어 있다는 사실을 나는 잘 알고 있습니다. 앞으로 어떤 일이 있더라도 여러분의 급료만은 내가 책임지고 지급할 것입니다. 그러나 앞으로 3일 이내에 정당한 사유 없이 회사에 출근하지 않는 사람에 대해서는 회사에 근무할 의사가 없는 것으로 간주하고 퇴직처분을 내리겠습니다.

이제부터 조선화약공판주식회사는 우리 손으로 지키고 키워가야 합니다. 화약공판의 앞날에 어떤 어려움이 닥쳐올지는 나도 모릅니다. 그러나 나는 해방된 조국에 화약계의 등대수가 되어 이바지할 것을 결심했습니다. 여러분도 나와 함께 어떤 태풍이 휘몰아칠지라도 끝까지 이 나라 화약계의 등대수로 꿋꿋이 남겠다는 비장한 각오로 임해주기 바랍니다."

그 날 오후 1시, 김종희는 군정청 앞뜰에서 개최되는 연합군환영 시민대회에 참석했다. 나흘 전(10월 16일)에 미국에서 귀국한 이승만 박사가 연설한다고 해서 그의 연설을 한번 들어보기 위해서였다.

구름같이 몰려온 군중들의 환호와 박수를 받으며 백발이 성성한 이승만 박사가 연단의 마이크 앞으로 모습을 나타냈다. 김종희는 군중 틈에서 열렬히 환호하며 박수를 보냈다.

"친애하는 3천만 동포 여러분! 33년 만에 꿈에조차 그립던 내 고국산천 땅을 밟으니 무어라고 감상을 말해야 좋을지 오직 가슴이 막힐 뿐입니다.

그러나 지금은 그런 사사로운 감상에 젖어 있을 때가 아닙니다. 나는 외국에서 조선에 60여 개의 당파가 있다는 말을 듣고 먼저 가슴이 아팠습니다. 하루바삐 뭉치고 합동하는 것이 사는 길입니다.

여러분! 각자의 주의주장을 다 내버리고 한 덩어리가 되십시다. 그래서 살아도 함께 살고 죽어도 함께 죽겠다는 마음을 가지고 나와 함께 전진합시다. 나는 3천만 동포를 위하여 몇 해 남지 않은 나의 목숨을 바치겠습니다…"

살아도 함께 살고 죽어도 함께 죽자는 노 투사의 충정어린 연설은 애국심에 불타고 있는 청년 김종희의 심금을 울리기에 족했다. 김종희는 무슨 정당이다, 무슨 연맹이다 하고 하루에도 몇 개씩 정치집단이 생겨나는 것을 보면서 일찌감치 정치에는 관여하지 않기로 결심한 자신의 처신이 현명했다고 생각해오는 터였다.

25일은 화약공판의 월급날이다. 김종희가 급료를 지급해야 할 사람은 6명이었다. 조선 화약계의 등대수가 되자는 그의 비장한 호소에도 불구하고 그 사이에 2명이 더 그만두었던 것이다. 당장 해야 할 일이 있는 것도 아니었으니까 월급을 책임져야 할 김종희 입장으로서는 남을 사람만 남았다는 것이 오히려 다행스러운 일이었다. 김종희는 미리 준비한 돈으로 밀린 9월분 월급까지 6명에 대한 급료를 약속한 대로 정확하게 지급했다.

급료를 책임지겠다고 약속하던 날, 그는 홍제동 화약고 관리책임자인 홍용기를 상덕리 자신의 집으로 내려 보냈다. 홍용기는 같은 천안의 입장면 사람이다. 그래서 전에도 김종희의 심부름으로 상덕리 집을 내왕한 적이 있었다. 김종희는 그를 시켜 집에서 햅쌀 열 가마니를 실어 올렸던 것이다. 그 무렵 상덕리의 집에서는 논만 해도 2만3,140㎡(7천 평)나 자작하고 있었기 때문에 부자 소리를 들을 때였다.

다행히 그 해 10월 초에 군정청이 양곡통제를 해제하고, 조선총독부가 종전 직후 불과 18일 사이에 당시 조선은행 화폐 총 발행고의 75%에 해당하는 73억5천5백만 원의 통화를 남발한데다가 군정청이 미군 주둔비를 비롯한 국내 치안유지비 명목으로 무작정 돈을 찍어내고 있어서 급작스러운 전후 인플레가 일어나는 바람에 쌀값이 엄청나게 비쌌다. 그래서 김종희는 쌀 열 가마니를 판 돈으로 사원 6명의 급료를 다 지급하고도 얼마 동안의 회사 경상비를 비축할 수가 있었다.

그러나 각 지역의 화약창고 관리책임을 지고 있는 영업소장들의 급료가 문제였다. 김종희는 지방의 여러 화약고에서 보관하고 있는 각종 화약의 재고량을 검토해 보았다. 지난 9월 하순 총독부 공광국의 호출을 받고 상경했던 인천화약공장의 기리지마 공장장이 마쓰무로 취체역을 찾아와 하던 말이 생각났었기 때문이다. 그때 그들 둘 사이에 오고간 대화는 대강 이런 내용이었다.

총독부 공광국 관리들은 기리지마 공장장의 조선 잔류를 강력히 권고했다. 조선에 있는 4개의 화약공장 중에서 3개가 북조선에 있고, 남조선에는 인천에 있는 조선유지 화약공장 하나뿐이기 때문에 미군 당국이 총독부 관리들에게 인천공장 화약기술자의 잔류를 희망해 왔었다. 인천에 주둔하는 미 공병대가 인천화약공장을 시찰하는 과정에서 일본 기술진이 전원퇴거하면 공장가동이 어렵게 된다는 사실을 알게 되었던 것이다. 불행하게도 인천화약공장 조선인 종업원 가운데는 화약 전문가는 고사하고 제대로 교육된 숙련공이 한 사람도 없었다.

기리지마 공장장은 총독부의 잔류 권고를 단호히 거절했다. 비록 패전국 국민이라 할지라도 아직 미국인에 대한 우월감과 자존심은 살아 있어서 점령군의 협력자로 남는다는 사실에 강한 저항을 느꼈던 것이다. 마쓰무로 취체역은 기리지마 공장장에게 인천화약공장도 화약공판처럼 서면으로 조선인에게 공장 경영을 위임하는 것이 좋겠다고 했다.

"인천공장에는 공장 경영을 위임할 만한 조선인 종업원도 없습니다."

"그렇다면 백지 위임장을 작성해서 미군 측에 업무를 깨끗이 넘겨 버려요. 그래야 후환이 없을 거요."

"또 한 가지 고민이 있습니다. 현지 미군부대에서 공장에 있는 다이너마이트를 징발해 가겠다고 하는데, 내줘도 상관없겠습니까?"

"인천공장에 다이너마이트가 있었나요?"

"마침 종전 직전에 2회에 걸쳐 초화해놓은 니트로글리세린이 있었습니다. 그것이 그대로 조선인 종업원들 손에 넘어간다는 것은 매우 위험한 일이라서, 우리 일본인들끼리 야간작업을 해서 다이너마이트로 완제품을 만들어 놓았습니다."

"그런 것이 있다면 차라리 현지 미군 부대장의 정식 징발증을 받고 안전하게 인계해버리는 게 좋아요."

미군들이 다이너마이트를 필요로 할 것은 당연한 일이다. 군용도로를 개설하고, 진지를 구축하자면 다이너마이트는 없어서는 안 될 필수품인 것이다. 김종희는 화약공판이 보관 중인 화약을 미군에게 팔 수 있을 것이라고 생각하는 것이었다.

'다이너마이트 3.7톤 · 흑색화약 0.4톤 · 도화선 49㎞.'

다이너마이트 3.7톤이면 적은 물량이 아니다. 흑색화약은 나중에 광산용으로 따로 팔기로 하고, 우선 미군에게 다이너마이트만이라도 화약공판

고시가격대로 팔게 되면 엄청난 돈이 된다. 그런데 판로가 막막했다.

'미군 사령부로 찾아가서 직접 얘기해 봐? 영어를 할 줄 알아야지! 영어야 통역관이 있을 테니까 어떻게 되겠지만, 얘기를 꺼냈다가 돈은 안 주고 거저 징발해 가겠다고 하면 어떻게 한다? 하기사 보관해도 어차피 개인 소유가 될 것도 아닌데, 차라리 넘겨주고 나면 책임은 면하게 될 게 아니냐!'

김종희는 이판사판으로 큰마음을 지어먹고 용산에 있는 미군 사령부를 찾아갔다. 미군 사령부가 있는 곳은 바로 전에 일본군 사령부가 주둔하던 자리다.

김종희가 정문을 지키고 서 있는 MP 앞으로 성큼성큼 다가갔다. MP가 뭐라고 물었다.

"유 노우 다이나마이트?"

김종희는 왕년에 배운 영어 단어 실력을 총동원했다.

"아이 해브 다이나마이트."

MP가 못 알아듣는 것 같았다.

"유 돈트 노우 다이나마이트? 펑! 펑…"

다이너마이트 터지는 소리와 함께 크게 손짓을 해보이자, 그제서야 MP가 알이들었다.

"오 아이 씨, 다이나마잇."

"예스! 다이나마이트, 아이 해브 다이나마이트 매니 매니…"

"유 민, 유 해브 다이나마잇?"

"예스, 예스!"

"아 유 슈어?(정말이오?)"

"예스, 예스!"

그러자 별안간 MP가 겁먹은 얼굴로 권총을 뽑아들고 물러서며 위병소의 흑인 MP를 불러내더니 뭐라고 지껄였다.

'아니, 이 친구가…?'

흑인 MP도 권총을 뽑아들고 다가와서 김종희의 몸을 뒤지려고 했다.

"해브 노, 해브 노…"

김종희는 몸에 다이너마이트를 지니지 않았다는 뜻으로 '해브 노'를 연발하며 손을 내저었다. 그래도 막무가내로 김종희의 몸을 샅샅이 뒤지고 난 흑인 MP가 뭐라고 지껄이다가 권총을 들이대며 앞서 걸어가라고 손짓을 했다.

김종희가 흑인 MP에게 끌려간 곳은 사령부 헌병대 사무실이었다. 흑인 MP의 보고를 받은 장교가 김종희에게 다가와 뭐라고 물었다. 그러나 의사소통이 될 리 없었다. 한 30분 후에 통역관이라는 미군 졸병 하나가 나타났다. 그는 '조지 야마다'라고 하는 일본인 2세였다. 김종희는 그에게 화약공판을 설명하고, 미군 사령부에 찾아온 이유를 말했다.

다시 한 시간 후에 김종희가 안내된 곳은 사령부 군수참모실이었다. 군수참모실 장교는 대뜸 화약고의 재고량을 확인하고 싶다고 말했다. 김종희는 언제든지 화약고를 안내할 용의가 있다고 대답했다. 그러나 미군 측에서 그렇게까지 서두를 줄은 몰랐다.

다음날 화약공판 사무실 앞에 느닷없이 미군 지프차 한 대가 달려와서 멈췄다. 어떻게 된 영문인지 모르는 화약공판 사원들은 상상도 못한 광경을 목격하면서 그저 멍할 수밖에 없었다.

"할로! 할로…"

김종희 지배인이 지프차에서 내리는 미군들을 악수로 척척 맞아들이는 것 아닌가! 지프차에서 내리는 미군은 어제의 군수참모실 장교와 조지 야마다, 그리고 또 한 명의 장교였다. 지배인실로 들어와서 소개받은 또 한명의 장교는 '스미스'라고 하는 공병대 대위였다.

김종희는 화약공판의 업무내용을 간단히 설명하고, 그들을 바로 홍제동 화약고와 녹번동 화약고로 안내했다. 스미스 대위는 공병장교답게 다이너마이트와 도화선의 보관 상태를 일일이 점검하면서 "베리 굿! 베리 굿…" 하고 연방 고개를 끄덕였다.

"지방 화약고는 언제 돌아볼 계획인가?"

김종희가 일본어로 물어보면 조지 야마다가 다시 군수참모실 장교에게 물어보고, 그가 대답하면 조지 야마다가 다시 일본어로 김종희에게 대답해주는 식으로 대화는 진행되었다.

"지금까지 돌아본 두 화약고의 화약 보관 상태가 양호하고, 또한 재고량도 당신이 말한 수량과 일치하기 때문에 지방 화약고는 가보지 않아도 믿을 수 있겠다고 한다."

"화약인은 화약처럼 정직하고 정확해야 한다. 화약이 만약 터져야 할 자리에서 터지지 않거나 터져서는 안 될 자리에서 터지게 되면 어떻게 되겠는가? 화약이 꼭 터져야 할 자리에서 터지게 하기 위해서는 화약인이 항상 정직하고 정확해야 하는 것이다."

조지 야마다가 통역을 하자, 두 미군 장교가 고개를 끄덕이며 공감했다.

"다이너마이트를 언제쯤 사 갈 수 있겠는지 물어봐주기 바란다."

"기다리고 있으면 연락해주겠다고 한다."

"우리는 현재 사원들의 급료를 못 주고 있는 실정이다."

"곧 좋은 소식이 있을 테니 계속 전국의 화약고를 철저히 관리해 달라고 한다."

곧 좋은 소식이 있을 것이라는 기대 속에 10월이 저물고, 11월이 밝았다.

2일, 군정청은 군정 실시 이전부터 시행돼온 모든 법령은 새로운 군정법령에 의해 폐지되지 않는 한 그 효력이 존속한다는 내용의 구법령 유효 확인을 선포했다. 군정청으로서도 일제 때부터 시행되어오는 각종 법령 가운데는 반민주적인 독소 조항이 많다는 것을 잘 알았다. 그러나 그 많은 법령들을 하루아침에 개폐할 수는 없는 노릇이었고, 그렇다고 종전 이후에 무법천지가 되다시피 한 사회질서를 그대로 방치할 수도 없는 일이었다. 사회 혼란을 방지하기 위해서는 악법이라 할지라도 일단 법질서를 확립한 연후에 선별적으로 서서히 법령을 개폐해나갈 수밖에 없었던 것이다.

군정 당국의 구법령 효력 존속 선포로 조선화약공판주식회사가 상법상의 회사법인으로 보호받게 된 것은 말할 것도 없고, 김종희가 법률상 정당한 지배인 자격으로 회사 업무를 집행할 수 있게 된 것은 참으로 다행한 일이었다.

11월 5일, 미군들이 화약고를 돌아보고 간 지 1주일째 되는 날 오후였다. 스미스 공병 대위와 조지 야마다가 큼직한 레이션 상자를 하나 안고 화약공판 지배인실로 찾아왔다.

"사원들의 월급이다."

조지 야마다가 레이션 상자를 김종희 앞으로 내밀면서 말했다.

"월급…?"

"화약공판이 보유하고 있는 화약을 어떤 방법으로 처리할 것인가 하는 문제는 추후에 결정하기로 하고, 먼저 사원들의 급료를 미군 측에서 지급한다는 결정이 났다."

"오케이! 우리 회사 사원들의 월급이 얼마인지 아는가?"

"모른다. 우선 1차로 1만 원을 가져왔다."

"1만 원…?"

아무리 전후 인플레이션이 심하다 해도 1만 원이면 거금이 아닐 수 없다. 해방 직후 한 말에 5원 하던 쌀값이 불과 두 달 사이에 배로 껑충 뛰어오른 때이기는 하지만 사원들의 평균 월급이 40원이고 보면 1만 원은 확실히 큰돈이다.

조지 야마다가 레이션 상자 속에서 1원짜리 지폐 묶음 하나를 꺼내보였다. 조선은행 조폐공장에서 금방 찍어낸 것 같은 아주 빳빳한 새 돈이었다. 1만 원이면 1원짜리 100장 묶음으로 1백 뭉치다. 사원들 사이에 김종희 지배인의 성가(聲價)가 높아질 것은 당연했다. 김종희는 각 지방영업소장들의 밀린 월급을 전액 지급하고, 11월에는 전 사원에게 월급 이외에 월급의 50%에 해당하는 물가 수당을 따로 지급하기까지 했다.

12월 6일, 군정청은 법령 제33호를 공포하고 지난 9월 25일부로 동결한 바 있는 일본인 재산을 일제히 접수했다. 동시에 군정청은 법령에 의해 자동적으로 관재국에 귀속되는 일본인 재산 중에서 모든 산업시설은 별도의 귀속재산 처리방침이 확정될 때까지 공업국 감독 하에 자체적인 업무활동을 계속하도록 허용했다. 따라서 화약공판은 관재국에 귀속되어 공업국의 감독을 받도록 되어 있었다. 그러나 화약공판은 폭발물 취급기관이라는 이유로 미군 사령부의 감독을 받게 되었다. 화약공판은 이미 지난 11월 중순 홍제동 화약고의 다이너마이트를 미군 측에 출고한데 이어 12월에는 녹번동 화약고의 다이너마이트 일부를 출고하고, 지방영업소에서도 그 지역 광산에서 필요로 하는 최소한의 화약류를 미군측 승인 하에 제한적으로 출고하고 있는 중이었다.

김종희는 앞으로 닥쳐올 일을 생각하면 초조하고 불안했다. 지금은 화약고에 있는 화약을 곶감 빼먹듯이 출고하고 있으니까 그런 대로 화약공판 체면을 유지한다지만 화약고의 화약이 다 떨어지고 나면 화약공판은 그야말로 빈껍데기만 남을 판이다. 화약공판의 앞날도 앞날이지만 이 나라 화약계를 위해서도 하루 속히 화약 생산을 재개해야 한다고 생각했다.

김종희는 우선 조선유지 인천화약공장의 사정을 알아보기 위해 생산담당 민영만을 대동하고 인천으로 내려갔다. 인천화약공장에는 일본인 기술자들 밑에서 일해 온 견습공들이 여러 명 있다. 일본인들은 조선인들의 힘으로는 화약 생산이 어려울 것처럼 말하고 있었지만, 조선 사람들은 눈썰미가 좋기 때문에 원료만 해결된다면 오히려 생각보다 쉽게 만들 수 있을 것이라고 생각하는 김종희였다.

그러나 그와 같은 김종희의 기대는 인천화약공장을 들어서는 순간 완전히 무너지고 말았다. 며칠 전(11월 30일)에 폭발했다는 뇌홍화성공실(雷汞化成工室)의 잔해가 사면팔방으로 풍비박산해 있었다. 그 폭발 사고로 공장 자치위원회 간부 전원이 폭사했다는 것 아닌가. 그 자치위원회 간부들이 바로 초화공실이라든가 날화공실 같은 주요 생산 분야에서 견습공으로 일해 온 기술 숙련도가 높은 종업원들이었던 것이다.

해방이 되고 인천화약공장에도 자치위원회가 결성되자, 그들 견습공이 간부로 선출된 것은 당연했다. 당시의 인천화약공장 종업원은 일본인 50명에 조선인이 약 350명이었지만 조선인 종업원들은 대부분 포장·운반·잡역 등의 단순 노무직이었다. 따라서 자치위원회가 발족되기는 했었으나 자치위원회 자체가 공장을 운영해갈 능력은 거의 없었다. 자치위원회 간부들은 여러 날 숙의한 끝에 외부에서 공장을 운영해갈 만한 재력 있는 인사를 영입하기로 합의했다.

마침내 서울에서 돈이 많다는 한 신사가 공장을 둘러보기 위해 내려왔다. 자치위원회 간부 9명 전원이 모여 서울에서 내려온 신사와 그를 수행한 또 한 사람에게 간단한 현황 설명을 마치고, 공장시설을 안내하게 되었다.

주요 공실을 돌아보고 맨 끝으로 뇌홍화성공실에 들어갔을 때였다. 서울 신사 발밑에서 번쩍하는 불꽃이 튀면서 뇌화공실 전체가 날아가 버렸던 것이다. 뇌화공실 바닥에는 뇌홍 폭분이 깔리게 마련이어서 폭분의 폭발 위험을 방지하기 위해 작업 중에는 항상 바닥이 축축하도록 물을 뿌려놓게 되어 있었다. 뇌화공실의 작업이 중단된 지 1백여 일, 건조할 대로 건조해진 콘크리트 바닥이었다. 쇠징이 박힌 일본 군화를 신은 서울 신사가 뇌화공실 콘크리트 바닥을 걷는 사이에 말라붙은 뇌홍 폭분이 폭발함으로써 일순간에 11명의 생명이 날아가고 말았던 것이다. 이는 화약계의 앞날을 위해서도 큰 불행이 아닐 수 없었다.

인천에서 돌아오는 김종희의 마음은 땅으로 내려앉을 듯이 무거웠다. 조선 사람들의 힘으로는 화약 생산이 어려울 것이라고 하던 일본인들의 애기가 그냥 얕잡아보고 한 말만은 아니었구나 하는 생각이 들기도 했다. 석 달 이상이나 작업이 중단되었던 뇌화공실에 들어가면서 바닥에 물을 뿌려야 한다는 정도의 상식적인 주의 하나조차 지키지 못한 그들을 상대로 화약 생산이 가능할 것이라고 생각한 자체가 연목구어(緣木求魚) 격이었는지도 모를 일이었다.

회사로 돌아온 김종희는 현재의 화약 재고량을 다시 한 번 검토해 보았다.

‘다이너마이트 2.8톤 · 흑색화약 0.3톤 · 도화선 41㎞.’

그 동안 다이너마이트 0.9톤 · 흑색화약 0.1톤 · 도화선 8㎞가 출고
된 셈이다. 이런 추세로 출고된다 해도 앞으로 4, 5개월이면 화약고 바닥이
드러날 판이다. 그러나 언제, 얼마를 출고하느냐 하는 것은 전적으로 미군
측 출고 지시에 달려 있기 때문에 경우에 따라서는 한 달 안에 손을 털고
나앉게 되는지도 모른다.

그렇지만 김종희로서는 한 가지 믿는 것이 있었다. 화약이란 본래 아무
나 취급할 수 있는 것이 아니고, 또 아무 데나 보관할 수 있는 것도 아니
다. 화약을 다루기 위해서는 소정의 취급면허를 취득해야 하며, 화약을 보
관하기 위해서는 화약류단속법 시행령과 시행규칙이 정하는 여러 가지 까
다로운 조건을 충족시킬 수 있는 화약고를 완비해야 한다.

화약공판의 화약 재고가 떨어지고 나면 미군이 본국에서라도 필요한
화약을 가져와야 할 것이다. 그때도 미군은 화약공판의 인력과 시설을 이
용할 수밖에 없을 것 아니겠는가. 화약공판이야말로 38선 이남에 산재하
고 있는 31개 화약고를 망라한 국내 유일의 화약 취급기관인 것이다.

김종희는 테이블 서랍 속에서 영어 회화 책 한 권을 꺼냈다. 그는 한 달
전부터 영어공부를 하고 있었다. 당장 업무상 아침저녁으로 대하는 상대
방이 미군들인데다가 바야흐로 영어를 모르고서는 행세하기 힘든 세상이
라는 것을 실감하기 때문이었다. 영어 회화 책에 모르는 단어가 있어 사
전을 뒤적이는데 김종철이 지배인실로 들어섰다.

“마침 있었구나!”

“아이구, 형님! 별일 없었어요?”

“아, 그럼!”

김종철은 그때까지도 국군준비대 일로 동분서주할 때였다.

"형님! 신문에 보니까 지난달에 군정청이 국방사령부를 설치하고 모병을 시작했다고 하던데, 형님이 하고 있는 국군준비대는 또 뭐하는 거유?"

"군정청은 치안유지라는 차원에서 경찰 병력을 확보하자는 것이지만, 우리야 명실상부한 국군을 창설하겠다는 거지."

"좌우간 일은 잘 되고 있는 거유?"

"음! 이 달 안으로 국군준비대 전국대회를 개최하기로 했다. 그래서 지금 시골집에 좀 다녀오는 길이다."

"집에는 왜요?"

"전국대회를 열자니까 비용이 좀 들어서 말야. 그런데 집에선 너한테 가보라지 않겠니."

"나한테요?"

"지난 10월에 너한테 쌀 열 가마니를 올려 보냈다고 하시면서 말이다…"

"그 쌀이 여태 있나요?"

"그때, 네가 쌀값을 바로 해드리겠다고 약속했었다며?"

"아, 말이야 그렇게 했지요. 하지만 그게 어디…"

"소문에 듣자니까 사원들에게 물가수당도 주고, 회사 형편이 괜찮은 것 같던데… 나 좀 도와줬으면 좋겠다."

"형님 사정이 어렵다면 쌀 다섯 가마니 값은 해드릴 수 있지요."

"그래, 우선 좀 해주고 나머지는 되는 대로 천천히 해다오!"

"나머지는 나도 좀 써야죠."

"그래그래, 알았다."

국군준비대 전국대회를 하루 앞둔 25일 김종철이 다시 화약공판으로 찾아와 남은 돈을 해달라고 했다. 그 돈이 없으면 내일 대회를 개최하는 데 차질이 생긴다는 것이었다. 김종희는 어쩔 수 없이 남은 돈을 해주면서 하루 속히 막강한 국군이 탄생해주었으면 하고 마음속으로 바랬다.

국군이 탄생하자면 먼저 독립정부가 서야 할 텐데, 오히려 28일에는 설마 하던 조선의 5개년 신탁통치안이 미·영·소 3개국 수도에서 동시에 발표되는 것이었다. 정말 어처구니없는 일이 아닐 수 없었다.

'일제로부터 해방된 결과가 고작 미·영·중·소 4개국의 신탁통치란 말인가…?'

미국이 국무성 극동차관보를 통하여 조선의 신탁관리 의사를 공식으로 표명한 것은 지난 10월 20일이었다. 그러나 한민당이 신탁통치반대 결의를 한데 이어 조선공산당·국민당·건국동맹 등 각 정당사회단체들이 강력한 반탁성명을 발표하고 반발하자, 아놀드 군정장관이 신탁통치는 군정 당국의 의사가 아니라고 밝힌 적이 있었기 때문에 조선에 신탁통치가 실시되리라는 것은 꿈에도 생각지 않은 일이었다. 그리고 보니 아놀드 군정장관이 12월 초순에 해임되고, 모스크바 외상회의가 개막된 다음날인 18일에 러취 소장이 신임 군정장관으로 취임한 것은 우연한 일이 아니었던 것 같다.

마침내 삼천리 방방곡곡이 신탁통치를 반대하는 시위군중의 함성과 분노로 소용돌이치기 시작했다. 김종희도 화약공판 사무실만 지키고 앉아 있을 수는 없었다. 남대문 거리로 뛰쳐나온 그도 '자주 독립 만세'를 소리 높이 외치면서 시위군중 속에 휩쓸렸다. 내일이라도 당장 독립이 되는 줄로 알았던 8·15해방의 감격과 흥분은 아직 생생한데 1945년은 방향 감각조차 잡지 못한 채 격동과 혼란 속에 덧없이 저물어가고 있었다.

# 5
## 의리

누가 화약공판 관리인이 되느냐 하는 것은 화약계의 장래와 직결되는 중대사다. 만약 화약을 모르는 사람이거나, 화약공판에 근무하다가 불미스러운 일로 퇴직당한 사람이 관리인으로 임명된다면 화약계를 위해서도 불행한 일이다. 김종희는 어떤 일이 있어도 강선호가 임명되는 것만은 막아야 한다고 생각했다.

신탁통치안은 마침내 남조선의 정치세력을 좌·우익으로 갈라 세우고 말았다. 어제까지 한 입으로 반탁을 외치던 좌익 정당들이 하룻밤 사이에 찬탁으로 돌아섰던 것이다. 1월 2일 신년 벽두에 조선공산당을 비롯한 각 좌익 단체가 신탁통치지지 군중대회를 개최하는가 하면, 4일에는 우익 정당이 주축이 되어 반탁 과도정부수립을 위한 비상정치회의 소집을 선포하는 가운데 이승만 박사는 조선공산당을 매국노로 단정하고, 그들과의 결별을 선언했다.

"형님! 아무리 생각해봐도 조선 독립은 우리 맘대로 안 될 것 같아요."

군정청에서 미소공동위원회 예비회담이 열리던 날(1월 16일), 김종희는 화약공판에 들른 김종철을 맞아 작금의 국내 정세를 걱정하고 있었다.

"매일같이 신탁통치반대 데모를 하고 있는 데도 미소 양국은 결국 모스크바 3상회의 결의를 실현시키려고 미소 회담을 열었잖아요."

"그러니까 신탁통치라는 저들의 망상을 깨우쳐주기 위해서도 하루 바삐 우리 국군을 창설해야겠다는 거다."

"그래, 국군은 언제쯤 창설되는 거유?"

"지난 12월 전국대회결의대로 2월 중에 태능 국군준비대 본부에서 정식으로 발대식을 갖기로 했다."

그러나 국군준비대는 삼청동 학병동맹사건(學兵同盟事件)이 빌미가 되어 1월 20일자로 공포된 군정청 사설군사단체 해산령에 의해 해체되고 말았다. 종전 후 귀환한 학병 중에는 좌익사상에 기운 학생들이 많았는데, 그들 중심으로 조직된 단체가 소위 학병동맹이라는 것이었다. 삼청동에 본부를 두고 있던 학병동맹은 일제하에 조선인 학생들이 학병으로 끌려 나가던 굴욕의 날인 1월 20일을 학병기념일로 정하고, 그 날의 기념행사를 준비하기 위해 많은 멤버들이 본부 사무실에 모여 있었다.

18일은 전국반탁학생연맹이 주최하는 신탁통치반대 시위가 있던 날이다. 반탁 시위를 하던 학생들이 찬탁 세력의 습격으로 40여 명의 부상자를 내게 되었다. 이에 격분한 반탁 학생들이 그 날 저녁 을지로에 있는 인민보사(人民報社)를 습격하여 기물과 시설을 파괴하고, 다시 인사동에 있는 인민당 당사로 몰려갔다. 인민보는 좌익계의 대변지였으며, 인민당 또한 좌익 정당이었기 때문이다. 인민당사 건물과 기물을 파괴한 반탁 학생들은 다시 서대문 쪽으로 방향을 돌렸다. 죽첨장(竹添莊 - 경교장)에 머물고 있는 김구 주석과 여러 임정요원들에게 학생들의 반탁 의지를 전달하기 위해서였다.

학생들이 신문로 1가에 이르렀을 때였다. 때 아닌 총성이 울리면서 신문로 일대가 삽시간에 아수라장으로 변하고, 40여 명의 학생이 부상당하는 참변이 일어났다. 찬탁파인 학병동맹 멤버들의 계획적인 보복이었던 것이다. 테러에 대한 테러의 반복이었다.

그러나 사태는 그것으로 끝나지 않았다. 1월 19일 밤, 경기도 경찰부의 경찰 병력이 학병동맹 본부를 포위했다. 어제의 총기난동사건의 주모자들이 다시 학병동맹 본부에 모여 많은 무기를 숨긴 채 또 다른 음모를 획책하고 있다는 정보가 입수되었던 것이다. 학병동맹 측에서는 포위망을 압축해오는 경찰 병력을 향해 먼저 총을 쏘았다. 경찰이 응사했을 것은 당연했다. 새벽하늘을 진동하는 총소리가 삼청동 골짜기에 요란하게 울려 퍼졌다. 오랜 총격전의 결과는 학병동맹측 사망자 3명, 경찰측 부상자 2명 등 쌍방 간에 적지 않은 피해를 가져왔다.

'동족끼리 서로 가슴에 총부리를 들이대다니…'

비록 이념과 사상을 달리하는 집단 사이에 일어난 총격사건이라고는 하지만 그것이 해방 후 동족 간에 발생한 최초의 유혈사태라는데 김종희는 심한 충격과 함께 큰 비애를 느꼈다.

군정청의 사설군사단체 해체령이 내려진 지도 어느덧 1주일, 그 동안 막강한 국군을 창설해야 한다고 동가식서가숙 하면서 집념을 불태우던 형은 어찌된 영문인지 통 소식이 없다.

'혹시 군정 당국의 해체명령에 불복하고 끝까지 국군준비대 일을 밀고 나가려는 것은 아닐까? 아니면 낙심한 끝에 병이라도 나서 누구네 집에 몸 져누워 있는 것은 아닌지…'

김종희는 형의 일이 몹시 궁금했다.

화약공판에는 특별한 상황 변동이 없었다. 사원들의 월급은 여전히 미군 측에 의해 지급되고 있었으며, 화약은 겨울철이라서 미군들이 가져가지 않기 때문에 재고량이 그대로 남아 있었다.

지배인실 벽시계가 다섯 시를 가리키고 있었다. 김종희는 퇴근을 서둘렀다. 퇴근길에 창성동의 당숙 집에 들러볼 생각이었다. 당숙 집에 들른 지도 두 달이 지났다. 어쩌면 형이 당숙 집에 있을 것 같기도 했다. 테이블 서랍 속에서 영어 회화책을 꺼내들고 일어서려는데, 노크하는 소리가 났다.

"들어와요!"

김종희는 깜짝 놀라며 벌떡 일어섰다.

"아이구, 신부님…"

"안녕하신가, 디도?"

부대리 강 신부의 얼굴에 온화한 미소가 피어오른다.

"여길 웬일이십니까, 신부님?"

"구 주교님을 뵈러 올라왔다가 내려가는 길일세."

"예…? 아니 그럼, 세실 주교님께서…?"

"지난 21일에 정동교회로 귀환하셨다네! 추방당하신 지 꼭 5년 만에 다시 돌아오신 셈이야."

"저는 그런 것도 모르고…"

"내가 디도 얘기를 했더니 주교님께서 여간 기뻐하지 않으시면서 꼭 한 번 보고 싶다고 하시더군."

"저도 뵙고 싶습니다. 내일이라도 당장 찾아 뵈야죠."

"디도에 대한 주교님의 관심이 아주 여간하시지 않아요. 디도가 지금 몇 살이냐, 지금 무슨 일을 하고 있느냐, 결혼은 했느냐… 하고 물으시지 않겠어?"

"세실 주교님은 제가 어렸을 때도 무척 사랑해주셨거든요. 사탕 같은 것도 저는 언제나 다른 아이들보다 덩치가 크다고 해서 하나씩 더 주시곤 하셨으니까요."

"그랬었군. 그래, 올해 몇 살인가, 디도?"

"이제 양력설을 쇠었으니까 스물다섯 됐습니다."

"어이구, 그러면 장가들어야겠구만."

"아직 형님도 계신데요, 뭐."

"참, 아버님께서도 디모데가 장가를 안 가려고 한다고 하시면서 여간 걱정하지 않던데."

"형님은 꿈이 워낙 커서요."

"글쎄, 들리는 바엔 청년운동을 하는 모양이던데… 자주 만나는가?"

"요새 며칠은 못 만났습니다."

"디모데한테도 구 주교님 소식 전하고 꼭 찾아뵙도록 말씀하시게!"

"그래야죠."

"교회도 열심히 나가고!"

"세실 주교님도 돌아오셨다는데 앞으로는 주일미사 때마다 꼭 참석하겠습니다."

"설엔 집에 내려올란가?"

"예! 내려가서 어른들께 세배나 올리고 와야죠."

"그럼, 그때 시간 있으면 또 만나기로 하고 이만…"

"지금 내려가시게요? 신부님! 제가 하룻밤 모시고 싶습니다. 신부님하고 같이 밤새도록 얘기 좀 하고 싶습니다."

"내일 아침에 약속이 있어서 내려가야 해요. 그 대신 설에 내려와서, 우리 밤새도록 얘기하자구!"

김종희는 일부러 화약공판 사무실까지 찾아와준 강 신부의 호의가 고마웠다. 그는 강 신부를 서울역까지 배웅하고 나서 곧장 정동교회로 향했다. 구세실 신부는 가난에 찌든 부대리 소년들의 산타클로스였으며, 그들의 삭막한 마음을 밝혀준 등불이기도 했다. 한 달에 한 번씩, 동네 골목길에서 뛰어놀던 부대리 소년들은 멀리서 들려오는 오토바이 소리에 환성을 올리며 교회 앞으로 모여들곤 했다. 오토바이 짐판에 선물상자를 싣고 돌아오는 산타클로스 신부를 맞기 위해서였다.

구 신부는 매월 첫째 토요일이 되면 으레 양철지붕을 씌운 교회 창고 안에서 오토바이를 꺼내 타고 천안역으로 나가는 것이었다. 서울에서 도착하는 정기화물이 있었기 때문이다. 그 정기화물은 멀리 영국에 있는 성공회 선교본부 안에 있는 '세실 쿠퍼 선교후원회'가 매월 부대리 교회 앞으로 보내는 각종 생활용품이었다. 생활용품 가운데는 구 신부의 개인 용품도 있었지만 대부분은 부대리 교회 신도들을 위한 헌 옷가지와 의약품, 학용품, 그리고 아이들이 좋아하는 사탕 같은 것들이었다.

소년 김종희는 배탈만 나도 구 신부에게로 달려가고, 눈병이 나도, 심지어는 볼기에 종기가 나도 구 신부를 찾아갔으며, 북일사립학교에 다닐 때는 구 신부가 나누어주는 옷가지를 걸치고 구 신부가 나누어주는 연필과 공책으로 공부했다. 그 무렵에 만약 북일사립학교가 없었더라면 가난했던 소년 김종희는 공부할 기회를 얻지 못했을지도 모른다.

김종희가 구 신부를 마지막으로 만난 것은 6년 전, 도상에서 퇴학처분을 당하고 한 달 가까이 창성동의 당숙 집에 들어앉아 근신하고 있을 때였다.

김종희가 정동교회 정문을 들어설 때는 이미 주위가 어둑어둑할 무렵이었다. 때마침 구세실 주교가 교회 본관을 나서고 있었다. 구 주교의 나이 어느덧 64세. 나이에 비해 건강한 모습이었다. 김종희는 구 주교 앞으로 다가갔다. 구 주교가 발길을 세웠다.

"주교님! 저, 디도입니다."

"오! 디도… 디도!"

구 주교는 두 팔을 벌리고 김종희를 끌어안았다.

"부대리 강 신부님한테서 주교님 말씀을 들었습니다."

"아, 강 신부가 디도한테 들렀었구만."

"예! 정말 주교님을 이렇게 다시 뵙게 될 줄은 몰랐습니다."

"오…, 하느님께서도 디도를 반기시는군! 보게, 이렇게 하얀 눈이 날리지 않는가, 디도?"

"주교님은 지금도 눈을 좋아하시는군요?"

"눈은 사람들의 마음을 정하게 해주니까. 〈시편〉에 이런 구절이 있지."

구 주교는 〈시편〉 한 구절을 외웠다.

"우슬초로 나를 정결케 하소서 내가 정하리이다 나를 씻기소서 내가 눈보다 희리이다"

김종희가 그 뒤를 이어 외웠다.

"나로 즐겁고 기쁜 소리를 듣게 하사 주께서 꺾으신 뼈로 즐거워하게 하소서"

"아니, 디도도 그 시를 외우고 있었구나?"

"그럼요. 주교님께서 제일 좋아하시는 〈시편〉 51장 아닙니까."

김종희는 다시 시 구절을 외워나갔다.

"주의 얼굴을 내 죄에서 돌이키시고 내 모든 죄악을 도말하소서 하나님이여 내 속에 정한 마음을 창조하시고 내 안에 정직한 영을 새롭게 하소서"

눈은 더욱 푸근하게 내리고 있었다.

"디도! 내 방으로 들어가세!"

"예, 주교님."

김종희는 앞서 걸어가는 구 주교가 눈 위에 남긴 발자국을 밟으며 주교관으로 갔다. 주교관은 썰렁한 냉방이었다. 난방시설은 고장이고, 오뚝이 무쇠난로는 있었지만 땔감이 없었다.

'아… 주교님이 이 추운 겨울에 냉방에서 지내시다니!'

김종희는 한평생을 선교 사업에 바쳐온 노 신부에 대한 연민의 정으로 마음이 아팠다.

"주교님! 제가 내일 땔감을 좀 가져오겠습니다."

"디도! 자네 말만 들어도 내 마음이 따뜻해지는 것 같네. 그러나 내가 따뜻한 방에서 두 다리를 펴고 누워 있노라면 조선 성공회를 재건하는 일이 그만큼 늦어질 게 아니겠는가? 내가 조선으로 다시 돌아온 것은 그 동안 사방으로 흩어진 나의 양의 무리를 불러 모으기 위해서일세!"

"주교님! 저도 주교님 하시는 일을 돕고 싶습니다."

"고맙네, 디도! 자네는 우리 성공회의 큰 빛이 될 사람일세. 너희 빛을 사람 앞에 미치게 하여 저희로 너희 착한 행실을 보고 하늘에 계신 너희 아버지께 영광을 돌리게 하라고 하시지 않았는가."

김종희가 정동교회를 나설 때까지도 눈은 여전히 내리고 있었다. 서울 시가지가 온통 은세계로 변해 달밤같이 훤했다.

'그렇다! 내가 비록 큰 빛은 못 될지라도 앞으로는 나도 주교님처럼 베푸는 사람이 되어야 한다.'

홍제동 사택에는 마침 형이 와서 기다리고 있었다. 김종철도 구 주교가 귀환했다는 소식에 매우 기뻐했다. 그는 사설군사단체 해체령으로 국군 창설의 꿈이 깨지자 뜻을 같이 해온 동지들과 함께 새로운 진로를 모색하고 있는 중이었다.

"설에 나하고 집에나 내려갔다 와요, 형님!"

"나는 안 내려갈란다."

"왜요?"

"내려가면 또 장가 안 간다고 야단이나 맞을 텐데…"

"그럼, 결혼은 안 할 거유?"

"지금 결혼이 문제냐? 나라가 독립을 하느냐 못 하느냐 하는 판인데."

"결혼한다고 독립운동 못 해요?"

"결혼은 천천히 해도 늦지 않아."

"형은 안 늦지만 아버지는 손자가 늦어서 그러시는 거 아니유."

"내 대신 네가 먼저 장갈 가도 괜찮을 텐데…"

"동생 먼저 장가가는 데가 어딨어요? 말도 안 되는 소리 하지 말고 얼른 결혼해서 아버지 소원이나 풀어드려요!"

"아버지 소원인데 너는 못 풀어드릴 거 뭐 있어?"

"형은 연애하는 사람이 있으니까 언제든지 혼례식만 올리면 되는 거고, 나는 당장 색싯감도 없잖아요, 핫하…"

"연애한다고 다 결혼하게 되는 거여?"

"아니, 왜요? 혹시 형 연애전선에도 이상이 있는 거 아니유?"

"어쨌든 난 설에 못 내려가니까 그렇게 알고, 내려가거든 쌀이나 한 가마니 올려 보내도록 헤리!"

"쌀은 뭣하게요?"

"오늘 창성동 집에 들렀다가 고이케 경부를 만났다."

"고이케 경부를요? 지난 12월 초에 일본으로 간다고 떠났잖아요?"

김종철도 그렇게만 알고 있었다. 조선에 거주하는 일본인에 대한 퇴거령이 정식으로 내려진 것은 지난해 10월 24일이었다. 총독부 고관대작 가운데는 이미 그 전에 서울을 떠난 사람들도 많았지만, 일반 일본인들은 대부분 퇴거령이 내린 후에야 비로소 서둘러 귀환길에 올랐다. 그러나 그들이 귀환열차편을 이용한다는 것은 여간 어려운 일이 아니었다. 서울에서 부산까지 운행하는 귀환열차는 하루 한 번인데 반해 떠나야 할 일본인은 서울에서만도 10만 명이 넘었다. 그래서 지난 12월 창성동의 봉서 공이 평소 가까이 지내던 일본인 가운데 그때까지도 못 떠나고 있는 사람들을 모아 천호리금광의 트럭으로 한 차례 부산까지 태워 보낸 적이 있었다. 고이케는 당연히 그 트럭 편에 떠나기로 되어 있었으며, 김종희는 그때 고이케가 살고 있는 묵정동 집으로 찾아가서 미리 작별인사를 하고 온 일까지 있었다.

"그런데, 못 떠났대요?"

"부인이 몹시 아파 가지고 애들만 먼저 태워 보냈던 모양이야."

"그럼, 아이들은 부산에 있는 귀환일본인수용소에 아직 있나요?"

"애들은 귀환선을 탔다니까 일본으로 건너갔겠지."

"그거 참…"

"고이케 경부가 쌀이 떨어져서 당숙어른을 찾아온 눈치 같더라."

"그나저나 쌀값 때문에 이대로 가다간 서울 사람 다 굶어 죽게 생겼어요."

"정말 나라 일이 걱정이다. 우리 실정을 모르는 미군들이 정치를 하고 있으니 말야. 양곡정책 하나만 해도 그렇지, 지난 가을에 양곡통제를 해제해놓고 쌀값이 폭등한다고 해서 정초에는 미곡 공정가격제를 실시하더니, 그래도 쌀값이 천정부지로 뛰어오르니까 이번에는 한 달이 못돼서 미곡 수집령을 내렸으니 농민들이 쌀을 내놓으려고 하겠냐?"

"이번에 내려가서 얻어올 쌀이 있을란가 모르겠네."

"고이케 경부 얘길 하면 설마 아버지가 쌀 한 가마니 안 주시겠니?"

"형은 참말로 안 내려갈 거유?"

"내려가면 난 꼼짝 없이 천안 색시 선을 봐야 해. 지난번에 내려갔을 때 아버지가 하도 성화를 하시기에 설에 내려와서 보겠다고 하고 올라왔단 말야."

그 무렵 김종철은 창성동에 있는 어느 목사님 댁 규수하고 열애 중이었다.

2월 1일, 음력으로는 섣달 그믐날이다. 해방 후 처음 맞는 세모의 서울 거리는 분주한 시민들의 발걸음으로 붐비고 있었다. 일제의 강압적인 민속 말살 정책에 짓눌려 명절이 닥쳐도 명절답게 쇠기는커녕 숨도 한 번 크게 못 쉬다가 모처럼 활개치고 설을 쇠게 됐으니 시민들의 마음이 설렘으로 들뜰 것은 당연했다. 서울역 광장은 고향을 찾는 귀성객들로 성시를 이루고 있었다.

"지배인님! 언제 출발하실 겁니까?"

운전기사 이병목이 물었다. 김종희는 시골집에 내려가기 위해 화약공판 차를 대기시켜 놓고 있었다. 시골에서 올라올 때는 어차피 쌀을 싣고 와야 할 데니까 차를 몰고 가는 편이 낫다고 생각했던 것이다.

화약공판에는 전부터 화약운송용으로 개조한 1.5톤짜리 트럭 한 대가 있었는데, 위험물 운송차량 표시로 적재함 전체를 빨간색으로 도색해놓았기 때문에 운행상의 여러 가지 특전을 누려오고 있었다. 그 트럭은 위험물 중에서도 폭발물을 싣고 다니는 차량이기 때문에 검문검색을 당하는 경우가 없었다. 그래서 김종희는 해방 전에도 양곡 통제가 심했을 때 시골집에서 쌀을 갖다 먹기 위해 그 트럭을 끌고 여러 차례 천안을 내왕한 적이 있었다.

"지배인님! 두 시 됐어요."

"아직 시간 넉넉한데, 서둘 것 없어."

"눈이 녹아 얼어붙어 길도 좋지 않은데, 일찍 떠나서 어둡기 전에 들어가야죠."

"글쎄, 그랬으면 좋겠는데…"

김종희는 아침부터 부산에서 걸려올 전화를 기다리고 있는 중이었다. 부산 영업소장에게 그곳 귀환일본인수용소 사정을 알아 연락해줄 것을 부탁해 놓고 있었다. 본국으로 돌아갈 대부분의 일본인들이 부산으로 집결되고 있었기 때문에 부산의 일본인수용소는 연락선 차례를 기다리는 일본인들로 항상 초만원이라는 것이었다. 그래서 현재 수용되고 있는 인원이 전부 본국으로 송환되기까지에는 시일이 얼마나 더 걸릴지를 알아봐 달라고 했던 것이다.

김종희는 고이케 부부를 하루 속히 본국으로 돌아가게 해주고 싶었다. 고이케 부부는 사흘 전부터 화약공판 사택에 와 있었다. 형에게서 얘기를 듣고 김종희가 묵정동에 있는 고이케 부부를 바로 홍제동으로 데려왔다. 고이케 부부는 생계도 생계였지만, 그보다도 혹시 어떤 보복이나 당하지 않을까 하는 공포 때문에 불안에 떨고 있었다.

김종희가 생각하는 고이케는 확실히 교만해보일 정도로 충성심이 강한 일본인이었다. 그러나 지금은 그의 자국에 대한 충성심이 지나쳤던 것을 미워할 일도 아니었다. 더구나 김종희로서는 고이케가 원산 경찰서장 재직 시에, 그리고 경기도 경찰부 보안과장 재직 시에 베푼 호의를 외면할 수는 없었다.

"따릉, 따릉…"

오후 4시, 부산 영업소에서 전화가 걸려왔다.

"아, 주 소장이요? 나, 지배인입니다."

"전화가 늦어서 미안합니더, 지배인님예. 섣달 그믐날이라서 그런지예, 전화 신청한 지가 세 시간이나 넘었는데 인자 겨우 나왔다 아입니꺼."

"그래, 좀 알아봤어요?"

"말도 마이소! 지금 수용소에 있는 인원이 다 연락선을 타고 돌아갈락 하면 앞으로도 6개월 이상은 걸릴 거라고 안합니꺼."

수용소 사정이 그렇다면 고이케 부부가 언제 서울을 떠나게 되는지 모른다.

'적어도 쌀을 서너 가마니는 얻어 와야 할 텐데…'

귀성길에 오른 김종희는 내내 그 걱정이었다. 얼어붙은 눈길을 달리느라고 화약운송차가 상덕리에 도착한 것은 저녁 7시가 지나서였다.

"어서 오너라. 너 혼자 오는 거냐?

어머니가 반가이 나와 맞았다.

"형은 일이 있어서 못 와요."

"설에 꼭 온다고 해서 너희 아버지가 눈이 빠지게 기다리는데…"

"아버진 안 계셔요?"

"저녁도 안 잡수시고 사랑에 누워 계시더니 잠이 들었는가, 원…"

"어디가 편찮으셔요?"

"해가 져도 너희들이 안 오니까 영 안 오는가 하고 괜히 맘이 심난해서 화를 내더니만…"

이때 사랑방에서 아버지의 헛기침 소리가 들려왔다.

"아버지! 저 왔어요."

아버지는 아무 반응이 없다. 김종희는 차를 운전하고 온 이 기사를 안 채 아랫방으로 안내하고 나서 사랑방으로 건너갔다.

"조금 늦었어요, 아버지!"

"형은 무슨 일로 못 내려온다는 거여, 대체?"

아버지는 대뜸 역정을 내신다.

"바쁜가 봐유."

"뭐가 바빠? 지가 시방 돈을 버는 거여, 무슨 사업을 하는 거여?"

"형은 형대로 바쁜 일이 있어요, 아버지."

"아무리 바빠도 애비하고의 약속은 지켜야 할 것 아닌가 뵈?"

"무슨 약속인데유?"

"아무리 바빠도 장가는 가고 바빠야 할 것 아녀? 낼 모레면 나이 삼십인데, 장가는 언제 가고, 새끼는 언제 낳아서 키울 거여?"

"아버지! 형 대신 제가 먼저 장가가면 될 거 아녜요?"

"뭣이여…"

"아버지 마음, 저는 다 알아요."

"네가 뭐를 알어?"

"며느리도 보고 싶고, 손주도 보고 싶고… 그렇지유, 아버지?"

"녀석! 안 그래도 시방 너를 조카사위 삼겠다는 사람이 있는데, 네 형 때문에 내가 대답을 못 하고 있어. 돌아오는 봄에 네 형 짝을 지우면 너도 가을엔 보낼 참이여."

아버지의 역정이 많이 풀린 성싶었다.

"아버지, 저녁 진지 안 잡수셨다면서요?"

"생각 없다."

"저도 저녁 안 먹고 내려왔어요, 아버지."

김종희는 방문을 열고, 어머니를 큰 소리로 불렀다. 부엌에서 어머니 대답 소리가 들려왔다.

"저, 아버지하고 이 방에서 같이 먹을 거예유."

"그려!"

이윽고 저녁상이 들어왔다. 아버지가 밥상 앞으로 다가앉으며 정색하고 말했다.

"종희야! 너, 내려온 김에 선이나 보고 올라가도록 해라!"

"예…?"

김종희는 가슴이 뜨끔했다.

'형이 말하던 천안 색시 선을 보라는구나!'

"녀석, 놀라기는…?"

"어떤 여잔데유, 아버지?"

"보나마나 틀림없이 믿을 수 있는 자리다만, 선도 볼 것 없이 그냥 장가 가라면 네가 장가 안 갈 거 아닌가 뵈, 허허…"

"글쎄, 어디 사는 여자예유, 아버지?"

"별루 멀지 않어. 색시 집은 평택이여."

"평택이라구요?"

"그려! 부대리 우리 교회 신도회 회장님, 너도 알지!"

"강 신부님 동생 되시는 강기선씨 말씀이예유?"

"맞어!"

"전에 바로 우리 골목 맞은편 집에 살았잖아유?"

"시방도 거기 살어."

"그런데유?"

"강 회장 조카딸이 돌아오는 봄에 수원여학교를 졸업하는 모양이여."

김종희는 일단 천안 색시가 아니라는데 안도할 수 있었다.

"색시 나이는 토끼띠라니께 설 쇠면 스무 살이쟈?"

"그렇네유."

"강 회장이 자기 조카딸이지만 여간 참하지 않다고 하면서 지난 가을부터 중신을 서겠다고 했는데, 어련할까! 색시 아버지는 강영선(姜永善) 씨라구, 나도 전에 더러 만나봤지만, 그 집 형제들이 다 양반이여."

김종희는 섣불리 장가가겠다는 말 한마디 했다가 아무래도 올가미를 쓰게 되는 것 같아 슬며시 걱정되었다. 실은 언짢아하는 아버지의 심기를 풀어줄 생각으로 한 말에 지나지 않았던 것이다. 아버지는 저녁상을 물리고 나서도 평택 색시 얘기를 꺼내시는 것이었다. 김종희는 일부러 화제를 바꾸었다.

"아버지! 고이케 경부 있잖아요?"

"그래서?"

"지금 홍제동 사택에서 저하고 같이 있어요."

"그 사람이 아직도 서울에 있는 거여?"

김종희는 저간에 있었던 일과 부산의 수용소 사정을 설명하고 나서 조심스럽게 쌀 얘기를 꺼냈다.

"그런 얘긴 내일 하고, 기사도 같이 온 모양인데 그만 건너가 봐!"

아버지가 쌀을 선뜻 내놓을 것 같지는 않았다.

설날 아침, 김종희의 집은 제사를 지내지 않는다. 아침 일찍 밖에 나갔다 들어온 아버지가 아들을 사랑으로 불렀다.

"언제 올라갈 거여?"

"동네 어른들을 뵙고 오후에 올라갈까 해유."

"쌀은 안 가져갈 테여?"

"안 가져가면 안 돼요, 아버지."

"쌀을 가져가고 싶거들랑 내일 올라가!"

"왜유?"

"집에 무슨 쌀이 세 가마니씩이나 있을 거여, 천상 나락을 내다찧어야 할 텐데, 아무리 작은집 방앗간이라고 해도 정월 초하룻날부터 기계를 돌릴 순 없는 일 아닌가 뵈."

"그럼, 내일 가야죠, 뭐."

쌀을 얻어가기 위해서는 아버지 말을 들을 수밖에 없다.

"부대리에 가거든 강 신부님이랑 강 회장도 한번 들여다 봐!"

"알았어요."

그러나 김종희는 상덕리 어른들을 찾아보고, 직산면 소재지인 군동리를 들러 부대리로 나갔지만 강 신부나 강 회장에게는 들르지 않았다. 아버지가 얘기하는 평택 색시가 마음에 걸려 발길이 내키지 않았기 때문이다.

다음날, 한 나절이 다 되도록 정미소의 기계 돌아가는 소리가 나지 않았다. 정미소는 당숙 집하고 바로 붙어 있다. 본래는 당숙이 차린 정미소였는데, 당숙이 서울로 이사간 뒤로는 다른 친척이 관리해오고 있었다.

"엄니! 아버지는 방앗간에도 안 계신데 어딜 가셨대요?"

"모르겠다. 아침에 나락 가마니는 방앗간으로 지고 가시는 것 같던데…"

이때 정미소 돌아가는 소리가 들려왔다. 어차피 오늘이 토요일이니까 홍제동 사택에 와 있는 고이케 부부만 아니면 내일 오후에 올라가도 상관은 없다. 하지만 내려올 때 고이케 부부에게 하루만 있다가 오겠다고 약속했기 때문에 오밤중이 되더라도 오늘 중으로 올라가기는 꼭 올라가야 한다. 그런데 아버지가 내일 부대리 교회에 같이 나가서 주일 미사를 드리고 올라가라는 것이다.

"주일 미사는 구 주교님도 뵐 겸, 서울 정동교회에 나가서 드리겠어요."

"미사도 미사지만 내일 올라가는 길에 팽성에 좀 들러 가야 할 일이 있어서 그러는 거여!"

"팽성에는 왜요?"

그제서야 아버지가 실토하는 것이었다.

"사실은 강 회장이 팽성 작은집에 연락을 해놨어. 네가 내일 서울 올라가는 길에 색시를 보러 들를 거라고 말여."

"예…?"

아버지는 어제 아침은 물론 오늘 아침에도 중매쟁이를 만나기 위해 부대리를 다녀왔던 것이다.

"아버지…? 평택이라고 하셨잖아요?"

"아, 평택이나 팽성이나 거기서 거기여. 좌우간 팽성면사무소가 있는 객사리에 가서 강영선씨 댁만 찾으면 동네 아이들도 다 안다니까."

"알았어요. 얼른 쌀이나 주세요!"

김종희는 이 마당에 선을 보느니 안 보느니 해서 공연히 아버지의 심기를 거스를 필요가 없다고 생각했다. 선을 본다고 해서 당장 혼사가 이루어지는 것은 아니다. 색시 편에서 마다하는 경우도 있을 것이고, 또 이쪽

마음에 들지 않을 수도 있을 것이다.

"차에 싣게 빨리 쌀이나 주세요, 아버지."

"그냥 서울로 올라가 버리려고 그러는 거 아녀?"

"걱정 마세요. 팽성에는 꼭 들를 게요."

"그 쪽에다가는 내일 갈 거라고 했다던데…"

"그러니까 오늘 미리 가야지요. 내일 가면 색시 얼굴이 곰보인지 아닌지도 모를 거 아녜요?"

"그건 무슨 소리여?"

"오늘 가야 색시 얼굴을 생김새 그대로 볼 수 있지, 내일 가면 얼굴에다 분을 척척 발라 놓을 거 아니냐 말예요."

그 날 오후, 김종희는 쌀 세 가마니를 화약운송차에 싣고 평택으로 달렸다. 팽성면 객사리는 평택에서 서쪽으로 2km 지점에 위치한 소읍(小邑)이자 2백여 가구가 모여 사는 농촌이었다.

색시 집 문전에서 떠드는 아이들 소리가 사랑방까지 들려오고 있었다. 난데없이 들이닥친 새빨간 화약운송차를 보고 몰려온 아이들이었다. 사랑방의 김종희는 다소 상기된 얼굴로 색시가 나타날 때를 기다렸다.

"애! 손님을 이 방으로 들어오게 하랴, 아니면 네가 사랑방으로 나갈래?"

"난 몰라요, 엄마…"

그녀는 두근거리는 가슴을 꼭 안고 어쩔 줄을 몰라 했다. 강영선씨 부부는 이미 마음속으로 딸을 김종희에게 시집보내기로 작정하고 있는 터였다.

"너의 큰아버지 말씀대로 내가 봐도 신랑감은 키가 훤칠한 게 여간 늠름하지 않더라. 그리고 그 댁 인심이 어떻다는 얘기는 너도 들었지? 큰집 너희 사촌오빠가 어려서 신랑 어머니 젖을 얻어먹고 컸다지 않던?”

“……”

“어서 옷이나 갈아 입으렴! 신랑 이리 데려올 테니!”

“아이, 엄마…”

그녀는 울고 싶도록 떨렸다. 그러나 집에까지 찾아온 신랑감을 거저 돌려세울 수는 없는 일. 두 사람만의 자리가 따로 마련되었다.

“이름이 뭐지요?”

김종희가 먼저 불쑥 말문을 열었다.

“태영(泰泳)이에요.”

태영의 목소리는 떨고 있었다.

“수원여고 졸업식은 언제입니까?”

“아직 모르겠어요.”

“여기서는 평택교회에 나가나요?”

“네!”

“세례명은 뭐라고 불러요?”

“아가타예요.”

“아가타, 나는 디도입니다. 물어보고 싶은 거 있으면 물어봐요!”

“……”

태영은 시종 고개를 숙인 채 묻는 말에나 겨우 대답할 뿐이었다. 김종희도 그녀의 정숙한 모습을 바라보며 저녁을 얻어먹고 갈 것이냐, 아니면 이대로 그냥 올라갈 것이냐 하는 중대사를 생각했다. 그는 집을 떠나면서 어머니와 약속한 것이 하나 있었다. 그것은 바로 색시 집에서 저녁을 먹느냐, 안 먹느냐 하는 문제였다. 색시가 마음에 드는 경우에는 저녁을 얻어

먹되, 만약 색시가 마음에 들지 않을 때는 그냥 올라간다는 약속이었다.

김종희가 홍제동 사택에 도착한 것은 밤 10시경이었다. 그가 색시 집에서 저녁을 먹고 객사리를 출발한 것은 8시가 조금 지나서였다. 고이케 부부가 기다리고 있었다. 김종희는 고이케 부부에게 부산의 수용소 사정을 설명해주고 본국으로 돌아가게 되는 날까지는 아무쪼록 내 집처럼 편안하게 지내라고 위로했다.

한 달 후, 김종희는 갑자기 고이케 부부를 부산으로 내려 보내게 되었다. 부산 영업소장에게서 일본으로 가는 배가 수배되었으니 사흘 안으로 고이케 부부를 내려 보내라는 연락이 왔다. 그 무렵 부산에는 돈을 받고 귀환 일본인을 실어 나르는 밀항선이 있었는데, 김종희는 부산 영업소장에게 그런 배편이라도 알아봐줄 것을 부탁했었다. 고이케 부부가 지난해 먼저 귀국한 아이들을 걱정하고 하루라도 빨리 돌아갈 수 있게 되기를 바라고 있었기 때문이다.

김종희는 오늘 야간열차 편에 떠나기로 한 고이케 부부를 전송하기 위해 미리 서울역 대합실에 나와 있었다. 고이케 부부는 부산까지 수행할 민영만이 기차시간에 맞춰 서울역으로 데리고 나오게 되어 있다. 민영만은 지난해 화야공판 창고의 광목을 팔아먹은 강선호가 회사를 그만둔 후에 총무담당으로 일해 오면서 얼마 전부터는 가족과 함께 홍제동 사택에 입주해 사는 김종희의 심복이다.

고이케 부부가 민영만을 따라 서울역에 도착한 것은 개찰이 막 시작될 무렵이었다. 김종희는 고이케 앞에 미리 준비된 봉투 하나를 내밀었다.

"받으시지요!"

"이게 뭔가, 김 군?"

"일본에 도착하면 당장 필요하실 것 같아서 조금 준비했습니다."

"아니, 이것은…?"

고이케가 봉투 속에 들어있는 것을 꺼내보고는 크게 놀랐다. 10불짜리 미 본토불이 수십 장이나 되었기 때문이다. 김종희로서는 고이케 부부를 빈손으로 떠나보낼 수가 없었다. 그래서 지난 설에 가져와서 먹다 남은 쌀을 팔고, 주머니 돈을 보태고 해서 마련한 5천 원을 스미스 대위에게 주고 미 본토불로 바꾸어줄 것을 부탁했던 것이다.

지난해 10월 1일자로 군정청이 책정 고시한 미화 적정 환율은 50원대 1불이었다. 그러나 그때 이미 미화는 암시장에서 80원대 1불로 거래되고 있었다.

"이 미국 돈이 모두 얼마인가, 김 군?"

"625불 밖에 되지 않습니다."

"625불이나…?"

당시의 5천 원도 큰돈이었지만, 미화 6백 불은 더욱 큰돈이었다.

"경부님이 저에게 베푼 후의에 비하면 아무것도 아닙니다만, 저의 성의로 알고 받아주십시오."

"아냐, 나는 김 군에게 이런 돈을 받을 자격이 없어. 내가 김 군에게 관심을 가졌던 것은 김 군이 일본제국의 훌륭한 황국신민이 되어주기를 원한 때문이었어."

"조국에 대한 저의 강렬한 집착은 오히려 경부님의 그런 충성된 애국관에 대한 반사작용이기도 했습니다."

"그러고 보면 나는 개인적으로도 김 군에게 진 셈이군!"

"지난 일은 무승부입니다. 하하…"

"아냐! 내가 졌네!"

"경부님과의 승부는 이제부터입니다. 경부님의 건투를 빌겠습니다. 인류의 역사가 단절되지 않는 한 경부님과 저의 인연이 이로써 끝나는 것은 아닙니다!"

"김 군, 고맙네! 나는 조선에 김 군 같은 패기에 찬 젊은이가 있다는 사실을 오래오래 기억하게 될 걸세!"

그 사이에 개찰이 시작되어 손님들이 썰물처럼 빠져 나가고 있었다.

"김 군…"

"안녕히 가십시오, 경부님! 부인께서도 건강하십시오!"

"지배인님, 정말 고맙습니다!"

고이케 부인은 개찰구를 나가는 동안에도 돌아보며 수없이 머리를 조아렸다. 김종희는 플랫폼 쪽으로 멀어지는 고이케 부부의 뒷모습을 지켜보며 그들의 무사귀환을 기원했다.

고이케 부부를 전송하고 돌아서는 김종희의 마음은 홀가분하면서도 어딘지 한 구석이 허전했다.

'지난해 돌아간 화약공판 일본인들은 지금 어떻게 지내고 있을까…?'

김종희는 마쓰무로 취체역을 머릿속에 떠올렸다. 일본의 패전을 예견했던 마쓰무로와 일본의 승리를 확신했던 고이케는 아주 대조적인 인물이었다. 김종희는 그 두 일본인을 통해 조국과 민족을 더욱 분명하게 인식할 수 있었던 것이다. 고이케의 확신은 김종희로 하여금 지구상에서 영원히 사라질지도 모르는 조국의 슬픈 운명을 생각하게 했으며, 마쓰무로의 예견은 김종희로 하여금 약속된 민족해방을 고대하며 애타게 했다.

홍제동 사택에는 시골에서 올라온 아버지가 기다리고 있었다.

"고이케 경부 내외를 보내고 오는 길이여?"

"예! 갑자기 떠나게 돼서요."

"얘기 들었다. 어차피 돌아가야 할 사람들인데 하루라도 일찌감치 잘 보냈어."

"아버진 무슨 일로 오셨어요?"

"채단 끊으러 왔다."

"채단이 뭐예요?"

"함 속에 넣어 보내는 채단도 몰려?"

"함을 보내다니요?"

"혼사에는 절차가 있는 법이여. 이쪽에서 사주단자가 가고, 저쪽에서 택일을 해보내면 다시 함이 가야 혼인을 하게 되는 거여."

"아버지, 누구 얘기예요?"

"아, 네 얘기지 누구 얘기여?"

"예…?"

"왜…?"

"저 때문에 채단을 끊으러 오셨어요?"

"그려! 천안에도 비단 장사가 없는 건 아니지만, 그래도 네가 하숙하고 있던 안국동 김창섭씨 가게에 가면 좀 나은 걸로 끊을 수 있을 것 아닌가 비?"

"그럼, 제 혼인날이 정해졌다는 말씀이에요?"

"새달 스무이렛날이여."

"그런 법이 어딨어요, 아버지? 저한테는 한마디도 안 물어보고…"

"뭐야? 너, 색시 선 보고 올라오던 날 그 댁에서 저녁 얻어먹었다며?"

“그래서요?”

“그러면 된 거지, 물어보긴 뭘 물어봐?”

“그래도 그렇지요…”

“자식 장가보내면서 사주단자 보내고 함 보내고 하는 일을 자식하고 일일이 상의하는 부모가 어디 있다?”

당시만 해도 아우나 누이동생이 형이나 언니보다 먼저 혼인하는 것을 역혼(逆婚)이라 해서 흉으로 생각하던 시절이다. 그러나 큰아들은 정치바람이 들어 장가갈 생각을 꿈에도 하지 않으니 큰아들 장가갈 때만을 마냥 기다리고 있을 수가 없어 말이 난 김에 작은아들 혼사를 바짝 서둘렀던 것이다.

“네 형을 먼저 장가보내는 게 도리라는 건 나도 안다. 허지만 네 형 때문에 너까지 혼기를 놓치게 할 수는 없는 일 아닌가 뵈. 혼인이란 남녀 간에 다 때가 있는 법이여. 아무 말 말고 애비 시키는 대로 해!”

“아버지는 참…”

“내일 아침은 일찌감치 너희 당숙 집에 가서 먹을란다. 아침 먹고 몇 집 들러 잔칫날이나 알리고, 김씨 가게에 가서 채단 끊어 가지고 바로 내려갈 기여. 그리 알고.”

“형도 안 보고 바로 내려가시게요?”

“네 형은 요새 어디서 먹고 자는 거여?”

“저하고 여기서 같이 있어요.”

“그럼 왜 여태 안 들어와?”

“밖에서 자게 되는 날도 있지요, 뭐.”

“내가 못 보고 가더래도 네 형도 혼인날 내려오라고 해. 네 형이 그러고 다니기 때문에 장가 안 간다는 건 동네가 다 아는 일이니께, 새삼스럽게 흉 될 일도 아녀. 3월 스무이렛날 잊지 말구. 달력을 보니께 그 날이 토요일이더라. 한 사흘 전에 미리 내려와서 사모관대며 혼례복 같은 건 네 손으로 챙기도록 해!"

"……"

"그런데 머리가 커서… 네 머리에 맞는 사모가 동네에 있을란지 모르겠다."

"그까짓 사모, 안 쓰면 어때요."

"이 녀석아, 사모 안 쓰고 장가를 어떻게 가? 헛허…"

음력 3월 27일은 양력으로 4월 28일이다. 김종희는 4월 27일 오전까지도 화약공판 사무실을 떠날 수가 없었다. 그저께 저녁이었다. 김종희가 내일 아침 기차를 타기 위해 짐을 챙기고 있을 때였다. 건너편 사택에 살고 있는 민영만이 황급히 들어왔다.

"야단났어요. 지배인님!"

"왜?"

"광목 팔아먹은 강선호 있잖아요?"

"재수 없게 강선호 얘기는 왜?"

"글쎄, 그 인간이 우리 화약공판 관리인 임명장을 받는다고 오늘 하루 종일 군정청 공업국에 붙어 있더라는 거예요."

"그래서?"

"강선호는 전부터 총독부 공광국에 아는 사람이 많아요. 그 전에 총독부 출입은 강선호 담당이었잖아요? 그 자는 능히 뒷구멍으로 그런 공작을 꾸미고도 남을 인간이에요."

군정법령 제73호가 공포된 것은 이틀 전인 4월 23일이었다. 그것은 지난해 12월 6일자로 공포한 군정법령 제33호에 의해 접수된 일본인 재산에 대한 실질적인 관리운영을 구체적으로 규정한 것인데, 지금까지 형식상 공업국 감독을 받아오던 모든 산업시설을 군정청이 파견하는 미 고문관 감독하에 공업국이 임명하는 조선인 관리인으로 하여금 운영을 전담케 한다는 내용이다.

누가 화약공판 관리인이 되느냐 하는 것은 화약계의 장래와 직결되는 중대사다. 김종희로서는 강선호가 화약공판 관리인으로 임명되는 것만은 어떤 일이 있어도 막아야 한다고 생각했다. 강선호 같은 인간이 우리나라 화약산업의 본산인 화약공판을 농락하려 드는데도 이를 묵과한다면 그것은 사회정의에 반하는 일이 아닐 수 없다.

김종희는 다음날 아침 일찍 회현동의 김봉수를 찾아갔다. 김봉수는 일본의 와세다 대학 출신으로 화약공판 창고계장을 지내다가 해방이 되자마자 정계에 투신한 지식인이다.

"선배님은 군정청 관리들도 많이 알고 계시지 않습니까? 이런 기회에 선배님이 화약공판을 맡아 주십시오. 화약계의 장래를 생각해서라도 강선호 같은 사람이 관리인이 되는 것을 막아야 합니다."

"참말 한심한 일이야. 요새 미국 사람들 앞에서 알랑거리는 인간들을 보면 거의가 다 전에 왜놈 앞에서 아첨하던 족속들이니…"

"그런 인간들이 득세하게 되면 앞으로 나라꼴이 어떻게 되겠습니까, 선배님?"

"좋은 방법이 있네! 지금 군정청 관리라는 사람들, 너나 할 것 없이 미국 사람 말 한마디면 꼼짝 못하네. 김 지배인이 잘 아는 미군 사령부의 스미스 대위 있잖은가?"

"예!"

"직접 부딪치는 거야! 공업국장도 바로 미군 장교일 텐데, 서로 통하는 길이 있을 걸세."

"어떻게 부딪쳐야 할까요?"

"이 사람아, 자네를 관리인이 되게 해달라면 될 게 아닌가!"

"예…? 제 입으로 그런 말을 어떻게 합니까, 선배님?"

"자네 입으로 방금 화약계를 위해서도 강선호 같은 위인이 화약공판 관리인이 되어서는 안 된다고 했잖나!"

"안 그렇습니까, 선배님?"

"강선호가 관리인이 되는 것을 막아야겠다고 생각하는 사람이, 왜 그러기 위해서 자신이 직접 관리인이 돼야 한다는 적극적인 생각은 못 하는가?"

"그야…"

"알량한 체면 때문에 불의를 보면서도 대의를 외면하겠다는 거야? 자네도 별 수 없이 강선호 같은 위인에게 짓밟힐 수밖에 없는 충청도 무지렁이군."

충청도 무지렁이라는 말에 자극된 김종희는 그 길로 미군 사령부를 찾아가 스미스 대위를 만났다.

"스미스 대위, 나는 지금 당신의 도움이 필요하다!"

김종희는 단도직입적으로 말했다. 그는 그 동안 미군들을 접촉해온 경험을 통해서 그들에게는 어떤 일에나 솔직하게 접근해야 한다는 것을 알고 있었다.

"무슨 일인가?"

"이번 기회에 내가 화약공판 관리인이 되어야 하겠다."

"미스터 김이 관리인이 될 것은 당연하지 않은가."

"다른 사람이 임명될 수도 있을 것이다."

"라이벌이 있는가?"

"없다고 말할 수는 없다. 만약 화약을 모르는 사람이 관리인으로 임명되거나, 전에 화약공판에 근무하다가 불미스러운 일로 퇴직당한 사람이 관리인으로 임명된다면 화약계를 위해서도 불행한 일이다."

"공업국에 파견된 미군 장교 가운데는 내 동료들도 있다. 내가 화약공판의 감독관 자격으로 내 동료들에게 그런 불행한 일이 없게끔 충고해놓겠다."

내일이 혼인날이다. 김종희는 회사 앞에 화약운송차를 대기시켜 놓고 있었다. 오늘은 오밤중이 되더라도 시골집으로 내려가야 한다. 원래는 어제 아침에 내려가서 어젯밤은 집에서 자고 오늘 교꾼들과 함께 미리 평택으로 가서 하룻밤 묵은 다음, 내일 아침 평택에서 객사리 신부 댁까지 가마를 타고 여유 있게 들어간다는 계획이었다. 그 계획이 군정법령 제73호 바람에 차질을 빚게 되었던 것이다.

김종희는 초조하게 스미스 대위를 기다렸다. 그가 오늘 중으로 공업국에 들르기로 되어 있었기 때문이다. 스미스 대위의 충고가 과연 공업국 관리들에게 어느 정도로 영향을 미칠 것인지는 미지수다.

지배인실의 벽시계가 어느덧 오후 5시를 가리켰다. 스미스 대위는 6시가 지나도 나타나지 않는다.

"시골에서 어른들이 기다리고 계실 텐데요, 그만 내려가야죠. 지배인님!"

총무담당 민영만이 민망해하며 출발을 재촉했다.

"알았어. 내가 없는 동안에 무슨 일이 있으면 바로 시골로 연락해!"

"그새 무슨 일이 있을라고요. 걱정 말고 다녀오세요."

스미스 대위가 사무실에 들르지 않는 것으로 보아 그의 말이 생각대로 잘 먹혀들어가지 않았는지도 모를 일이었다.

김종희는 어떤 일이든지 한 번 집착하기 시작하면 끝장이 날 때까지 그 일에 대한 집념을 버리지 못한다. 그는 화약운송차를 타고 달리면서도 내내 화약산업의 본산인 화약공판을 지켜야 한다는 생각만 하는 것이었다.

차를 몰고 갔기 때문에 다음날 객사리 신부 댁에는 늦지 않게 갈 수 있었다. 하지만 시간에 쫓겨 일어난 초례청의 실수로 동네 아낙들이 배꼽을 잡고 웃게 한 일이 있었는데, 그것은 어쩔 수 없는 일이었다. 미처 머리에 맞는 사모를 구할 시간이 없어서, 있던 작은 사모를 건성으로 쓰고 있다가 초례청에서 신부에게 절을 하다가 사모를 멍석 위에 떨어뜨리고 말았던 것이다.

신랑집 잔칫날은 30일, 월요일이었다. 아침부터 몰려온 하객들로 온 집안이 장터처럼 북적거렸다. 김종희가 안방에서 폐백을 드리고 나올 때였다.

"지배인님! 지배인님…"

민영만이 황급히 하객 틈을 헤치며 나타났다. 그를 보는 순간 김종희는 가슴이 철렁 내려앉는 듯했다.

'무슨 일이 생겼구나!'

"축하해요, 지배인님! 스미스 대위하고 야마다 상등병도 같이 내려왔어요."

"뭐, 스미스하고 야마다가 와?"

"예! 지금 밖에 와 있어요."

"데리고 들어와야지. 내 집에 온 손님을 밖에 세워두면 어떡해?"

김종희는 사모관대 차림 그대로 대문 밖으로 나갔다. 스미스 대위와 야마다 상등병이 환한 얼굴로 지프차에서 내렸다.

"여어! 헬로! 헬로…"

"헬로!"

"컨그레츄레이션!"

"탱큐! 탱큐…"

"하우 원더풀 브라이드그룸 유 아!"

"야마다! 캡틴이 뭐라는 건가?"

"아주 멋쟁이 신랑이라고 칭찬했다."

"아, 탱큐 베리 마치!"

스미스 대위가 다시 영어로 하는 말을 야마다가 일본어로 통역했다.

"스미스 대위가 내려온 것은 당신의 결혼을 축하하고, 또 당신이 화약공판 관리인으로 내정되었다는 사실과 함께 스미스 대위가 고문으로 내정되어 앞으로도 같이 일하게 되었다는 소식을 전하기 위해서다."

"오… 탱큐, 캡틴! 탱큐…"

김종희는 스미스 대위의 손을 잡고 쾌재를 올렸다. 진귀한 축하객을 맞은 신랑집 잔치 분위기는 한층 더 무르익어 가고 있었다.

# 6
# 사명

김종희가 돈 버는 방법을 몰랐거나, 돈이 싫었기 때문에 한 상자에 몇
백 원씩 받아도 없어서 팔지 못할 다이너마이트를 엿 값보다 싼 30원에
파는 것은 아니었다. 그는 각 영업소에 지시해서 현지 광업소가 필요로
하는 만큼의 다이너마이트를 그때그때 적시 공급하도록 조치했다.

귀속재산인 조선화약공판주식회사는 김종희가 관리인으로 임명된 후에도 업무의 특수성 때문에 계속해서 미군 사령부의 감독을 받았다.

화약공판 업무가 궤도에 올라서기 시작한 것은 그 해 9월부터였다. 5월 25일자로 군정법령 제82호에 의해 대외무역 허가제가 실시되면서 중석을 비롯한 형석·흑연·아연 등 각종 광산물의 수출 전망이 밝아지자 오랫동안 폐업 상태에 놓여 있던 광업계가 활기를 되찾게 되었던 것이다.

김종희는 광산 경기가 살아날 것을 예상하고 미리 화약 수요에 대비하기 위해 스미스 고문관을 끈질기게 설득했다. 스미스 대위는 파견 고문관이 아닌 겸임 고문관이었기 때문에 화약공판 사무실에는 나오지 않고 항상 미군 사령부 안에 있었다. 그래서 김종희는 거의 매일 한 차례씩 스미스 대위를 찾아가서 업무보고를 해야 했다.

"캡틴 스미스! 현재 우리 화약고에는 2톤 미만의 화약이 남아 있을 뿐이다. 지난 3월부터 군에서 쓰는 화약 물량도 많아졌고, 또 앞으로 늘어날 민수용 화약을 생각해서라도 하루빨리 화약 도입을 추진해주기 바란다."

"군수용 화약은 앞으로 50일 이내에 반입될 예정이다. 그러나 민수용 화약에 대한 반입계획은 아직 없다."

"화약공판이 미 점령군의 화약고 관리만을 위한 기관은 아니다! 민간이 필요로 하는 화약을 적시에 공급해야 하는 것은 국내 유일의 화약취급기관인 화약공판의 책임인 동시에 의무이다."

"미스터 김의 그 같은 정신에는 내가 항상 경의를 표하지 않을 수 없다.

민수용이 꼭 필요할 때는 군수용을 일부 할애하도록 하겠다."

"민수용 공급을 책임지고 있는 화약공판 관리인으로서, 나는 그런 애매한 대책에 찬성할 수 없다. 군수용은 군수용, 민수용은 민수용으로 비축해주기 바란다!"

"민수용 화약이 급한 것은 아니지 않는가."

"그것은 우리나라를 잘 모르고 하는 말이다. 우리나라가 수출할 수 있는 물건은 농산물이나 수산물, 그리고 광산물뿐이다. 앞으로 무역이 활발하게 이루어지면 틀림없이 광업 경기가 살아날 것이다. 그렇게 되면 화약 수요는 군수용보다 민수용이 더 많이 늘 것이다."

우리나라에 GARIOA에 의한 민수용 미제 화약 2천5백 상자(약 56톤)가 최초로 반입된 것은 그 해 8월 초순의 일로, 7월부터 광산의 화약 수요가 급증하기 시작해서 이미 먼저 들어온 군수용 화약을 일부 민수용으로 전용하고 있을 때였다. 56톤의 화약을 한 대 밖에 없는 화약공판의 화약수송차로 6개 지역, 31개 화약고에 분산 이송한다는 것은 예삿일이 아니었다. 밤낮없이 뛴다 해도 2개월은 걸릴 예정이었다.

그런데 일부 지역에서 이상한 현상이 나타나고 있었다. 화약이 영업소에 도착하면 미처 화약고에 들어갈 사이도 없이 그 자리에서 바로 몽땅 팔려 버리곤 하는 것이었다. 알고 보니 멀지 않아 화약 값이 크게 뛰어오를 것이라는 헛소문이 퍼져서 가수요가 일어나고 있었다. 그도 그럴 것이 당시의 화약 값이 얼마나 쌌던지 실제로 엿 값보다 쌌다. 엿은 한 가래에 50전 하는데, 엿가래보다 굵은 화약은 하나에 30전 밖에 안했다.

처음 민수용 화약 56톤 도입이 확정되고 나서 공업국에 화약 판매가격 승인 신청을 했을 때였다. 군정청이 해방 후에 혼란해진 경제 질서를 바로 잡기 위해 다시 통제경제를 실시(5월 28일자)하면서부터 모든 귀속 산업체에서 생산하는 제품의 판매가는 주무당국의 승인을 받아 결정하게 되어 있어서 화약공판에서는 공업국 화학과의 승인을 받아야 했다. 판매가격을 정하는 과정에서는 으레 값을 올리려는 생산자와 값을 내리려는 당국자 사이에 의견이 상충되게 마련이다.

화약공판의 경우도 예외는 아니었지만 그 입장이 뒤바뀌어, 공업국에서는 값을 올리라 하고, 화약공판은 올릴 수 없다고 해서 말썽이었다. 화약공판이 승인을 신청한 다이너마이트 한 상자 판매가격은 30원이었다. 그 30원은 화약공판이 1945년 7월 1일, 바로 해방되기 45일 전에 책정한 다이너마이트 공급가격이었던 것이다.

"그 동안에 모든 물가가 몇 배씩 뛰어올랐는데 다이너마이트 값만 옛날 값 그대로 받는다면 말이 돼요, 김종희씨?"

"다른 물가가 아무리 올랐다 해도 다이너마이트 값은 올려 받아야 할 이유가 없는 걸 어떻게 올려 받습니까?"

"화약공판 사람들은 흙 파먹고 살 거예요?"

당시 귀속 산업체는 독립채산제로 운영되고 있었다. 물론 흑자경영을 하게 되면 흑자는 국고수입이 되는 것이지만, 흑자를 내는 사업체가 있을 것이라고는 생각되지 않을 때이고, 또 설령 어떤 회사가 흑자를 낸다 해도 그것이 국고에 납입될 것이라고 생각하는 사람은 아무도 없을 때였다.

"30원씩 받아도 적자는 안 납니다."

김종희는 나름대로의 계산이 있었다. 미제 다이너마이트 한 상자당 30원만 받아도 2천5백 상자니까 7만5천 원이라는 거금이다.

"이번 다이너마이트는 미군 점령지 구제기금에 의해 무상으로 들여오는 거 아닙니까? 그렇기 때문에 우리는 운송비와 창고비 같은 수수료만 받으면 되는 거니까, 사실 따지고 보면 30원도 싼 값이 아닙니다."

"그렇게 따지지 말고 이익을 많이 내서 국고수입을 늘이면 좋잖아요?"

"이익을 내서 국고에 들여놓는 거나, 이익 없이 광업계를 돕는 거나 모두 나라를 위하기는 마찬가지 아니겠습니까? 이 30원은 이미 미 고문관도 오케이 한 값입니다. 이대로 승인해 주십시오!"

그렇게 해서 승인된 다이너마이트 값이 뜻하지 않게 가수요를 불러일으키고 있으니 그대로 방치할 수는 없는 일이었다. 일부 특정인에 의해 매점매석 당할 수도 있는 일이거니와, 자칫하면 취급상의 부주의로 사고위험이 따를 수도 있는 일이다. 거리에는 연일 모리배, 간상배를 규탄하는 신랄한 격문이 시뻘겋게 나붙을 때였다.

김종희가 돈 버는 방법을 몰랐거나, 돈이 싫었기 때문에 한 상자에 몇백 원씩 받아도 없어서 팔지 못할 다이너마이트를 엿 값보다 싼 30원에 파는 것은 아니었다. 그는 각 영업소에 지시해서 다이너마이트를 한꺼번에 대량으로 매출하지 말고 현지 광업소가 필요로 하는 만큼의 양을 그때그때 적시 공급하도록 조치했다.

임시정부수립을 위해 개최되었던 미소공동위원회가 우익 진영의 강력한 반발로 결렬되자 이승만 박사는 남조선 단독정부수립을 추진하기에 이르렀고, 군정당국은 민정이양의 1단계 조치로 남조선과도입법의원(南朝鮮過渡立法議院) 설치령을 공포하고, 12월에는 45명의 민선의원으로 구성된 과도입법의원을 발족시키고, 1947년 2월에는 초대 민정장관으로 안재홍을 임명했다. 후속 조치로 군정청은 3월 15일을 기해 법령 제135호로 인사행정권을 조선인에게 이양했으며, 이에 따라 관재국은 3월 31일자로 관재령

제9호를 공포하고 산하 각 귀속기업체의 관리인을 새로 임명하기로 했다.

군정법령 제73호에 의해 지난해 임명된 관리인 중에는 미군이 포함되어 있었고, 또 일부 정실인사로 임명된 조선인 관리인 가운데는 비전문인이 있어 기업체 종사자들 간의 마찰 내지는 분쟁이 끊이지 않았던 것이다. 따라서 화약공판에도 관재령에 의한 새 관리인이 임명되게 되었다.

그러나 김종희가 다시 관리인으로 임명될 것을 의심하는 사람은 아무도 없었다. 화약계에서는 감히 누구도 화약공판의 관리인 자리를 넘볼 사람이 없었다. 김종희는 지난해 미군 고문관을 설득해서 민수용 화약을 적기에 도입한 업적으로 토목계뿐만 아니라 광업계에서도 그 실력을 인정받고 있는 터였다. 특히 지난 2월 17일에 중석과 아연을 수출한 바 있는 광업계에서는, 광업계가 다른 어느 업계보다 먼저 광산물을 수출할 수 있었던 것은 화약 공급이 원활했기 때문이라 하여 조선광업협회 이름으로 김종희에게 감사장을 수여한 일까지 있었다.

그런데 김종희의 자격 요건에 문제가 있었다. 관재령은 귀속기업체 관리인의 자격 요건을 '동일 업계에서 7년 이상 종사한 경력 소유자'로 규정해 놓고 있었다. 김종희가 화약업계에 첫발을 들여놓은 것은 1942년 1월, 아직 5년 3개월밖에 되지 않았다.

"그러니 화약계에서 7년 이상 종사해온 분이 우리나라에 몇 사람 있겠습니까, 선배님?"

김종희는 또 김봉수를 찾아갔었다.

"화약공판 이전부터 화약계에 종사해온 사람은 몇 안 되지. 더구나 인천에 화약공장이 생긴 지도 아직 7년이 안 되는데."

"그래서 선배님을 관리인으로 모실까 합니다. 회사 일은 지금처럼 제가 전적으로 맡아 하겠습니다.”

“자네가 나를 처음 찾아왔을 때부터 내가 힘이 될 수 있으면 돕겠다고 약속했던 일이니까, 형식상 내 이름을 관리인으로 내세우는 게 자네한테 도움이 되는 일이라면 굳이 말리지는 않겠네.”

“고맙습니다, 선배님! 제가 회사에다 선배님 방을 하나 꾸미겠습니다. 시간이 나는 대로 회사에도 가끔 들러주십시오!”

그러나 김봉수는 관리인으로 임명된 후에도 회사에는 거의 들르는 일이 없었으며, 회사는 여전히 김종희의 책임 하에 운영되어 갔다.

혼미를 거듭하던 정국은 마침내 신탁통치를 결사적으로 반대해온 우익 진영이 남조선 단독정부수립 문제를 놓고 이를 찬성하는 세력과 반대하는 세력으로 양분되어 반목하는 가운데 한국 문제가 유엔 총회 의제로 상정되면서 새로운 국면을 맞게 되었다.

김종희는 하루빨리 군정에서 벗어나야 한다는 생각 때문에 통일정부수립이 어려우면 먼저 단독정부를 세우는 것도 무방하다고 생각했다. 물론 그가 정치에 직접 관여하는 것은 아니었다. 그러나 한 집에 같이 사는 형의 영향으로 정치에 대한 관심만큼은 누구 못지않게 대단했다.

김종철은 그때도 정치권에서 활약하고 있었다. 당시는 대동청년단(大同靑年團) 본부 선전부장이었다. 대동청년단은 지난 9월, 이청천 장군에 의해 결성된 정치조직으로 이승만 박사의 정치노선을 지지했다.

1948년 5월 10일, 드디어 유엔한국위원단 감시 하에 제헌국회의원 선거가 남조선 일원에 실시되고, 8월 15일에는 역사적인 대한민국 정부수립이 세계만방에 선포됨으로써 3년간에 걸쳐 시행되어온 미 군정이 폐막되었다.

대한민국 정부가 수립되었다고는 하지만 아직은 정치적으로나 경제적으로 미국의 절대적인 지원이 필요한 시기였다. 남조선 과도정부기구를 그대로 인수한 정부 각 부처에는 여전히 미 고문관이 집무를 계속하고 있었으며, 그때 화약공판의 고문관은 지난해 12월에 한국 복무를 마치고 본국으로 돌아간 스미스 대위 후임으로 온 월라드 대위가 겸임하고 있었다.

그 동안의 화약공판 사업은 김종희와 미 고문관과의 긴밀한 협조로 원활하게 추진되어온 셈이다. 화약 수요도 차츰 늘어나서 1948년 한 해 동안에 화약공판을 통해 매출된 각종 화약 물량은 1백여 톤에 달했다. 북한이 송전을 단절(1948년 5월 14일)하자 화력발전용 연탄 수요가 급증한데다 침체해 있던 토목 경기가 살아나기 시작해서 앞으로의 화약 수요는 더욱 늘어날 것으로 전망되었다.

김종희는 국내 화약 수요를 언제까지나 미국 원조에 의존할 수는 없는 일이라고 생각했다. 국내에서 화약을 생산하자면 조선유지 인천화약공장을 가동시키는 길밖에 없다. 그러나 일찍이 군정청 국방사령부가 관리해오던 인천화약공장이 정부수립 후에는 국방부 산하의 제2조병창으로 관리되어 오고 있었다.

김종희는 국방 당국에 화약이 지니는 국가 기간산업으로서의 중요성과 군사상의 중요성을 역설하고 인천의 제2조병창을 본래의 화약공장 기능으로 회복시켜줄 것을 요청하는 진정서를 제출하는 한편, 이의 실현을 위해 미군 사령부 측과의 활발한 막후 활동을 펼쳤다. 당시는 우리나라 정부의 예산 자체가 미국 원조에 의해 편성되는 실정이었지만, 특히 국방예산의 경우는 전적으로 미국 원조에 의존하는 수밖에 없었다. 그때 김종희를 아는 주변 사람들은 이렇게 말했다.

"김종희, 그 친구 화약 귀신에 씌인 사람이야. 요새 세상에 미군 힘으로

안 되는 일이 어딨어? 미군하고 짜면 떼돈 벌 일이 얼마든지 있는데, 하필
이면 별 볼일 없는 화약에만 매달려서 그 애를 쓰고 다니니."

"요새는 미군 중에서도 별 짜리하고 교제한다던데?"

"그야 뭐 미군 사령부를 자기 처갓집 드나들 듯 하니까."

"아, 미군 공사 한 가지만 따내도 큰 돈 아니냐 말야."

"하긴 그 사람, 나중에 언젠가는 화약으로 한 몫 보기는 볼 거구만. 한
국 화약계를 자기 혼자 짊어지고 있는 것처럼 생각하고 있으니까."

"나중엔 화약에서 금이 쏟아질는지는 몰라도 당장은 홍제동 식구들이
쌀도 시골에서 올려다 먹는 모양인데, 그게 뭐하는 짓인지, 원…"

"그야 홍제동에 와 있는 식구들이 워낙 많잖은가 뵈."

그 무렵 홍제동 사택에는 10여 명의 식객이 같이 살고 있었다. 김종희
가 결혼 후에 곧 살림을 시작하면서 고등학교·중학교·초등학교에 다니는
종환·종식·종숙이 차례로 올라오고, 김종철이 김종희가 장가가던 해 가
을에 결혼을 하고 이듬해 봄에 살림을 합치고 나서 시골 사촌들이 올라
와 있었다. 그 여러 식구가 어차피 김종희 한 사람이 버는 것을 가지고는
살아갈 수 없었다. 쌀은 시골에서 올려다 먹는다 해도 역시 살림은 옹색
했다.

김종희로서도 돈이 아쉽지 않은 것은 아니었다. 그렇다고 화약을 제쳐
놓고 다른 돈벌이에 한눈을 팔 생각은 없었다. 그는 제2조병창이 된 인천
화약공장을 본래의 기능으로 회복시키기 위한 막후교섭을 하느라고 매일
같이 미군 사령부에 가서 살다시피 했다.

그러나 김종희의 화약 국내 생산 꿈은 1949년 5월에 단행된 주한 미군
의 전면철수로 무산되고 말았다. 아울러 화약공판에 어려움이 닥치기 시

작했다. 미군 철수로 화약공판은 막강한 원군을 잃은 결과가 되었던 것이다. 김종희와 고문관 사이는 말할 것도 없고, 미군 사령부의 여러 고급장교들과도 인간적으로 깊은 유대를 맺어 왔었기 때문에 화약공판 업무와 관련된 일이면 막힐 것이 없었다.

그러던 일이 당장 1949년 하반기 화약 수급계획부터 차질을 일으켰다. 그 동안은 GARIOA 원조에 의해 도입되던 화약이 군정 종식으로 올해부터는 ECA(Economic Cooperation Administration: 미국 경제협조처) 원조자금으로 도입해야 했다. 따라서 화약공판이 화약 수급계획을 작성해서 주무당국인 상공부에 제출하면 상공부가 이를 검토해서 재무부로 넘기고, 재무부가 다시 검토한 다음에 ECA 자금을 배정하게 되어 있었다.

김종희는 올해 상반기 화약 수요 증가율을 감안해서 내년 상반기 수요를 약 2백 톤으로 책정했다. 지난해 하반기 화약 출고량이 60톤인데 비해 올해 상반기 출고량은 90톤에 육박하고 있어서 거의 50%의 증가율을 나타내고 있었다. 앞으로도 화약 수요가 같은 추세로 증가한다면 올해 하반기에는 135톤, 내년 상반기에는 2백 톤을 공급해야 한다는 계산이다. 그런데 상공부에서는 2백 톤은 너무 많으니까 절반으로 줄이라는 것이었다.

그 무렵 상공부 출입은 지난해 2월 입사한 권혁중(權赫重)이 담당하고 있었다. 권혁중은 부대리 성공회 전도사로 시무하면서 북일사립학교 선생을 지내다가 1935년에 교세를 확장할 목적으로 식량영단(食糧營團) 입장면 출장소장 직을 맡아 하장리로 이사한 권태진(權泰鎭)의 아들이다. 권태진은 김종희의 북일사립학교 은사이기도 하다. 일본에서 상업학교를 졸업한 권혁중은 화약공판에 입사한 후에도 전에 다니던 동국대 전문부 문과 야간부를 계속해서 다니고 있었다.

오후 다섯 시가 지나 김종희가 퇴근하기 위해 지배인실을 나서는데 권혁중이 들어왔다.

"학교 안 가고 여태 뭘 하고 있는 거여?"

김종희는 무관한 사이에 기분이 좋을 때는 곧잘 충청도 사투리를 즐겨 쓰곤 했다.

"상공부에서 이제 돌아오는 길이에요."

"그럼, 거기서 바로 학교로 안 가고?"

"……"

"뭐가 잘 안 돼? 왜 그렇게 땡감 씹은 얼굴이여?"

"1백 톤으로 줄여 와야 재무부로 넘기겠다는 거예요."

"참, 그 사람들 답답하구만! 화약이 어디 썩는 물건이여? 넉넉하게 들여와서 남으면 내년에 팔면 되는 거지, 줄이긴 뭘 줄여?"

"기름을 쳐야 돌아갈 것 같아요."

"기름은 무슨 기름이여? 그 사람들이 화약도 무슨 딴 원조물자처럼 빼돌릴 수 있는 물건으로 잘못 알고 있는 모양인데, 화약은 길에 내다버리면 개도 피해가는 거라는 걸 얘기해 주지 그랬어?"

"그들도 알면서 딴 생각하느라고 그러는 거예요."

"내버려 둬!  화약을 못 들여오면 못 들여왔지 나는 관청에 다니면서 기름치는 짓은 안하겠어. 그런 친구들은 나중에 화약이 떨어져 광부들이 곡괭이자루를 둘러메고 올라와야 정신 차릴 사람들이야!"

결국 1950년 상반기 화약 도입량은 상공부 실무자들에 의해 1백 톤으로 결정되고 말았다. 그래도 김종희는 전부터 이월되어 오는 화약이 30톤 가량 있었기 때문에 그 정도의 물량이면 그럭저럭 상반기 수요는 충당할 수 있으리라고 생각했었다.

하지만 그 예상이 빗나갔다. 그 해 겨울, 가정 난방용 연탄수요가 예년에 비해 3배로 급증했기 때문이었다. 정부가 산림녹화정책의 일환으로 추진해온 연료 대체사업이 실효를 나타내기 시작했던 것이다. 다행히 1949년 하반기 화약 수요는 이월되어 오는 재고량이 있어 그런 대로 충당할 수 있었으나 1950년 상반기에는 지난해 11월에 도입한 화약 1백 톤이 3월 중에 떨어져 일부 탄광이 조업을 중단하는 사태를 초래했다.

광업계의 항의가 화약공판으로 빗발쳤다. 김종희는 책임을 통감했다. 화약공판은 2백 톤 도입을 주장했는데도 주무 당국이 일방적으로 반밖에 들여오지 않았다고 해서 책임이 면제될 수 있는 일은 아니다. 국내 유일의 화약 공급기관인 화약공판 책임자라면 마땅히 오늘의 사태를 정확히 예측하고 미리 대처했어야 할 일이다. 이유 불문하고 화약을 적기에 공급하지 못해 일시나마 국가의 주요 생산 활동이 중단되는 사태를 야기시켰다면 그 책임은 중대할 수밖에 없다.

김종희는 우선 급한 대로 미 군사고문단장인 로버트 준장을 찾아갔다. 로버트 준장은 전 미군사령부 작전참모였다.

"제너럴 로버트! 지난겨울 동안에 연탄 수요가 급증하는 바람에 민수용 화약수급에 차질이 생겼다. 일부 탄광에서는 현재 조업을 중단하고 있는 심각한 사태에 직면했다. 당신의 도움이 필요하다."

"어떻게 도우면 되겠는가?"

"그 전과 같이 군수용 화약을 일시 대여해주기 바란다."

"어느 정도의 물량이 필요한가?"

"50톤이면 되겠다."

“기한은?”

“2개월 이내에 상환하겠다.”

“한국측 책임자와 협의해서 연락하겠다.”

업계는 물론 관계에서도 김종희의 수완에 또 한 번 경탄했다. 로버트 준장의 호의로 발등의 불을 끄고 난 김종희는 화약의 조기 도입을 위해 상공부로, 재무부로, 외자청으로 직접 뛰었다. 그렇게 해서 225톤(1만 상자)의 화약이 부산항에 입항한 것은 5월 중순. 계절적으로 화약 수요가 줄어든 때였다. 그러나 모처럼 전국 31개 화약고에 화약이 그득하게 채워지자 한동안 침체되었던 화약공판의 사기가 다시 되살아났다.

어느 일요일 아침, 김종희가 사택 울안의 채소밭을 둘러보고 있을 때였다. 건너편 사택에 살고 있는 운전기사 이병목이 황망한 걸음으로 다가왔다.

“지배인님! 지배인님… 라디오에서 그러는데 북한군들이 쳐들어왔대요.”

“언제?”

“방금 8시 뉴스에 그랬어요.”

“북한군이 어디 처음 쳐들어오나?”

김종희는 대수롭잖게 생각했다. 북한군은 지난해 5월에 송악산 국군 진지를 기습 공격해온 것을 필두로 8월에는 춘천 방면에서, 10월에는 옹진 방면에서 침공을 감행해 왔었지만 그때마다 육탄10용사 같은 국군의 용감한 반격으로 격퇴되곤 했었다.

김종희는 평소처럼 주일미사에 참석하기 위해 가족들과 함께 정동교회로 나갔다. 미사 도중에 교회 상공을 가르는 비행기 소리가 들려왔다. 나중에 안 사실이지만 그 비행기 소리는 그 날 정오경 서울 상공에 내습하여 용산역 부근과 김포비행장에 기총사격을 가하고 사라진 적의 YAK기 소리였다.

김종희는 비행기 소리를 듣는 순간 문득 신성모 국방장관의 회견 기사를 머릿속에 떠올렸다. 신 장관은 지난 5월 10일자 기자회견에서 북한군이 38선으로 이동하고 있다는 사실을 밝히면서 저들의 침략 위협이 고조되고 있음을 경고하고 국민들에게 국군의 충천하는 사기와 철통같은 수비를 신뢰해줄 것을 요망했다. 그 자리에서 신 장관은 우리 국군에게 언제든지 북진명령만 하달된다면 파죽지세로 진격해서 점심을 평양에서 먹고, 저녁은 신의주에서 먹고, 밤에는 압록강에서 목욕을 하게 될 것이라고 호언했다.

오후 1시, 신문사 지프차가 호외를 뿌리며 태평로를 질주하고 있었다. 미사를 마치고 나오던 김종희도 얼른 호외 한 장을 주워들었다. 호외에는 다음과 같은 신 장관의 담화문이 실려 있었다.

『금일 04시에서 08시 사이에 북괴는 38선 전역에서 불법 남침을 감행하였다. 옹진·개성·장단·의정부·동두천·춘천·강릉 등 각 지구 전면에서 북괴는 거의 동시에 남침을 개시하고 동해안에서는 상륙을 기도하였다.

국군은 전역에 걸쳐서 이들을 격퇴시키기 위하여 긴급하고도 적절한 작전을 전개하고 있다. 동두천 전면에서 그들은 전차까지 동원하여 침입하였으나 우리의 대전차포에 의하여 격파되고 말았다.

(중략) 군은 반역도비(叛逆徒匪)들에게 단호한 응징태세를 취하고 각 지구에서 용감무쌍한 전투를 전개하고 있다. 전 국민은 군을 신

뢰하고 미동함이 없이 각자의 직장을 고수하면서 군 작전에 극력 협

조하기 바란다… 』


그런데 거리에 오가는 사람들은 국방장관의 담화에도 불구하고 왠지 허둥거리는 모습들이었다. 하루가 지나자 어느 쪽 포성인지는 몰라도 '쿵! 쿵…' 울리는 소리가 제법 가까이에서 들려왔다. 회사에 출근한 김종희는 전황이 궁금해서 여기저기 전화를 걸어보았다. 그러나 어디서도, 심지어 미 군사고문단에서도 정확한 전황은 얘기해주지 않았다. 의정부 방면에서 피난민들이 몰려오고 있다는 말을 들어보면 아군이 다소 불리하게 몰리고 있는 것 같기도 했다. 정오경에는 남대문 쪽으로도 피난민들이 삼삼오오 떼를 지어 나타나기 시작했다.

'혹시 38선이 무너진 것은 아닐까…?'

김종희는 일말의 불안을 느끼지 않을 수 없었다. 그러나 그의 불안은 그날 오후에 배달된 신문을 보는 순간에 깨끗이 사라졌다. 신 장관이 오전 11시에 국회에 출석해서 전황을 설명한 내용이 다음과 같이 실려 있었다.


『 적이 남침을 개시했으나 아군은 후방 3개 사단을 투입해서 반

격을 감행함으로써 의정부를 탈환하고 적을 그 북쪽으로 격퇴시켰

으니 의원 여러분께서는 조금도 걱정할 필요가 없습니다. 우리 국군

의 고충은 명령이 없어서 38선을 넘어 공세 작전을 취할 수 없는 것

입니다. 만약 공세를 취한다면 일주일 이내에 평양을 탈취할 자신이

있습니다. 』

김종희는 공연히 전황을 알아본다고 낮 시간을 어영부영 보낸 자신이 쑥스럽게 생각되었다. 그는 일도 손에 잡히지 않고 해서 일찍이 퇴근을 서둘렀다. 거리에는 불안에 휩싸인 시민들이 우왕좌왕하고 있었다. 수색 방면으로 통하는 홍제동 대로에도 평소와는 달리 국군 장병을 태운 군용차량들의 왕래가 빈번했다.

그러나 김종희는 사택으로 돌아와서도 별로 큰 걱정은 하지 않았다. 홍제동 사택만 해도 대로변에서는 200m 가량 산 밑으로 들어가기 때문에 시시각각으로 변해가는 거리 동정에는 어두운 편이었다. 밤이 되면서 낮부터 들려오던 대포소리가 사뭇 가까이에서 들려왔다. 그래도 김종희는 국군의 막강한 힘을 믿었으며, KBS 라디오 역시 계속해서 국군의 용감한 승전보를 전했다.

26일 오전 6시, KBS 보도에 놀란 김종희는 자기 귀를 의심하며 잠자리에서 벌떡 일어났다. 내내 국군의 승전보만 전하던 KBS 라디오가 갑자기 '정부 이동'을 보도했다. 어젯밤 11시에 열린 비상각의가 정부를 수원으로 이동하기로 결정했다는 것이었다.

'그렇다면 서울이 위태롭다는 얘긴가…?'

포성은 어젯밤보다도 더 가까이에서 들려왔다. 김종희는 사택 밖으로 나가 보았다. 홍제동에서 무악재에 이르는 대로에는 남부여대한 피난민의 대열이 넘치고 있었다.

"지배인님! 중앙청은 텅텅 비었습니다."

정부 이동을 확인하기 위해 상공부에 들어갔다 나온 권혁중의 보고였다.

"우리도 어떻게 피난 갈 준비를 해야죠, 지배인님?"

"피난…?"

"이병목씨 하고 같이 홍제동에 들어가서 식구들을 차에 태워 가지고 나올까요?"

"화약고의 화약은 어떻게 할 거여?"

"화약고에 들어있는 화약이야 무슨 일 있겠어요?"

김종희는 고개를 설레설레 내저었다.

"아녀! 나는 화약을 지켜야 해!"

그 무렵 홍제동 화약고에는 지난 5월에 들여온 다이너마이트 3천 상자가 보관되어 있었다. 그 다이너마이트를 방치해버릴 경우 어떤 사고가 발생할지 모른다. 그런 위험물을 방치한 채 일신의 안전만 생각하고 피난길을 떠난다는 것은 화약인으로서의 양식이 허락하지 않았다.

오후부터 내리기 시작한 비는 그칠 줄을 몰랐다. 밤이 되면서 비는 더욱 억수처럼 거세게 쏟아졌다. 김종희는 밤늦게까지 사무실에 혼자 남아 비가 그치기를 기다렸다.

"쾅! 쾅…"

포성은 바로 귓전에서 울렸다. 김종희는 만의 하나, 포탄이 화약고에 떨어지는 경우를 상상하고 등골이 오싹하는 전율에 온몸을 부르르 떨며 일어섰다. 피난민들은 한밤중에도 무악재를 물밀 듯이 넘어오고 있었다. 그 피난민 틈을 헤집고 무악재를 거슬러 올라가는 사람은 김종희 하나뿐이었다.

김종희가 막 무악재 마루턱을 넘어설 때였다. 용산 쪽에서 '쾅!' 하고 천지를 뒤흔드는 폭음 소리가 들려왔다. 그 순간 김종희는 폭음이 다이너마이트 터지는 소리라는 것을 알고 소스라치게 놀랐다.

'어디서 이 엄청난 다이너마이트가 폭발했을까…?'

그 폭음이 바로 한강 인도교와 철교를 폭파시킨 소리라는 것을 김종희가 안 것은 다음날 아침이었다. 날이 밝으면서 한강변을 헤매던 피난민들이 다시 시내로 돌아오기 시작했다. 이미 서울 거리에는 북한군의 탱크가 캐터필러 소리도 요란하게 그 육중한 모습을 드러낸 때였다.

김종희는 평소보다 일찍 회사로 나갔다. 그는 신변 정리부터 해야 할 필요를 느꼈다. 회사에 도착한 그는 사무실 문을 안으로 잠그고 캐비닛 속의 모든 서류를 다 꺼냈다. 그리고 명함꽂이에서 경찰관들의 명함을 다 가려냈다.

이때까지도 화약공판 업무는 1912년에 공포된 〈총포, 화약류 취체령〉 및 1921년에 공포된 〈보통화약제조 취체규칙〉에 의해 통제되어 오고 있었기 때문에 화약 하나를 이 장소에서 저 장소로 옮기는 일까지도 일일이 경찰관서의 허가를 받아야만 했다. 따라서 화약공판 서류치고 경찰관서를 거치지 않는 서류가 거의 없었고, 그러다보니 자연 여러 경찰관을 접촉하게 되어 그들의 명함도 많았다. 경찰관의 명함이 공산당 손에 들어가게 된다거나 경찰관서와 관련 있는 문서가 그들 손에 들어가게 되면 화를 자초하게 될 뿐 아니라, 전국 각 지방 화약고의 화약 재고량을 그들에게 알려주는 결과가 된다. 서류를 다 꺼내놓고 보니 막상 그 많은 서류를 어떻게 없애느냐 하는 것이 문제였다. 태워버리면 제일 간단하겠지만 사무실 안에서 연기를 피울 수는 없었다.

'지하실에 있는 우물 속에 집어넣을까…?'

그랬다가 나중에 우물 속에 집어넣은 것이 탄로 나면 곤란하다. 김종희는 우선 서류를 한 장씩 잘게 찢었다. 가끔 땅이 울리는 탱크소리가 들려오기도 하고, 멀리서 총성이 들려오기도 했다. 미처 한강을 건너지 못한 일부 국군들이 아직 시내 곳곳에서 마지막 저항을 하고 있을 때였다.

거의 반나절은 되었을까, 누군가 안으로 잠근 사무실 문을 흔들었다.

"안에 누구유? 문 좀 열어요!"

어딘지 귀에 익은 목소리가 문 밖에서 들려왔다.

"누구요?"

김종희가 문 앞으로 다가가며 물었다.

"저, 혁중이에요. 지배인님!"

김종희는 반가웠다. 안으로 잠근 문을 열자 권혁중이 상기된 얼굴로 들어섰다.

"사무실 안에 누가 있다는 걸 어떻게 알았어?"

"밖에서는 문이 안 잠겼는데 문이 안 열리니까, 안에 누가 있을 거라고 생각했죠."

"그런데, 뭐 하러 나왔어?"

"회사 일이 궁금해서요."

권혁중은 신당동에서 하숙생활을 하고 있었다.

"지금 밖은 어때?"

"한 쪽에선 북한군들이 계속해서 시내로 들어오고, 또 한 쪽에서는 피난 갔던 사람들이 들어오고… 가끔 전차도 다니고 있어요."

"그래? 하여튼 잘 나왔다."

김종희는 권혁중과 함께 찢어 놓은 서류를 상자 속에 담아들고 지하실로 내려가 우물 안에 쏟아 넣고, 종이가 물에 풀릴 때까지 긴 막대기로 휘저었다.

"지금부터 우리는 화약기술자다!"

"예?"

"이제 날 지배인이라고 하지 말고 김 기사로 불러! 알았어?"

"예…"

"나하고 홍제동으로 들어가자!"

"회사 일은 어떻게 되는 거예요?"

"세상 돌아가는 걸 봐야 알지."

며칠 잠잠한 듯 하더니 하루는 내무서원이 동네 빨갱이를 앞세우고 사택에 나타났다.

"동무가 여기 책임자요?"

빨치산 모자를 쓴 내무서원이 김종희를 아래위로 꼬나보며 물었다.

"여기는 책임자가 따로 없습니다."

"이 사택에 사는 동무들은 다 뭐하는 사람들이오?"

"다들 화약기술자이고, 그 가족들입니다."

그 무렵 홍제동 사택에는 김종희·김종철 형제 가족과 민영만·홍용기·이병목 가족들이 살고 있었다.

"화약기술자가 뭐하는 거요?"

"화약고를 관리하고, 폭파 현장에 나가서 화약 사용법을 지도하고 합니다."

"화약고는 어디 있소?"

"저쪽 산 밑으로 있습니다만…"

"어디, 한번 가보기요!"

"화약고에 지금 화약이 가득 차 있기 때문에 아무나 가까이 데리고 갈 수 없습니다."

"왜 못 가오?"

"아시다시피 화약이란 폭발 위험이 있는 물건이라서…"

"화약고 안에는 안 들어가면 될 것 아니오?"

"그래도 화약고에 가까이 가려고 하면 담배나 성냥 같은 거 있으면 꺼내 놔야 하고, 또 총도 메고 가면 위험하고 해서…"

김종희는 은근히 내무서원에게 겁을 주었다. 그러자 내무서원이 함께 온 동네 빨갱이들에게 따발총을 맡기고 혼자 따라나섰다.

"정말로 화약고 안에는 안 들어가는 겁니다요?"

"좋소!"

김종희는 내무서원을 데리고 가서, 화약고 문을 활짝 열어보였다. 화약고 안에 쌓인 화약상자를 본 내무서원이 뾰족한 턱을 바싹 들어 올리더니 김종희를 째려보았다.

"동무, 이게 정말 화약이오? 이건 양키 놈들의 물건 아니오?"

화약상자에 찍혀 있는 ECA 원조물자 표시(성조기 바탕 위에 악수하고 있는 두 손 그림)를 보고 하는 말이었다.

"화약상자에 영어로 저렇게 다이나마이트라고 찍혀 있지 않습니까?"

"어째서 양키 놈들의 다이나마이트가 여기에 보관되어 있소?"

"이남 실정을 잘 모르시는 모양인데, 이남에서는 화약이 생산되지 않기 때문에 미국에서 원조하는 화약을 쓰고 있는 겁니다."

"그렇다면 동무들은 양키 놈들의 앞잡이 아니오?"

"앞잡이라면 우리가 피난을 갔지, 왜 여기 남아서 이 화약을 지키고 있겠습니까?"

"좋소! 우리 내무서의 별도 지시가 있을 때까지 이 화약을 이대로 잘 보관하도록 하오!"

그 후 김종희는 화약의 반입 경위를 조사한다느니, 사상검토를 한다느니 하고 정치보위부에서 오라 가라 해서 한동안 실랑이를 당했다. 그러나 김종희는 화약공판의 모든 서류를 이미 죄다 없애놓았기 때문에, 화약 행정은 화약공판이라는 데서 취급해 전혀 아는 바가 없고, 자신은 다만 화약고를 관리하면서 현장의 폭파 기술을 지도할 뿐이라는 것을 일관되게 주장함으로써 그들의 집요한 추궁을 모면할 수 있었다.

아군 폭격기가 서울 상공에 나타나는 빈도는 잦아지는데도 웬일인지 전선은 자꾸만 남으로남으로 밀리고만 있었다. 날이 갈수록 공산당의 잔악한 행위는 도를 더해갔다. 시내 곳곳에서 소위 인민재판이라는 이름으로 무고한 우익 인사들을 거리로 끌어내어 마구 학살하기 시작했다. 홍제동 사택에도 사흘이 멀다 하고 내무서원들이 드나들면서 사택 안에 사는 사람들의 동태를 감시하는 한편, 화약고의 화약 재고량을 확인해가곤 하는 것이었다.

단 하루도 안심하고 지낼 수 있는 날이 없었다. 김종철의 경우는 6·25 직전까지지도 정치 일선에서 활약해온 우익 인사요, 김종희 또한 정치에는 직접 관여하지 않았다 하더라도 공산당이 가장 증오하는 경찰과 관련을 맺고 화약사업을 해온 처지다. 다행히 동네 인심을 잃지 않은 덕택으로 동네 빨갱이들의 모함은 없었지만 언제 어디서 어떤 일로 자신들의 신분이 노출될지 모를 판이었다.

"제기랄, 라디오가 있어야 세상 돌아가는 거나 좀 알거 아녀?"

텃밭의 열무를 솎아내면서 김종희가 혼잣말로 구시렁거렸다. 곁에서 그 말을 들은 권혁중이 말했다.

"신당동 하숙집에 제 라디오가 있는데 가서 가져올까요, 지배인님?"

"너, 시방 뭐랬어? 얘가 생사람 잡겠네. 내가 어째서 지배인이여?"

"아, 김 기사님… 죄송합니다."

"멀쩡한 사람 인민재판에 넘기지 않으려면 조심해!"

"알았어유."

"네 하숙집 라디오는 내무서원들이 안 가져갔을까?"

"여기 건 좋으니까 그 사람들이 가져갔지요. 제 건 고물딱진데요, 뭐."

권혁중이 신당동 하숙집에서 가져온 라디오는 정말 고물이었다. 아무리 사이클을 돌려도 남쪽 방송은 들려오지 않았다. 그러다가 어떻게 우연히 맞힌 사이클에서 모기소리 만하게 일본 방송이 들려왔다. 귀를 기울이고 듣자니까 지난 9월 15일에 인천상륙작전을 감행한 유엔군이 16일에는 낙동강 전선에서 총 반격전을 전개하여 북진 중이라는 것이었다.

'그러면 그렇지!'

김종희는 라디오 스위치를 끄고, 소리가 밖으로 새나가지 않게 뒤집어 쓰고 있던 이불을 벗어 던졌다. 그는 미국이 한국전에 참전하기로 했다는 소식을 들었을 때부터 언젠가는 전세가 반드시 역전되리라는 것을 확신하고 있었다. 태평양전쟁까지도 승리로 이끌었던 미군이 한낱 북한군과의 전쟁에서 패한다는 것은 상상할 수도 없는 일이었다.

마침내 9월 28일 서울을 완전히 탈환한 유엔군은 그 여세로 38선을 돌파하여 10월 19일에는 평양을 탈환하고, 한만(韓滿) 국경까지 진격을 늦추지 않았다. 10월 27일에는 정부가 부산에서 다시 서울로 환도하고, 1월 26일 유엔한국부흥위원단이 내한하는가 하면, 12월 2일에는 유엔 총회가 1951년 대한 원조 2억5천만 불 안을 채택하는 한편, 유엔한국재건단(UNKRA)을 발족시키는 등 전후 한국의 재건 문제가 본격적으로 거론되기도 했다.

김종희는 무엇보다도 각 영업소가 관리하고 있는 지방 화약고 일이 제일 궁금했다. 낙동강 이남에 위치한 대구·부산의 13개 화약고는 이상 없겠지만 북한군 수중에 들어갔던 전주·군산·제천 영업소 산하의 8개 화약고가 무사한지 걱정이었다.

정부가 환도했다고는 하지만 아직은 모든 주요 행정기관이 부산에 그대로 남아 있었고, 교통수단이나 통신수단이 거의 마비되다시피 한 상태여서 당장은 지방 영업소의 현황을 파악할 길이 없었다. 지난 5월 들여온 화약 225톤 중에서 민수용으로 돌려썼던 군수용 화약 50톤을 갚고 남은 175톤을 대구·부산에 80톤, 그리고 서울에 60여 톤을 보관시켰기 때문에 전주·군산·제천에 보관시킨 것은 다행히 40톤이 채 되지 않았다.

김종희는 인천화약공장 일도 궁금했다. 들리는 소문에 의하면 인천 시가지가 상륙작전 때 당한 함포사격으로 쑥밭이 되어 버렸다고 한다. 이대로 통일이 된다면 화약공장은 흥남에도, 해주·사리원에도 있다. 하지만 그쪽 화약공장이라고 해서 이 난리에 온전할 리 없고 보면 인천화약공장만이라도 피해가 없었으면 하는 생각이 간절했다.

화약공판이 전후 재건사업에 제몫을 해내기 위해서도 화약의 국내 생산은 더욱 절실한 당면과제가 아닐 수 없다. 김종희의 머릿속은 벌써부터 전후복구에 필수적으로 요구되는 막대한 화약 물량으로 꽉 차 있었다.

그런데, 지난 10월 하순 한국전에 개입했다던 중공군이 그 사이에 벌써 평양까지 내려왔느니, 개성까지 내려왔느니 하는 소문과 함께 이북 피난민들이 서울로 밀려오는 것이었다. 그리고 12월 11일, 이승만 대통령이 '수도 사수'를 언명했다는 라디오 뉴스가 전해졌다.

'아니 그럼…, 또 서울이 위태롭다는 얘기 아닌가?'

그래도 김종희는 서울을 사수하겠다는 이 대통령의 말을 하늘같이 믿었다. 그런데 그 하늘이 쉽게 무너지고 말았다. 이 대통령은 수도를 사수하겠다고 한 지 채 보름이 안 되는 24일, 서울 시민들에게 피난령을 내렸다.

김종희는 외자청으로 달려가 전시물자 수송차량을 배차해줄 것을 요청했다. 외자청에서도 화약을 옮겨야 한다는 데는 이견이 없었으나 배차할 차량이 문제였다. 지난 15일 국립박물관에 소장되어 있는 문화재를 싣고 내려간 트럭 5대가 있는데, 그 트럭을 부산에서 올라오는 대로 배차하겠다는 것이었다.

"그 트럭이 올라오기는 다시 올라오는 겁니까?"

"올라오기로 돼 있는데, 지금 피난령이 내려졌기 때문에 꼭 올라올는지는 확실치 않습니다."

"만약 그 트럭이 안 올라오면 어떻게 하죠?"

"그야 하는 수 없지, 어떻게 하겠습니까? 기다려 보십시오!"

김종희는 그때부터 밤낮없이 외자청 정문 수위실에서 트럭이 올라오기만을 기다렸다. 김종희는 북한군에게 빼앗긴 화약수송차 생각이 절로 났다.

'제기랄, 똥차라고 괄시했더니만…'

때마침 몰아닥친 소한(小寒) 추위로 기온은 한낮에도 영하 15℃를 밑돌았다. 공산당의 잔학성을 몸소 체험한 서울 시민들의 피난 행렬은 혹한도 아랑곳하지 않고 꼬리를 잇고 있었다.

'이 놈의 차들이 서울까지 올라왔다가 피난민들을 보고 그냥 도로 내려가 버린 거 아닌가…?'

문화재를 싣고 내려갔던 트럭 5대가 다시 서울에 나타난 것은 1951년이 저무는 12월 31일 밤 9시경이었다. 김종희는 초하룻날 아침부터 홍제동 화약고의 화약을 영등포역 구내에 있는 대한통운 창고로 옮기기 시작했다.

트럭 한 대에 실을 수 있는 물량은 화약 1백 상자, 중량으로 따지면 화약 한 상자의 무게가 22.5kg이니까 차가 GMC 트럭 같으면 더 실을 수 있겠지만 외자청 트럭은 동란 중에 일본에서 급히 도입한 이스즈(五鈴)제 신형 차량이어서 부피 때문에 더 실을 수가 없었다.

김종희를 비롯해서 김종철·민영만·홍용기·이병목 등 다섯 사람이 쉬지 않고 화약상자를 메어 날랐지만 트럭 한 대 분을 싣는데 족히 30분이 걸렸다. 화약고에서 영등포의 대한통운 창고까지 싣고 가는데 걸리는 시간이 약 1시간, 때로는 하나밖에 없는 한강 가교(假橋)를 통과하는 차량들이 밀려서 한 시간씩 기다리게 되는 경우도 있었다. 대한통운 창고에 도착해서 하역하는데 다시 30분. 따라서 트럭 5대가 한 탕을 뛰는 데는 보통 4시간 내지 5시간이 걸렸다.

첫날은 밤 12시까지 뛰었는데도 세 번밖에 실어 나르지 못했다. 3천 상자를 다 실어 나르자면 자그마치 여섯 탕을 뛰어야 한다. 내일 세 번만 더 실어내면 된다. 그러나 김종희는 한 번 더 실어낼 생각만 해도 끔찍스러웠다. 22.5kg의 화약상자 무게만 생각해도 허리가 휘청이는 것 같았다.

하루 종일 화약상자를 메어 나른 어깨가 까지고 붓다 못해 뱃가죽까지도 왈왈 아파왔다. 어깨가 아파서 나중에는 화약상자를 배에 안고 다닐 수밖에 없었기 때문이다. 밤에는 얼었던 손발이 녹느라고 굼실굼실해서 잠을 잘 수 없었다. 5대의 트럭이 매번 동시에 출발하고 동시에 돌아오곤 했는데, 화약을 싣고 갈 때는 도중의 안전관리를 위해 다섯 사람이 한 차씩 맡아 화약상자 위에 타고 다녔기 때문에 차가 대한통운 창고에 도착했을 때는 두 다리가 뻣뻣하게 얼어 오금이 펴지지 않았다.

김종희가 모진 혹한 속에 홍제동에 있는 화약을 한강 이남으로 소개(疏開)해 놓고 사택 안에 살고 있는 다섯 집 식구를 거느리고 피난길에 오른 것은 정부가 다시 부산으로 천도하던 1월 4일 새벽이었다. 외자청에서 배정했던 트럭 5대 중에서 2대가 마침 휘발유를 싣고 내려가게 되어 있어서 요행히 다섯 집 식구가 몽땅 휘발유 드럼통 윗자리를 차지할 수 있었다.

드럼통 위에서 모진 맞바람을 맞으며 밤낮으로 달리기를 하루 반. 대구로 내려온 김종희는 일행과 함께 동성로 3가에 있는 화약공판 영업소에 짐을 풀었다. 대구영업소에서는 범어동의 4개와 산격동의 2개를 합쳐 모두 6개의 화약고를 관리하고 있었는데, 계속 영업활동을 해오고 있는 중이었다. 전시 중임에도 불구하고 대구 인근의 금광이 조업을 계속하고 있었으며, 특히 상동 중석광산이 국제적인 텅스텐의 수요증대로 수출 호황을 맞아 활기를 띠고 있었다.

김종희는 부산영업소 일이 궁금했다.

"형님! 나는 내일이라도 당장 부산으로 내려가 봐야겠어요."

"네가 내려가면 나도 같이 내려가야지."

"형님은 식구들하고 여기 그냥 있어요."

"여기서 내가 뭐 할일이 있어야지?"

"부산에 가서 또 정치할 거유?"

"이 판에 정치는 무슨 정치냐?"

"전쟁 끝날 때까지는 나하고 화약사업이나 해요."

"어쨌든 나도 부산으로 갈란다."

화약공판 부산영업소는 대창동 1가에 자리 잡고 있었다. 부산영업소가 관리하는 괴정동의 5개 화약고에도 아무 이상이 없었다. 김종희는 부산에 도착하자마자 바로 화약공판 본사 주소이전을 신고하고 본격적인 업무에 착수했다. 화약공판이 정상 업무를 집행하기 위해서는 먼저 정확한 화약 재고량을 파악해서 이를 주무당국과 관할 경찰관서에 신고하는 한편, 화약 공급가격을 새로 책정해야 한다. 현재 보유하고 있는 화약은 450대 1의 환율이 적용되던 지난해 5월에 들어온 것이기 때문에 그 동안의 전시 인플레는 고려하지 않는다 하더라도 불가불 현행 환율인 2,500대 1에 상응하는 가격으로 인상 조정되어야 하기 때문이다.

화약공판이 당장 공급 가능한 화약 물량은 대구·부산 재고량을 합쳐 채 40톤이 되지 않았다. 지난해 5월 말 현재 재고량이 그 무렵에 새로 들여온 화약 80톤과 전에 남아 있던 재고 약 20여 톤을 합쳐 1백여 톤이었으니까 그 동안에 60여 톤이 출고된 셈이었다.

화약 소비량은 많을수록 좋다. 화약 소비량이 많다는 것은 생산 활동이 그만큼 활발했다는 것을 말해주기 때문이다. 대신 화약은 반드시 언제 어디에 소비되었다는 것이 분명해야 한다.

그런데 대구영업소는 물론 부산영업소에도 필히 비치되어 있어야 할 화약 공급대장은 물론 정확한 판매 현황을 기장해놓은 장부 하나가 없는 실정이었다. 그러나 김종희는 자신의 감독권이 미칠 수 없었던 기간에 대구나 부산 화약고에서 출고된 화약으로 인해 별다른 사고가 발생하지 않은 것만을 다행으로 생각하고 두 영업소장의 책임을 추궁하지는 않았다. 다만 홍용기를 대구영업소 부소장으로 임명하면서 그곳에 남아 서울 식구들을 돌보게 하고, 민영만을 부산으로 내려오게 해서 부산영업소의 소장을 돕게 했다.

한강 이남은 안전할 것이라고 생각했던 김종희의 예상을 뒤엎고 서울에서 후퇴한 유엔군은 한강 방어선마저 포기한 채 수원까지 밀리고 있었다.

'이럴 줄 알았으면 차라리 화약을 홍제동 화약고에 그대로 놔두는 걸 가지고…'

김종희는 영등포역의 대한통운 창고로 옮겨 놓은 화약 걱정 때문에 불안해 견딜 수 없었다. 전쟁은 생각한 것보다 장기전 양상을 띨 것 같았다. 부산 시내는 이미 피난민들로 포화상태를 이룬 가운데 부두에는 매일같이 증파되어 오는 미군 병력이 하루에도 수천 명씩 상륙하고 있었으며, 각종 군수물자가 산더미처럼 쌓이면서 전시 특수경기가 일기 시작했다. 김종희는 불현듯 군수물자로 반입되는 화약관리를 머릿속에 떠올렸다.

'그렇다! 화약공판이 당장 해낼 수 있는 일은 전시물자로 반입되는 군수용 화약을 관리하는 것이다!'

때마침 부산영업소 2층에는 서울에서 피난 나온 유삼렬(劉三烈)이 여러 사원들과 함께 지내고 있었다. 그 무렵 피난민이 방을 세 얻어 산다는 것은 그야말로 하늘의 별따기였다. 김종희도 아예 잠은 영업소 2층에서 자면서 아침은 40계단 밑에 가서 해장국 한 그릇으로 때우고, 낮에는 발바닥이 닳도록 동분서주하다가 저녁은 밤늦게 사무실에서 풍롯불을 피우고 냄비밥을 끓여 먹고 지낼 때였다. 그러는 사이에 서울에서 뒤늦게 내려온 일부 화약공판 사원들과 친지들이 하나둘씩 모여들어 지금은 영업소 2층이 피난민 수용소가 되어 20명 가까운 사람이 북적거리고 지냈다.

유삼렬은 김종철의 처삼촌이다. 연희전문 영문과를 졸업한 그는 해방 후 미국무역회사 한국지점에 근무를 해온 영어 실력파였다.

"사돈! 내일부터는 나하고 같이 좀 돌아다닙시다."

"어딜 다니게요?"

나이는 유삼렬이 많은 편이었지만 서로 사돈 사이라서 '하오' 를 하고 지냈다.

"사돈의 영어 실력을 좀 빌려야겠어요."

"왜, 김 지배인도 영어 잘 하잖아요?"

"내 영어야 글자 그대로 아직 푸어 잉글리시(Poor English) 아닙니까, 하하…"

다음날 김종희는 해방 직후에 용산에 있는 미군 사령부를 찾아갔을 때처럼 서면에 있는 미8군 병참기지를 찾아갔다. 유삼렬이 위병소 헌병에게 유창한 영어로 김종희의 신분을 소개하며 방문한 목적을 설명했다.

"사령관과 만날 약속은 되어 있는가?"

"약속은 없다."

"그렇다면 곤란하다."

"사령관실로 연락해주기 바란다."

"위병 근무 수칙상 그런 연락은 취할 수 없다."

위병소 헌병은 지극히 사무적이었다.

"안 되겠다니 어떡하죠?"

"처음부터 덮어놓고 다이나마이트, 다이나마이트 했어야 이 친구가 겁을 먹고 연락하는 건데, 사돈이 영어를 너무 잘하는 바람에 그만…"

김종희는 사돈과 같이 온 것을 마음속으로 후회하며 힘없이 발길을 돌려세웠다. 이때 정문을 달려 나가던 지프 한 대가 갑자기 멈추었다. 그리고 미군 소령 한 사람이 내리더니 이쪽으로 걸어오며, "헬로!" 하고 한 손을 번쩍 들어 올리는 것이었다. 그는 미군 사령부에 근무하던 스미스 대위였다.

"아! 캡틴 스미스!"

김종희는 스미스 소령을 와락 끌어안았다.

"미스터 김을 이렇게 다시 만나게 돼서 매우 기쁘다!"

"정말 기쁘다! 메이저 승진은 언제 했는가?"

"이 년 전이다."

"축하한다."

"고맙다!"

스미스 소령은 지난해 7월, 미8군 사령부가 도쿄에서 대구로 이동할 때 한국 참전을 지원해 부산으로 와서 병참기지 사령부 작전참모실에서 근무하고 있는 중이라고 했다.

김종희는 군수용 화약의 관리용역을 맡고 싶다고 제의했고, 스미스는 좋은 아이디어라고 하면서 적극 검토할 용의가 있다고 했다. 당시 화약은 일본에서 수송기 편으로 부산의 수영(水營) 비행장을 통해 들여오고 있었는데, 보다 급한 군수물자들이 정체되는 바람에 비행장 한 쪽에 화약을 쌓아둔 채 천막만 씌워놓고 있는 실정이었다. 미군들도 화약을 비행장 안에 노적상태로 놔둔다는 것이 위험천만한 일인 줄은 알지만 오히려 화약이기 때문에 섣불리 다른 장소로 옮길 수도 없고 해서 대책 마련에 부심하고 있는 때였다.

며칠 후, 스미스 소령은 화약관리 용역사업 제의를 서면으로 제출해줄 것을 요구해왔다. 영업소에 아직 타이프라이터 같은 것이 없을 때였다. 김종희는 유삼렬이 작성한 영문 원고를 들고 타이프 집을 찾아다녔다. 그렇게 흔하던 타이프 집도 급하게 찾으려니까 눈에 잘 띄지 않았다. 세관 근처까지 가서야 겨우 타이프 집을 발견하고 영문으로 화약관리 용역사업 제의서를 만들 수 있었다.

사업제의서를 다 읽고 난 스미스 소령의 고개가 삐딱해졌다.

'뭐가 잘못된 모양이구나!'

"미스터 김! 여기의 김봉수는 누군가?"

"아! 당신이 귀국한 뒤에 새로 관리인에 임명된 사람이다."

"이 사인은 미스터 김의 사인 아닌가?"

스미스 소령은 김종희의 사인을 기억하고 있었다. 그의 사인은 한자로 김(金) 자를 옆으로 눕혀 흘려 쓴 것이기 때문에 아주 단순했다. 김종희가 자신의 사인임을 시인하자 스미스 소령은 왜 김봉수 본인이 사인하지 않았느냐고 따졌다. 김종희는 남조선 과도정부 법령에 의해 그를 관리인으로 추대해서 임명받게 한 경위부터 시작해서, 그 후 그가 사무실에는 가끔 나왔으나 회사 업무에는 관여하지 않았다는 사실과 6·25전쟁 이후에 소식이 두절되었지만 아직까지 형식상으로는 그가 회사 관리인이라는 것을 모두 설명했다.

"그렇다고 해도 소재불명인 김봉수가 계약 당사자는 될 수 없다. 이번 용역사업은 어디까지나 미스터 김이 관리인의 자격으로 직접 책임질 수 있어야 협의가 가능하다."

그러니 관리인 자격부터 갖추라는 것이었다. 김종희는 업무수행을 위해 상공부에 자신을 화약공판 관리인으로 임명해줄 것을 요청했다. 정부

수립 후에는 귀속재산 관리인을 다시 주무당국이 임명하게끔 되어 있었다.

이미 김종희가 화약공판 업무를 집행해온 사실을 아는 상공부로서도 그를 관리인으로 기피할 이유가 없었다. 오히려 화약공판이 미8군의 화약관리 용역사업을 추진하고 있다는 것을 알고, 상공부에서는 2월 7일자로 김종희를 서둘러 관리인에 임명했다.

화약공판과 미8군 병참기지 사령부 사이에 화약관리 용역계약이 체결된 것은 2월 18일. 계약 내용은 화약 1톤 기준으로 하역·운송·보관 등으로 구분해서, 하역비의 경우는 주·야간 작업에 차액을 두고, 운송료는 거리에 따라, 그리고 보관(화약고 대여)료는 일시보관과 장기보관으로 차액을 두어 세밀하게 책정해놓고 있었으며, 특히 용역비는 전액 미화로 지불한다는 조건이었다.

이로써 김종희는 6·25전쟁 동안 한국 화약계의 교두보를 확보하고, 이듬해 10월에 출범하는 한국화약주식회사(韓國火藥株式會社)의 발판을 굳히는 계기를 마련할 수 있었던 것이다.

# 7

# 한국화약주식회사

김종희는 국토재건에 필요한 화약 수요를 차질 없이 공급해야 한다는 생각에 잠이 오지 않았다. 국내의 화약 수요를 언제까지나 수입에만 의존할 수는 없는 일, 그렇다고 화약을 국내에서 생산한다는 것은 생각만으로도 막막하고 요원하다. 그는 화약제조설비가 어느 정도로 방대한 것인가를 잘 알고 있었다.

미8군 병참기지 사령부와의 화약관리 용역계약으로 부산영업소에는 활기가 넘쳤다. 수영 비행장에 쌓여 있는 화약을 괴정동 화약고로 옮기는 한편, 괴정동 화약고의 화약은 대구에 있는 화약고로 옮기는 일이 한창 진행되었다. 비행장에 있는 화약을 옮겨오기 위해서도 괴정동 화약고는 비워야 했지만, 대구영업소의 영업활동을 지원하기 위해서는 어차피 화약을 더 보내줘야 할 형편이었다. 계속되는 중석의 수출 호황으로 상동광산의 채광량이 증대되고 있어서 대구영업소가 공급하는 화약 물량도 부쩍 늘어나고 있었다.

부산에서 화약을 트럭에 싣고 대구까지 가는 데는 많은 위험 부담이 따랐다. 부산에서 대구로 가는 국도 곳곳에 공비 출몰지구가 있었기 때문이다. 더구나 그 지역에서 준동하는 공비들은 지난해 마산까지 남침해 내려왔다가 유엔군의 9월 총반격으로 퇴로가 막히게 되어 미처 북상하지 못한 북한군 패잔병들이었기 때문에 중무장을 한 채 때로는 군부대의 수송 차량까지도 위협하고 있었다. 그렇다고 목숨을 내놓고 적과 맞싸우고 있는 최전방의 군인들도 있는데 공비가 나타날지 모른다는 위험 때문에 전시 화약인으로서 마땅히 수행해야 할 임무를 포기할 수는 없는 일이었다. 화약을 트럭으로 운송하자면 도중의 안전관리상 반드시 한 사람이 화약을 실은 짐판 위에 타고 가야 한다. 그런 위험한 화약 수송에 선뜻 자원하고 나서는 사원이 없을 것은 당연했다. 전세가 다시 역전되면서 공비들이 깊은 산 속으로 잠적할 때까지 한동안은 김종희 자신이 직접 트럭 짐판 위에 타고 대구를 내왕하는 수밖에 없었다.

1월 하순에 반격을 개시한 유엔군은 서울을 재탈환하고, 3월에는 다시 북진을 계속했다. 그런 어느 날, 영등포로 옮겨 놓은 화약 60여 톤이 흔적도 없이 사라졌다는 소식이 전해졌다. 2월에 감행된 서울 탈환작전 시에 유엔군의 공중 폭격으로 창고째 날아간 것이었다. 화약관리 용역사업이 아니었더라면 한국 화약계가 지금쯤은 큰 위기에 처했을 것이 분명하다. 피난 정부가 민수용 화약을 도입한다는 것은 사실상 기대할 수 없는 일이었다. 화약공판이 미8군 화약을 관리하고 있었기 때문에 미군을 통해서 민수용 화약을 따로 도입해올 수 있었던 것이다.

미8군 화약관리 용역사업과 화약공판 본래의 업무는 엄격하게 구별되어 있었다. 화약공판 업무는 귀속기업 관리계약에 의해 주무당국의 감독을 받아야 하지만, 미8군 화약관리 용역사업은 병참기지 사령부와의 쌍무계약에 의해 이행되고 있었기 때문에 제3자의 간섭을 받지 않았다. 다만 용역사업 수입 중의 화약고 대여료는 화약공판 수입계정에 산입해야 한다는 상공부의 사업승인 부대조건이 있었을 뿐이었다.

4월에 들어와서 유엔군이 임진강을 넘어서자 정부는 서울·경기·강원 일원을 제외한 한강 이남 전 지역의 계엄령을 해제했다. 화약공판에서도 제천영업소를 비롯한 전주영업소와 군산출장소의 정상업무를 재개했다. 영업 영역이 넓어지고 화약 수요가 늘어나자 화약 재고가 딸리기 시작했다.

"사돈! 이번 화약까지만 미군을 통해서 들여오고 다음부터는 시간이 좀 걸리더라도 우리가 직접 들여오는 방법을 연구해요!"

유삼렬이 미8군 관계 일을 맡아보고 있었다.

"복잡하게 그럴 필요가 있겠어요?"

"장래를 생각해야지, 우리가 언제까지나 미군들 그늘에서 장사할 건 아니잖아요?"

"그런데, 사돈은 정말 이 화약 한 가지만 가지고 내내 씨름하다 말 겁니까?"

"화약이 어떻다고 또 그래요?"

"아, 화약 들여오는 노력으로 다른 걸 수입해오면 몇 곱을 남길 텐데, 화약장사가 이게 장사요?"

전국의 산업시설이 거의 다 파괴되다시피 해서 생산되는 것이 별로 없었기 때문에 아무 물건이나 생활에 필요한 것만 수입해오면 떼돈이 벌리던 시기였다. 그런데 화약은 폭발물이라는 위험 때문에 수입해오는 데도 선박 편에 제한이 따랐으며, 수입해 와서도 경찰에 일일이 신고를 해야 하고, 파는 것도 마음대로 팔지 못하고 가격승인을 받아서 화약을 사용할 수 있게끔 허가된 사람에게만 팔아야 하는 것이었다.

"사돈! 나까지 이 난리통에 큰돈을 벌어보겠다고 화약장사를 때려치우면 누가 이 알량한 화약장사를 할 거유?"

"그러니까 화약장사는 한 쪽으로 그냥 계속하면서 설탕이나 비료 같은 걸 들여와서 한몫 보는 겁니다."

"사돈! 나는 솔잎을 먹고 살아야 하는 송충이요. 화약장이가 어떻게 설탕을 들여와요? 난 갈잎이 아무리 맛있어도 솔잎이나 먹고 살 거요!"

화약계를 지켜야 한다는 김종희의 일관된 신념은 어떤 경우에도 흔들리지 않았다. 한국 정부의 강력한 반대 입장에도 불구하고 7월부터 개최된 개성 정전회담이 10월에는 장소를 판문점으로 옮기면서 급진전을 보이더니, 마침내 11월 27일에는 '30일'이라는 기한부 잠정 군사경계선 설정에 합의하고 전 전선에 공격중지 명령이 내려지기에 이르렀다. 치열했던 전선에 총성이 멎고, 후방에 평화 무드가 일면서 복구의 해머 소리와 함께 민간 부문의 화약 수요가 급증하기 시작했다.

정부로서는 종전 후에 폭발적으로 일어날 화약 수요의 대비책을 강구하지 않을 수 없었다. 그 1단계 조치로서 화약 공급의 원활을 기하기 위해 화약공판을 매각하여 민간기업으로 육성하고, 2단계에는 해방 이후 국방부 산하의 제2조병창으로 관리되어 오는 인천화약공장을 상공부 관할로 이관시켜 본래의 화약공장으로 그 기능을 회복한다는 방침을 확정하게 되었다.

정부는 이미 1949년 12월 '귀속재산을 유효 적절히 처리함으로써 산업 부흥과 국민경제 발전을 기할 목적'으로 귀속재산처리법을 제정 공포하고, 6·25전쟁 직전인 6월 22일에 1차로 귀속재산 매각입찰을 실시한 바 있었으며, 그 후 부산에서도 입찰을 계속해오고 있는 중이었다.

당시에는 귀속재산을 불하받는 것이 축재의 한 수단이 되기도 했다. 법에는 귀속재산 매각가격이 매각 당시의 시가보다 싸서는 안 된다고 명시되어 있었지만, 실제 불하가격은 금융기관이 평가하는 감정가격 기준으로 결정되었기 때문에 시가보다 쌀 수밖에 없었다. 불하대금도 보통 15년에 걸쳐 분할 납부할 수 있게끔 되어 있어 극심한 전시 인플레로 인한 화폐가치 하락으로 얻어지는 이익이 막대했다. 그래서 귀속재산 불하는 큰 이권이 되어 사회적으로 적지 않은 물의를 일으키곤 했다.

그런데 화약공판의 경우는 입찰일이 공고되었는데도 경쟁자가 나타나지 않았다. 그 첫 번째 이유는 화약공판 재산의 대부분을 화약고가 차지하고 있는 데다가 31개의 화약고가 서울을 비롯한 전국 7개 시도에 분산되어 있을 뿐 아니라 화약고의 위치도 전부 시내에서 멀리 떨어진 외곽지역이기 때문에 투자가치가 없었다. 둘째, 화약공판의 재산 감정가격이 다른 일반 귀속재산에 비해 아주 비싼 편이었다. 셋째, 가장 큰 이유는 정부가 화약공판을 매각하되 매수인은 화약고를 다른 목적에 사용하기 위해 용도변경을 할 수 없다는 조건이 붙어 있었기 때문이다.

화약고의 용도변경 불가조건은 정부가 화약공판을 화약업자에게 매각한다는 방침을 뜻하는 것이었다. 화약을 모르는 일반 사람은 화약공판 불하에 무관심할 수밖에 없었고, 화약을 안다는 사람들도 화약공판을 매수할 만한 거금이 있으면 화약이 아니더라도 돈벌이가 얼마든지 굴러다니는 판에 굳이 골치 아픈 화약장사를 해야 할 까닭이 없었다. 단 한 사람, 부산에서 오래 전부터 화공약품상을 경영해오던 이형표라는 영감이 관심을 보이다가 화약공판 재산 감정가격이 23억4천565만 원이나 된다는 바람에 두 손을 들었다.

화약공판 재산 감정가격이 23억 원이 넘는다는 데는 김종희도 놀랐다. 그는 화약공판 재산가치가 15억 원 정도는 된다고 여기고 있었기 때문에 감정가격이 저게 나와도 10억 원은 나올 거라고 생각했었다.

그런데 화약공판 재산이 그렇게 비싸게 평가된 것은 귀속재산처리법에 의해 가격 감정을 위촉받은 한국은행 직원들이 서면감정을 한 때문이었다. 감정원들이 미리 겁을 먹고 화약고 근처에는 가보지도 않고 먼발치에서 건성으로 둘러보고 나서는 화약공판이 상공부에 제출한 1949년 결산서의 부속명세서 가운데 재산목록상에 나타나 있는 장부가격에다 그 동안의 물가상승률을 곱해 감정가격으로 정해 버렸던 것이다.

감정가격이 그런 식으로 결정된 데에는 처음부터 화약공판을 매수할 각오가 되어 있던 김종희에게도 실수가 없었다고는 할 수 없다. 적어도 감정원들에게 화약고 접근이 덮어놓고 위험한 것은 아니라는 사실을 인식시키고 그들로 하여금 안심하고 화약고에 들어가서 화약고의 실제 재산가치가 물가상승률에 미치지 못한다는 것을 알려 주었어야 할 일이었다. 그들이 알아서 공정하게 평가해주겠거니 하고 믿은 탓도 있었지만, 법이 감정의 공정을 기하기 위해 감정원의 업무 수행상의 비리나 감정 업무를 방해하는 행위는 형법의 수뢰죄와 공무집행방해죄를 적용하고 있었기 때문에 자칫하면 오해를 살 소지가 있어 그냥 방관해버리고 말았던 것이다.

입찰일이 다가오자 김종희는 고민이었다.

"아저씨! 아저씨 생각엔 어떻게 하는 게 좋겠어요? 그냥 단독입찰이라도 해서 낙찰을 받아요, 아니면 유찰을 시켜요?"

아저씨란 이번에 피난을 나와서 화약공판의 경리일을 보고 있는 김복산에 대한 호칭이다. 그는 일찍이 봉서 공의 배려로 협성실업학교를 졸업하고 광주군 곤지암금융조합 서기를 지낸 적이 있는 삼종숙(三從叔)이다.

"글쎄, 계속해서 세 번 유찰시키면 한 번 유찰될 때마다 입찰 내정가격의 10%가 내려갈 테니까 결국은 한 6억3천5백 원 정도 싸지는데 말야…"

"세 번까지 유찰시켜 가지고 수의계약을 맺자면 아무리 빨리 잡아도 6개월은 걸려야 할 것 아녜요?"

"그야 관재청에서 서둘러 줘야 6개월이지, 질질 끌자고 들면 1년이 더 걸릴 수도 있지."

"그럼, 미루지 말고 입찰해 치워요!"

"하지만 6억 원을 벌려면 몇 해가 걸릴 건데…"

"돈만 바라보고 사업을 하는 건 아니잖아요? 더구나 상공부가 처음부터 나를 믿고 불하한다는 방침을 정한 건데 지금 와서 감정가격이 비싸다고 뒤로 나자빠지면 되겠어요? 화약계를 위해서 좀 손해 본다고 생각하면 되는 거구, 또 그만큼 국방 헌금한다고 생각하면 뱃속 편하죠, 뭐."

"입찰하는 거야 내일 관재청에 나가서 써내기만 하면 되는 거지만…"

"나는 내일, 스미스 소령하고 약속이 있으니까, 아저씨가 가서 써내요!"

"얼마를 써내지?"

"23억4천565만 원이 입찰 내정가격이라니까 한 3만 원 더 붙이죠?"

"그럼 23억4천568만 원이 되는군!"

"계약금 걱정은 안 해도 되지요?"

"그 동안 미8군에서 나온 달러를 그대로 가지고 있으니까 그걸 팔아 농지증권을 사면 넉넉할 걸."

미8군 화약관리 용역사업으로 벌어놓은 달러가 1만3천 불 있었다. 정부의 한미화 공정 환율은 6,000대 1이었지만 시중의 암시세는 1만1천원대 1불에 거래되고 있었기 때문에 미화 1만3천 불을 환화로 바꾸면 1억4천3백만 원이 된다. 따라서 감정가의 10분의 1인 계약금 2억3천457만 원을 현찰로 준비하려면 미화 1만3천 불을 한화로 바꾼다 해도 약 1억 원 가량이 모자란다.

그러나 귀속재산 매수대금은 농지개혁법에 의해 발행된 농지증권으로도 납부할 수 있었다. 당시의 농지증권은 액면이 주생산물(논은 벼, 밭은 보리) 수량으로 표시되어 있는데다 증권의 보상방법이 5년 균분 연부(年賦)로 매년 농산물 법정가격 기준에 따라 환산 지급하게 되어 있어 일반 유가증권과는 달리 유통과정이 복잡하고 인기가 없었기 때문에 잘하면 아주 헐

값에 살 수 있었다.

6월 12일, 김종희는 관재청에서 실시한 화약공판 매각입찰에 단독으로 응찰해 입찰내정가보다 3만 원이 많은 23억4천568만 원에 낙찰을 보았다.

전황은 정전회담이 계속되고 있는데도 불구하고 다시 쌍방 간에 치열한 공방전이 전개되고 있었으며, 정치적으로는 소위 부산 정치파동으로 일컬어지는 불법이 난무하는 가운데 발췌 개헌안이 국회에서 가결되고, 바야흐로 이승만 대통령의 집권연장을 위한 대통령선거 바람이 전국을 휩쓸기 시작했다.

선거 바람은 화약공판에도 불어왔다. 6·25 이후 정치에서 손을 떼고 동생이 하는 화약사업을 열심히 돕고 있던 김종철에게 정치권에서의 유혹이 끊이지 않았다. 그러나 그 동안 정치일선에서 정치의 허상과 실상을 몸소 체험해온 김종철로서는 다시 어설프게 정치권으로 뛰어들 생각이 없었다. 다만 그는 기회가 오면 국회로 진출한다는 복안을 세워놓고 있었다. 그 시기를 앞당기는 길은 동생의 사업기반을 튼튼하게 다지는 것이라고 생각했다.

화약공판을 매각한다는 것은 여태까지 정부 관리 하에 운용되어 오던 화약업무가 앞으로는 민간에 의해 자율적으로 독립되는 것을 의미한다. 따라서 화약공판은 장차 화약의 수입은 물론, 제조·판매에 이르기까지 스스로 사업계획을 추진해나가면서 화약계 발전에 기여해야 할 책임을 떠맡게 되는 것이다. 그러기 위해서는 화약공판을 인수할 새로운 회사법인을 설립할 필요가 있었다.

그 해(1952년) 10월 9일, 김종희는 마침내 대망의 한국화약주식회사(韓國火藥株式會社)를 발기하면서 회사의 목적사업을 다음과 같이 진취적으로 설정했다.

① 화약류 및 공업약품류의 제조 판매, 보관, 수출입

② 기계공구류 및 총포류의 제작, 수리, 판매, 수출입

③ 농산물, 광산물, 기타 공업제품의 생산, 가공, 판매, 수출입

④ 기타 이에 부수되는 일체 사업

회사 자본금은 5억 원, 발행주식 1만주(액면가 5만 원)였다.

발기인은 7명으로, 김종희·김종철·유삼렬과 전부터 화약공판에서 동고 동락해온 김덕성·민영만·홍용기·권혁중 등이었으며, 법에 의한 발기인의 주식 인수분(실제는 김종희가 공로주로 할당한 것) 내용은 다음과 같았다; 김 종희 5,200주 · 김종철 4,000주 · 유삼렬 200주 · 김덕성 150주 · 민 영만 130주 · 홍용기 130주 · 권혁중 100주. 그 밖의 90주는 모집주 형 식으로 운전사 이병목에게 할애되었다.

법적 요식행위를 거쳐 취체역 사장에 김종희, 감사에는 김덕성이 선임되 었다. 그리고 김종희 사장은 총무부장에 상무 취체역 김종철, 영업부장에 취체역 유삼렬, 경리과장에 김복산, 관리과장에 민영만, 영업과장에 홍용 기를 각각 임명했다.

한국화약주식회사가 당면한 과제는 앞으로 화약 수입에 필요한 달러를 어떤 방법으로 확보하느냐 하는 문제였다. 미8군 화약관리 용역사업으로 버는 달러가 있기는 했지만, 그 정도의 달러 수입으로는 날로 증대되는 화 약 수요에 대처해나갈 수 없었다.

당시의 수입업자들이 이용할 수 있는 달러로는 주로 중석불(中石弗)과 종 교불(宗敎弗), 그리고 시중불(市中弗)로 불리는 암달러가 있었다. 중석불은 극히 제한된 일부 수입업자에 한해서만 혜택이 주어지는 이른바 정부 특

혜불이어서 한국화약 같은 신설회사가 감히 넘볼 수 없는 것이었고, 종교불도 미국에 있는 선교본부에서 한국의 개신교 교단 측에 보내는 구호불이기 때문에 성공회 신도인 김종희와는 인연이 없었으며, 시중불은 원체 귀해 1천 불만 사 모으려고 해도 며칠씩 걸려야 하는 실정이었다.

그런 때에 서울에서 피난 나온 대한광업협회 사무국장 한병수가 김종희를 찾아와 천안군 직산면에 있는 모나자이트(Monazite) 광인 덕령광산(德嶺鑛山)을 사지 않겠냐는 제의를 해왔다. 모나자이트는 세륨(Cerium)·토륨(Thorium)·이트륨(Yttrium)·지르코늄(Zirconium) 등의 금속성 원소를 포함하고 있는 원광으로 6·25전쟁 전에도 수출전망이 밝았던 광물 중의 하나다.

김종희는 그 해 11월 한국화약주식회사의 수출기반을 확보할 목적으로 덕령광산을 매입하고 채광 준비를 서둘렀다.

"형님! 형님이 일본에 한번 다녀와야겠어요."

"일본엔 왜?"

"채광을 시작하기 전에 선광시설을 먼저 들여와야 해요."

"전에 쓰던 기계들이 없어?"

"있긴 있는데, 부속은 죄다 없어지고 뼈대만 남아 있어요. 얘길 들어보니까, 요새 일본에서 새로 나온 자력선광기가 있는 모양이에요."

"그래?"

"선광기도 선광기이지만 앞으로는 화약을 우리가 직수입해야 할 테니까, 일본 측의 거래선을 하나 정해놔야 하지 않겠어요?"

"그런 일이라면 김 사장, 자네가 가야지 내가 가서 되나?"

"그래도 형님은 일본에 가면 대학 동창들도 있고, 저보다는 그쪽 사정에 훤하잖아요?"

"하지만 화약 관계를 내가 알아야지."

"일본에 가서 일본유지주식회사만 찾아가면 돼요. 거기 가면 전에 화약 공판 취체역을 지낸 마쓰무로 씨가 있을 테니까, 그 사람을 만나서 상의하면 아마 잘 협력해줄 거예요."

마쓰무로는 일본유지주식회사의 자회사인 조선유지 인천화약공장 공장장을 역임하고, 화약공판 취체역으로 근무해오다가 패전 후에 일본으로 귀환한 화약 전문인이다. 그는 귀국 후 일본유지 화약부장으로 복직한 이래, 1947년 7월에는 상무 취체역으로 승진해서 일본유지의 주력 사업의 하나인 화약 분야를 관장해오고 있었다. 김종희가 그의 근황을 안 것은 지난해 가을, 일본화약협회가 발행하는 〈화약〉 지를 통해서였다.

"형님도 마쓰무로 씨를 몇 번 만났잖아요?"

"만나기야 만났지. 사무실에서도 보고, 홍제동 사택에서도 만나고."

"6·25 후에 우리나라에 들어오고 있는 화약은 거의 다 일본에서 만든 것들이에요. 일본유지도 아이치 현에 대단위 화약공장이 있거던요. 마쓰무로 씨와 얘기를 잘해서 일본유지와 거래를 트게 되면 앞으로 우리가 화약을 직접 생산하게 될 때도 많은 도움을 받을 수 있을 거예요."

김종철이 현해탄을 건넌 것은 1953년 1월 중순. 유일하게 노스웨스트 항공이 부산-도쿄 간에 취항하고는 있었으나 결항이 잦기 때문에 그때까지만 해도 한일 간의 내왕은 아직 보편적으로 연락선이 이용되던 시기였다.

도쿄에 도착한 김종철은 먼저 일본유지 본사를 찾아 마쓰무로 상무를 방문했다. 김종철을 맞은 마쓰무로 상무는 십년지기를 만난 것처럼 반가

워했고, 특히 김종희의 근황을 전해 듣고는 자신의 일처럼 기뻐했다.

그런데 유감스럽게도 일본유지에서는 그때까지 산업용 화약을 생산하지 못하고 있는 형편이었다. 마쓰무로 상무의 말에 의하면, 일본유지는 태평양전쟁 기간 중에 군용 화약만을 제조해온 이유 때문에 패전 직후 맥아더 사령부에 의해 화약 생산시설을 철거당했으며, 그 후 1945년 12월 일본 화약계의 화약 생산 금지조치를 해제하면서도 일본유지에 대해서는 수렵용 무연화약제조만 허가(1일 생산량 700kg)되었으며, 불과 3년 전인 1949년 7월에서야 산업용 화약 생산이 전면적으로 허용되었기에 아직 화약 생산을 재개하지 못하고 있다고 했다.

"현재 일본유지에서는 화약 수요가 많은 홋카이도(北海道) 지방에다 새로 건설할 화약공장 부지를 물색하고 있는 중입니다."

"사실 저는 마쓰무로 상무님만 만나면 모든 일이 해결될 거라고 생각하고 왔습니다만…"

"내 일로 생각하고 최선의 방법을 주선해보겠습니다."

다음날 마쓰무로 상무는 김종철에게 오카니시쇼지(岡西商社) 사장을 소개했다. 1930년 합자회사 오카니시 상점으로 출발해, 1932년에 일본질소화약 주식회사가 다이너마이트를 생산하기 시작하면서 그 회사 제품의 특약판매점으로 발전해온 오카니시쇼지는 일본 굴지의 화약 중개상이었다.

오카니시쇼지는 화약뿐 아니라 광산용 착암기를 비롯해서 석유정제장치용 기계에 이르는 각종 기계류도 취급하고 있어서, 김종철은 덕령광산에 필요한 자력선광기까지도 오카니시쇼지를 통해서 손쉽게 발주할 수 있었다. 그밖에도 김종철은 오카니시쇼지로부터 한국화약이 채광하는 모나자이트 전량을 일본으로 수출할 수 있도록 주선하겠다는 약속을 받았다.

"그럼, 선광기가 도착하기 전이라도 광산 일을 서둘러 시작했야겠어요, 형님!"

"그래야지. 어차피 추위도 다 지나갔으니까…"

"그런데, 광산 일은 누구한테 맡기죠?"

"처음부터 어떻게 남한테 맡기나?"

"화약 신용장을 열려면 난 내일부터라도 돈을 맞춰야 하거던요."

"광산 일은 내가 올라가서 먼저 준비를 시키지."

덕령광산이 채광을 개시한 것은 2월 초이며, 한국화약주식회사 명의로 최초의 수입 신용장이 개설된 것은 2월 중순이었다. 오카니시쇼지 앞으로 개설된 신용장 내역은 다이너마이트 40톤 · 과염소산 폭약 10톤 · 공업용 뇌관 20만 개 · 도화선 30㎞, 신용장 금액은 총 2만9천958불이었다.

화약 수입에 필요한 3만 불을 배정받는데 얼마나 애먹었는지 모른다. 그 무렵에는 이미 공매불(公賣弗) 제도가 실시되고 있었기 때문에 일반 무역업자는 정부 보유불을 매입할 수 있었지만, 한국화약의 경우는 아직 화약공판을 인수하기 전이어서 공매불 입찰에 참가할 수 없었다. 그래서 지난해 7월부터 김종희·김종철 형제가 반 년 가까이 상공부·재무부의 문턱을 교대로 드나들며 당국자들을 붙잡고 통사정하다시피 해가지고 지난 연말이 됐을 때 비로소 3만 불을 배정받은 것이었다.

달러가 배정되고 나면 30일 이내에 달러 금액에 해당하는 한화를 불입해야 하고, 배정된 달러는 특별한 사유가 없는 한 90일 이내에 신용장을 개설해야 한다. 당시의 공정 환율이 6천대 1이니 3만 불이면 1억8천만 원이다.

아무리 돈 가치가 없는 때라고는 하지만 1억8천만 원이면 적은 돈이 아니다. 한국화약에는 그 만한 여유자금이 없었다. 김종희는 1월 30일로 되어 있는 3만 불에 대한 한화 불입기일을 부득이 2월 14일까지 15일간 연장하지 않을 수 없었다.

2월 14일은 음력 설날이다. 김종희는 섣달 단대목을 앞두고 각 지방 영업소가 보관하고 있는 현찰까지 싹싹 긁어모아 1억8천만 원을 불입하고, 13일에는 신용장 개설까지 끝냈다.

그리고 하루가 지난 설날 밤 12시, 다시 말해 15일 0시를 기해 대통령 긴급명령 제13호가 공포되었다. 통칭 화폐개혁으로 일컬어지는 대통령 긴급명령의 주요골자는 화폐 단위의 100대 1 절하, 원을 환으로 표시, 원화의 통용금지, 환화 및 원화의 지불지시 방법, 원화 예입기간 중의 생계비 지불 등을 규정한 것으로서 전시 인플레이션으로 말미암아 파국에 직면한 경제위기를 극복하려는 비상조치였다.

2월 13일 현재의 통화 발행고는 1조1천360억 원이라는 천문학적 숫자에 이르고 있었으며, 물가의 폭등이 통화량의 증가율을 앞지르기 때문에 거대한 구매력이 반복작용을 일으키는 악성 인플레이션이 날이 갈수록 극단을 향해 치닫고 있었다.

화폐개혁의 근본 목적이 통화량을 감축시키려는 것이었으므로 정부는 후속 조치로서 '긴급금융조치법'을 제정·공포하여 2월 14일 이전의 예금에 대해서는 25%만 지불하고, 원화 예입기간(2월 17일~2월 25일) 중에 예입된 분에 대해서는 체감률을 정해 1억 원 이상은 30%, 10억 원 이상은

15%, 50억 원 이상은 5%, 100억 원 이상은 아예 한 푼도 지불하지 않았다.

김종희는 운이 좋았다고도 할 수 있다. 신용장 개설을 서둘지 않았더라면 화폐개혁으로 인한 타격이 적지 않았을 것이다. 아니, 김종희 개인이 받은 타격보다는 한국 광업계나 토목계 전체가 더 큰 타격을 받았을 것이 분명하다.

포로교환문제를 놓고 무조건 전원송환을 고집하는 북한군 측 주장과 자유의사에 의한 송환을 관철하려는 유엔군 측 주장이 맞서는 바람에 지난해 10월부터 좌초했던 정전회담이 5개월 만에 부상병 포로 우선교환이라는 극적 합의에 도달하자, 한동안 움츠렸던 평화 무드가 다시 활기를 띠기 시작하면서 화약 수요가 급증했다.

일본에서 수입한 화약이 부산항에 도착한 것은 4월 초였고, 그 무렵에는 한국화약의 화약고가 모두 바닥을 드러내고 있을 때였다. 어떤 경우에도 화약을 필요로 하는 업계에 화약이 없어 일을 못한다는 사태가 일어나게 해서는 안 된다. 이제는 한국화약도 정부 보유불 공매 입찰에 참가할 수 있었고, 때마침 정부에서도 화폐개혁 후의 인플레이션을 진정시킬 목적으로 1억 불에 가까운 FOA(Foreign Operations Administration: 미국의 군사적·경제적 대외원조를 주관하던 기관) 자금을 방출하고 있었기 때문에 달러 매입이 수월했다.

6월 10일, 김종희는 '귀속재산의 매각에 있어서 그 매각 계약 당시로부터 2년 이내에 매각대금의 5할 이상, 또는 4년 이내에 매각대금의 7할 이상을 납부한 자에 대하여는 정부에 대한 납부금 잔액에 상당한 저당권 설정에 의하여 귀속재산의 소유권을 매수자에게 이전시킬 수 있다' 는 법 제22조 규정에 따라 화약공판 매각대금 2천345만6천8백 환의 절반인 1천

172만8천4백 환을 납부하고 화약공판 소유권을 인수하는 한편, 5백만 환의 자본금을 1천만 환으로 대폭 증자하고 화약 국산화를 위한 한국화약(주)의 기반을 확충했다.

마침내 7월 27일, 한국전쟁은 승자도 패자도 없이 휴전이라는 형태로 막을 내렸다. 전쟁기간 중에 우리 측이 입은 인명피해는 무려 150만 명을 헤아렸으며, 미국이 투입한 전비만 해도 150억여 불, 우리나라의 재산 피해액도 4천15억여 환에 달했다.

'이제부터는 복구다 재건이다 하고 화약 수요가 막 늘어날 텐데, 그 화약들을 어떻게 다 감당해낸다…?'

김종희는 앞으로 국토재건에 필요한 화약 수요를 차질 없이 공급해야 한다는 생각에 밤에도 잠이 오지 않았다. 국내의 화약 수요를 언제까지나 수입에만 의존할 수는 없는 일, 그렇다고 화약을 국내에서 생산한다는 것은 생각만으로도 막막하고 요원하다. 조선화약공판의 다이너마이트 계장을 지내면서 이미 전국의 4대 화약공장을 다 둘러본 경험이 있는 그로서는 화약제조설비가 어느 정도로 방대한 것인가를 잘 알고 있었다.

그는 사무실을 서울로 옮기고 나서 일본 화약계를 한번 둘러보고 올 작정이었다. 정부는 8월 15일을 기해서 환도했다. 8월 21일 김종희는 가족을 부산에 남겨둔 채 우선 한국화약 본사 사원들만 데리고 서울로 올라왔다. 남대문의 화약공판 사무실은 폭격으로 파괴되어 사용할 수 없었기 때문에 회현동 2가에 2층 사옥을 하나 미리 마련해놓은 것이 있었다. 사무실 정돈은 끝났는데, 아직 전화가 통하지 않는다.

"이봐, 혁중이! 벙어리 전화, 이거 어떻게 되는 거여?"

"내일은 통화될 거예요?"

"그럼, 전화국에 가서라도 부산에 전화 한 통화 하고 와! 이거 답답해 살 수가 있나?"

"무슨 전화를요?"

"모나자이트 선적 했나 못 했나 알아봐야지, 이번이 첫 거래인데 선적기일을 못 지키면 신용문제 아녀?"

일본에 수출할 모나자이트 40드럼을 부산항으로 실어낸 지 보름이 지나도록 아직 선적을 못하고 있는데, 선적기일은 8월 말로 다가오고 있었다. 모나자이트 한 드럼의 무게는 500kg이다. 40드럼이니까 20톤인 셈인데, 수출금액은 2만7천5백 불, 톤당 CIF 가격이 1천375불인데 다른 광산물에 비하면 꽤 많이 받는 편이었다.

전화국에 갔던 권혁중이 돌아왔다.

"어떻게 됐어?"

김종희 회장 일본 화약공장 방문

"내일 싣는대요, 사장님!"

"내일? 내일이 몇 일이여?"

"24일이에유!"

"됐어! 그럼, 전화국에 한 번 더 갔다 와!"

"또요?"

"심부름 다니기 싫거든 빨리 소사 하나 데려다 놔!"

"가서 무슨…?"

"나, 토요일에 내려가면 바로 일본에 갈 거니까 비행기표 미리 사놓으라고 해!"

아직까지는 일본을 가려면 부산으로 내려가서 비행기를 타야 한다. 한일 간에 취항하는 노스웨스트 항공이 서울에서는 아직 뜨지 않았기 때문이다.

서울은 그때까지도 텅 비어 있다시피 한 폐허의 도시였다. 서울과는 대조적으로 도쿄는 생동감이 넘치고 있었다. 그러나 도쿄 시내에도 아직 아물지 않은 전쟁의 깊은 상처들이 도처에 남아 있었다.

김종희가 일본에 온 지도 어느덧 1주일이 지났다. 그는 그 동안 일본유지(日本油脂)의 마쓰무로 상무의 친절한 주선으로 전에 조선화약공판 중역으로 있던 일본카릿트의 요시다 전무와 일본화약의 우에노 상무, 그리고 아사히가세이의 스즈키 취체역을 만나보고 각 사의 화약공장도 한 번씩 둘러보았다. 일본화약의 고쿄(厚狹) 공장, 아사히가세이의 노베오카(延岡) 공장, 그리고 일본카릿트의 시부가와(涉川) 공장은 그 제조설비나 규모가 전에 김종희 자신이 돌아본 한국의 4대 화약공장과는 비교도 안 될 만큼 거창한 것이었다.

그러나 김종희는 이번 화약공장 시찰을 통해 화약생산의 불모지인 한국에서의 화약 국산화 방향을 찾을 수 있었다. 그는 화약 국산화 1단계로 먼저 원료구입이 용이하고 제조공정이 비교적 복잡하지 않은 초안폭약(硝安爆藥)을 생산하는 것이 바람직하다고 판단했다.

초안폭약의 주된 원료는 초산·TNT(Trinitrotoluene), 또는 DNN(Dinitronaphthalene)·식염(食鹽)·목분(木粉)·전분(澱粉) 등이다. 제조공정도 각 원료를 일정 비율로 배합해 고르게 혼합되도록 혼화기(混和機) 안에 넣고 돌리면서 두세 시간 김을 올려 찐 다음에 말렸다가 가루로 빻아 적당한 크기의 종이통에 담아내면 된다. 물론 말처럼 쉽고 간단한 일은 아니다. 초안폭약 한 가지만 생산하려고 해도 일본 화약계의 기술협력 없이는 국내 생산이 불가능하다. 일본에서는 일본화약의 고쿄 공장과 아사히가세이의 노베오카 공장, 그리고 호쿠요(北洋) 화약의 스나가와(砂川) 공장에서 초안폭약을 생산하고 있었다.

김종희는 일본화약의 우에노 상무와 아사히가세이의 스즈키 취체역을 각각 따로 방문하고, 초안폭약의 제조기술 협력문제를 의논했다. 그러나 그들의 반응은 아주 냉담한 것이었다. 우에노 상무는 화약에 대한 기초이론이 없는 한국에서 도대체 화약을 어떻게 만들 수 있겠느냐고 묻고, 도쿄 대학 화약학과 교재인 〈이론화약학(理論火藥學)〉 한 권과 〈제조화약학(製造火藥學)〉 한 권을 내주면서 화약공장은 10년 후에나 건설할 생각을 하고 우선은 화약학도부터 양성하는 것이 좋을 거라고 권고했다. 스즈키 취체역은 한일 간에 국교가 없는 상황에서 기술협력을 어떤 방법으로 하느냐고 하면서 이승만 대통령의 반일정책을 한참 비난하다가 일본 화약기술자의 한국 입국문제와 비싼 로열티가 문제라고 했다.

"김 사장! 초안폭약에 관한 기술협력 문제는 얘기 잘 됐소?"

마쓰무로 상무가 저녁 식사를 같이 하면서 물었다.

"내가 생각한 것보다 여러 가지 어려운 문제가 제기되었습니다."

김종희는 생각만 해도 입맛이 썼다.

"회사마다 입장이 있을 테지."

"회사 입장이 아니고, 한국 사람이 어떻게 화약을 만들 수 있겠느냐는 식입니다."

"고생할 것 없이 일본에서 만드는 화약을 수입해 쓰면 되지 않느냐, 그런 뜻인가? 핫하…"

"그러나 언젠가는 한국에서도 화약을 자체적으로 제조해 써야 할 것 아니겠습니까?"

"물론! 나는 한국인이 화약 정도는 언제든지 만들어낼 수 있다고 생각하는데…? 우에노 전무나 스즈키 취체역도 한국인이 정말 화약을 만들지 못할 거라고 생각하는 건 아니겠지."

"그렇다면 왜…?"

"한국이라는 화약 시장을 의식하지 않을 수 없었겠지. 솔직히 말하면 패전 후에 일본 화약계가 이만큼 급성장할 수 있었던 것은 사실 한국 전쟁으로 인한 화약의 특수 붐 때문이었네. 전쟁이 끝났으니 앞으로는 재건 붐을 타고 한국의 화약 수요는 더욱 늘어날 것 아닌가."

"그래서 내가 이렇게 출장을 오지 않았습니까?"

"김 사장은 그래서 이곳에 왔지만, 이쪽 입장으로서는 시장관리라는 측면에서 기술을 팔기보다는 계속해서 제품을 팔아야 할 것 아니겠는가."

"상무님도 그 동안 장사꾼이 되어버렸군요?"

"핫하…, 그러나 내게는 김 사장한테 갚아야 할 빚이 있어요."

"빚이라니요?"

"김 사장에게 한국 화약계라는 무거운 짐을 지운 빚 말일세!"

"나는 상무님이 아니었다면 이미 오래 전에 화약하고는 결별했을 겁니다."

"김 사장! 내일 일본카릿트의 요시다 전무를 한 번 더 만나보지 않겠소?"

"일본카릿트에서는 초안폭약을 생산하지 않던 데요."

"지금은 생산하지 않지만 패전 직전까지만 해도 해군 기뢰용 초안폭약을 전문적으로 생산해왔기 때문에 초안폭약에 관한 한 일본카릿트에는 나름대로 고도의 축적된 제조기술이 있을 걸세."

"그렇군요!"

"그리고 현재도 김 사장이 며칠 전에 가본 일본카릿트의 시부가와 공장에서는 초안폭약 원료인 DNN을 생산하고 있어요. 요시다 전무와 협의한다면 아마 DNN을 팔기 위해서라도 초안폭약 제조기술 정도는 흔쾌히 협력할 걸세."

마쓰무로 상무의 예상은 적중했다. 다음 날 김종희는 요시다 전무를 만나 한국화약(주) 측이 초안폭약공장을 건설할 경우에는 모든 기술지원을 아끼지 않겠다는 약속을 받아낼 수 있었다.

서둘러 귀국한 김종희는 10월부터 바로 천안군 직산면 수헐리 일대의 야산을 화약공장 부지로 사들이기 시작했다. 화약공장을 짓기 위해서는 부지면적이 넓지 않으면 안 된다. 연쇄폭발 위험을 예방하기 위해서는 공정마다 작업장과 작업장 사이를 일정거리로 멀리 격리시켜야 하기 때문이다. 따라서 아무리 작은 초안폭약공장을 짓는다 해도 부지면적이 최소한 16만5,290㎡(5만 평) 정도는 확보되어야 한다. 땅주인이 각각 다른 시골 땅을 공장부지로 16만5,290㎡나 사들인다는 것은 쉬운 일이 아니다. 더구나 땅값이 오르지 않도록 소리 소문 없이 사들여야 하는 것이다.

그 무렵 상공부에서는, 국방부가 제2조병창으로 관리해오던 인천화약공장을 인수하고 국내 화약생산을 유도하기 위해 2년 내에 공장시설을 복구하고 화약생산을 개시하면 불하한다는 조건으로 화약 실수요자인 대한광업협회에 임대해 주었다.

"이봐, 김 사장! 인천화약공장을 복구한다는데 우리가 굳이 애써 또 화약공장을 지을 필요 없잖아?"

"형님! 인천화약공장에서 5년 안에 화약이 나오거덜랑 내 손에 장을 지지시오."

"2년 안에 화약이 나오기 시작해야 공장을 불하해준다는 조건이라는 데?"

"2년이 아니라 글쎄 5년 안에도 화약 나오기는 힘든대두요."

"해방 전에 다이너마이트를 생산하던 데 아냐?"

"형님! 인천화약공장에 대해서 나만큼 애정을 가진 놈이 이 대한민국 안에 누가 있어요? 나는 사무실을 서울로 옮겨오던 다음날 바로 인천을 다녀온 사람이에요."

"그래?"

"내가 6·25 전에 미 고문관들하고 인천공장을 본래의 화약공장으로 돌려야 한다고 주장했을 때, 그때 국방부가 내놨어야 하는 건데 그 놈의 마식(摩式) 수류탄과 소총 뇌관을 만들다가 1·4후퇴 때 웬만한 설비는 죄다 뜯어 해군 LST에 싣고 제주도로 내려갔지요. 그때 공장에서 화약을 다루던 사람들도 일부는 동래 조병창으로 가고, 또 뭘 좀 안다는 사람은 국방 연구원으로 가고, 다 뿔뿔이 흩어져서 내가 인천에 내려갔을 때 거기 붙어 있는 사람은 18명밖에 없습디다. 그런데 복구는 누가 하고, 화약은 누가 만들어요?"

"사람 없는 건 우리도 같지, 뭘."

"우리는 일본에서 기술자들이 오는 거예요."

"한일회담이 잘 돼야 일본 기술자들이 오든지 말든지 할 텐데, 이번에 열린 3차 한일회담도 구보다(久保田) 망언 때문에 또 결렬됐으니…"

"북한군하고 하는 회담에서도 휴전협정이 성립됐는데, 오래잖아 4차 회담이 열리겠지요. 천안의 땅이나 빨리 사들이도록 해요."

"글쎄, 그 일도 쉽지 않구나!"

"지금까지 계약한 건 전부 몇 평이나 돼요?"

"이제 겨우 7천 평(2만3,140㎡) 될까 말까 하다."

"그런 식으로 땅을 사다가는 일 년 걸려도 다 못 사겠어요."

김종희는 급증해가는 화약수입 물량을 하루 빨리 국산화약으로 대체하는 일이야말로 한국화약(주)이 해결해야 할 급선무라고 생각했다. 휴전 후에 정부에서 발주한 각종 시설과 도로 및 교량 등의 대형 복구공사가 활발하게 전개되고 있었고, 전국의 탄광이 겨울을 맞아 월동용 연탄을 주야로 캐내고 있어 화약 사용량이 예상보다도 훨씬 많이 늘어나고 있었다.

김종희는 다시 화약수입을 서둘렀다.

"사장님! 이번에는 왜 화약을 그렇게 많이 들여오려고 해요?"

영업부장 유삼렬은 김 사장이 전례 없이 5백 톤이라는 막대한 화약을 한꺼번에 수입해 오려는 의도를 이해할 수 없었다. 화약 5백 톤을 수입하기 위해서는 최소한 15만 불 이상을 준비해야 한다. 다행히 정부 보유불 가운데 3/4분기 화공품 수입 분으로 할당한 달러가 아직 20여만 불 남아 있기는 했으나 15만 불을 매입하자면 공정 환율인 60대 1로 계산해도 9백만 환이라는 한화를 동원해야 한다.

"화약 많이 들여와서 썩힐까봐 그래요, 유 부장?"

"은행 돈을 쓰더라도 금리를 생각해야죠."

"화약을 내년 봄까지 떨어뜨리지 않으려면 이번에 그 정도는 들여와야 해요."

"두 번에 나누어서 들여올 셈치고 화약은 한 10만 불 어치만 들여오고, 나머지 5만 불 가지고는 다른 화공품을 들여오십시다."

“다른 화공품, 뭐를요?”

“일본화약에서 나오는 염료도 있고, 일본유지에서 나오는 도료 같은 것도 있잖아요?”

“그것도 얘기라고 해요, 유 부장?”

“왜요?”

“아니, 화약을 들여와야 할 달러를 가지고 물감이나 페인트를 들여오자니 말이 돼요?”

“우리가 매입하는 공매불이 어디 꼭 화약만 수입해야 한다는 이름털 박힌 달러예요? 염료나 도료나 다 화공품이에요. 화공품이면 아무거나 들여올 수 있는데, 지금 염료 같은 걸 들여오면 몇 배가 남는지 아세요?”

“글쎄, 몇 배가 남는지는 모르지만 몇 십 배가 남는다고 해도 난 물감이나 페인트 들여올 달러 있으면 단 얼마라도 화약을 더 들여오지 그런 건 안 들여오겠어요.”

“화약장사 해서 언제 돈을 법니까? 요새 무역하는 사람들 보십시오!”

“돈은 억지로 못 버는 거요.”

“그게 왜 억지로 버는 겁니까?”

“우리는 우리 분수껏 순리대로 법시다. 사돈! 하하…”

화약 5백 톤에 대한 신용장을 개설한 것은 12월 12일. 김종희는 신용장을 개설한 지 사흘 만에 가만히 앉아 1천8백만 환을 벌었다. 한미합동경제위원회(韓美合同經濟委員會)가 한국의 경제재건과 재정안정을 위한 조치로 환율을 현실화시키자는데 합의하고, 12월 15일을 기해 종전의 환율 60대 1을 180대 1로 끌어올렸던 것이다. 물론 180대 1이 당시 환율의 실제 시세는 아니었다. 이미 시중불은 300대 1에 육박했을 때였다.

"우리 사장님은 참말 운이 좋은 분이야."

"이런 걸 시운(時運)이라는 거여."

"암! 지난번에는 화폐개혁 하루 전에 엘씨를 열어서 살았잖아?"

"돈이 벌리려면 이렇게 하늘이 돌봐야 하는 거라구!"

"사장님 말대로 돈은 억지로 못 버는 거야."

김종희의 화약사업은 그야말로 화약처럼 폭발적으로 번창해 갔다. 한국화약(주)의 창업 첫해(1953년) 8천493만7천 환이던 총매출액이 불과 1년 사이에 무려 1억9천811만8천 환으로 증대되어 233%라는 놀라운 신장세를 보였던 것이다.

한국화약(주)의 매출액은 물론 90% 이상이 수입화약 판매대금이다. 그러나 총매출액 가운데는 모나자이트 수출 대금이 포함(1953년 164만8천 환 : 총매출의 3.3%, 1954년 1천724만 환 : 총매출의 8.7%)되어 있었는데, 이는 김종희가 수출에 남다른 노력을 기울여온 결과로써 모나자이트 수출이 1년 사이에 10배 이상으로 늘어난 것은 괄목할 만한 일이다.

김종희는 회사의 자금 여력이 생기자 천안의 공장부지 매입에 박차를 가하는 한편, 신당동(405번지의 1)에 살림집을 따로 하나 장만하고 그때까지도 부산에서 피난살이를 하고 있던 가족들을 서울로 불러 올렸다. 그동안 김종희는 결혼 후에 홍제동 사택에서부터 형님 가족과 세 동생들(종환·종식·종숙), 그리고 1·4후퇴 때 피난 나온 부모님과 한 지붕 밑에서 같이 살아왔다. 지금은 형님에게 새 식솔이 둘이 늘고, 김종희 슬하에도 남매(영혜·승연)가 자라고 있어 13명이나 되는 대가족이었다. 김종희는 어차피 분가해 나와야 할 입장이었기 때문에 서울로 환도할 때 아예 신당동 집으로 살림을 났다.

1954년 2월, 김종희는 1년 안에 초안폭약공장을 건설한다는 목표를 세우고 일본과의 업무연락을 원활히 추진하기 위해 도쿄에다 한국화약(주) 연락사무소를 개설했다. 일본카릿트와 기술협력관계 협의는 요시다 전무의 협조로 매우 순조롭게 진행되었다. 그러나 실질적인 기술협력이 이루어지기 위해서는 어디까지나 교착상태에 빠져 있는 한일회담이 타결되어야 한다는 것이 전제가 되기 때문에 원칙적인 합의에서 더 이상은 진전될 수가 없었다.

일본 측에서 기술을 제공한다 해도 우리 측에게 그 기술을 수용할 만한 능력이 부족하니까 화약공장을 건설하자면 부득불 일본 기술자들이 한국으로 나와야 하는데, 한국 정부에서는 어떤 명목으로도 일본인의 입국은 절대로 허가하지 않았다.

1955년에도 국내의 화약 수요는 최소한 지난해의 배로 늘어날 전망이었다. 상반기 화약매출이 이미 지난해의 총매출 수준을 넘어서고 있었다. 한일관계는 1953년 10월에 제3차 한일회담이 결렬된 이래로 호전될 기미가 보이지 않았다. 오히려 독도에 대한 양국 간의 영유권 주장과 함께 평화선 안에서 발생하는 양국 간의 충돌로 더욱 험악해질 조짐이 일고 있었다.

1955년에 들어와서는 우리 정부가 평화선을 침범한 일본 어부에게 어족보호법을 적용해 체형을 언도하는가 하면, 일본 정부는 북한과 어업협정을 체결하는 등 양국 관계가 외교 차원이 아닌 감정 대립으로 치달았다.

"형님! 금년에도 한일관계가 좋아질 전망은 안 보이죠?"

"글쎄, 일본 놈들이 북한과 어업협정만 맺지 않았어도 모를 텐데…"

"화약공장 짓는 일은 이왕에 늦어지는 거고, 이런 때에 사옥이나 하나

지어야겠어요."

"어디, 남대문 그 터에다?"

"아녜요. 시청 앞의 명당자리를 하나 봐놨어요."

그 사이에 본사 사원들만 해도 30여 명으로 불어나 현재 들어 있는 회현동 사무실은 너무 협소했다. 김종희가 시청 건너편의 대지(현 프라자호텔 자리)를 사기로 하고, 사무실로 돌아왔을 때였다. 상공부 출입을 하고 있는 권혁중이 밑도 끝도 없이 말했다.

"사장님! 내일 아침 10시까지 광업국장이 좀 들어와 달래요."

"광업국장이 왜?"

"모르겠어요. 꼭 10시까지 오셔야 한 대요."

"뭐 잘못한 일 있어?"

"아니요."

상공부 광업국장은 수입화약의 판매가격을 승인해주는 주무국장이다. 아직은 주무국장이 들어오라면 들어갈 수밖에 없는 김종희였다. 여태까지 좋은 일로 해서 주무국장이 찾는 일은 별로 없었다. 김종희는 광업국장이 무슨 소리를 하려고 들어오라는지 궁금했다.

다음날 10시. 김종희가 상공부에 들렀을 때, 광업국장은 자리에 없고 낯익은 여비서가 반색하며 맞았다.

"김 사장님 오시면 바로 장관실로 모시랬어요."

'장관실…?'

"국장님도 방금 장관실에서 불러서 가셨어요. 가시죠!"

현재의 상공장관은 안동혁 장관의 후임으로 기용됐다가 한 달 만에 해임된 박희현 장관에 이어 지난해 7월에 기용된 강성태(姜聲邰) 장관이다.

'강 장관은 나를 알지도 못하는데…?'

강 장관이 취임한 지 1년이 되지만 김종희는 아직 인사도 한 적이 없다.

"처음 뵙겠습니다, 장관님! 김종희라고 합니다."

"반갑습니다, 김 사장! 나는 사장이라고 해서 나이가 좀 지긋한 분으로 알았더니 아주 젊군요?"

"예! 서른셋입니다."

"아니 그럼, 언제부터 사장을 하시는 거요?"

"우리 한국화약주식회사가 설립된 지는 이제 3년밖에 안 됐습니다."

"그렇군요. 자, 앉읍시다. 박 국장도 이리 앉아요!"

강 장관을 중심으로 김종희와 광업국장이 소파에 마주 앉았다.

"김 사장은 왜정 때부터 화약계에 종사해 왔다구요?"

"그렇습니다."

"사업에 애로는 없나요?"

"예, 그럭저럭…"

"우리 박 국장 말을 듣자니까 화약공장을 세우려고 천안에다 공장 부지를 마련했다던데…?"

"예! 화약을 좀 만들어볼까 하고요."

"훌륭한 생각입니다. 안 그래도 내가 업무 보고차 며칠 전에 경무대에 들어갔다가 각하의 걱정하시는 말씀을 듣고 나왔어요. 우리나라에서는 왜 화약 같은 것도 만들어내지 못하느냐구요."

"화약을 만든다는 게 쉬운 일이 아닙니다, 장관님!"

"그런데 각하께서는 간단하게 만들 수 있는 걸로 생각하고 계시는 것 같았어요."

이어 강 장관은 새로 공장을 건설하는 것보다는 있는 공장시설을 복구하는 편이 빠르지 않겠느냐면서 인천화약공장에 대한 얘기를 꺼내는 것이었다.

인천화약공장을 대한광업협회에 임대한 것은 안동혁 장관이 재임하던 1953년 11월이다. 임대조건은 2년 내에 공장시설을 완전히 복구하고 화약을 생산하게 되면 상공부가 대한광업협회에 공장을 불하한다는 조건이었다. 그러나 임대한 지 1년 반이 지나도록 대한광업협회에서는 복구공사도 착수하지 않은 채 그대로 방치해놓고 있었다. 그런 실정을 자세히 모르는 강 장관이 경무대에 들어갔다가 이승만 대통령에게 화약 국산화 계획을 채근당하게 되었던 것이다.

"각하! 수일 내로 자세한 내용을 조사해서 보고드리겠습니다."

"강 장관! 전임 장관이 계획한 일이라 할지라도 그 계획이 국가경제발전에 도움이 되는 일이라면 잘 추진해나가야 합니다. 우리나라에도 화약공장이 있는데 일본 사람이 만드는 화약을 사다 쓴다는 것은 아주 부끄러운 일이 아닐 수 없으므로 하루 속히 우리 손으로 화약을 만드는 방법을 세워서 추진하시오!"

이 대통령의 지엄하신 명령이었다. 경무대에서 나온 강 장관은 즉각 인천화약공장에 관한 현황보고를 받고, 대한광업협회에 대하여 복구비는 얼마가 들든지 걱정하지 말고 앞으로 1개월 내에 구체적인 복구계획을 수립 제출할 것을 지시했다.

그래 놓고도 강 장관은 마음이 놓이지 않았다. 1년 반이 지나도록 손도 대지 못한 대한광업협회에다 대고 강압적으로 재촉만 한다고 해서 일이 진전될 것 같지도 않았다. 강 장관은 공업국장과 광업국장을 불러 대책을 협의했다. 그 자리에서 한국화약의 김종희 사장이 화약공장 건설에 대단한 의욕을 보이고 있다는 얘기가 나왔던 것이다.

"그렇다면 그 김 사장이라는 분에게도 인천공장 복구계획을 세워보라고 하는 게 어떻겠어요?"

"하지만 김 사장이 대한광업협회 일을 협조하겠습니까, 장관님?"

"김 사장이 내놓는 복구계획이 더 나으면 인천공장을 김 사장한테 임대해주고 복구시키면 될 것 아니오?"

"그러나 대한광업협회의 임대기간이 아직…"

"임대기간이 무슨 상관있어요? 귀속재산처리법에도 선량한 관리자로서의 의무를 다하지 아니하거나 정부의 지시나 명령을 위반할 때는 관리재산의 반환을 명할 수 있게 되어 있어요. 내일 아침에 당장 그 김 사장이라는 분, 내 방에 좀 오게 해요!"

복구계획서를 내달라는 강 장관의 말에 김종희는 선뜻 대답할 수가 없었다.

"저도 인천공장에 가본 지가 하도 오래 돼서요…"

"김 사장이야 화약 전문가니까 내려가 보기만 하면 어떻게 복구해야 할지 대번에 알 수 있을 것 아닙니까?"

"저도 화약을 만드는 기술자는 아니거든요."

"어쨌든 내일이라도 한번 가보고 복구계획을 세워봐 줘요! 그 대신 아까도 얘기했지만 내가 장관자리를 걸고 약속하리다. 대한광업협회에서 내는 계획서와 김 사장이 내는 계획서를 전문가들에게 검토시켜 김 사장 계획서가 낫다는 결론이 나면 김 사장이 인천공장을 맡아가지고 화약생산을 할 수 있게 해주겠어요!"

김종희는 상공부에서 나오던 길로 차를 인천으로 몰았다. 아무데서나 화약을 빨리 생산해낼 수 있으면 된다. 인천화약공장의 기계는 이미 낡아서 못 쓰게 되었을지 모른다. 그렇더라도 공실(工室) 별로 쌓아 올린 토제(土堤)는 허물어지지 않고 그대로 있을 것 아닌가.

인천화약공장은 문자 그대로 폐허였다. 김종희는 우거진 갈대밭을 헤치며 초화공실부터 시작해서 교화·날화·압신·뇌관·도화선 순으로 각 공실을 대강 둘러보았다. 대강이나마나 남아 있는 기계라는 것들이 초화기·날화기·압신기 등 뜯어갈 수 없는 큰 쇳덩어리뿐이어서 자세히 살펴볼 것도 없었다.

'이 지경이었으니까 대한광업협회에서도 손을 댈 수가 없었겠지. 그렇다고 나까지 여기에서 물러선다면 우리나라에 하나밖에 없는 이 화약공장이 영 폐허가 되고 말 것 아니냐! 무슨 방법으로든지 이 화약공장은 꼭

복구되어야 한다.'

그는 인천화약공장을 복구해야 하는 일이야말로 자신이 수행해야 할 화약인으로서의 시대적 사명이라고 생각했다.

'인천화약공장을 완전히 복구하기 위해서는 무엇보다도 먼저 공장 건설 당시의 설계 도면을 입수해야 한다!'

김종희는 서울로 돌아오자마자 일본 출장을 서둘렀다.

# 8

# 불모지대

광활한 공장부지의 대부분은 갈대만 무성하게 우거진 황폐한 개펄이었으며, 일부는 인근 주민들에 의해 농경지로 점유되어 있는 상태였다. 공장 건물도 이미 폭발사고로 날아가 버린 뇌홍공실 같은 것은 흔적만 남아 있을 뿐이었고, 다른 건물들도 보수하지 않고 그대로 쓸 수 있는 건물은 단 한 채도 없었다.

"이 회사 내에는 인천화약공장을 건설할 때 처음부터 관계했던 사람들이 지금도 많이 근무하고 있을 것 아니겠습니까?"

인천화약공장 설계도를 입수할 수 있을까 해서 일본으로 날아온 김종희는 일본유지의 마쓰무로 상무를 만나고 있었다. 일본유지는 인천화약공장을 건설한 조선유지의 모기업이다.

"그 당시에 나는 화약부 차장으로 있었는데, 그때 인천공장은 화약부장으로 있던 후카오(深尾健次) 부장과 부호(武豊) 공장의 아리모도(有本完) 공장장이 주축이 돼서 계획을 하고 현지시찰도 다녀오곤 했었지."

"그 분들도 지금 회사에 있습니까?"

"아리모도 공장장은 지난해 죽었어요."

"또 한 사람은…?"

"후카오 부장도 얼마 전까지는 규슈(九州) 공업대학에서 제조화학 강의를 하고 있었는데, 최근에는 건강이 좋지 않아 쉬고 있다는 얘기를 들었어요."

"후카오 씨의 집은 어딥니까?"

"후쿠오카(福岡)요."

"후쿠오카라구요?"

"왜?"

"지난해에 내가 후쿠오카를 한번 다녀온 적이 있어서요."

"무슨 일로?"

"상무님도 기억하실 겁니다. 경기도 경찰부 보안과장으로 있던 고이케 경부 말입니다."

"아, 그 돼지 같이 생긴 친구…?"

"그 사람 고향이 후쿠오카입니다."

"지금은 뭘 하고 있던가?"

고이케는 후쿠오카에 없었다. 그의 본적지에는 아저씨가 된다는 먼 친척이 한 사람 살고 있었는데, 그도 고이케가 아직 한국에 그냥 살고 있는지 귀국했는지 모른다는 것이었다. 김종희는 고이케에 대한 고마움을 늘 잊을 수 없었다. 물론 고이케 뒤에는 당숙이 있었지만, 자신이 화약계에 입문한 것은 고이케의 호의 때문이라고 생각했다.

'그때 고이케 부부를 따라 부산까지 내려갔던 민영만이 분명히 연락선에 타는 것을 확인했다고 했는데… 귀국 후에 고생만 하다가 죽은 건 아닐까? 시간이 있으면 그의 친척 집에 다시 한 번 들러 소식이 없나 알아보자!'

그런 생각을 하며 후쿠오카에 내려온 김종희는 먼저 규슈 공업대학으로 가서 후카오 교수의 거처를 알아보았다. 대학 사무처의 한 직원이 약도까지 그려주면서 후카오 교수의 집 주소를 친절하게 가르쳐 주었다. 후카오 교수의 집은 시내 번화가에서 멀리 떨어진 텐신마치(天神町)에 있었다. 다행히 그는 건강 때문에 쉬는 것이 아니고 정년퇴직으로 명예교수가 되어 물러나 있었다.

"인천화약공장 설계도라…"

김종희의 얘기를 듣고 난 노 교수는 먼 기억을 살려내려는 듯 백발을 쓸어 올리며 고개를 들고 천정을 응시했다. 이윽고 생각이 정리된 듯 후카

오 교수가 천천히 입을 열었다

"나는 일본유지 화약부장으로 근무하면서 메이지 40년(1907년)부터 동경제대(도쿄 대학)에서 제조화약학의 화약화학 분야를 강의해왔어요."

"그러셨군요."

"인천공장을 건설할 무렵에도 계속 강의해오고 있었는데, 그때 나와 같은 제조화약학 중에는 화약공장 관리를 강의하던 하마노 유키오(濱野行夫)라는 젊은 교수가 있었지요. 쇼와 16년(1941년)으로 기억되는데, 그 하마노 군이 나에게 강의용 교재로 활용하겠다고 하면서 화약공장 설계도를 하나 얻어 달라고 하더군요. 그래서 내가 본사에 있는 인천공장 설계도를 복사해준 일이 있어요."

"그 하마노 교수는 지금 어디 있습니까?"

"참 유능한 교수였지요. 아까운 젊은이였는데, 그만 태평양전쟁 때 출정했다가 전사해버리고 말았습니다."

"예…?"

"그러나 김 사장이 찾는 그 설계도는 지금도 어쩌면 도쿄 대학에 있을지도 몰라요. 하마노 군이 출정할 때 나에게 이렇게 말했었어요. '선배님! 선배님이 준 화약공장 설계도는 폭격에 안전하게 도서관 지하창고에 보관해놓고 가겠습니다. 만약 내가 죽고 돌아오지 못하거든 내 대신 강의할 사람에게 그 설계도가 어디 있다는 것을 가르쳐 주십시오!' 하고 말이오. 그랬지만 패전 후에는 도쿄 대학의 화약학과도 항공학과, 조병학과(造兵學科), 석유학과와 같이 폐지되는 바람에 설계도는 필요 없게 되었던 거지요."

"그럼, 지금도 도쿄 대학에는 화약학과가 없습니까?"

“2년 전부터 응용화학과에서 화약학을 강의하고는 있지만, 지금은 화약 제조방법이나 공장관리기법이 많이 변했으니까요.”

“현재 도쿄 대학에서 화약학을 강의하는 교수는 누굽니까?”

“얼마 전까지는 난바 고이치(難波辛一)라고 하는 화공학 박사가 화약학과 주임교수로 있었습니다.”

‘난바 고이치, 난바 고이치…’

김종희는 도쿄 대학 교수의 이름을 잊지 않으려고 자꾸만 속으로 외웠다. 그는 고이케의 친척을 만나려던 생각을 바꾸었다. 설계도를 찾게 되면 어차피 후카오 교수에게 인사를 해야 할 테니까, 그 때 후쿠오카에 다시 와서 고이케의 소식을 알아보면 된다.

김종희는 난바 교수를 바로 만날 수 있을지 걱정이었다. 대학은 이미 여름방학이 시작된 때였다. 도쿄로 돌아온 김종희는 퇴근시간이 가까워지고 있었지만 난바 교수의 근황만이라도 확인하고 싶어 그대로 택시를 타고 도쿄 대학으로 달렸다.

“실례합니다!”

김종희는 정문 수위실 앞으로 다가갔다. 때마침 누런 금테 모자를 쓴 수위 한 사람이 수위실에서 나오다가 김종희를 바라보곤 흠칫 굳어 버렸다. 김종희도 그 수위영감과 시선을 마주치곤 자기 눈을 의심하며 그저 멀거니 바라보기만 했다. 몸집이 마른 수위영감의 얼굴 생김새가 꼭 10년 전의 고이케와 흡사했다.

“실례지만 고이케 경부님 아니십니까?”

“아! 당신은 역시…”

“예, 김종희입니다.”

"김 지배인!"

"안녕하셨습니까?"

김종희는 허리를 굽히고 정중히 인사했다. 고이케는 와락 다가와서 김종희의 두 손을 꼭 잡고 기뻐 어쩔 줄을 몰라 했다.

"김 지배인! 이게 꿈이요, 생시요?"

"이렇게 건강한 모습을 뵙게 되니 정말 반갑습니다."

"그런데, 내가 여기 있다는 걸 어떻게 알고 찾아왔는가?"

"나는 경부님이 여기 계시는 줄은 몰랐습니다. 오히려 경부님 소식을 들을까 해서 지난해에 후쿠오카에 찾아간 적이 있었습니다."

"아, 그랬었군!"

"경부님이 여기 근무하신 지는 얼마나 되셨습니까?"

"벌써 7년째라네."

"그럼, 난바 고이치라는 화약학과 교수를 아시겠군요?"

"물론 알고 있지. 난바 박사한테 용무가 있어 온 건가?"

"예! 좀…"

"하지만 지금은 미국에 가 계신데…"

"예?"

"잠깐 안으로 들어가세!"

고이케는 김종희를 수위실로 안내했다. 김종희는 수위실에 들어가서야 그가 평수위가 아닌 수위장이라는 것을 알았다. 그는 도쿄대 수위로 취직하기 전까지 귀국 후 3년 동안은 한국을 떠나올 때 김종희가 마련해준 미화 625불을 밑천으로 양담배 장사부터 시작해서 주로 미군 PX를 상대로 하는 장사를 해오며 살아왔다고 했다.

"우리 가족은 그 625불 아니었으면 그때 틀림없이 굶어 죽었을 거요."

"최소한 1천 불은 마련해 드렸어야 하는 건데, 그 무렵에는 나도 사정이 여의치 않아서요."

"아냐, 지금 생각해도 10년 전의 625불은 큰돈이었어. PX에서 흘러나오는 양담배 한 보루가 보통 1불20센트밖에 안했으니까."

"도움이 되셨다니 다행입니다."

"김봉서 어른은 지금 무얼 하고 계시는가?"

"당숙 어른께서는 돌아가셨습니다."

"뭣이?"

"6·25전쟁 때 천안으로 피난 나오셨다가 다음해 7월에 작고하셨습니다. 그때는 나도 부산에 피난 중이었기 때문에 당숙 어른이 돌아가신 것을 몰랐었습니다."

"아! 그 분은 대인군자였는데… 내가 죽기 전에 그 어른 묘소를 한번 참배할 수 있을는지…"

"한일 간의 왕래가 자유롭게 이루어지면 내가 경부님을 한국으로 초청하지요."

"그러고 보니 내 얘기만 했었군. 난바 박사는 무슨 일로 만나려는 거지?"

고이케는 무엇보다도 김종희가 한국 화약계를 대표하는 인물로 대성했다는데 대해 여간 만족해하지 않았다.

"역시 사람을 보는 내 눈 하나만은 정확했어. 나는 김 사장이 반드시 큰일을 해낼 사람이 될 거라고 생각했었지. 김 사장에게 황국신민이 돼야 한다고 설교한 것은 내가 바보스러운 짓을 한 거지만 말야, 하하… 일본의 패전이라는 것은 상상도 못했거든. 나는 경찰 직무집행규칙 하나밖에 모르는 바보였으니까!"

"경찰이라는 직업이 경부님한테는 어울리지 않았던 거 아닙니까?"

"아냐! 나처럼 무식한 인간에겐 오히려 경찰이 어울렸을 거야."

고이케는 일본의 필승을 맹신해온 자신의 지난날을 몹시 부끄럽게 여기는 듯 했다.

"그러나 경찰에 근무했었다는 경력 때문에 오늘날 이렇게 일본 최고 지성의 요람인 도쿄 대학의 수문장이 될 수 있었지. 내년이면 여기서도 정년이 되지만 말야."

"내년에는 내가 우리 도쿄 연락사무소에 경부님 자리를 하나 마련해 드리겠습니다."

"아니, 도쿄에 연락사무소까지…?"

"예! 지난해에 일본 화약회사들이 모여 있는 마루노우치(九の內)에다 연락사무소를 하나 개설했습니다."

"그럼, 잘 됐군. 김 사장이 찾는 공장 설계도는 난바 박사가 미국에서 돌아오는 대로 내가 알아보고 마루노우치 사무소에 연락해놓도록 하지."

"난바 박사는 언제쯤 귀국하게 되는지 모르겠습니까?"

"아마, 올해 연말이라고 했지…?"

"아이구, 그럼 너무 늦는군요."

김종희가 난처해하자, 고이케는 어딘가에 전화를 걸어 난바 교수의 귀국 예정일을 확인했다.

"뭐랍니까?"

"역시 귀국예정은 연말인데, 경우에 따라서는 늦어질 수도 있다는 거야."

“다른 교수한테 알아보는 방법은 없겠습니까?”

“화약학과의 다른 교수한테 한번 물어보기는 하겠지만, 글쎄…”

그날 밤, 김종희는 고이케와 함께 긴자(銀座) 술집에서 밤이 이슥하도록 술잔을 나누면서 지난날의 회포를 풀었다.

다음날 김종희는 하루 종일 마루노우치 연락사무소에 나가 앉아 고이케 수위장의 전화를 기다렸다. 어젯밤 헤어질 때, 오늘 중으로 사이도(齊藤)라는 화약학과 교수에게 설계도에 관한 것을 물어보고, 그 결과를 연락해주기로 한 고이케와의 약속이 있었기 때문이다. 퇴근 시간이 다 되도록 아무 연락이 없자 김종희는 도쿄 대학 수위실로 직접 전화를 걸어보았다. 그러나 고이케 수위장은 자리에 없었다.

‘사이도 교수를 만나지 못한 모양이구나! 만약 설계도를 입수하지 못하면 인천공장 복구계획을 어떻게 세운다…? 내일 도쿄 대학으로 가서 사이도 교수를 직접 만나보자!’

김종희는 퇴근하는 길에 서점에 들러 화약 관계 신간서적을 한 권 사들고 숙소인 데이고쿠 호텔로 돌아왔다. 현관을 들어서는데, 누군가 부르는 소리가 로비 한쪽에서 들려왔다. 로비 소파에 앉아있던 고이케 수위장이 일어나 다가왔다.

“여기 와 계셨군요?”

“연락사무소에 전화하니까 막 호텔로 들어갔다고 해서.”

“잘 오셨습니다, 안 그래도 연락이 없어서 궁금했습니다.”

“나는 아침부터 설계도를 찾느라고 종일 자료실에 들어가 있었어요.”

“아, 사이도 교수와 얘기가 잘됐습니까?”

“사이도 교수가 시카고에 있는 난바 박사한테 전화를 했었어요. 그랬더니 난바 박사가 종전 후에 폭격으로 날아간 도서관 지하서고를 정리하는데 설계도가 하나 나와서 그걸 자료실로 옮겨 놓은 기억이 있다고 하면서 거기를 뒤지면 혹 나올지도 모른다고 하더래요."

"그래서요?"

"찾아내고야 말았지!"

"감사합니다, 경부님!"

"한 장 한 장 복사해서 저렇게 한 상자 들고 왔네!"

그가 손으로 가리키는 소파 옆에 꽤 큰 종이상자가 하나 놓여 있었다.

"수고하셨습니다, 참말 수고하셨습니다!"

"아냐! 저 설계도가 김 사장 말대로 한국 화약계에 도움이 되어준다면 한국인에게 죄가 많은 나에겐 조금이라도 위안이 될 걸세."

고이케 수위장이 복사해온 인천화약공장 설계도는 보존상태가 거의 완벽한 것이었다. 공장 건물의 배치도를 비롯해서 건물의 구조와 현상, 제조설비 등의 도면과 함께 설계서까지 보존되어 있었다. 그런데 설계에 대한 시방서(示方書)가 없어 전문지식을 요하는 주요 제조설비의 복잡한 내용은 자세히 알 수가 없었다.

서울로 돌아온 김종희는 즉시 서울대의 박원희(朴元熙) 교수를 찾아가서 인천공장 복구계획에 관한 문제를 협의했다. 박 교수는 일찍이 교토(京都) 제국대학 이공학부를 졸업하고 연희전문 화학 교수를 거쳐 1947년에 서울대 교수로 임용된 석학이다.

김종희가 박 교수를 알게 된 것은 1953년 일본 출장길에 가지고 온 도쿄 대학의 화약학과 교재라는 〈이론화약학〉과 〈제조화약학〉 두 권을 서울대 교재로 활용하라고 기증하면서부터다. 그 후 두 사람은 자주 만나면

서 화학에 관한 일본 신간서적을 부탁하기도 하고, 또 초안폭약 공장건설에 대한 자문을 구하기도 하는 사이가 되었던 것이다.

"김 사장! 우리 이렇게 하면 어떻겠어요? 나 혼자서는 이 설계도를 들여다봐도 잘 알 수 없으니까 건축설계사 한 사람과 기계전문가 몇 사람하고 내가 같이 현장에 내려가 보고나서 어디를 어느 정도까지 복구해야 할지를 연구하는 방향으로 일을 진행시킵시다."

"좌우간 어떤 식으로 하든지 간에 교수님이 책임지고 빠른 시일 안에 화약을 만들어낼 수 있는 복구계획만 짜주십시오!"

설계도상의 인천화약공장 부지면적은 161만4,635㎡(48만8,425평)였으며, 공장 건물은 관리사무실과 기숙사, 각종 공실 및 자재창고 등 28개 동에 연건평 1만7,213㎡(5,207평), 그리고 토제 등의 구축물이 8점이었다. 주요 기

계설비로는 발전실·냉동실·보일러실 등의 각 기관실과 각 공정별 다이
너마이트 제조시설, 공업뇌관 및 도화선 제조시설 등 고착되어 있는 대형
기계가 1백여 점에 달했다.

그러나 약 162만㎡에 이르는 광활한 공장부지의 대부분은 갈대만 무
성하게 우거진 황폐한 개펄이었으며, 일부는 인근 주민들에 의해 농경지
로 점유되어 있는 상태였다. 공장 건물도 이미 폭발사고로 날아가 버린 뇌
홍공실 같은 것은 흔적만 남아 있을 뿐이었고, 그 밖의 다른 건물들도 보
수하지 않고 그대로 쓸 수 있는 건물은 단 한 채도 없었다. 특히 제조설비
의 경우는 탈초탑(脫硝搭)의 각종 배관시설이 너무 낡아 단기복구는 어려
운 실정이었고, 혼화공실·날화공실·압신공실 시설도 국내 조달이 불가능
한 각종 부품들의 부식 상태가 심하거나 없어진 것들이 많아 모든 제조설
비를 완전히 복구하고 다이너마이트를 생산해내는 데는 상당한 시일이 소
요될 것으로 예상되었다.

박원희 교수가 이끄는 복구계획 팀은 현장조사를 끝내고 인천화약공장
을 복구하는 것보다는 차라리 새로 화약공장을 건설하는 편이 오히려 시
간을 단축시킬 수 있을 뿐 아니라 투자비용도 크게 줄일 수 있을 것이라
는데 의견을 같이했다.

그러나 김종희는 그와 같은 복구계획 팀의 의견에 동의하지 않았다. 목
전의 이익만을 생각한다면 그럴 수도 있겠지만, 적어도 국가 경제적인 차
원에서는 물론이고 기업 장래를 위해서도 가능한 한 기존시설을 최대한으
로 활용하는 방안이 강구되어야 한다고 주장했다.

김종희는 복구계획 팀과 머리를 맞대고 협의한 끝에 제조공정이 비교적
덜 복잡한 초안폭약과 함께 공업뇌관과 도화선을 우선 생산해내기로 하

고, 초안폭약 배합공실과 전약 포장공실을 신축하는 한편 뇌관공실과 도
화선공실의 시설을 대폭 보완 복구한다는 1차 복구계획을 수립했다. 1차
복구기간은 그 해 9월 15일부터 1956년 1월 30일까지 135일간, 이에 소요
되는 복구공사 비용은 5천158만 환이었다.

약 20일 동안 철야작업을 하다시피 해서 7월 31일자로 상공부에 제출
된 한국화약(주)의 〈인천화약공장 1차 복구계획서〉는 설계도 및 설계서 등
무려 4백여 페이지에 달하는 방대한 내용이었다. 같은 날짜로 대한광업협
회에서 제출한 복구계획서가 있었다. 그러나 그것은 설계도면 한 장 첨부
되지 않은 20페이지짜리에 불과했다. 두 복구계획서는 전문가에게 검토를
의뢰할 필요도 없었다. 대한광업협회가 제출한 복구계획서에는 근본적으
로 복구하겠다는 의지가 전혀 나타나 있지 않았다.

"각하! 이 계획서에 의하면 내년 1월까지는 1차 복구공사를 완료하고 바

로 시험생산에 들어가는 것으로 되어 있습니다."

한국화약(주)이 제출한 인천화약공장 복구계획서를 들고 경무대로 올라간 강성태 상공장관이 이승만 대통령에게 화약 국산화 계획을 설명했다.

"계획서도 중요하지만 사람이 더 중요한 법인데, 이 계획서를 만들어낸 김종희라는 사장이 성실한 인물이오, 강 장관?"

"예! 아주 성실할 뿐 아니라 추진력도 강하고 패기가 넘치는 청년입니다."

"그렇거들랑 강 장관이 직접 재무장관과 협의해서 복구비 전액을 보조해주고 잘 감독해서, 내년 안에는 반드시 우리 손으로 만드는 화약이 나오게 해서 장차 국방에 필요한 화약까지도 국산 화약을 쓰게끔 노력하시오!"

"분부하시는 말씀 명심하고 이행하겠습니다."

"내가 이 계획서에다 사인을 할 테니 김 사장에게 보여주고 계획서대로 틀림없이 일을 잘 해가라고 말해주시오."

"예, 각하!"

복구계획서 표지 위에 〈可晩〉이라고 쓰는 이 대통령의 사인이 유난히 큼직했다.

8월 10일, 한국화약(주)은 귀속재산처리법 제24조의 규정에 따라 인천화약공장을 임대하고, 같은 날짜로 복구공사비 전액 5천158만 환에 대한 국고지원을 재무부에 신청했다.

호사다마(好事多魔)일까, 1주일이 지난 8월 17일에 내려진 정부의 대일교역 전면금지조치로 한국화약(주)은 최악의 시련기를 맞는다. 지난 6월 북한과 어업협정을 체결함으로써 이승만 대통령의 심기를 불편하게 한 바 있던 일본이 이번에는 민간무역회담을 개최하면서 한편으로는 재일교포의 북송계획을 추진하기 위한 예비교섭을 전개했던 것이다. 이는 대한민국 정부수립 이래 반일·반공을 국시로 표방해온 이승만 대통령에 대한 일본 정부의 정면도전이기도 했다.

"형님! 형님이 대만을 한번 다녀와야 하겠어요."

"대만에는 왜?"

"이번 대일 교역금지가 쉽게 해제될 것 같지 않잖아요?"

"글쎄, 한국 선박의 대일 출항까지 금지시키는 걸 보면 정부가 아주 강력하게 대응할 작정인 것 같애."

"그러니 당분간은 화약도 일본에서는 수입해올 수 없을 것 아니냐 말에요."

"무슨 대책은 세워야 할 거야."

"미국에서 수입해오는 경우엔 워낙 거리가 멀어 시일도 문제고, 운임도 문제예요."

그래서 김종희는 대만산 화약을 수입할 생각이었다. 대만에는 태평양전쟁 기간 중에 일본군의 요새화 전략의 일환으로 대만 내의 화약을 자급하기 위해 건설한 대만질소공업의 타이페이(臺北) 화약공장이 하나 있었다. 타이페이 화약공장에서는 과염소산폭약을 생산했는데, 종전 후에도 일본인에 대한 대만인의 감정이 별로 나쁘지 않은 편이어서 일본인 화약기술자들이 그대로 남아서 일해왔고, 1950년 이후에는 중국 대륙에서 밀려온 국부군의 본토수복 전략산업으로 각광을 받으면서 성장을 거듭해오고 있는 중이었다.

그러나 타이페이 화약공장 생산량은 연간 600톤에 불과해서 수출 여력이 없었다. 김종희는 부득이 중개무역 형식으로 일제 화약을 대만을 통해 수입해오는 비상대책을 강구했다. 그런 방법으로 수입한다 해도 일제 화약 수입가격이 미제 화약보다 싸게 치인다. 미제는 생산원가 자체가 일제보다 비싼데다가 선적항이 뉴욕이기 때문에 운임이 엄청나게 먹혔다. 그래도 김종희는 중개무역 형식의 수입이 여의치 않을 경우를 대비해서 우선 미국으로 각종 화약 100톤을 발주했다.

그나저나 화약이 적기에 도착하느냐가 큰 문제였다. 여태까지는 군수용 화약을 전용하는 비상수단을 동원해서라도 어떻게 해서든지 업계가 필요로 하는 화약을 떨어뜨리지 않고 계속 공급해왔다. 그러나 지금은 군수용 화약을 전용하는 길도 없다. 미군 화약관리 용역사업이 미8군 사령부의 일본 이전으로 지난해 11월에 끝남에 따라 보관 중인 군수용 화약이 없었기 때문이다. 앞으로 두 달 안에 화약이 들어오지 않으면 한국화약(주)의 모든 화약고가 바닥날 판이었다.

화약 수입가격이 하루아침에 배로 뛰어오르게 된 것도 큰 문제였다. 180대 1 하던 공정 환율이 8월 15일을 기해 500대 1로 껑충 뛰었다. 화약 수입에 할애되는 공매불은 이미 지난 1월부터 대충자금(對充資金) 환율인 350대 1이 적용되어 왔으니까 실제는 94%밖에 인상되지 않은 셈이지만, 비싼 운임과 가중되는 수입비용 부담을 감안한다면 앞으로 수입되는 화약판매가격은 최소한 배로 올려 받지 않을 수 없었다.

대일교역 금지조치는 모나자이트 수출에도 큰 타격을 가져왔다. 상반기 수출실적이 216만5천 환인데 비해 오히려 9월 초에 선적하기로 하고 받아 놓은 신용장 금액은 586만6천 환(미화 3만2천7백 불 · 180 : 1로 환산)이었다. 대일교역 금지가 장기화되는 경우 천안의 덕령광산은 부득불 조업을 단축하거나 중단할 수밖에 없었다. 게다가 재무부에 신청한 인천화약공장 복구비 지원은 한 달이 지나도록 감감무소식이었다.

이승만 대통령이 복구비 전액을 국고에서 보조할 것을 지시했을 뿐 아니라 인천화약공장이 정부관리 귀속재산인 만큼 그 복구비는 당연히 정부가 부담해야 하는 것이지만, 재무부로서는 나름대로의 고민이 있었다. 5천여만 환의 복구비를 지출할 만한 예산항목이 없었다. 5천만 환 때문에 추경예산을 편성할 수도 없는 일이고, 예비비 중에서 지출하자니 번거로운 국회 동의를 받아야 하고, 변태 지출을 하자니 예산회계법에 저촉되었다.

김종희는 정부만 쳐다보고 가만히 앉아 있을 수가 없었다. 화약의 국산화는 국고 보조가 없더라도 어차피 한국화약(주)이 실현해야 할 시대적 소명인 것이다. 김종희는 인천공장 복구비를 한국화약(주)에서 부담한다는 원칙을 세웠다.

'복구 현장의 책임을 누구에게 맡길 것인가?'

그는 공장장으로 진태두(陳泰斗)를 초빙해왔다. 그는 일찍이 경성고등상업학교(서울대 상대의 전신)를 졸업하고, 한때 아산금융조합에서 근무한 적 있는 김종철의 직장 동료이기도 하다. 다음으로 공무과장에는 충주비료공장 건설현장에서 일하고 있는 서울고등공업학교(서울대 공대의 전신) 출신의 이우회(李雨希)를 스카우트 해오고, 그 밖의 복구공사에 필요한 기술요원들은 사방에서 불러 모았다.

9월 15일 아침에 복구공사 팀을 인천화약공장 현장으로 내려 보낸 김종희는 그 사실을 보고하기 위해 상공부에 들렀다가 복도에서 강성태 장관을 만났다. 강 장관은 오늘부터 복구공사가 시작되었다는 김종희의 보고에 대단히 만족해하면서 이렇게 격려하는 것이었다.

"복구비는 조금도 걱정하지 말아요, 김 사장! 인천공장 복구비는 내년 상공부 예산 속에 편성해 넣기로 재무장관하고 약속이 되어 있어요."

"꼭 그렇게 해주셨으면 좋겠습니다. 이왕이면 먼저 은행돈이라도 좀 쓸 수 있게 해주십시오, 장관님! 제 힘만 가지고는 도저히 계획된 기간 내에 복구공사를 끝낸다는 게 어려울 것 같습니다."

"얼마나 있으면 되겠어요?"

"한 3천만 환만 융자가 되면 나머지는 제가 어떻게 해보겠습니다만…"

"내가 재무장관에게 말해줄 테니, 돈 걱정하지 말고 복구공사나 차질 없게 진행시켜요!"

"감사합니다. 장관님만 믿겠습니다!"

그리고 다음날, 석간신문을 받아본 김종희는 뒷골이 당겼다. '법무·상공·체신 3부 장관 돌연 경질'이라는 활자가 정치면 머리기사 제목을 장식하고 있었기 때문이다.

'아니, 이럴 수가…? 그럼, 강 장관과의 약속은 다 공수표가 되는 것 아닌가!'

장관이 바뀌면 정책까지도 바뀌게 마련이었다. 그래도 김종희는 새로 임명된 상공장관이 김일환(金一煥) 전 국방차관이라는데 다소 안도할 수 있었다. 3년 전에 육본 참모부가 상공부의 전후 화약수요 대비책에 반발하여 제2조병창(인천화약공장)을 상공부로 이관하는 것을 반대했을 때, 당시 국방차관이던 김일환 중장이 직접 설득에 나섰던 일은 화약계에 널리 알려진 사실이다. 그러나 새로 취임한 김일환 장관이 인천화약공장 복구공사에 관해서 과연 전임 장관만큼의 열의를 보일 것이냐 하는 것은 의문이었다.

김일환 장관이 취임한 지 1주일째 되던 날, 장관실에 불려간 김종희는 뜻하지 않은 제의를 받는다. 차라리 인천화약공장을 매수할 용의가 없느냐는 것이었다. 김종희는 그런 제의를 하는 김 장관의 저의를 읽을 수 없어서 적당히 대답할 수밖에 없었다.

"저한테 그럴 만한 능력이 있어야지요."

"일시불로 사지 말고 연불로 살 생각하면 되잖아요?"

"돌릴 수 없는 공장을 사기만 하면 뭘 하겠습니까, 복구공사나 어서 끝내야지요."

"복구공사는 이미 시작했다면서요?"

"시작은 했지만, 앞으로 돈 들어갈 일이 큰 걱정입니다."

"실은 나도 복구비 문제가 있어 김 사장이 공장을 아예 샀으면 하는 겁니다. 며칠 전에 그만둔 강 장관은 공장 복구비를 정부예산에서 지출하려고 생각했던 모양인데, 그게 쉬운 일이 아녜요!"

"……"

"인천공장 복구비를 정부예산으로 확보한다는 것도 간단한 일이 아니지만, 설령 확보된다 하더라도 예산을 집행하는 과정은 얼마나 복잡하고 까다로우며, 또 집행한 후에는 감사까지 받아야 하잖아요? 그것도 복구공사가 한 번에 완전히 끝난다면 모르겠는데 계속해서 복구해 나가자면 정부예산 가지고는 소기의 목적을 달성하기가 여간 힘들지 않을 거요."

"그야 쉬운 일이 어디 있겠습니까?"

"그보다는 인천공장을 김 사장이 불하해 가지고 소신껏 의욕적으로 밀어붙일 수 있게 하는 것이 어떨까 해서 하는 말입니다."

"자금 문제가 있잖습니까, 장관님?"

"그 대신 복구공사에 필요한 돈은 대통령께서 재가하신 사항이니까 얼마든지 융자해주도록 하지요. 융자 받는 돈이야 누구의 간섭도 받지 않고 김 사장 맘대로 복구공사에 쓸 수 있을 것 아닙니까."

"말씀대로 해주신다면야…"

"화약은 각하의 관심사예요. 다만 국고보조가 까다로우니까 그걸 어떻게 융자로 돌려볼까 하는 것뿐이에요."

김 장관은 취임 후 업무보고를 받고나서 화약의 국산화를 실현하기 위해서는 인천화약공장을 매각해서 민간기업으로 전환시키고 복구비를 국고지출이 아닌 산업금융으로 지원해야 한다는 방침을 마음속에 굳혀 놓고 있었다.

"김 사장은 어떻게 생각해요?"

"장관님 결정에 따르겠습니다."

"그럼, 빠른 시일 안에 1차 복구비 전액을 산업은행에 융자해 달라고 신청해요!"

"아무 때나 신청만 하면 되는 겁니까?"

"담보물은 충분하겠지요?"

"한국화약 재산이 그 정도야 안 되겠습니까."

"그리고 각하의 재가를 받는 대로 바로 불하 절차를 밟도록 합시다!"

산업은행에서 1차 복구공사비 5천158만 환이 대출된 것은 그로부터 16일이 지난 10월 10일. 다시 16일이 지난 10월 26일에는 한국화약(주)과 관재청 사이에 인천화약공장 매수계약이 체결되었다. 매수계약은 수의계약에 의해 이루어졌으며, 매수대금 총액은 7천5백만 환이었다. 공장건물 및 각종 기계설비 평가액 4천3백여만 환, 공장부지 평가액 약 2천2백만 환이었는데 실제 건물 중에는 그 동안의 관리 소홀로 오히려 철거해야 할 것들이 여러 채 있었고, 기계설비도 고철로 처분해야 할 것들이 대부분이었다. 공장부지는 3.3㎡당 54환 꼴로 평가된 셈이었는데, 공장 주변의 밭 값이 3.3㎡당 100환인데 비해서 134만253㎡(40만5천425평) 중 약 129만㎡(39만여 평)가 황무지나 다름없는 개펄이라는 점을 감안한다면 싼 편이 아니었다.

그러나 화약공장으로서의 유리한 입지조건과 일시불이 아닌 15년 분할상환이라는 메리트가 없는 것도 아니었다. 김종희로서도 인천화약공장을 매수하는 마당에 이해타산을 전혀 고려하지 않을 수는 없었다. 시세를 따지면 정부 평가액이 비싼 것은 사실이었다. 그러나 그는 한국 화약계가 당면한 화약의 국산화를 조속히 실현해야 한다는 명분에 밀려 10년 앞을 내다보고 정부 평가액을 그대로 받아들이기로 했던 것이다.

복구공사에는 당초 생각보다 많은 애로가 따랐다. 볼트 하나, 너트 하나, 심지어 못까지도 국산은 쓸 만한 것들이 없어 일일이 청계천 고물상을 뒤져가며 외제를 사다 써야 했고, 주요한 부품은 하는 수 없이 일본에서 사오되 대만을 거쳐 들여와야만 했다.

한일관계는 더욱 악화되어 일본이 북한과의 민간무역협정을 체결하자 우리 정부는 이에 대한 보복조치로 해경에게 평화선을 침범하는 일본 어선에 발포할 것을 명령하기에 이르렀다. 대일 수입의존도가 높은 우리나라 경제에 혼란이 일기 시작했다. 정부의 대일교역 전면금지조치에도 불구하고 모든 한국 수입업자들은 정부의 그 같은 강경책이 곧 해제될 것으로 기대하고 차일피일 기다려오다가 수입선을 다른 나라로 바꾸느라 부산을 떨었으며, 이미 일부 생필품과 원자재가 품귀 현상을 빚자 악덕 상인에 의한 매점매석 행위까지 자행되기 시작했다.

한국화약 인천공장 정문

그런 긴박한 경제혼란 속에서도 광업계와 토목계에는 화약이 적기에 안정적으로 공급되어 평상시와 다름없는 안정을 지속할 수 있었다. 이는 한국 화약계의 대부를 자임해오는 김종희가 오늘 같은 사태를 예견하고 대일 교역금지령이 내려진 직후에 바로 중개무역 형식을 통해 일제 화약을 수입해온 결과였다.

12월 24일, 인천화약공장 보일러 굴뚝에서 검은 연기가 소용돌이치듯 피어올랐다. 이제 막 보일러의 화입식이 끝났다. 용꼬리처럼 하늘로 치솟는 굴뚝 연기를 바라보는 김종희의 가슴에는 만감이 설레었다. 화약계에 입문한 지 어느덧 15년. 약지 못하게 다른 돈벌이를 놔두고 화약 한 가지에만 매달린다는 주위의 빈축을 사가면서도 미련하리만큼 화약에만 집착해온 정열.

'아… 끝내는 내 손으로 저 굴뚝에 다시 연기를 피워 올렸구나!'

한국화약 인천공장 초기 연구실

9월 1일부터 1월 30일까지로 예정했던 1차 복구공사를 한 달 이상 빨리 앞당겨 끝내고 화입식으로 준공식을 대신한 김종희는 관리사무실에서 조촐한 자축 파티를 베풀고 그 동안 복구현장에서 밤낮없이 계속된 돌관작업으로 고생해온 여러 사원들을 위로 치하했다.

그 자리에는 1월부터 시험가동에 들어가기로 되어있는 뇌관공실과 도화선공실에서 근무할 기술자들도 함께 하고 있었다. 일본인들이 비교적 위험도가 낮고 고도의 기술이 필요치 않은 뇌관공실이나 도화선공실 같은 데는 한국인을 많이 고용했던 관계로 그런 부분에는 한국인 중에도 숙련공이 여러 사람 있어서 바로 시험생산에 들어가는데 어려움이 없었다.

그러나 다이너마이트 제조공정 중에서도 위험도가 높은 초화공실이나 날화공실 같은 데서 일한 한국인은 몇 명 되지도 않았으며, 특히 인천화약 공장에서는 다이너마이트만 생산해왔기 때문에 초안폭약 기술자는 한 명

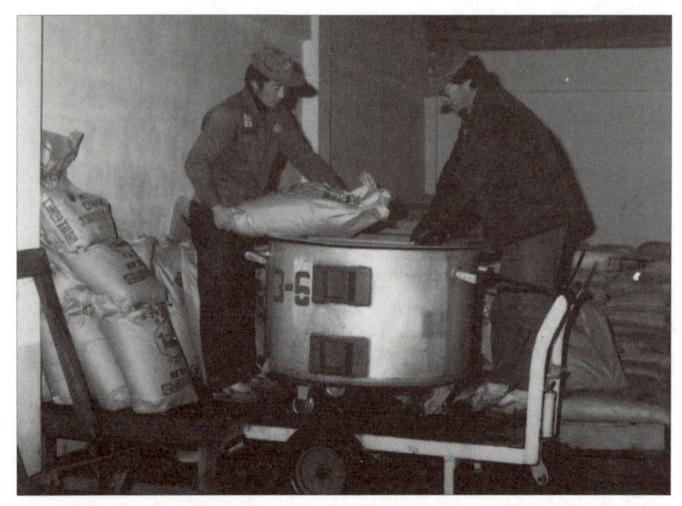



한국화약 인천공장 압신배풍시설

도 없었다. 다행히 흥남의 조선질소화약공장에서 초안폭약 분야에 종사하다가 1·4후퇴 때 피난 나온 화약기술자들이 대구에서 동양화약이라는 화약공장을 차리고 가내공업식으로 사제 초안폭약을 제조해오고 있었는데, 그 중의 몇 사람이 인천공장으로 오게 되었다.

초안폭약도 원료가 확보되는 대로 2월이나 3월에는 시험생산에 들어갈 계획이다. 초안폭약 원료 중 배합 비율의 75% 이상을 차지하는 초안암모늄만 외국에서 들여오면 나머지 가연제로 쓰이는 목분과 감열소염제인 식염은 얼마든지 국내 조달이 가능하고, 예감제(銳感劑)로 쓰이는 TNT도 국내에서 군용 포탄 중에서 불발탄이나 폐탄을 수집 분해해 쓰면 된다.

1차 복구공사를 끝낸 김종희는 다시 박원희 교수를 찾아가서 2차 복구 계획을 협의했다.

"이번에는 시일이 좀 오래 걸리더라도 다이너마이트 제조공정을 완전히

한국화약 인천공장 단발뇌관구제공실

복구하되 보완할 것은 보완하고 확장할 것은 확장해서 아예 화약을 자급 자족할 수 있게끔 대량생산이 가능한 대대적인 복구계획을 세웠으면 합 니다."

"그러려면 내가 공부를 좀 해야 해요."

"무슨 공부를 말입니까?"

"외국에 있는 큰 화약공장을 한번 봐야 감을 잡지요."

"그야 뭐 어렵겠습니까? 시간 나시는 대로 저하고 같이 가까운 일본에 라도 잠깐 다녀오시죠!"

"여권 내는 일이 힘들어서…"

"여권 같은 건 제게 맡기십시오. 우리 회사 고문 자격으로 초청장을 보 내라고 해서 제가 수속하겠습니다."

며칠 후, 1차 복구공사계획에 참여했던 김명수 교수가 사무실로 김종희를 찾아왔다.

"어이구, 잘 오셨습니다. 그러잖아도 한번 찾아뵐려고 하던 참인데."

"그래요?"

정녕 무슨 언짢은 일이 있어서 왔는지 김 교수의 반응은 삐딱했다.

"날씨가 풀리는 대로 바로 우리 사옥을 하나 지을까 하는데, 김 교수님이 사옥설계 좀 해주십시오."

"사옥보다도 인천공장 2차 복구계획을 하신다구요?"

"예! 본격적으로 복구해볼까 해서요."

"1차 복구계획 때 내가 무슨 잘못한 일이라도 있었나요, 김 사장?"

"잘못이라뇨, 그게 무슨 말씀이십니까?"

"그렇잖으면 어째서 나를 2차 복구계획에서 제쳐놓는 거요?"

"제쳐놓다니…. 김 교수님이 빠져서 될 일이겠습니까?"

"그렇다면 정작 설계를 맡을 나는 왜 일본 견학 가는데 빼는 거요?"

"아… 그건, 김 교수님이 오해하셨습니다."

"오해라구요?"

"제가 잘못했습니다. 제 생각이 거기까지 미치지 못했군요. 같이 가시죠. 기계과의 홍 교수님도 같이 가도록 하십시다. 하하…"

박원희 교수 일행이 김종희와 함께 일본 화약계를 시찰하고 돌아온 것은 2월 초순. 그들은 곧바로 2차 복구공사계획에 착수했으며, 김종희는 지난해에 사 놓은 태평로 땅에도 4층 규모의 사옥을 짓기 시작했다.

인천공장에서 생산하고 있는 뇌관과 도화선은 아직 상품화할 수 있는 단계에는 못 미치고 있었다. 2월부터 시험생산에 들어간 초안폭약도 폭파시험 결과 만족할 만한 것이 못 되었다. 실험용으로 들어온 대만산 초산암모늄의 순도가 약한 데 그 원인이 있는 것 같았다. 초안폭약 원료로서 초산암모늄의 순도는 99% 이상이어야 한다. 그러나 국내에 정밀화학 실험소가 없어 대만산 초산암모늄의 순도를 확실하게 측정할 길이 없었다.

김종희는 일본의 아사히가세이가 생산하는 초산암모늄을 들여오는 문제를 검토했다. 아사히가세이는 본래 흥남의 조선질소화약공장을 건설한 일본질소화약주식회사였는데, 종전 후에 맥아더 사령부가 일본의 재벌을 해체하게 되자 일본질소비료그룹에서 독립하면서 상호를 바꾸고, 근래에 와서는 화학섬유 분야에서도 괄목할 만한 활약을 보이고 있는 화학전문회사다.

그런데, 일제 초산암모늄을 들여오자면 역시 제3국을 통해서 들여와야 한다. 완제품인 화약은 과중한 비용부담을 감수하고라도 하는 수 없이 중개무역 형식으로 수입해올 수밖에 없었지만 원료까지도 그런 방법으로 들여와야 하느냐 하는 것은 생각해볼 문제였다. 그런 시기에 전면적으로 금지되었던 대일교역이 풀리기 시작했다.

3월 중순에 내한한 미국의 델레스 국무장관의 거중조정도 있었지만, 5월에 실시될 대통령선거를 코앞에 두고 있는 자유당 정부로서도 더 이상 국내 경제활동을 위축시키면서까지 대일 강경책을 그대로 밀고 나갈 형편이 못 되었던 것이다. 당시의 우리나라 전체 교역량이라고 해봐야 수출이 고작 1천2, 3백만 불, 수입은 대충자금에 의한 물자원조를 제외하면 1억5천만 불 정도에 지나지 않았다. 그런데도 불구하고 6개월간의 대일 교역중단이 몰고온 우리나라 경제의 고통은 심각한 것이었다.

위축될 대로 위축되었던 우리 경제가 대일교역이 재개되면서 서서히 활기를 되찾기 시작했다. 한국화약(주)으로서도 광산물의 대일 수출이 재개됨에 따라 화약 수요가 늘어났고, 대일 교역금지령에 묶여 신용장을 받아 놓고도 선적할 수 없었던 모나자이트 250톤(3만2천7백 불 · 1천635만 환)을 수출하고, 중단했던 덕령광산의 조업을 재개시켰다.

4월에는 국산 뇌관과 도화선이 공급되기 시작했으며, 5월부터는 일제 초산암모늄으로 제조된 초안폭약이 세이프티 마이트(Safety-mite)로 명명되어 한국 근대 화약사의 새 장을 장식하며 전국의 각 탄광으로 팔려 나갔다.

그러나 김종희는 초안폭약의 국내 생산으로 화약의 국산화가 이루어진 것이라고는 생각지 않았다. 그의 화약 국산화 목표는 보다 강력한 전천후 다이너마이트를 제조해내는데 있었다.

7월 7일, 회현동의 한국화약(주) 본사 사무실을 태평로에 신축한 4층 사옥으로 옮긴 김종희는 다시 인천공장 2차 복구공사에 박차를 가했다. 이미 지난 4월 1일부터 시작된 2차 복구공사에서는 주로 다이너마이트 제조설비를 복구하되 그 설비내용을 보완하거나 확장해나가는데 집중적으로 투자되고 있었다.

초안폭약 분야도 채탄용과 암석폭파용을 구별해서 품종을 용도별로 개발하는 한편, 품질 자체도 더욱 높여나간다는 방침을 세우고 이를 추진하기 위해 유능한 인재를 널리 찾고 있는 중이었다. 우리나라의 모든 산업 분야가 전문 인력의 절대빈곤으로 허덕일 시기였지만 특히 화약 분야에는 학문적인 이론과 실무경험을 겸비한 전문인이 전무한 상태였다.

김종희는 오늘 오후에도 박원희 교수의 전화를 기다리고 있었다. 박 교수가 얼마 전부터 책임지고 소개하겠다는 자기 제자 한 사람이 있었기 때문이다. 그가 소개하겠다는 사람은 연희전문 화학과를 졸업하던 해에 학병으로 끌려가서 일본군 공병학교를 졸업하고 공병 소위로 종군하다가 해방 후에는 인천에 있는 조선화학비료공장에서 생산부장을 지낸 인물이라고 했다. 일본 공병장교 출신이면 화약에 관해서도 어느 정도의 교육은 받았을 것이고, 더구나 화학비료공장 생산부장까지 지낸 사람이라면 화약에 관한 제조공정도 이론적으로는 어느 정도 이해하고 있다고 봐야 한다. 노크 소리가 들렸다.

"들어와요!"

권혁중이 결재서류를 들고 들어왔다.

"내가 인천공장에 내려가 있는 동안에 박 교수님한테서 전화 안 왔어?"

"아뇨, 저는 못 받았습니다."

"사장님! 이거 좀…"

"뭐야?"

"상공부에 제출할 화약판매가격 인상 신청서입니다."

"이번에 초안폭약 값을 20% 인상 하면 결국 화약 값이 일본하고 비슷해지는 거 아녀?"

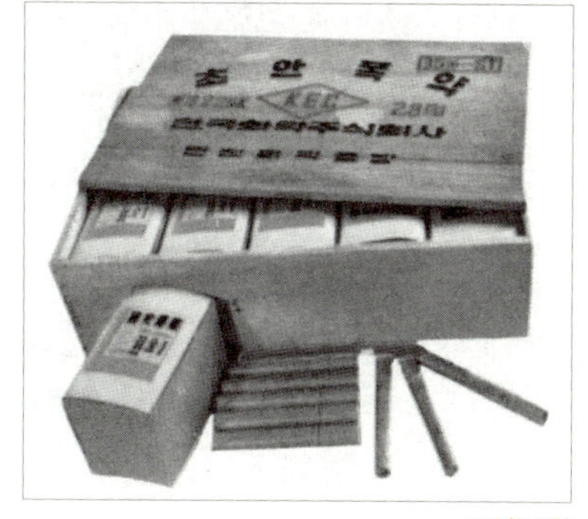

초안폭약

"아닙니다, 이래도 우리가 일본보다는 15% 가량 싼 편입니다."

"좌우간 손해가 나면 나는 거지, 우리가 만들어내는 화약 값을 일본보다 비싸게 받아서는 안 돼! 알아들어?"

"사장님! 이렇게 받아 봐야 현재는 이자도 안 남습니다. 어디, 우리가 흙을 파다가 화약을 만들고 있습니까?"

"이봐! 난 돈 벌고 싶은 욕심이 없는 줄 알어? 하지만 욕심도 부릴 데 가서 부려야 하는 거여. 아, 대한민국 정부가 이 김종희 이뻐서 돈 벌라고 산업은행 돈을 싼 이자로 융자해 줘가면서 인천공장 복구시킨 거여?"

이때 사장실을 노크하는 소리가 들렸다.

"들어와요!"

기다리던 박원희 교수가 30대 중반의 한 청년을 데리고 들어왔다.

"아이구, 어서 오십시오! 그렇잖아도 어째 소식이 없나 하고 궁금했습니다."

"아, 그랬어요?"

박 교수가 함께 데리고 온 청년을 김종희에게 소개했다.

"내가 얘기하던 신현기 군입니다."

"예에, 반갑습니다. 나 김종희라구 해요."

"처음 뵙겠습니다. 박 교수님한테서 말씀 들었습니다."

김종희는 박 교수와 신현기(申鉉琦)를 소파로 안내했다.

"지금은 삼성화학에서 투명고무에 관한 연구를 하고 있답니다."

"아, 예…"

"내가 집으로 보낸 엽서 연락을 신 군이 그 동안 못 받았던 모양이에요. 그랬는데 조금 전에 광화문 고서점에서 서로 우연히 안 만났겠어요? 그래서 데리고 왔습니다."

"고맙습니다. 이렇게 더운 날씨에."

"신 군! 내가 말한 대로 김 사장 밑에서 일해 보게나! 김 사장이 틀림없이 자네 능력을 십분 발휘할 수 있게끔 뒷받침해줄 걸세."

"생각해 보겠습니다."

"신 선생에 관해서는 이미 박 교수님한테 말씀 들어서 잘 알고 있습니다. 나하고 한번 우리나라 화약계를 위해 같이 일해 봅시다."

"너무 갑작스런 일이라서요."

신현기의 나이는 서른일곱, 김종희보다는 두 살이 많다. 그래도 그는 사장 앞이라는 것을 의식하듯 시종 허리를 꼿꼿이 세우고 앉아 묻는 말에만 대답하곤 했는데, 자그만 키에 다부지게 생긴 체구에서는 일본군 장교 출신다운 패기가 넘치고 있었다.

김종희는 신현기의 예의 바른 몸가짐과 자신에 찬 태도에 호감이 갔다. 그는 총무과에 연락해서 직원을 채용할 때 받는 선서용지를 가져오게 했다.

"신 형! 이 선서나 한 장 써 놓고 지금 나가고 있는 회사 일을 정리한 다음에 출근하도록 하시오! 내일이라도 발령을 내놓고 기다릴 게요."

신현기는 선서용지를 들고 그 내용을 눈으로 읽어 보았다.

소생 금반 귀사에 채용됨에 있어 회사규정을 준수함은 물론이고 회사 발전을 위하여 전심전력할 것이며 만약 회사의 방침이나 상사의 명을 불복하는 경우에는 여하한 회사 측의 처분에도 하등 이의 없을 것을 맹세하옵고자 이에 서명 선서하나이다.

신현기가 인천화약공장 제조과장 발령을 받고 첫 출근을 한 날은 8월 11일이었다. 그에게 맡겨진 과제는 초안폭약의 품종을 용도별로 개발하는 동시에 품질을 향상시키는 한편 2차 복구공사가 끝나는 1958년 1월 31일 이전에 다이너마이트를 생산해내도록 하라는 것이었다.

인천공장 제조과에는 이미 9명의 직원이 일을 하고 있었다. 그들 중의 일부는 조병창에서 스카우트해온 뇌관기술자들이었고, 다른 일부는 해주 조선화약공장과 흥남 조선질소화약공장에서 근무한 경력을 가진 사람들이었다.

때마침 제조과에서는 다이너마이트 국산화에 관한 연구와 실험이 진행되고 있었다. TNT 가루를 어떻게 하면 떡반죽처럼 눅진하게 교화시킬 수 있느냐 하는 연구였다. 다이너마이트는 뇌관이 폭발하는 힘에 의해 폭발하기 때문에 뇌관이 꽂힐 수 있도록 눅눅해야 한다. 그래서 TNT 가루에 찹쌀가루를 혼합해서 인절미처럼 쪄내는 방법을 실험하고 있었다.

"그런데, 나중에 진짜 인절미처럼 땡땡하게 굳어버리면 어떻게 할 거요?"

신현기가 제조과 직원들에게 물었다.

"보관만 잘하면 꽤 오래 가지 않겠습니까, 과장님?"

"TNT 가루에 찹쌀가루를 섞어도 잘 터질까?"

"배합 비율만 잘 조정하면 문제없을 겁니다."

"글쎄… 어쨌든 시험해 봐요!"

그런 식으로라도 다이너마이트를 만들어 보겠다는 그들의 열의가 가상해서 신현기는 굳이 실험을 중단시키지 않았다. 그러나 그것은 한심스럽게도 다이너마이트가 무엇인지도 모르는 어린아이 장난 같은 짓이었다. 불행하게도 그들 중에 다이너마이트의 본질인 니트로글리세린(Nitro-Glycerin)을 올바르게 이해하는 사람이 없었기 때문이다.

NG는 초산($HNO_3$)과 유산($H_2SO_4$)을 혼합한 냉각혼산(冷却混酸)으로 글리세린 ($C_3H_5(OH)_3$)을 용해시키는 이른바 초화(硝化) 과정을 통해서 얻어진 강력한 폭발성 액체($C_3H_5(NO_3)_3$)이다. 이 NG는 열을 받기만 하면 곧 폭발하기 때문에 운반할 때나 사용할 때 많은 위험이 따른다. 그래서 NG를 다공질(多孔質) 물질과 혼합함으로써 그와 같은 폭발 위험을 극소화시킨 것이 바로 알프레드 노벨에 의해 명명된 다이너마이트다. 따라서 근본적으로 NG의 국내 생산이 선행되지 않는 한 다이너마이트의 국산화는 불가능한 것이다. NG는 수입해올 수도 없다. NG를 수입해오려면 위험성과 유독성이 높은 화학제품을 수송하는 특수선박이 있어야 하는데, 그런 선박이 동양권에는 취항하지도 않거니와, 설사 수입해온다 해도 보관 관리상의 위험을 해결할 길이 없었다.

신현기는 먼저 복구공사 현장을 체크하기 시작했다. 인천공장의 NG 제조시설은 동일 초화기 내에서 초화분리가 가능한 네이던(Nathan)식 초화분리 시스템으로서 일본의 각 화약공장에서는 물론이고 세계적으로도 널리 사용되고 있는 초화설비였다. 초화공실의 혼산 탱크와 글리세린 탱크가 반응조 속의 혼산을 휘젓게 할 공기압축시설, 혼산의 온도를 조절하기 위한 냉각시설, 그리고 만일의 경우를 대비하기 위한 초화기의 위험비상장치도 완벽하지 않으면 안 된다.

공무과 직원들에 의해 복구공사가 진행되고는 있었지만, 10년 이상씩 방치해놓다시피 한 기계들이어서 성능이 제대로 발휘될지는 시운전을 해보아야 할 일이었다. 막상 모든 설비가 완전히 복구된다 하더라도 누가 초화공실 작업을 해내느냐 하는 것이 문제였다. 초화공실 작업을 하자면 충분한 경험이 있어야 한다. 혼산의 온도를 5~10℃ 사이에서 조절해야 하고, 초화 온도는 17℃ 이하로 유지해야 하며, 초화 상태의 이상 유무를 배기가스의 색깔로 식별하는 한편, 만약 작업 중 폭발위험이 있을 때는 즉각 비상조치를 취할 수 있어야 한다.

"사장님! 복구공사를 효율적으로 수행하기 위해서는 부분적인 시운전을 병행하는 편이 좋겠습니다."

"공장장하고 의논해서 신 과장 소신대로 진행시켜요!"

"그런데 현재 우리 제조과에는 다이너마이트 제조설비를 다루어본 기술자가 없습니다."

"하긴 나도 그 문제를 걱정하고 있는 중인데…"

김종희는 해방 직후에 마쓰무로 취체역이 하던 말이 생각났다.

'일본은 조선에 화약공장을 네 군데나 건설했지만 화약이 갖는 특수성 때문에 조선 사람에게 화약에 대한 전문지식을 전수하는 데는 매우 인색했던 것이 사실이다. 그러나 나는 조선유지 인천화약공장의 몇몇 조선인 종업원을 초화공실이라든가 날화공실 같은 주요 생산공정에 견습공으로 일할 수 있게 해왔다. 그랬지만 결국은 인천공장이 오랜 기간 휴업상태에 있었기 때문에 그들이 기술에 익숙해질 수 있는 충분한 기회를 얻지 못한 채 오늘에 이르고 말았다…'

"전에 견습공으로 일하던 사람들만 살아 있었어도 큰 힘이 됐을 텐데, 그들이 해방되던 해 11월에 일어난 뇌홍화성공실 폭발 사고로 죽어버렸단 말야."

"저도 그 얘기를 들었습니다만, 그때 초화공실 기술자는 두 사람밖에 안 죽었답니다, 사장님!"

"그래요?"

"초화공실에서 일하던 견습공은 모두 다섯 명이었답니다."

"그럼, 세 사람은 어디 있어요"

"이성구라고 하는 사람은 제가 한번 만나봤는데, 다른 두 사람도 그 사람하고는 서로 연락이 되는 것 같았습니다."

"그렇다면 그 사람들을 데려와야지."

"그런데 그 친구들이…, 너무 엉뚱해서요."

"엉뚱하다니요?"

"월급을 너무 터무니없이 많이 달라는 겁니다."

"월급이 문제요, 신 과장? 지금은 우리가 외국 기술자를 데려올 수 있는 형편도 아니고, 그렇다고 우리 기술자를 외국에 보내 배워오게 할 수도 없는 일 아니오?"

"그렇습니다, 그렇지만…"

"월급을 얼마나 달라는 거요?"

"제가 만난 이성구라는 사람은 글쎄, 30만 환을 요구하는 겁니다."

"그건 좀 지나치구나!"

쌀 한 가마니에 1만4천 환, 인천공장의 공장장 월급이 3만 환이고, 한국화약(주) 사장 월급도 5만 환밖에 안할 때였다. 김종희의 기억 속에서 다시 마쓰무로 취체역의 말이 불현듯 떠올랐다.

'김 군도 아는 바와 같이 조선인 화약기술자는 한 사람도 없다. 일본인이 떠나버리고 나면 조선에 있는 화약공장 시설은 고철이 될지도 모른다. 그러나 다행히 너는 지난 4년 동안에 화약공판 구매부와 생산부에 근무해오면서 화약이 무엇이며, 화약이 어떤 경로로 생산된다는 것을 알았다. 네가 진정으로 너의 조국을 사랑하거든 우리 일본인이 조선을 떠난 후에라도 너만은 화약계를 떠나지 말아다오! 화약의 뒷받침 없이 산업근대화를 이룩한 나라는 이 지구상에 한 나라도 없다는 사실을 명심해주기 바란다…'

"신 과장! 그들을 데려오면 니트로글리세린을 만들어낼 자신 있어요?"

"실력이 어느 정도나 되는지 알아봐야지요."

"신 과장이 니트로글리세린을 만들어낼 자신만 있거든 그들이 얼마를 달라든지 달라는 대로 다 주고 데려다 써요!"

화약을 아는 김종희만이 내릴 수 있는 결단이었다. 신현기는 그 날로 초화공실 견습공으로 근무한 경력이 있다는 이성구·유영수·이종현을 개별적으로 만나보았다. 세 사람 모두 초화작업에 직접 참가한 경험은 많지 않았다. 이성구가 11번, 유영수는 7번이고, 이종현은 겨우 4번밖에 안된다고 했다. 그래도 그들은 초화작업이 어떻게 진행된다는 것을 알고 있었으며, 초화작업이 얼마나 위험한 작업인가 하는 것도 잘 인식하고 있었다. 초화작업의 내용을 알고 있다는 사실 하나만으로도 가능성은 충분했다.

신현기는 도박 판돈을 거는 심정으로 그들의 월급을 정했다. 이성구 23만 환 · 유영수 15만 환 · 이종현 10만 환. 단, 정상적인 월급은 최초의 초화작업이 시작되는 월에 지급하며, 그 이전의 실습기간 중에는 월급의 10분의 1만 지급하기로 했다. 그것은 곧 월급의 90%가 위험수당에 해당하는 것임을 뜻하는 것이기도 했다.

그래도 초화작업을 시작하려면 한 사람이 부족하다. 초화작업반은 글리세린 주입 담당 · 배기가스 감식 담당 · 냉각온도 계측 담당 · 공기압력 계측 담당 등 4명으로 편성된다. 부득이 이성구가 글리세린 주입을 맡고, 유영수는 배기가스를 체크하고, 이종현이 공기압력과 냉각온도를 체크하기로 했다.

신현기 감독 하에 초화작업반이 실습에 들어간 것은 그 해 12월 초. 실습에는 혼산뿐만 아니라 글리세린도 맹물을 사용했다. 1월에는 보일러용 석탄이 대만에서 들어오고, 2월에는 유산과 초산이 일본에서 들어왔다. 이제 다이너마이트용 글리세린(순도 98.5% 이상)과 초화분리 촉진제로 쓰일 파라핀오일(parapin-oil)만 들어오면 초화작업을 위한 모든 준비가 끝난다.

최초의 시험초화 예정일이 다가오자 인천공장에는 하루하루 긴장감이 고조되기 시작했다. 시험초화가 성공하느냐 실패하느냐 하는 것은 한국화약(주)의 장래와 직결된 중대사이며, 개인적으로는 작업반 세 사람이 죽느냐 사느냐의 목숨이 걸린 한판 승부였다.

# 9

# 행운의 여신

화약공장 종업원들은 항상 정신적으로 안정되어 있지 않으면 안 된다.
그들에게는 엄격한 기율이 적용되어 오고 있었으며, 가정에 돌아가서도
도박을 한다거나 과음을 하는 행위까지도 규제대상이 되어오고 있었다.
종업원 개개인의 안전이 곧 공장의 안전이며, 그것도 99%의 안전이 아닌
완벽한 100%의 안전이어야 했다.

1957년 5월 29일, 인천화약공장 초화공실을 둘러싼 높다란 토제 위에는 대형 직각삼각형의 적색 깃발이 바닷바람에 펄럭이고 있었다. 적색 깃발은 공장 종업원들에게 초화작업 중임을 알리는 신호로서 초화작업이 시작되기 직전에 게양되고, 초화작업이 끝난 직후에 하강된다. 그러나 오늘은 시험초화작업이 있는 첫날이어서 공장 종업원들의 각별한 주의를 환기시키기 위해 특별히 아침 일찍부터 적색 깃발을 내걸었다. 초화작업이 계속되는 동안에는 모든 공장 종업원은 정숙한 가운데 정신적으로 초화작업에 협조해야 하며, 초화작업이 진행되는 동안에는 누구도 초화공실 주위에 접근해서는 안 된다. 초화는 그만큼 위험한 작업이다.

NG 제조공실이 폭발한 예는 세계 도처에 수없이 많다. 알프레드 노벨이 헤렌버그(Heleneborg)에 건설했던 최초의 NG 공장이 1864년 9월에 폭발해서 그의 동생 에밀 노벨(Emil Nobel)을 위시한 4명의 희생자를 냈고, 가까운 일본에서만도 1925년 최초로 NG를 생산하기 시작한 이래 무려 9차례에 이르는 대형사고가 발생해서 많은 희생자를 냈다.

만의 하나, 인천공장의 초화공실이 작업 중에 폭발한다면 1회 초화분 초산 1800kg · 유산 340kg · 글리세린 350kg · 파라핀오일 10kg이 동시에 폭발하기 때문에 직경 100m 이상의 커다란 웅덩이가 생길 판이다. 글리세린 350kg을 초화하는데 소요되는 시간은 약 50분. 그 50분간의 작업을 위해 초화작업반원인 이성구·유영수·이종현 세 사람은 그 동안 손발 맞추기 맹물실습을 수십 차례에 걸쳐 반복해왔다. 글리세린 주입, 공기압축에 의한 혼산 교반(攪拌) 및 냉각온도조절, 초화분리 촉진제인 파라핀 오일 주입, 초화분리 후의 폐산 수거와 NG 처리 방법 등.

신현기는 그래도 안심이 안 되어 일주일 전부터는 그들을 기숙사에 합숙시키면서 혼산이 들어 있는 반응조에 글리세린을 직접 주입시키는 과정만 빼놓고는 모든 과정을 실제 상황 그대로 매일 두 차례씩 종합적인 실습을 반복 실시해왔다.

"때르릉, 때르릉…"

제조과장 테이블의 전화벨이 울렸다. 막 초화공실과 기관실을 점검하고 돌아오던 신현기가 급히 뛰어 들어와 전화를 받았다.

"신 과장입니다!"

"나, 김 사장인데, 오늘은 예정대로 시험초화를 하는 거요, 신 과장?"

실은 그 동안 기관실 기계 정비 미비로 두 번이나 시험초화가 연기되어 왔었다.

"예! 오늘은 모든 준비가 완벽합니다."

"몇 시부터 시작이오?"

"11시 정각에 시작합니다."

"그럼 끝나는 시간은…?"

"12시 전후해서 끝나겠습니다."

"초화작업반 사람들은 지금 무얼 하고 있어요?"

"목욕재계하고 초화공실에서 대기하고 있습니다."

"초화에 들어가기 전에 내 말 좀 전해줘요, 오늘, 초화에 성공하면 내가 서울로 데려와서 한턱내겠다더라고 말야."

"알겠습니다, 사장님!"

"자신 있어요, 신 과장?"

"염려 마십시오, 사장님! 그 동안 충분한 실습을 했으니까, 실수 없이 해낼 수 있습니다!"

"나도 사무실을 지키고 앉아 있을 테니까 작업이 끝나는 대로 바로 연락 좀 해줘요!"

"예! 즉시 전화 올리겠습니다."

신현기는 사장의 격려 메시지를 전하기 위해 다시 초화공실로 갔다. 초화공실 앞에는 쓰리쿼터 트럭 한 대가 대기하고 있었다. 만약 불행한 사태가 발생하는 경우 작업반원을 병원으로 후송할 앰뷸런스 대용이었다.

초화공실 작업반원들이 각기 맡은 설비를 점검하고 있었다.

"다 이상 없지?"

"이상 없습니다!"

작업반원들의 대답은 자신에 차 있었다.

"방금 사장님한테서 전화가 걸려왔는데 말야, 오늘 초화작업을 성공리에 끝내면 사장님께서 자네들을 서울로 데려다가 한턱내시겠다고 하셨어!"

"화약공장 덕분에 촌놈들 목의 때 벗기게 생겼네요, 과장님."

"원님 덕분에 내 목의 때도 좀 벗기자구, 하하하…"

"과장님한테는 이달부터 정상월급 타면 우리가 따로 한턱낼 게요."

"그것도 좋지! 자네들 월급이 나보다 열 배는 되니까, 하하…"

"하여간 침착하게 잘들 하라구!"

"걱정 마십시오, 과장님! 우리끼리 눈 감고도 연습해봤습니다!"

"그래도 정신을 똑바로 차려야 돼! 다시 주의해두겠는데 말야, 잘 들어둬! 내가 말하는 이 다섯 가지 사항만 명심하고 지키면 절대 안전할 테니까!"

신현기는 초화의 절대수칙 다섯 가지를 다시 한 번 힘주어 설명했다.

첫째, 글리세린을 반응조에 주입할 때는 반드시 1분에 10㎏ 내지 15㎏ 씩 주입할 것.

둘째, 냉각용 브라인(Brine : 소금물)은 5℃ 내지 10℃ 이내로 조정할 것.

셋째, 초화온도는 필히 17℃ 이하로 유지할 것.

넷째, 작업 중 반응조의 배기가스가 빨간색으로 변하거나 염산가스가 발생하는 경우, 또는 초화온도가 갑자기 올라갈 때는 즉시 글리세린 주입 을 중지할 것.

다섯째, 모든 것이 정상이라 할지라도 초화온도가 23℃ 이상으로 올라 갈 때는 글리세린에 불순물이 섞여 있다는 증거니까 무조건 초화기 밑바 닥의 비상밸브를 열어 반응조 속의 약물을 몽땅 땅 속의 물탱크로 쏟아버 릴 것.

그 동안 수없이 실습을 반복해오면서 귀에 못이 박히도록 설명해온 초 화수칙들이다. 그러나 정작 초화과정에서 제일 중요시되어야 할 배기가스 를 식별하는 그들의 훈련은 아주 미흡했다. 배기가스는 색깔과 냄새를 눈 과 코로 식별하는 수밖에 없다. 실험실이 없기 때문에 신현기는 부득이 자신이 화학비료공장에서 터득한 가스식별지식을 총동원해서 색종이를 갖다놓고 설명해주는 식으로 가르칠 수밖에 없었다.

"그럼, 11시 정각에 작업을 개시해서 12시까지 작업을 끝내고, 점심식사 는 나하고 같이 시내로 들어가서 하자구!"

"고맙습니다."

"그리고 작업이 끝나면 바로 토제 위에 꽂힌 깃발 내리는 일 잊지 말아. 그래야 공장 안에서 일하는 다른 사람들도 작업이 끝난 것을 알게 될 테니까 말야."

　11시가 가까워지자 인천공장은 정적에 싸이기 시작했다. 11시 10분 전, 신현기는 기관실에 들러 공기압축설비와 냉각설비를 다시 한 번 최종적으로 점검했다.

　"댕! 댕! 댕…"

　신현기가 관리사무실에 들어서자 벽에 걸린 괘종시계가 오늘따라 유별나게 큰소리로 열한 점을 울렸다. 긴장의 시간이 흘러가고 있었다. 초화공실 근처에는 물론이고, 공장 건물 외부에서 얼씬거리는 종업원은 단 한 사람도 없었다. 제조과 직원들은 숨을 죽인 채 둔탁하게 흔들리는 괘종시계의 시계추만 응시하고 있었다.

　"때르릉…"

　제조과장 테이블의 전화벨이 울리자 긴장해 있던 신현기가 거의 반사적으로 깜짝 놀라며 수화기를 들었다.

　"인천공장입니다!"

　"나 김 사장인데, 지금 초화하고 있어요?"

　"예! 열한 시 정각에 시작했습니다."

　"별일 없겠지요?"

　"예!"

　"끝나는 대로 바로 전화해줘요."

　"예, 알겠습니다."

　괘종시계는 11시 30분을 가리키고 있었다. 초화작업이 다 끝나려면 아직도 20분은 기다려야 한다. 정말 일각이 여삼추라는 말을 실감케 하는 지루한 시간이었다.

숨 막히는 시간이 흘러 드디어 11시 50분.

"이봐, 박태호!"

신현기가 제조과 직원을 불렀다.

"밖에 나가서 초화공실 토제의 깃발이 걷혔나 좀 보고와!"

"예!"

"초화공실 근처까지 가면 안 돼. 요 앞에 나가면 바로 보이지?"

"예, 보입니다!"

예정된 시간은 50분이지만 경우에 따라서는 10분이나 20분 정도는 늦을 수도 있다.

"과장님! 아직 깃발이 힘차게 날리고 있습니다."

밖에 나갔던 박태호가 돌아오더니 씩씩하게 보고한다.

'힘차게 날리다니…, 남의 속 타는 줄은 모르고…'

"이봐! 밖에 나가서 기다리고 있다가 깃발이 내려지거든 바로 연락해!"

"예! 알겠습니다."

박태호가 다시 신나게 밖으로 나갔다.

12시 20분이 지나자 신현기의 잔등에서는 식은땀이 흐르기 시작했다. 예정시간보다 30분이 지났는데도 아직 작업이 끝나지 않았다는 것은 초화가 정상으로 진행되고 있지 못하다는 증거다. 그렇다고 해서 초화 중인 작업장에 접근한다는 것은 더욱 위험한 일이다.

"이봐, 이호병! 박태호, 밖에서 뭘 하고 있나 나가봐!"

이호병이 나갔다 들어온다.

"박태호, 밖에 있어?"

"예! 아직 깃발이 그대로 꽂혀 있습니다, 과장님!"

'이 친구들이…? 뭐가 잘 안 되는 것일까? 혹 배기가스가…?'

신현기는 생각이 배기가스에 미치자 불현듯 엄습해오는 불안을 떨쳐 버릴 수 없었다. 그는 미구에 들려올 것 같은 폭음을 듣지 않으려고 두 손으로 양쪽 귀를 막았다. 때마침 요란하게 전화벨이 울렸다. 신현기는 떨리는 손으로 수화기를 들어올렸다.

"여보세요?"

수화기에서 사장 목소리가 흘러나왔다.

"예, 신 과장입니다."

"어떻게 됐어요?"

"아직 끝나지 않았습니다."

"두 시간이 지났는데도 여태 안 끝났으면…"

"예, 아직…"

"무슨 사고가 난 거 아니오?"

"아닙니다, 사장님!"

"이거 어디 피가 말라서 살겠어요?"

"끝나는 대로 곧 전화 드리겠습니다, 사장님!"

관리사무실 안에는 터질 것 같은 긴장감이 감돌았다. 신현기는 자리에서 앉았다 섰다 하면서 안절부절 못했다.

'이 사람들이 도대체 죽은 거야, 산 거야…?'

시계바늘이 오후 1시 30분을 가리키자, 신현기는 그대로 더 기다릴 수 없었다. 그는 죽음을 각오하고 사무실을 뛰쳐나가 초화공실을 향해 달려갔다. 정신없이 초화공실 토제 앞으로 달려온 신현기가 우뚝 멈췄다. 토제 위의 깃발이 보이지 않았다.

'초화작업이 무사히 끝났단 말인가?'

신현기는 자신이 무엇인가에 홀려 큰 착각을 일으키고 있다고 생각했다. 그는 정신을 차리고 다시 한 번 토제 위를 올려다보았다.

"과장님!"

이때 누군가 자신을 부르는 소리가 마치 유령이 부르는 소리처럼 들려왔다. 신현기가 소리난 곳으로 고개를 돌렸을 때, 토제 입구를 나서는 작업반원 세 사람의 기진맥진한 모습이 보였다.

"아니, 왜 거기 그러고 서 계셔요?"

"어떻게 된 거야, 이 사람들아…"

신현기는 그제서야 그들이 살아 있다는 사실을 실감하고 제자리에 털썩 주저앉았다. 놀란 세 사람이 우르르 달려왔다.

"과장님!"

"과장이고 뭐고, 여태까지 뭘 하고 있었어?"

"이제 막 다 끝냈습니다."

"뭐야? 왜 이렇게 오래 걸렸어?"

"아이고, 말씀 마십시오, 과장님! 그렇게 연습을 했는데도 막 손발이 사정없이 떨려서 글리세린을 반응조 속에 주입시킬 수가 있어야죠."

"그래서 어떻게 했어?"

"한 30분쯤 지나니까 덜 떨리대요. 그리고 초화온도가 후딱 하면 18℃에서 20℃까지 올라가는 거예요. 그래서 17℃ 밑으로 떨어질 때까지 기다렸다가 다시 글리세린을 집어넣고 하다보니까 시간이 이렇게 걸렸어요."

"이 바보들아, 23℃까지는 괜찮다고 했잖아?"

"하지만 17℃가 넘으면 초화비율이 그만큼 낮아진다고 말씀하셨잖아요?"

"하긴 잘한 거야, 하지만…"

"말씀 마십시오. 처음 몸이 사시나무 떨리듯 사정없이 떨릴 때는 그냥 그대로 내팽개치고 도망 나오려고 했었어요."

"10년 감수했습니다. 과장님!"

"10년 감수한 사람이 한두 사람인 줄 알아?"

신현기는 급히 사무실로 달려와서 본사 사장실로 전화를 걸었다.

"사장님! 해냈습니다. 드디어 해냈습니다!"

"수고했어요, 신 과장! 나는 아까 오후 한 시에 전화걸 때, 그때 이미 무슨 사고가 난 걸로 생각하고 있었어요."

"사고가 왜 나겠습니까, 사장님? 글쎄, 그 동안 얼마나 열심히 공부를 했던지, 첫 날부터 초화온도를 맞춰가면서 초화비율을 높이느라고 작업시간이 그렇게 오래 걸린 거랍니다. 하하…"

"핫하… 참말 수고들 했어요, 신 과장!"

"예, 사장님!"

"거, 노벨 박사 제자님들 말야, 오늘 저녁이라도 당장 서울로 모시고 올라와요!"

머칠 후, 각 신문들은 '다이너마이트 국산화에 개가' 라는 제목 하에 초화작업반원 세 사람을 노벨의 후예들이라고 소개하고, 한국화약(주)이 오랜 각고의 연구 끝에 화약의 불모지인 우리나라에서 마침내 니트로글리세린 제조에 성공했다는 사실을 대서특필했다.

그러나 NG 제조에 성공했다고 해서 곧바로 다이너마이트를 생산해낼 수 있는 것은 아니다. 다이너마이트를 생산해내기까지에는 아직도 해결해야 할 기술적인 난제들이 많이 남아 있었다.

NG의 자가 생산으로 다이너마이트 국산화의 길을 연 김종희는 곧바로 인천공장 3차 복구공사계획을 수립하고, 제2초화공실을 위시한 날화공실과 압신공실, 포장공실 등을 순차적으로 보수 확장해나가면서 공장 안에 연구실을 설치하고 다이너마이트 교질화(膠質化) 연구에 주력하게 하는 한편, 초안폭약 품질 향상에도 박차를 가했다. 그 결과 1957년 10월에는 젤라틴 다이너마이트(Gelatine Dynamite) 시제품을 내놓을 수 있었으며, 종래의 초안폭약에 NG 5%를 배합시킨 암몬나이트(Ammonnite)를 개발하여 1958년 6월부터는 석탄공사(石炭公社)에서 사용하는 채탄용 폭약 전량을 암몬나이트로 대체시킬 수 있었다.

그 후 젤라틴 다이너마이트의 품질 향상으로 국내 화약 수요의 대부분을 국산으로 충당할 수 있게 되자, 정부에서도 그 동안 수입해오던 일반산업용 관급 화약수입을 일체 중단하기에 이르렀다. 마침내 김

젤라틴 다이나마이트 박스

종희의 오랜 숙원이던 화약의 국산화로 정부는 해마다 화약수입에 할애하던 귀중한 외화를 절감할 수 있었으며, 한국화약(주)으로서도 화약 매출액을 대폭 늘려갈 수 있었다. 1956년 3억8천811만 환, 1957년 3억9천475만 환으로 해마다 4억 환을 넘지 못하던 한국화약(주)의 화약 매출액이 1958년에는 무려 8억4천707만 환으로 늘어났던 것이다.

6·25전쟁 이후 정치와는 담을 쌓고 동생의 일만 도와오던 김종철이 국회에 진출한 것도 바로 1958년의 일이다. 본래 위대한 정치가가 김종철의

꿈이기도 하지만 그의 적성은 역시 사업가보다 정치가에 어울리는 편이었다. 그는 그 동안에도 남모르게 정계진출을 위한 노력을 꾸준히 계속해왔었다. 주말에는 으레 천안에 내려가 살았고, 한국화약(주)에서 종업원을 채용할 때면 가능한 한 천안 출신들을 채용해오곤 했었다. 그리고 1956년 대통령선거 때는 자유당 천안지구당 부위원장으로 활약하기도 했다. 그 결과 마침내 자유당 공천후보로 천안 을구에서 제4대 국회의원으로 출마할 수 있게 되었던 것이다. 그의 경쟁후보는 제헌국회에 보선의원으로 진출했다가 2, 3대 국회의원 선거에서 낙선의 고배를 마신 민주당 소속의 막강한 이상돈(李相敦) 후보였다.

'똑똑한 사람 병신 만들고 싶고, 부자가 망하는 꼴 보고 싶거든 국회의원 나가라고 부추겨라' 라는 말이 있다. 국회의원에 입후보했다가 낙선하게 되면 패가망신하기 십상이라는 뜻으로 유행하는 말이었다. 김종희로서도 형을 국회의원에 당선시키기 위해서는 선거운동에 발 벗고 나서지 않을 수 없었다. 하루는 선거구민들의 여론을 들어보기 위해 천안을 다녀와 영업부장 유삼렬을 불렀다.

"유 부장님! 장 화백에게 연락해 내일 아침에 회사로 함께 나오세요. 천안의 선전이 약해서 야단났어요!"

장이석(張利錫) 화백과 유삼렬은 인왕산 조기회의 멤버였다. 김종희는 장 화백에게 부탁해서 선거용 대형 입간판을 만들 생각이었다. 그는 원래 그림을 좋아했기 때문에 많은 화가들을 알고 있었으며, 또 화가들의 어려운 형편을 도울 겸 그들이 그린 그림을 많이 사서 소장해오기도 했다. 장 화백도 그가 알고 지내는 가난한 화가 중의 한 사람이다.

장 화백을 알게 된 것은 지난해 봄에 개최된 미협전(美協展)에서 그가 출품한 〈조랑말〉이라는 50호짜리 구상화 한 점을 사들인 후부터다. 장이석 화백은 일본의 다마가와(多摩川) 미술학교 출신으로, 북에서 작품활동을 해오다가 1950년 12월 유엔군이 원산에서 철수해올 때 같이 월남해 와서 한동안 제주도에서 해군 정훈실 화가로 일해 왔고, 2년 전에 〈조롱(鳥籠)과 노인〉으로 처음 국전(國展)에 입선한 신진화가다.

김종희가 아직 이름도 알려지지 않은 그런 신진화가의 작품인 〈조랑말〉을 산 것은 그가 말을 좋아해서였다. 그는 3년 전부터 당뇨 증세가 있다는 진단을 받고, 당뇨에는 적당한 운동을 해야 한다는 의사의 권유에 따라 운동 겸 취미삼아 승마를 해오고 있었다.

어느 토요일 오후, 김종희가 장 화백의 화실을 구경할 생각으로 그의 집을 찾아간 적이 있다. 장 화백은 종로구 누상동의 고지대에 있는 한옥에 세를 살고 있었다. 난데없이 말을 탄 신사가 찾아왔다는 집주인의 말에 방 안에서 그림을 그리고 있던 장 화백이 어리둥절해 하며 마당으로 나왔다.

"장 화백이십니까?"

"예, 그렇습니다만…?"

"나, 장 화백의 그림 한 점을 소장하고 있는 김종희입니다."

"아이고, 김 사장님!"

장 화백은 반갑게 그를 맞았다.

"장 화백 화실 구경 좀 할까 해서 왔어요."

"안 그래도 제가 한번 찾아가 뵐까 했습니다만, 찾아뵙는 것이 오히려 뭣한 것 같아서 그만…"

장 화백은 송구해서 몸 둘 바를 몰라 했다. 그림을 사준 것만도 고마운 일인데, 화실까지 방문해주었으니 황송하기까지 했다. 그도 그럴 것이 그 무렵에는 그림을 사는 사람이 거의 없기도 했지만, 그로서는 20여 년이라는 화가생활을 통해 그림을 팔아본 것이 〈조랑말〉이 처음이었다.

장 화백은 김 사장을 방으로 안내했다. 방이래야 한 간 남짓한 안채 건넌방이다.

"방이 누추해서요…"

"아니, 괜찮습니다."

방안 살림은 석유궤짝 위에 올려놓은 이부자리와 백 호짜리 화판을 걸어놓은 캔버스 하나가 전부다.

"그림을 이 방에서 그리는가 보죠?"

"예, 아직 화실을 마련할 형편이…"

"하지만 그림을 그리는 데는 방이 너무 좁아서 불편하겠군요?"

"예! 그래서 그림을 그릴 때는 방문을 열어놓고 마당으로 나가서 한번 보고 들어와서 그리고, 또 마당으로 나가서 보고 들어와서 그리곤 한답니다. 하하…"

"그래도 국전 입선 작품만 그려내니 장하십니다, 장해요!"

"부끄러운 일이지요."

"원 별 말씀을… 그림은 더러 파나요?"

"제가 지금까지 그림을 그려오는 동안 그림을 판 것은 사장님한테 처음이었습니다."

"아, 그래요?"

"사장님 덕분에 처음으로 제가 안사람한테 남편 체면을 세워봤습니다, 하하…"

"부인께서는 어디 나가시나 보죠?"

"예! 남대문시장 난전에서 요만한 좌판 하나 놓고 미제 화장품 장사를
하고 있습니다."

"아…, 예…"

"이왕 여기까지 오셨으니 제 그림이나 몇 점 보여드리겠습니다."

"그럴까요?"

장 화백은 다락 위로 올라가더니 먼지가 뽀얗게 쌓인 크고 작은 그림들
을 들고 내려왔다. 그 그림들은 대개가 시골의 소박한 정경을 담은 것들이
었다.

"나도 어려서는 이런 시골에서 아주 가난하게 자랐어요."

"그러셨군요."

"나도 요만한 하숙방에서 내 능력의 한계에 도전하느라고 몸부림치던
학생시절이 있었습니다. 그래서 결국은 해냈지요. 그것은 우리 학급에서 1
등을 하는 것이었습니다. 하하…"

"아이구…, 의지가 대단하셨군요?"

"문득 옛날 학생시절이 생각납니다."

"저는 그림밖에 모르니까 그림에만 매달려서 씨름하고 있는 겁니다."

"나도 화약 하나에만 매달려온 지 10년이 지났습니다. 그래서 마침내는
화약 불모지인 이 땅에 지난 5월에는 다이너마이트 원료인 니트로글리세
린이라는 것을 제조해내는데 성공했습니다!"

"사장님 말씀에 저도 힘이 생기는 것 같습니다."

"장 화백! 시내에 나오는 길이 있으면 내 사무실에도 들르곤 해요!"

"예! 앞으로는 가끔 찾아뵙고 좋은 말씀 좀 들어야겠습니다."

그 해 가을, 김종희는 장 화백의 작품 〈소한(小閑)〉이 제6회 국전에서 특

선으로 입선되었다는 신문보도를 접했다. 신문에 실린 〈소한〉이라는 작품
은 구멍가게 담장 밑에서 노인들이 장기를 두고 있는 정경을 그린 120호짜
리 대작이었다.

'장 화백이 그 동안 이런 역작을 그려내느라고 두문불출했었군.'

김종희는 장 화백이 좁은 단칸방에서 120호나 되는 대작을 그려냈다는
것이 더 없이 대견스럽고 기뻤다.

그날 퇴근시간 무렵에 장 화백이 인사차 김 사장을 방문하기 위해 태평
로에 있는 한국화약(주) 사옥에 들렀다.

"실례합니다. 사장실이 몇 층에 있습니까?"

"어디서 왔어요?"

현관 수위가 초라한 장 화백의 차림새를 뜯어보며 퉁명스럽게 되물었다.

"장이석이라고 하는 데요…"

"사장님하고 만날 약속이 있어요?"

"아닙니다. 잠깐 뵙고 인사드릴 일이 있어서요."

"예에…, 이제 막 퇴근하셨어요."

"아, 그럼 다음날 다시…"

그가 돌아서려는데, 안에서 나오던 김종희가 그를 발견하고 반색하며
다가왔다.

"장 화백!"

"아이구, 사장님!"

"어서 와요!"

"지금 막 퇴근하셨다고 해서…"

"이 사람들이 내가 나간 줄 알았던 모양이군."

그 순간 장 화백은 수위들이 자신을 일부러 따돌리려 했다는 것을 바로 알아차릴 수 있었다.

'나의 초라한 몰골이 이 사람들 눈에 동정을 구하러온 사람으로 비쳐졌으리라!'

"자, 내 방으로 올라갑시다, 장 화백!"

"괜찮습니다! 지금 퇴근길인 것 같은데…"

"아직 시간 있어요. 그렇잖아도 오늘 아침 신문을 보고 얼마나 기뻤던지 신문에 난 장 화백의 그림을 오려 내 테이블 유리판 밑에 끼워놨어요."

"사장님 덕분이었습니다. 실은 그 그림이 지난여름에 사장님이 저희 집을 찾아오셨을 때, 그때 주신 돈으로 그린 그림입니다. 그래서 고맙다는 인사라도 드릴까 해서 들렀던 겁니다."

"좌우간 올라갑시다."

"아닙니다! 저는 이만…"

"이왕 예까지 왔으니 내 방 구경도 하고, 이번에 입선한 그림 설명도 좀 해주고 해요!"

그와 함께 장 화백의 체면을 높여주려는 듯 수위들에게 다짐을 놓았다.

"앞으로 장 선생님이 오시면 언제든지 내 방으로 모시도록 해요! 알겠어요?"

사장 집무실에는 국내 유명 화가들의 그림이 여러 점 걸려 있었는데, 그 중에는 특히 임화동 화백의 작품이 많았다. 임 화백은 김 사장의 고향 선배라고 했다.

"지난여름에 본 장 화백 그림도 그랬는데, 역시 장 화백 그림에는 얘깃거리가 있고, 사상이 있어요."

테이블 유리판 밑에 끼워놓은 장 화백의 그림 〈소한〉에 대한 설명을 듣고 난 김종희는 칭찬을 아끼지 않았다.

"장 화백은 마치 소설의 주인공 같은 사람이에요. 부인이 화장품 장사를 해서 뒷바라지를 하시는 그 어려운 환경 속에서도 의연한 모습으로 화필에 대한 집념을 불태우면서 그런 단칸방에서 끝내는 이런 역작을 그려 냈으니 말예요."

"격려하는 말씀으로 알고 더욱 노력하겠습니다!"

장 화백이 자리에서 일어서자 김종희는 문 밖까지 따라 나와 악수하면서 장 화백 손바닥에 무언가를 쥐어주었다. 말은 없었지만 장 화백은 손에 닿는 촉감으로 그것이 차비나 하라고 주는 돈이라는 것을 알 수 있었다. 사옥 현관을 나와 손을 펴보니 그것은 돈이 아닌 수표였다. 수표를 펴 본 장 화백은 깜짝 놀랐다. 그로서는 감히 상상할 수도 없는 거금이었기 때문이다.

〈금 5만 환 정〉

50호짜리 〈조랑말〉을 5천 환에 팔고도 감격했던 장 화백이 아니었던가!

'아! 내가 열심히 노력하고 있다는 것을 참말로 알아주는 사람이 있구나!'

저물어가는 태평로 일대가 환하게 밝아오는 듯했다. 장 화백은 온몸에서 솟아오르는 힘을 느꼈다. 그 힘은 곧 넘치는 자신감이었고, 불굴의 용기였다. 그의 머릿속에는 불현듯 아내의 얼굴이 떠올랐다. 아내는 오늘 아침에도 김장 담글 걱정을 하면서 시장으로 나갔다. 그 해 따라 김장 채소 값이 비싸기는 했지만, 장 화백은 단 두 식구가 먹을 김장 하나도 담글 형편이 못 됐었다.

장이석은 남대문시장 쪽으로 발길을 재촉했다. 아내가 화장품 장사를 해오고 있었지만 아직 한 번도 가본 적이 없는 남대문시장이었다. 아내는 도깨비시장 난전의 세 번째 좌판 앞에 앉아 있었다.

"여보!"

아내는 장 화백을 보는 순간 기절할 듯이 놀랐다. 꿈에도 생각지 않은 남편이 시장바닥에 나타난 것이었다.

"당신이… 당신이 여길 웬일이세요?"

"이리 와봐!"

장 화백은 아내를 한쪽으로 데리고 가서 말없이 수표를 내주었다. 아내는 또 한 번 깜짝 놀랐다.

"아니 당신… 이거 어디서 난 수표예요?"

"오늘은 장사 그만하고 일찌감치 김장거리 사가지고 집에 들어가요!"

"도대체 이 수표가 어떻게 된 거예요?"

"왜? 가짜 같아서 그러는 거요?"

"싫어요! 난, 이런 출처 모를 수표는 싫어요."

"저녁에 집에 가서 얘기해 줄게!"

그날 밤, 장 화백은 김 사장이 격려금으로 준 돈이라고 설명했지만, 아내는 믿으려고 하지 않는 것이었다.

그런 일이 있은 후에 김종희는 또 장 화백을 불러 자신의 '말 탄 모습'을 그려 달라는 부탁을 했다. 장 화백은 김 사장의 애마가 있는 수송동 경찰기마대 막사로 가서 여러 가지 포즈로 사진을 찍고 나서 물었다.

"사장님! 어떤 포즈로 그리면 되겠습니까?"

"사진 뽑아 봐서, 장 화백이 그리기 편한 포즈로 그려요."

"크기는 어느 정도로 원하십니까?"

"한 10호 정도면 돼요."

김종희가 장 화백에게 자신의 그림을 그려 달라고 한 것은 그런 그림을 꼭 원해서가 아니었다. 그리기 편한 포즈, 10호 크기의 그림, 그것은 순전히 김종희가 장 화백을 도와주기 위한 명분 때문에 생각해낸 배려였던 것이다.

장 화백이 간판을 그리는 화가는 아니다. 그런데도 김종희가 선거 입간판을 만들겠다고 하면서 장 화백을 찾는 것은 같은 값이면 그에게 일감을 맡기고 싶은 것이었다.

새벽에 인왕산 약수터를 올라갔다가 유삼렬을 만나 김 사장이 찾는다는 말을 전해들은 장 화백이 아침 출근시간에 맞춰 사장실로 나왔다.

"장 화백이 이번에 우리 형님 국회의원에 당선되도록 좀 도와줘야겠어요."

"제가 할 수 있는 일이 있다면 해야지요."

"이거, 우리 형님 사진인데… 이 중에서 제일 멋있는 걸로 하나 골라 봐요."

김종희는 초상화를 그린 대형 입간판을 한 50개 만들어 선거구 요소요소에 세워놓겠다는 것이었다. 선거일인 5월 2일까지는 앞으로 40여 일밖에 남지 않았다. 그러니 늦어도 한 달 전에는 입간판 제작이 끝나야 한다. 초상화를 아무리 빨리 그린다고 해도 한두 사람이 10일 이내에 50장을 그려낼 수는 없다. 초상화만 그리는 것도 아니고, 선거구호며 선거기호 같은 것도 일일이 다 그려 넣어야 하는 것이다.

"시일이 너무 촉박해서 걱정입니다, 사장님!"

"어떻게, 만들 수는 있겠어요?"

"그럼요. 저도 제주도에서 해군 정훈실 일을 할 때는 선전 포스터 많이 그렸습니다."

"그럼, 돈이 좀 들더라도 장 화백이 맡아서 수고해줘요!"

돈보다도 장 화백으로서는 이런 기회에 김 사장의 은혜를 조금이라도 보답할 수 있었으면 했다. 그는 사진을 들고 문화극장(현 수운회관 자리) 간판부를 찾아갔다. 그곳에는 북에서 김일성의 초상화를 그리다가 월남해 온 초상화 작가 세 사람이 일하고 있었다. 장 화백의 설명을 듣고 난 그들은 밤새워 일하면 못해낼 것도 없을 거라고 하면서 한번 해보자고 했다. 한편에서는 초상화를 그리고, 다른 한편에서는 기호와 이름, 그 밖의 선거 구호를 써 나가면서 밤낮없이 10일에 걸친 작업 끝에 초상화 입간판 50개가 완성되었다.

초상화 입간판은 곧 트럭에 실려 천안 선거구로 보내졌으며, 우리나라 선거운동 사상 처음으로 등장한 초상화 입간판은 선전에서 뒤져 있던 김종철 후보의 전세를 역전시키기에 족했다. 한 달간 계속된 선거전에서 김종철은 마침내 강력한 라이벌이었던 이상돈 후보를 물리치고 국회에 진출하게 되었고, 자유당 충남도당 위원장직까지 맡게 됨으로써 일약 정계 중진으로 부상했다.

장 화백은 그 해 제7회 국전에서 〈그늘의 노인〉으로 영예의 대통령상을 수상했으며, 김종희는 유삼렬을 통하여 금일봉을 전달하고 그의 빛나는 수상을 격려 축하했다. 그 후 장 화백은 국전 초대작가상을 수상했으며, 국제 현대미술전에서 초대작가로 활약해오면서 구미 각국과 동남아 및 중남미 미술계를 시찰하는 등 국내 구상화의 태두로서 왕성한 작품활동을 통해 우리나라 화단을 이끌어왔다.

김종희는 평소 남에게 베풀되 상대방의 자존심을 손상할까봐 조심했으며, 바른손이 베푸는 것을 왼손이 알까 두려워했다. 우리나라 화가들의 생활이 어려웠던 1960년대까지 김종희가 도와준 화가는 한두 사람이 아니다. 그가 그 무렵에 소장한 유명, 무명 화가들의 작품만 해도 수백 점에 달하는데, 그것이 곧 그가 화가들에게 쏟은 애정의 증표였다.

장 화백은 필자가 한국화약(주)의 창업비화를 쓰기 위해 자료를 수집한다는 말을 전해 듣고 일부러 인터뷰를 자청, 일찍이 김 사장의 따뜻한 격려가 없었던들 오늘의 장이석이 존재하지 않았을지도 모른다고 하면서 30년 전의 감격을 술회했다. 남의 도움을 받고도 금방 돌아서서 욕하는 사람도 있거늘, 하물며 30년이 흘러간 오늘에도 지난날의 고마움을 잊지 않고 있다니 이 어찌 또한 미담이 아니겠는가!

1958년은 자유당 집권 말기를 예고하는 2·4파동으로 저물었다. 12월 24일, 국회는 경호권을 발동, 무술경위를 동원하여 농성 중이던 야당 국회의원들을 의사당 밖으로 몰아내고, 야당이 반대하는 신국가보안법을 자유당 국회의원만으로 통과시켰다. 정국은 바야흐로 1960년에 실시될 대통령선거를 앞두고 여야 간에 극심한 대결양상을 띠기 시작했다.

1959년에는 대일 통상이 또 한 차례 중단되는 바람에 한국화약(주) 경영에도 적지 않은 타격을 가져왔다. 일본 정부가 대한재산청구권을 포기한다는 조건으로 1958년 4월 재개된 제4차 한일회담이 한국 측의 문화재 반환요구와 일본 측의 평화선 시비로 별다른 진전 없이 시일만 끌어오던 중에, 일본 정부가 재일교포 북송방침을 발표하게 되자 한국 정부에서는 만약 일본이 교포북송을 강행할 경우에는 무력행사도 불사할 것임을 통고하

기에 이르러 양국 관계는 다시 날카롭게 대립했다. 그와 같은 대립 속에서도 일본 정부는 인도주의를 표방하면서 일본적십자사로 하여금 북한적십자사를 상대로 교포북송 계획을 합의(6월 11일)하게 했고, 한국 정부는 이에 대해 대일 통상중단이라는 조치로 강력하게 대응했다.

이때까지도 한국화약(주)에서는 여러 가지 화약기초원료를 일본에서 수입해오고 있었기 때문에 부득이 그 수입선을 미국으로 돌려야만 했다. 물론 1954년에 단행된 대일 교역중지 조치 때처럼 중개무역 형식으로 들어올 수 없는 것은 아니었다. 그러나 이번만큼은 김종희로서도 일본의 무례한 간계를 마땅히 응징해야 한다고 생각했던 것이다.

모나자이트 수출은 이미 지난해 말로 일단 종결된 사업이어서 아무 상관이 없었다. 지난해 상반기부터 말레이시아에서 질이 좋은 모나자이트가 양산되기 시작해서 국산 모나자이트가 경쟁력을 잃은 때문이었다. 한국의 대일 통상중단 조치에도 불구하고 일본 측은 캘커타에서 북한 측과 재일 교포 북송협정에 정식으로 조인(8월 13일)했고, 9월 21일부터는 일본 전역에서 북송을 희망하는 교포들의 등록사무를 일제히 개시했다.

이보다 앞서 국제적십자사가 일본적십자사의 '북송 안내서'를 승인(9월 3일)하는가 하면, 미 국무성은 일본의 재일교포 북송이 자유송환이라는 견해를 밝힘으로써 일본의 입장을 지지했다.

한국 정부는 외교적으로 그런 수모를 당하면서도 만부득이 대일 통상 중단 조치를 해제(10월 8일)할 수밖에 없었다. 한국의 대일 통상 의존도가 1954년 당시보다 훨씬 높았기 때문에 대일 통상중단으로 인한 우리 경제의 압박이 그만큼 더 심각했다. 더구나 추석날인 9월 17일 삼남지방을 휩쓸고 간 태풍 사라호의 엄청난 피해가 우리 경제를 빈사 일보 직전으로 몰아붙이고 말았던 것이다.

김종희는 대일 통상중단 조치가 해제된 후에도 한동안은 화약원료를 일본에서 수입하지 않았고, 그 자신도 일본 출장을 가지 않았다. 비록 국가적으로는 어쩔 수 없이 대일 통상을 재개할 수밖에 없었다 해도 김종희 자신으로서는 창자 끝에서 치미는 대일 굴욕감과 의분 때문에 일본과 빨리 거래해야겠다는 마음이 내키지 않았던 것이다.

그가 일본에서 다시 화약원료를 들여오기 시작한 것은 자유당 정권이 3·15부정선거로 붕괴되고 허정(許政) 과도내각이 들어선 뒤에 일본 기자들의 무제한 입국을 허용한 5월 초순부터다. 4월 학생혁명이 몰고 온 민주화의 거센 바람이 한국화약(주)에도 불어 닥치고 있었다. 소위 삼난(三難)이라고 일컬어지던 노사난·자금난·판매난의 바람이었다.

4·19학생혁명의 여파로 모든 경제활동이 거의 마비상태에 빠진 가운데

자금순환의 악화로 각 분야에 걸쳐 생산이 위축되고 수요가 격감되어 경제계가 날로 허덕일 때였다. 그런 상황 속에서 인천공장은 4월 혁명 후에 파급된 무궤도한 노동운동에 휘말려서 종업원들 사이에 벌어진 어용노조 시비로 하루도 조용할 날이 없었다. 폭발물을 취급하는 화약공장 종업원들이 공장 안에서 소란을 피운다는 것은 마치 어린아이들이 화약고 근처에서 불꽃놀이를 하는 것과 같다. 작업에 임하는 화약공장 종업원들은 항상 정신적으로 안정되어 있지 않으면 안 된다. 때문에 그들에게는 군기에 가까운 엄격한 기율이 적용되어 오고 있었으며, 심지어는 가정에 돌아가서도 도박을 한다거나 과음을 하는 행위까지도 규제대상이 되어오고 있었다. 종업원 개개인의 안전이 곧 공장의 안전이며, 그 안전은 99%의 안전이 아닌 완벽한 100%의 안전이 아니어서는 안 된다. 화약은 1%의 불안전으로 폭발할 수 있는 것이며, 그 폭발로 인한 피해는 여느 산재(産災)와 달리 치명적일 수 있는 것이다. 그렇기 때문에 화약공장의 안전대책은 아무리 철저해도 지나치다고 말할 수 없다.

그러나 공장의 그와 같은 일련의 안전대책이 종업원들의 불만으로 폭발했고, 때를 같이해서 인천화약공장에 4월 혁명 후에 열풍처럼 몰아친 노동조합 바람이 불어 닥쳤던 것이다. 김종희는 종업원들 사이에 노조결성 움직임이 일고 있다는 진태두 공장장의 보고를 접하고 즉석에서 그들의 요구를 수용한다는 방침을 정했다.

"그런데 공장장! 그 사람들이 노조를 만들면 노조운영을 해나갈 수 있을 것 같아요?"

"딴 데서 노조, 노조 하니까 우리 공장에서도 그러는 거 아니겠습니까?"

"덮어놓고 그냥 노조만 결성하게 내버려두지 말고 딴 데 가서 좀 배워오게 하면 어때요?"

"배워오게 하다니요?"

"노조운영을 잘하고 있는 공장들이 경인지역에 더러 안 있겠어요? 그런 데를 돌아보면 우리 종업원들도 노조를 만들면 노조가 어떤 일을 해야 할지 알게 될 것이고, 또 자신들이 현재 받고 있는 월급이 다른 공장 종업원들과 비교해서 많은지 적은지도 알게 될 것 아니겠어요?"

"종업원 월급이야 현재 경인지역에서는 우리 공장이 제일 많을 겁니다."

"그러니까, 그런 것도 우리가 말로 할 것이 아니라 그 사람들이 직접 돌아다니면서 확인하게 해주란 말예요."

인천공장 종업원 약 30명이 경인지역 노조활동을 시찰하고 나서 한국화약노동조합을 결성한 것은 5월 25일. 1차 노사협의에서 노임 인상은 앞으로의 경제 전망이 불투명하다는 데 인식을 같이하고 당분간 유보하기로 했으며, 회사는 노조활동을 지원하기 위해 소비조합기금으로 120만 환을 무이자로 대여하고, 노조에서는 공장 안에 매점을 개설해 1% 미만의 마진으로 생필품을 판매키로 한다는 데 합의했다. 아주 원만한 노사협의였다고 할 수 있다.

그런데 노임 인상을 유보하기로 합의한 것이 종업원들 간에 어용노조 시비를 불러일으킨 불씨가 되었다. 노조 집행부 선출에서 탈락된 일부 종업원들이 다른 종업원들을 선동해서 1차 노사협의 결과의 무효를 주장하며 노조사무실 앞에서 시위를 벌이기 시작한 것이 나중에는 어용노조를 해산하라는 농성투쟁으로 발전했던 것이다.

회사로서는 종업원들 간의 어용노조 시비가 자체적으로 수습되기를 기다리고 관망할 수밖에 없었다. 회사 측에서 당초 노조결성을 도운 결과가 어용노조 시비의 구실이 된 이상, 그들 시비에 섣불리 개입한다는 것은 또 다른 분쟁을 야기시킬 수 있는 소지가 될지도 모른다는 판단에서였다.

서울 거리는 매일같이 데모로 밝고, 데모로 저물었다. 영관급 장교들이 연합참모부장의 사퇴를 요구하는 소위 군내 하극상 사건이 일어나는가 하면 학교 선생님들이 교원노조 불법화에 항의하여 철야단식투쟁을 전개하고, 3·15부정선거 · 4·19발포명령 원흉 · 부정축재 공무원 등에 대한 1심 공판 결과에 불만을 품은 데모대가 국회 해산을 요구하며 의사당에 난입하여 의장 단상을 점거하는 등 정국은 걷잡을 수 없는 혼란에 빠져 무정부 상태를 방불케 하고 있었다.

국회는 격앙된 국민감정을 의식하고 소급법을 제정하기 위한 개헌을 단행하고 소위 혁명입법으로 일컬어진 부정선거처리법·공민권제한법·부정축재처리법 등을 제정 공포했지만 사회혼란은 여전했다.

그런 와중에도 1961년 2월에는 한미경제원조협정이 정식으로 조인되고, 국무원령 제209호로 광업조성령(鑛業造成令)이 공포되어 침체되었던 광업경기가 살아나기 시작하면서 화약 수요가 늘어났다. 그러나 화약 수요는 4·19 이전 수준에 훨씬 못 미쳤다. 화약 수요가 가장 컸던 1959년의 인천공장 생산실적은 다이너마이트 1천158톤 · 초안폭약 529톤이었으며, 1960년 생산실적은 다이너마이트 869톤 · 초안폭약 341톤으로 부진했다.

반 년 이상 끌어오던 종업원들의 어용노조 시비가 4월에 실시된 정기총회에서 노조 집행부가 개편됨으로써 일단락되고, 5월에 들어서면서부터는 모처럼 공장 분위기가 안정된 가운데 생산 활동이 정상궤도에 오르기 시작했다. 화약 수요도 차츰 늘어 1959년 수준에 육박해가고 있었다.

개편된 노조 집행부가 30% 임금 인상안을 내놓고 임금 협상을 제의해왔다. 그렇지 않아도 김종희는 인천공장의 생산실적이 1959년 수준만 넘어서게 되면 종업원들의 임금을 올려줄 생각을 하고 있었다.

김종희는 언제나 한국화약 종업원들이 다른 회사 종업원들 앞에서 한국화약 종업원임을 떳떳하게 자랑할 수 있게 되기를 원했다. 그래서 그는 한국화약 종업원들이 다른 어느 회사 종업원들보다도 더 나은 대우를 받고 일한다는 자부심과 긍지를 갖게 해주려고 그들의 급여를 항상 국내 최고 수준으로 지급해왔다. 그랬는데 이번에는 임금 협상도 시작하기 전에 뜻하지 않은 5·16군사혁명이 발생하는 바람에 겨우 정상화된 한국화약 노조가 해체되는 불행에 직면했다.

군사혁명위원회는 포고령을 발포하고 전국에 비상계엄을 선포하는 한편, 공항 및 항만 폐쇄 · 금융 동결 · 집회 및 해외여행 금지 · 각급 의회 해산 · 정치사회단체의 활동 금지 · 보도관제 등의 비상조치를 취하면서 전 각료에 대한 체포령을 내렸다.

김종희는 일말의 불안을 느끼면서도 올 것이 왔다는 생각을 했다. 사실상 민주당 신·구파는 정권에만 연연해서 국민경제는 뒷전으로 제쳐놓고 사사건건 트집만 잡고 싸워 왔다고 해도 과언이 아니다.

김종희로서는 무엇보다도 민주당 치하에서 피폐할 대로 피폐해진 우리 경제가 또 한 차례 군사혁명이라는 커다란 충격으로 다시 마비될 일이 큰 걱정이었다. 다행히 군사혁명위원회가 발표한 혁명공약이 3장에서 '사회의 모든 부패와 구악을 일소하고 퇴폐한 국민도의와 민족정기를 바로 잡기 위하여 참신한 기풍을 진작한다' 고 했고, 4장에서는 '절망과 기아선상에서 허덕이는 민생고를 시급히 해결하고 국가 자주경제 재건에 총력을 집중한다' 고 천명하고는 있었다.

5월 18일, 군사혁명은 드디어 기정사실로 굳어지는 듯했다. 마침내 장면 내각이 총사퇴하고, 윤보선 대통령도 군사혁명위원회가 선포한 계엄령을 추인하면서 국민에게 군사혁명에 협조할 것을 당부하는 담화문까지 발표했다. 그리고 미국에서는 볼즈 국무장관 서리가 한국의 군사정권을 인정한다고 성명했다.

5월 19일에는 군사혁명위원회가 국가재건최고회의로 개편되면서 실질적으로 3권을 장악하더니 다음날부터는 일대 검거선풍을 일으키기 시작했다. 특검(特檢) 검찰관 전원을 필두로 용공분자 2천여 명, 깡패 4천2백여 명이 구속되고, 마침내 검거선풍은 경제계에도 몰아닥치기 시작했다.

5월 28일, 국가재건최고회의는 이주일(李周一) 소장을 위원장으로 하는 부정축재처리위원회를 발족시키고, 5월 31일을 기해서 경제인 일제검거에 나섰던 것이다. 김종희는 은근히 불안했다. 4·19 후에도 이유 없이 부정축재자라는 구설수에 오른 적이 있었기 때문이다. 정치권력의 비호 없이, 또는 정권과 야합하지 않고서야 한국화약(주)이 국내 화약계를 어떻게 10여 년간이나 독점해올 수 있었겠느냐고 하는 일반 여론이었다.

한국화약(주)이 해방 후 줄곧 국내 화약계를 독점해온 것은 사실이다. 그러나 그것은 정권의 비호나 정권과의 야합에 의한 것이 아니고 화약이라는 특수성 때문에 아무나 취급할 수 없었고, 또 아무나 취급하게 해서도 안 되기 때문에 전국적인 화약보관 시설망과 화약취급인력을 확보하고 있는 한국화약(주)이 국내 화약수급을 담당해오는 수밖에 없었던 것이다. 그렇다고 자연인 김종희가 특별히 정부의 혜택을 누려온 것도 없다. 1952년에 정부로부터 화약공판을 매수할 때는 시가를 무시하고 1949년 장부가격에다 당시의 물가 상승률을 곱해 산출해낸 감정가격인 2천3백여만 환에 계약했고, 1955년에 매수한 인천화약공장도 황무지나 다름없는 개펄 땅을 3.3m²당 54환 꼴에 매수했다.

그나저나 화약공판도 그렇고, 인천화약공장도 그렇고 다른 사람들이 서로 사겠다는 것을 산 것도 아니다. 화약공판의 경우는 불하 내정가격이 터무니없이 비싸기도 했지만 화약고의 용도를 변경할 수 없다는 불하조건 때문에 누구도 사겠다는 사람이 없었던 것이고, 인천화약공장의 경우는 정부가 화약의 실수요자인 대한광업협회에 불하한다는 조건으로 임대해 주었던 것을 대한광업협회가 2년이 되도록 공장복구에 손도 못 대고 있으니까 정부 측에서 떠맡기다시피 한 것이다.

한국화약(주)이야말로 김종희가 비료나 염료 같은 것을 수입해오면 떼돈이 벌릴 것을 잘 알면서도 한눈 팔 생각을 안 하고, 오직 화약계를 지키려는 일념으로 가꾸어온 우리나라의 대표적인 민영 국가기간산업이다.

그럼에도 불구하고 부정축재 운운으로 남의 구설수에 오르내리는 것은 한국화약(주)의 성장 속도가 너무 빠른 데다가 이제는 아무도 감히 넘볼 수 없을 만큼 국내 화약계에서 독주하고 있었기 때문이었다.

"형님! 부정축재 바람이 우리한테까지 불어오는 건 아닐까요?"

"설마…, 4·19 후에도 말만 있었지, 결국은 아무 일 없었잖아?"

"이번엔 군인들이 하도 설쳐대니…"

"설쳐봤자지, 우리가 무슨 부정축재 한 게 있어야지?"

"귀에 걸면 귀걸이, 코에 걸면 코걸이가 되는 세상이니까 하는 말이에요."

"글쎄…, 군인들이 앞으로 일을 어떻게 처리해 나갈는지…"

4월 학생혁명 후 정계에서 일단 물러난 김종철은 다시 한국화약(주)에 나와서 회사 일을 도우며 사태 추이를 관망하는 중이었다.

6월 초, 최고회의는 정권의 민간이양은 현안문제의 진척 여하에 달려 있음을 발표했고, 윤보선 대통령도 기자회견을 통해 군의 조속한 정권이양을 촉구하고 국민들의 혁명지지를 호소했다. 이에 호응하듯 6월 5일에는 정재호(삼호방직)·최태섭(한국유리)·설경동(대한전선)·남궁 련(극동해운)·함창의(동립산업)·조성철(중앙산업)·이정림(대한양회)·이병철(삼성물산) 등이 자신들의 전 재산을 자진해서 국가에 헌납하겠다는 결의문을 최고회의에 제출했다.

김종희는 국내 대기업들이 국가에 몰수되는 것이 아닌가 하는 생각을 하기도 했다. 물론 한국화약(주)은 그와 같은 대기업 대열에 낄 수 있을 정도의 큰 기업이 아니다. 그러나 우리나라에서 행세깨나 한다는 경제계 인사치고 부정축재 조사대상에 오르지 않은 사람은 거의 없었고, 실제로 부정축재 처리위원회가 조사대상으로 선정한 기업체 수만 해도 1백 개가 넘는 것으로 알려지고 있을 때였다.

6월 14일, 최고회의는 마침내 부정축재처리법을 제정 공포했다. 그것은 민주당 정권이 제정해놓고 미처 시행하지 못했던 부정축재처리법에 비하면 가혹하리만큼 엄격했다. 법은 제2조 제2항에 부정축재자의 유형을 여러 가지로 규정하고 있었는데, 제2항의 각호는 다음과 같은 내용이었다.

1. 국·공유재산이나 귀속재산의 매매계약, 임대차계약 등으로 인한 취득 점유에 의하여 총액 1억 환 이상의 부정 이득을 취한 자.

2. 부정한 방법으로 총액 10만 불 이상의 정부 또는 은행 보유 외환의 대부를 받거나 매수한 자.

3. 금융기관으로부터 융자를 받고 5천만 환 이상의 정치자금을 제공한 자.

4. 국가 또는 공공단체 공사도급이나 물품 매매입찰에 있어 담합 또는 수의계약을 하거나 사업의 인허가를 부정하게 얻어 총액 2억 환 이상의 부정 이득을 취한 자.

5. 조세에 관한 법률을 위반하여 총액 2억 환 이상의 국세를 포탈하거나 국세 징수의무를 이행하지 아니한 자.

한국화약(주)에 해당되는 사항은 어느 것 하나도 없었다. 더구나 법의 적용기간을 1953년 7월 1일로 소급해서 혁명 전야인 5월 15일까지로 정하고, 특별히 국세포탈에 관해서는 1950년까지 소급 적용할 것을 규정하고 있었으나 한국화약의 경우는 아직 국세를 2억 환씩 포탈할 만큼 큰 기업도 아니었지만, 근본적으로 탈세 같은 것은 생각해볼 수도 없는 일이어서 문제될 것이 없었다.

모든 기업들이 사실상 절세라는 명목으로 세금을 적게 내려고 하던 시기다. 그러나 화약사업은 불의의 사고에 대비하기 위해 원료수입부터 시작해서 제조 판매된 후에 소비될 때까지의 전 유통과정을 항상 경찰관서에 정확한 수치로 보고해야 하기 때문에 실제로 탈세가 불가능했다.

1백여 기업에 서슬이 퍼런 군인들로 편성된 부정축재 조사반이 파견되었다. 일단 조사대상이 된 기업은 모두 예외 없이 호된 곤욕을 치를 수밖에 없었고, 그러자니 우리나라 전체 경제활동이 거의 마비상태에 빠질 수밖에 없었다.

그런 상황 속에서 아이러니컬하게도 화약의 특수 붐이 일어났다. 군사정부가 국토개발사업을 착수한 때문이었다. '절망과 기아선상에서 허덕이는 민생고를 시급히 해결하고 국가 자주경제 재건에 총력을 집중한다' 고 공약한 군사정부는 고용효과를 극대화시키고 사회간접자본을 확충하기 위한 정책사업으로 먼저 국토개발을 선택했던 것이다. 종래의 부흥부를 건설부로 개편(5월 27일)한 군사정부는 1차로 깡패 4천여 명을 도로건설에 투입하고, 계속해서 크고 작은 토목공사를 발주하는 한편, 7월에는 대규모의 춘천댐 및 수력발전소 건설을 발주했다.

이례적인 호황 국면을 맞은 한국화약(주)이 8월에는 미8군과 4백 톤의 화약 공급 계약을 체결하여 재계를 놀라게 했다. 이는 국산화약의 품질이 국제 수준에 도달한 것을 입증하는 쾌거로서 국산 화약수출의 효시가 된다. 재계 일각에서는 김종희를 가리켜 운이 좋은 사람이라고들 말했다. 그러나 김종희가 국내 화약 수요를 여전히 국산 화약이 아닌 수입 화약에 의존하고 있었다면 행운의 여신이 미소 지었을 리가 없다.

　아직까지도 미국 정부가 민정이양계획을 확정 발표하지 않는 군사정권에 대한 압력수단으로 일체의 경제원조를 중단하고 있어서 거의 모든 대외교역이 중단되다시피 한 시기였다.

# 10

# 다이너마이트 김

김종희는 사람을 함부로 쓰지도 않았지만 쉽게 버리지도 않았다. 사업이 잘 된다고 크게 좋아하지도 않았지만 사업이 좀 안된다고 화를 내거나 짜증을 내는 일은 더욱 없었다. 떼돈이 벌린다고 해도 공익에 반하는 일이면 거들떠보지 않았고, 설사 공익에는 반하지 않는다 하더라도 그것이 소비성이거나 사치성 사업일 경우에는 손 댈 생각을 안 했다.

5·16군사혁명은 정치·경제·사회·문화 등 모든 분야에 걸쳐서 일대 변혁을 가져왔다. 국가 자주경제 재건에 총력을 집중키로 한 혁명정부는 7월 하순에 5개년 종합경제계획안을 발표하고, 이를 늦어도 올해 안에 확정한 다음 내년 초부터 강력하게 추진해나갈 것이라고 선언했다.

김종희도 한국화약(주)이 화약 하나에만 연연하고 있을 때는 아니라고 생각했다. 화약은 아무한테나 팔 수 있는 상품이 아니고 다만 살 수 있는 허가를 받은 사람에게만 팔아야 하는 상품이므로 상품선전을 한다든가 해서 화약회사 자체가 수요를 창출할 수 없는 시장의 제한성 때문에 기업이 성장해나가는데 한계가 있다. 그렇다고 기업이 현실에 안주하고 있을 수는 없는 일이다. 기업의 현실 안주는 곧 퇴보를 의미하는 것이며, 화약산업을 보다 높은 차원으로 발전시켜 나가기 위해서도 일본의 화약회사들처럼 합성의약이나 농약제품, 기타 도료나 염료 같은 관련 산업 분야로 진출하지 않으면 안 된다.

김종희가 한국화약(주)의 사업 영역을 정밀화학 분야로 넓혀 가려고 생각한 것은 어제 오늘의 일이 아니다. 그는 이미 인천공장 연구실에 성환 일대의 개울에서 나는 일메나이트(Ilmenit ; 빨간 모래) 원광으로 안료제작에 사용되는 이산화티탄($TiO_2$)을 개발해내도록 지시해놓고 있었다.

1961년 8월, 김종희는 한국화약(주)의 연관산업 진출을 추진할 목적으로 본사에 기획실을 설치하고, 한국은행 영업부에서 10여 년간 근무해온 권오균(權五均)을 스카우트 해왔다. 그리고 널리 유능한 중견사원을 특채하기 시작했다.

그는 오늘도 여러 사람이 천거한 특채 후보 사원들의 이력서를 검토하고 있는 중이었다.

"탕, 탕…"

노크 소리가 크게 울렸다.

"들어오게!"

김종희는 노크 소리만 듣고도 누가 왔는지를 알 수 있었다. 한국화약(주) 사장실을 그토록 무례하게 노크할 사람은 심영구밖에 없었다. 그는 김종희의 도상(道商) 동기로 1학년 때는 김종희와 같은 '촌뜨기'로 일본인 학생들의 놀림감이 되기도 하고, 3학년 때는 김종희에게 가정교사 자리를 알선해주기도 하면서 1등을 다투던 선의의 라이벌이었다.

그는 해방 후에 동국대 사학과를 졸업하고 모교인 도상에서 교편생활을 해오고 있었는데, 김종희와는 내내 허물없는 사이로 터놓고 지내왔다. 특히 1955년에 개최된 경기상고 전체 동창회 석상에서 심영구는 일제에 항거하여 의협심을 발휘한 것이 죄가 되어 부당하게 퇴학 처분을 당한 김종희의 명예회복을 위해 졸업장을 수여하도록 동창회 이름으로 교장에게 건의할 것을 발의, 만장일치로 통과케 함으로써 김종희에게 때 늦은 졸업장을 받게 한 일도 있다.

그들 두 사람은 만나면 가끔 학생시절 얘기를 나누면서 과거에 젖어들곤 한다. 심영구는 경기상고 동창회지 〈백악회보(白岳會報); 1983년 2월 28일자〉에 기고한 교우록에서 김종희를 이렇게 회고했다.


『그는 항상 성실하게 노력하는 사람을 도우려고 힘쓰며 무사안

일한 사람을 미워했다. 우유부단이라는 말이 있다. 사람이 무슨 일을 하는데 철저하고 완벽하게 노력하여 초지(初志)를 관철하는 것이 우리가 가져야 할 태도이다.

그러나 실제로 하다보면 꾀도 나고 어렵기도 하여 유야무야가 되고 용두사미로 끝나기 쉽다. 이것이 우리가 갖기 쉬운, 또 우리 생활 습관에 숨어드는 무서운 적이다. 목표를 설정하고 목표에 접근하는 과정에서 그에 상당한 노력을 요하는 것인데, 그 노력을 다하지 않거나 못 하기가 쉬운 일이다. 중도에서 방향감각마저 잃고 그 날 그 날을 헛되이 보낸다.

김종희 씨는 이것이 나의 약점이요, 충청도 사람들의, 아니 한국 사람들의 생활태도의 결함임을 깊이 깨닫고 그렇게 되지 않으려고 노력한 사람이다. 소위 'Yes' 와 'No' 가 분명한 사람이었다.

어쨌든 나는 '적극 활동' 이라는 말을 그로부터 골백번도 더 들었다. 아마 의욕이 너무 앞서서 그랬을까. 실로 그는 적극 활동으로 입신하고, 적극 활동으로 생을 마쳤다 하여도 과언이 아닐 것이다. 나도 그의 성격에 좀 물이 든 편이었다. 그가 부하 직원에 대해서 항상 못미땅하게 여기던 사항은 다음과 같은 것들이었다.

첫째, '네!' 대답하고 실천하지 않거나, 해도 시간을 지체시키는 것.

둘째, 누가 시켜야 하고 안 시키면 안 하는 것.

셋째, 뒤에서 보고 있으면 하고 안 보면 안 하는 것.

넷째, 목전에 이익이 있으면 하고 없으면 안 하는 것.

다섯째, 성과는 고려하지 않고 하는 체만 하는 것.

여섯째. 옳은 일인데도 강력히 주장하지 않는 것.

그는 항상 태도가 확실하고 분명했다. '장학금 줄 돈이 3만 원 부족해' 하고 내가 말하면, 그는 '응, 내가 5만 원 줄게!' 하지 않으면 '요사이 사정이 좋지 않아서 이번에는 안 돼!' 하고 분명하게 말한다.

그는 내가 사람을 추천하면 으레 적극성을 가진 사람이냐고 물었다. 그러나 사람을 천거할 때도 내가 '좋은 학생 있어' 하면, 그는 '내일 명함에 써서 보내!' 하지 않으면 '자리가 없어!' 하고 확실하게 말한다… 』


그래저래 한국화약(주) 안에는 도상 출신 사원들이 충남 출신 사원 다음으로 많았다. 오늘도 심영구는 낯선 젊은이를 한 사람 데리고 들어오는 것이었다.

"바쁘지 않나?"

"아니, 별루…"

"그럼, 우리 후배 한 사람 소개할게!"

그리고 그는 같이 온 젊은이에게 먼저 인사를 시켰다.

"나와 같이 학교에 다닌 분이다. 인사 드려라!"

"오재덕이라고 합니다!"

"이쪽으로 오다가 시청 앞에서 우연히 만났기에 같이 왔지."

"아, 그래?"

"심 선생님은 고3 때 저희 담임이셨습니다."

오재덕(吳在德)은 서울대 법대를 졸업하고 군에 갔다 와서 경향신문 출판국에 근무하고 있었다. 심영구는 오재덕이 서울대 법대 출신이라는 점을 강조하면서 여간 성실한 사람이 아니라고 극찬했다.

"하기는 상업학교를 다니고 법대를 나온 사람은 흔치 않지. 그런데 법대를 나왔으면 법관이 안 되고 어떻게 신문사에서 근무하나?"

"고시 한 번 쳤다가 떨어졌습니다."

"거, 고시를 한 번에 붙을 수 있는 건가?"

"그저 한번 쳐본 거죠. 잘못해서 고시에 붙었더라도 저는 법관 생활은 안 했을 겁니다."

"그건 왜?"

"평생을 법조문에 얽매어 살면 얼마나 숨이 막히겠습니까."

"하하… 법관이 적성에 안 맞았던 게로군. 그래, 지금 하는 일에는 만족하고 있나?"

"그런대로 불만은 없습니다. 다만 제 전공하고는 좀 거리가 있는 일이라서요…"

"우리 회사에서 전공을 살려가면서 한번 일해 보면 어때?"

"여기는 화약회사인데, 더구나 제 전공하고야…"

"화약회사니까 오히려 화약이라는 특성 때문에 여러 가지 법률적 제약이 많아. 그보다도 자네는 상업학교 출신이니까 세법이나 관세법, 보험법 같은 것하고 관련이 있는 회계업무를 맡아서 일할 수 있을 것 아닌가."

"오 군! 이왕 얘기가 나왔으니 한번 잘 생각해봐! 자네 직장 옮기라고 해서 여기 데려온 건 아니지만 말야, 이 회사에는 우리 경기상업 졸업생들이 많이 일하고 있어."

그런 연고로 회계업무를 맡게 될 거라고 생각해서 한국화약(주)으로 직장을 옮긴 오재덕은 생각지도 않은 구매부에서 일하게 되었다.

때마침 5·16 직후에 동결되었던 금융이 전면적으로 해제(8월 24일)되어 대외교역이 재개되는 바람에 한국화약(주)으로서는 그 동안에 거의 바닥난 화약원료를 서둘러 들여와야 할 일에 손이 부족했던 것이다.

1963년 5월 총선거를 실시하겠다고 하는 최고회의 박정희(朴正熙) 의장의 민정복귀에 관한 특별성명에도 불구하고 미국 정부가 여전히 군사정권을 견제하느라고 경제원조를 중단하고 있어 국내 경제는 심각한 국면을 맞고 있었다. 그런 중에도 5·16 후에 재계를 휘청거리게 했던 군사정부의 강력한 부정축재 처리방침이 부정축재 통고액(89개 업체, 47억7천6백만 환) 환수에서 국가기간산업에 투자하도록 유도하는 방향으로 전환되면서 경제활동이 서서히 살아났다.

10월 하순부터는 혼미를 거듭해오던 정국이 안정권으로 진입하는 듯했다. 제6차 한일회담이 재개되고, 김종필 중앙정보부장이 일본으로 건너가 이케다(池田) 수상과 막후교섭을 벌이는가 하면 11월 초에는 스기(杉) 일본측 한일회담 수석대표가 내한해서 정치 고위회담을 갖는 등 한일 간에 빈번한 외교 접촉이 계속되는 가운데 미국에서 덜레스 국무장관이 날아왔다.

마침내 박정희 의장의 방미 일정이 확정되고, 최고회의는 장면 전 총리의 연금을 해제하는 한편 그의 불기소를 결정했다.

박정희 의장이 방미 일정을 성공리에 마치고 귀국한 11월 하순의 어느 날이었다. 난데없이 김종희에게 내일 오전 10시까지 최고회의 의장실로 나와 달라는 연락이 왔다.

'만고에 나를 최고회의 의장실에서 찾을 일이 뭐 있단 말인가…?'

김종희로서는 아무리 생각해봐도 짐작이 가지 않았다. 전부터 알고 지내는 군인 가운데 최고회의 멤버도 몇 사람 있기는 있었다. 그렇다고 그들

에게 의장실에서 무엇 때문에 나를 찾는지 아느냐고 물어볼 수도 없는 일
이다.

다음날 아침, 장충동 집을 나선 김종희는 곧바로 퇴계로의 참의원 자리
에 설치된 국가재건최고회의 본부로 나갔다. 정문에 도착한 시간은 10시
10분 전. 그는 즉시 최고회의 2층에 마련된 소접견실로 안내되었다.

'이상한 일이다. 어째서 나를 이렇게 무시무시한 데로 불렀을까…?'

김종희의 머릿속에는 신문에서 보아온 박정희 소장의 냉철한 모습이 퍼
뜩 떠올랐다. 작은 키에 까만 안경, 그리고 대쪽 같은 강인한 인상. 그는
자연히 긴장되지 않을 수 없었다. 이윽고 10시 정각에 사진으로 본 모습
그대로 깡마른 체구의 박정희 대장(11월 1일자로 승진)이 까만 안경을 쓴 채
시계바늘처럼 정확하게 소접견실로 들어섰다. 그 뒤를 이어 박 의장과는
대조적으로 훤칠한 키에 호남형으로 생긴 한 군인이 따라 들어왔다. 그는
바로 혁명 내각의 상공장관인 정래혁 소장이었다.

세 사람은 서로 의례적인 간단한 인사만 나누고, 박 의장을 중심으로
마주앉았다.

"김 사장은 한국에서보다 미국에서 더 유명하더군요."

"예…?"

김종희는 박 의장의 말을 얼른 이해할 수 없었다. 박 의장의 말씨는 인
상과는 달리 아주 부드러웠다.

"맥그루더 장군하고 친합니까?"

"친하기보다는… 맥그루더 장군이 서울에 있을 때 가끔 만나곤 했습
니다."

맥그루더 장군은 1959년 4월 유엔군 사령관으로 부임했다가 지난 6월

에 본국의 합참의장으로 전임된 4성 장군이다. 김종희는 미군 화약관리 용역사업을 해온 1951년 이래로 역대 미8군 사령관을 비롯한 유엔군 사령관을 모르는 사람이 없었지만, 특히 맥그루더 장군과는 각별하게 지낸 사이였다.

"내가 이번에 미국 갔을 때, 백악관 만찬 석상에서 맥그루더 장군을 만났습니다. 나는 그 분이 처음에 '다이너마이트 김'을 아느냐고 물어서 농담을 하는 줄로 알았어요."

"죄송합니다. 여기 있는 미국 친구들이 부르기가 편한지, 그렇게들 부르고 있습니다."

"하지만 다이너마이트 김! 멋있는 애칭입니다 마침 김 사장을 이렇게 만나고 보니, 김 사장 체구에서 풍기는 다이내믹한 맛도 있고… 아주 잘 어울리는 닉네임이에요."

"감사합니다."

"지금 유엔군 사령관으로 와 있는 메로이 대장도 잘 아시겠군요?"

"예! 지난 8월에는 저희 인천화약공장에서 생산되는 다이너마이트를 1년에 4백 톤씩 납품하기로 계약한 적이 있습니다. 그때부터…"

"화약공장에 관한 얘기는 조금 전에 정 장관한테 들었습니다. 어려움은 없습니까?"

"예! 잘 해나가고 있습니다."

"메로이 장군은 요새도 자주 만납니까?"

"어쩌다가, 가끔…"

실은 자주 만나는 편이었다. 그리고 한 달이면 한 번씩 미8군 영내 골프장에서 골프도 같이 치는 사이였지만, 혁명정부가 골프는 사치스러운 운동이라고 해서 골프장 출입하는 사람을 체크하고 있어 곧이곧대로 말할 수가 없었다.

"내가 김 사장을 부른 것은 다름이 아닙니다. 김 사장도 아시겠지만 요즘 우리나라 대기업들이 모두 다 정부가 추진하는 기간산업에 적극적으로 참여하고 있습니다. 한국화약에서도 뭔가 하나를 맡아주었으면 합니다."

"그렇잖아도 현재 저희 회사 기획실에서도 여러 분야로 사업성을 검토하고 있는 중입니다."

"화약회사니까, 내가 아이디어를 하나 제공할까 하는데…"

"아, 그래 주시면야…"

"역시 화학하고 관련이 있는 펄프 분야가 어떨까 싶은데, 캐나다에 사는 우리 교포가 특허권을 가지고 있는 볏짚 펄프 공장을 하나 건설하도록 해보시오!"

"연구해 보겠습니다."

"공장을 건설하는데 필요한 외국 자본은 정 장관한테 해내라고 해요!"

"예! 알겠습니다."

"김 사장님! 지금 의장 각하께서 말씀하시는 볏짚 펄프에 관한 자료는 우리 상공부에 다 있으니까 사람을 보내십시오!"

펄프(Pulp)란 주로 목재에서 뽑아내는 셀룰로스(Cellulose)로서 아세테이트(Acetate) 같은 인견(人絹)이나 종이를 만드는데 쓰이는 원료다. 그 펄프를 목재가 아닌 볏짚에서 만들어낸다는 것이다. 펄프를 제조하는 방법도 목재를 이용하는 것보다 볏짚을 이용하는 편이 훨씬 간편하다고 했다. 다만 그 제조법이 아직은 국제적으로 특허권만 획득해놓고 있을 뿐, 실용화된 선례가 없기 때문에 과연 사업성이 있느냐 하는 것이 미지수였다. 그러나 목재가 귀한 반면 볏짚은 흔한 우리나라 실정을 감안한다면 경제성으로 보아 적합한 사업이 될 것 같기도 했다.

김종희는 기획실 권오균 부장에게 즉시 볏짚 펄프에 관한 사업성을 검토하도록 지시하고, 한편으로는 인천공장 연구실 기능을 보강할 목적으로 화공과 출신의 전문 인력을 특채하기 시작했다.

1962년 1월, 혁명정부는 총투자규모 3조2천억 환(투자재원 정부조달 56%, 민간조달 44%)의 제1차 경제개발 5개년 계획을 확정 발표했다. 그 경제개발 계획에는 볏짚 펄프 공장 건설도 기초산업 분야의 한 아이템으로 포함되어 있었다. 당시에는 좋거나 싫거나 부정축재기업은 말할 것도 없고, 다른 대기업들도 대개는 정부가 추진하는 경제개발사업을 한 가지씩 떠맡아야 했던 시기다.

한국화약(주)이 맡게 된 볏짚 펄프의 경우는 박 의장이 김 사장에게 직접 지시한 사업이기 때문에 어떤 의미에서는 특별한 배려일 수도 있다. 김종희로서는 박 의장의 그와 같은 배려가 큰 부담이 아닐 수 없었다. 가능하면 볏짚 펄프 공장을 하루 빨리 건설해야 하겠는데, 그 사업성이 문제였다.

"이봐, 권 부장! 사업이라고 해서 다 돈을 버는 것은 아니잖아? 쓰기만 하는 자선사업도 있는데, 밑지지만 않으면 되는 거 아냐?"

"하지만 기업이 추구하는 궁극의 목적은 이윤입니다, 사장님!"

"그러니까 당장은 이익이 나지 않더라도 장래성이라는 게 있잖아?"

"사장님! 분명히 말씀드리지만 이 볏짚 펄프는 장래성도 없습니다."

"이 사람이…?"

"사장님 입장은 저도 충분히 이해하고 있습니다. 그러나 이 사업은 일단 포기하시는 걸로 결단을 내리시는 게 좋겠습니다."

사업성이 없다는 기획실의 설명은 다음과 같은 것이었다.

첫째, 벼농사를 1년에 한 번밖에 짓지 않는 우리나라 농촌에서 생산되고 있는 볏짚의 대부분이 해마다 농가의 지붕을 갈아입히는데 사용되고 있으며, 일부는 월동용 소먹이로, 또 일부는 새끼를 꼬거나 가마니를 짜는 데 사용되고 있어 실제로는 볏짚 여분이 거의 없다는 것이다. 당시만 해도 농가의 9할 이상이 초가지붕이었고, 요새 같은 곡물사료나 비닐부대 같은 것은 구경도 못 하던 시절이다.

둘째, 전국적으로 볏짚을 수집하고 공장까지 운반해오는데 투입되는 비용이 볏짚 값보다 비싸게 치인다는 것이다. 요새처럼 아스팔트로 포장된 도로망이 사통팔달로 발달된 시기가 아니었다. 곡창지대인 호남평야 한복판에 공장을 건설해 놓는다고 하자. 그래도 강원도나 경상도 지방에서 볏짚을 트럭으로 실어 나르자면 배보다 배꼽이 더 커질 것은 불문가지의 사실이다.

셋째, 볏짚 값이 자연 오르게 될 것이므로 나중에는 볏짚 값이 목재 값보다 비싼 기현상이 일어나 결국은 볏짚 펄프의 생산원가가 국제 가격을 상회하게 될 것이라는 결론이었다.

김종희로서는 중대한 결단을 내리지 않을 수 없었다. 아무리 박 의장의 배려도 좋고, 혁명정부의 경제개발의지가 강력하다 해도 뻔히 안 될 일인 줄 알면서 손을 댈 수는 없는 일이었다. 그는 정래혁 상공장관을 찾아가 부득이 볏짚 펄프 사업을 포기하지 않을 수 없는 이유를 설명했다.

"하지만, 의장 각하께서 직접 부탁하신 사업이 아닙니까, 김 사장님?"

"그래서 저도 당장은 손해가 나더라도 장래성만 있으면 그대로 밀고 나가려고 했습니다만, 그랬다가 끝내 실패하는 날에는 결국 국가적으로도 손실을 끼치게 되지 않겠습니까?"

"글쎄요…"

"좌우간 제 입장을 장관님께서 이해하시고, 의장님한테도 좀 전해주셨으면 합니다."

"김 사장님이 직접 뵙고 말씀드리는 것이 좋을 것 같은데요…?"

"저 같은 사람이 이런 일로 의장님을 뵙는다는 것이…"

"그래도 직접 말씀 드리십시오!"

"글쎄요, 의장님을 뵐 수나 있을는지요."

"의장 비서실에는 내가 연락을 해놓겠습니다."

며칠 후, 김종희는 최고회의 의장 소접견실에서 다시 박정희 의장과 대좌하게 되었다. 그 자리에는 송요찬(宋堯贊) 내각수반이 배석했다.

"볏짚 펄프의 사업성이 희박하다구요?"

박 의장이 먼저 말문을 뗐다.

"예, 그 동안 자세히 검토해본 결과…"

김종희는 조목조목 이유를 들어 설명해 나갔다. 박 의장은 잠자코 듣기만 했다. 김종희의 설명이 끝나자, 송 수반이 대뜸 물었다.

"그래서 지금 공장을 짓겠다는 거요, 안 짓겠다는 거요?"

"글쎄, 장래성이 있어야 공장을 짓지 않겠습니까."

"각하의 관심 사업인데, 일단 공장을 짓고 일을 해봐야 할 것 아니오. 공장도 짓기 전에 안 되겠다는 말이 어딨어요?"

송 수반은 사뭇 고압적인 자세로 꾸짖듯이 말했다.

"설사 손해가 나더라도 국가적으로 이익이 된다면 해야겠지요. 그러나 볏짚 펄프의 경우는 저 개인적으로도 그렇고, 국가적으로도 이익이 없다는 결론입니다."

"이익이 없고 있는 건 해봐야 알지, 해보지도 않고 어떻게 알 수 있어요?"

송 수반이 다시 윽박질렀다.

"이익이 되는 일인데, 제가 손해난다고 하겠습니까."

"당신, 앞으로 사업해 나가는데 정부 지원 필요 없어요?"

"……"

"당신 같은 사람은 앞으로 정부 상대로 사업할 생각하지 말아요!"

"……"

다음날 아침이었다. 감찰원에서 화약 원가계산서를 제출하라는 통고가 날아왔다. 이유인즉 한국화약(주)에서 화약이 독점사업인 것을 기화로 화약 값을 비싸게 받아왔기 때문에 원가조사를 철저히 실시해서 별도의 조치를 취하기 위해서라고 했다.

김종희로서는 드디어 보복을 당하는구나 하는 생각을 했다. 그러나 그렇게 겁날 일은 없었다. 원가계산에 관한 한 언제 어디에 내놓아도 정당한 평가를 받을 수 있는 자신이 있었기 때문이다. 한국화약(주)이 국내 화약시장을 의도적으로 독점해온 것은 아니다. 화약사업은 폭발물을 취급해야 한다는 위험부담 외에도 다른 사업에 비하면 이윤에 대한 투자비율이 높기 때문에 아무도 굳이 화약사업에 손을 대려는 사람이 없어 한국화약(주)이 독점해오고 있는 셈이었다. 국내 화약시장을 독점하고 있는 이상, 한국화약(주)이라고 해서 다른 독점기업들이 범해오는 상도의적인 과오를 범하지 않는다는 보장은 없다. 가격횡포, 수급파동, 서비스 부재 등이 바로 독점기업들이 항용 범하기 쉬운 3대 폐단으로 지적되어 오고 있다.

김종희는 한국화약(주)이 그와 같은 폐단에 빠지는 것을 스스로 방지하기 위해 3대 영업방침을 정해 놓고 이를 지켜왔다. 그것은 적정가격유지, 무제한공급, 철저한 서비스 등이었다. 국내 화약판매가격은 어떤 이유로든지 국제 가격보다 비싸서는 안 되며, 최소한 가까운 일본의 국내 시판가격보다는 싸야 한다. 화약 공급 과정에서 어떤 경우에도 품절·품귀현상이 일어나게 해서는 안 되며, 항상 늘어나는 수요에 대비해서 주요 원료를 비축하고 생산시설을 여유 있게 증설 확충해야 한다. 화약이 필요한 현장이면 양의 다과를 불문하고 전국 어느 지역에서나 편리하게 구입할 수 있도록 판매망을 최대한으로 확장 운영하며, 애프터서비스에도 만전을 기해야 한다.

이상과 같은 그의 영업방침이 실수요자를 위하고, 나아가서는 화약산업의 발전을 도모하기 위한 것임에는 틀림이 없다. 그러나 그 이면에는 지금까지 애써 쌓아올린 화약 왕국에 그 누구도 발을 못 붙이게 하려는 김종희의 강력한 수성 의지가 숨어있는 것도 또한 사실이었다. 기업이 폭리를 취하게 되면 사회여론의 지탄을 받게 된다. 공급물량이 부족하게 되면 다른 공장이 들어설 여지를 내주게 된다. 서비스가 나쁘면 실수요자들은 경쟁사의 출현을 원하게 된다. 그렇기 때문에 독점기업일수록 실수요자들의 불만이나 불평을 사서는 안 되는 것이다. 그것은 마치 군주가 태평성세를 누리기 위해서는 백성들을 편하게 해주어야 하는 이치와도 같은 것이다.

"차 과장! 요새 우리 화약 갖다 쓰는 사람들한테서는 별다른 불평불만 없잖아?"

"달라진 게 있어야죠."

"어때, 원가계산서에 꼬투리 잡힐 건 없겠어?"

"꼬투리나마나 상공부가 인정한 원가계산서 아닙니까."

"지금 감찰원에서 트집을 잡으려고 하는 것 아니냐 말야."

"뭘 가지고 트집을 잡을지 모르지만, 우리 화약 값이 미국이나 일본보다 싸다는 건 상공부에서도 지난번 화약 값 승인할 때 확인한 거예요."

"그 친구들, 값이 싸고 비싼 걸 따지자는 게 아닌 것 같애."

"걱정할 것 없어요. 우리 원가계산서는 어디에 내놔도 자신 있어요."

회계과장 차경준(車慶俊)은 1956년에 한국화약(주)이 초안폭약을 생산하기 시작할 때부터 원가계산을 담당해왔다. 그는 천안 부대리에서 골목 하나를 사이에 하고 김종희와 같이 자란 사이지만 비교적 넉넉한 집안에 태어난 덕택으로 일찍이 천안농업학교를 졸업하고 6·25전쟁 전까지 서울금융조합에서 근무해왔다. 그러다가 6·25전쟁으로 천안에서 실직상태로 보내고 있다가 1953년 8월 복직하기 위해 서울로 올라오는 길에 천안 사람이 부탁하는 편지를 김종희에게 전해주려고 회현동 사무실에 들른 것이 계기가 되어 그 날로 입사한 부대리 토박이다.

그가 처음 화약 원가계산을 해야 했던 때만 해도 일반적으로 원가개념이 없었던 시기다. 그런데도 한국화약(주)이 원가계산을 해야 했던 것은 그때나 지금이나 상공부로부터 화약 판매가격을 승인받아야 했기 때문이다. 막상 화약 원가계산을 해내자니 화약 1톤을 생산하는데 들어가는 각종 원료가 어떤 비율로 배합되는지, 전력은 얼마를 쓰고, 공업용수는 얼마를 쓰며, 또 연료용 연탄은 얼마나 때는지, 그리고 각 생산시설의 감가상각은 어느 정도로 해야 할지 도무지 막연하기 짝이 없었다. 더구나 원료의 배합

비율 같은 것은 비밀이라고 말해주지도 않았고, 제조공정 같은 것도 어떤 공정은 기밀에 속한다고 구경도 시켜주지 않았다.

하루는 차경준이 시내 헌책방을 뒤져서 일본카릿트의 원가계산 양식이 있는 문헌 하나를 찾아내는데 성공했다. 그 문헌에는 화약 원가계산 양식이 공정별로 자세히 나와 있었다. 처음에는 장부상에 나타난 원료가격과 공공요금·일반관리비·인건비·감가상각비 등을 원가계산 양식대로 두들겨 맞추는 도리밖에 없었다. 그렇게 계산해낸 국산 화약 값인데도 국제가격과 비슷하게 나왔다. 그 후 차경준은 횟수를 거듭하는 동안 독자적인 원가계산 방법을 개발하여 오늘에 이르러서는 한국 실정에 적합한 새로운 원가계산 양식을 확립해놓고 있었다.

화약 원가계산서를 가지고 감찰원에 출두했던 차경준이 돌아왔다.

"그 친구들, 대체 어떻게 할 작정이래?"

"어디서 바람이 들어간 것 같아요."

"바람이 들어가다니?"

"석탄공사 사장이 우리 화약 값이 비싸다고 해서 정식으로 원가조사를 의뢰해왔다는 거예요."

"석탄공사에서…?"

현재의 석탄공사 사장은 5·16 후에 부임한 현역 장성이다.

"석탄공사에서 그런 의뢰를 했을 리 있나! 석탄공사에서는 우리 화약 값이 비싸지 않다는 걸 알고 있을 텐데…?"

"누가 모략을 한 게 아닐까요?"

"뻔한 일이야! 볏짚 펄프 공장 때문에 그러는 거야!"

그런데 일이 이상하게 돌아갔다. 감찰원이 화약 원가조사를 서울경리

사무소에 의뢰하는 것이었다. 서울경리사무소는 유병옥 박사가 개설한 우리나라 최초의 공인회계사 사무소로, 회계업무에 관한 한 국내 최고 권위를 자랑하는 기관이기도 했다. 15일 간에 걸친 정밀조사가 실시되었다. 그 결과는 '일일이 정확성을 규명하자면 문제점이 있을 수도 있겠으나 대체적으로 하자없는 원가계산인 것으로 사료됨' 이었다.

그러나 원가조사는 그로써 끝나지 않았다. 며칠 후에는 산업은행 기업분석과 원가계산반 직원 6명이 회사로 와서 직접 조사를 실시했다. 사계의 엘리트들임을 자부하는 산업은행 조사반 직원들은 이런 기회에 민간기업들의 모호한 원가개념을 바로 정립해 놓겠다는 의욕을 보이면서 인천공장의 제품별 제조공정과 각종 기계시설에 관한 자료제시를 요구해왔다. 한국화약(주)의 원가계산서를 검토해본 결과 전반적으로 감가상각비가 제품별로 정확하게 반영된 것 같지 않다는 것이었다. 인천공장 제품은 다이너마이트·암몬나이트·공업뇌관·도화선 등으로 대별되며 감가상각대상인 건축물이 크고 작은 것을 합해서 3백여 동, 각종 기계류는 5천여 점에 달한다. 아무리 원가계산의 권위들로 구성된 산업은행 조사반이었으나 3백여 동의 건물과 5천여 점에 이르는 각종 기계류에 대한 감가상각비용을 일일이 제품별·공정별로 정확하게 계산해낼 수는 없는 일이었다.

산업은행 원가계산반이 정밀조사에 실패하자 이번에는 고려대 경영대학 원가조사반이, 다음에는 연세대 대학원에서, 마지막으로는 한국생산성본부에서까지 투입되었으니, 서울대 원가조사반만 빼놓고 국내 유수한 원가조사기관이 무려 다섯 군데나 동원되었다. 참으로 철저하고도 집요한 원가조사였다.

그와 같은 원가조사가 진행되는 동안 김종희는 그것이 볏짚 펄프 공장

건설을 포기한데 대한 혁명정부의 압력수단이 아니고, 화약수입을 노린 일부 화공약품 수입상들의 농간이라는 것을 알았다. 5·16 후에 혁명정부는 만년 적자에 허덕이는 각 국영기업체의 경영 개선책의 일환으로 먼저 민간인 사장들을 현역 군인들로 대체했다. 그것을 기화로 몇몇 화공약품 수입상들이 석탄공사 사장을 은밀히 접촉하면서 석탄공사의 적자 요인 중의 하나가 비싼 국산 화약을 사다 쓰는데 있으니 싼 일제 화약을 수입해 쓰도록 하라고 종용했던 것이다. 당시 일제 화약의 수출가격은 22.5kg 한 상자당 12불 내지 13불이었는데, 이는 국산 화약 판매가격에 비하면 엄청나게 싼 값이었다. 일제 화약의 수출가격을 직접 확인한 석탄공사 사장이 담당임원에게 적자경영을 하면서 구태여 비싼 국산 화약을 써야 하는 이유가 무엇이냐고 따져 물었다.

담당임원의 대답은 일반 산업용 화약수입이 금지되어 있는 데다가, 화약 값은 상공부가 업자에게 승인해준 것이어서 그대로 사다 쓸 수밖에 없다는 것이었다. 석탄공사 사장은 화약업자와 상공부 사이에 화약가격 승인을 둘러싼 흑막이 있을 것으로 생각했다. 그는 그 흑막을 철저히 파헤쳐 화약 값을 내리게 하거나, 국내 화약 생산원가가 사실대로 비싸게 치이는 것이라면 차라리 석탄공사에서 사용하는 화약만이라도 값이 싼 외제 화약을 수입해다 쓸 작정이었다.

그랬는데 국내 유수한 원가조사기관이 다 동원되다시피해서 산출해낸 국산 화약의 생산원가가 각기 근소한 차이밖에 없을 뿐 아니라 대체로 한국화약(주)의 원가계산하고도 대차가 없었다. 그래서 결국 석탄공사 사장의 의도는 빗나갔고, 결과적으로는 한국화약(주)의 원가계산 권위만 높아지고, 국산 화약의 생산원가가 국제 가격에 비해서는 다소 비싸게 먹히는 편이지만 역시 국내 판매가격만큼은 외국과 비교해서 단연 싸다는 사실만 입증되게 되었던 것이다. 일제 화약의 수출가격 12불은 어디까지나 자국 내의 제세공과금과 제반 영업비용 및 영업이윤을 제외한 수출가격이었을 뿐이고, 실제 자국 내의 판매가격은 22.5kg 한 상자당 다이너마이트 5천920엔(약 22불) · 초안폭약 4천760엔(약 18불)이었으며, 미국 내의 다이너마이트 판매가격은 역시 상자당 24불로서 이는 국내 가격보다 16% 내지 23% 비싼 값이었다.

한국화약(주)이 원가조사에 시달려오는 동안에도 화약 판매고는 여전히 신장세를 보이고 있었다. 경제계는 5·31증권파동과 6·10통화개혁(10대 1로 평가절하하고 '환' 을 '원' 으로 변경)으로 또 한 차례 휘청거렸다.

그러나 한국화약은 혁명정부의 잇따른 대형 토목공사 발주와 강력한 광산물 수출 지원책에 편승해서 호황을 누리며 인천공장 3차 복구의 최종 공사인 글리세린 정제공장 건설에 총력을 기울였다.

글리세린 공장이 준공되면 화약의 국산화율을 80% 선으로 끌어올리게 되고, 생산원가도 큰 폭으로 낮추게 되어 국제 경쟁력을 갖추게 된다. 또한 3차에 걸친 복구공사로 인천공장은 연간 다이너마이트 280여 톤 · 암몬나이트(초안폭약) 780여 톤 · 도화선 1천2백만 미터 · 공업뇌관 1천만 개 · 전기뇌관 1백만 개 등을 생산해낼 수 있는 국제 규모의 대시설 용량을 갖추게 된다.

한편 본사 기획실에서는 화약을 중심으로 하는 군수산업 분야와 함께 이산화티탄을 포함한 정밀화학 분야의 사업성이 광범위하게 검토되고 있었다. 그 무렵 우리나라 경제계에는 외자도입 바람이 불기 시작했다. 경제개발계획을 추진해나가는 데는 내자동원에 한계가 있기 때문에 정부가 민간기업의 외자도입을 적극 유도했다.

5월에는 6·25전쟁 중(1951년 4월~ 1953년 1월)에 미8군 사령관을 지낸 밴 플리트 장군을 단장으로 하는 미국 실업인 28명이 한미 간의 민간경제 제휴를 협의하기 위해 내한해서 2주일 동안 국내 경제인들과의 폭 넓은 접촉을 가진 적이 있었다. 그때 김종희는 PVC 프로젝트에 관한 합작투자를 그들과 협의했는데, 그들의 투자조건이 AID(US Agency for International Development: 미 국제개발처) 차관을 전제로 하는 것이어서 구체적인 합의에는 도달할 수 없었다.

그 후 김종희는 기획실에 합성수지에 대한 사업성을 검토케 하는 한편, 7월에는 선진 외국의 화공업계를 둘러보기 위해 인천공장 생산부 차장 겸 연구실장인 신현기를 대동하고 일본·미국·영국·이탈리아·프랑스·서독·스웨덴·스위스·터키 등 세계일주 여행을 하고 돌아왔다. 해외 화공업계를 시찰하고 돌아온 김종희는 기획실장 권오균을 불러 석유화학 진출을 모색해 보라고 하면서 〈석유화학의 장래〉라는 일본책 한 권을 내놓았다. 아직 우리나라에서는 정부가 추진하고 있는 울산정유공장도 착공하기 전이어서 '석유화학' 이라는 단어 자체가 생소한 때였다.

"석유화학이 지금 한국 실정에 맞겠습니까, 사장님?"

"왜?"

"원료도 그렇고, 기술도 그렇잖습니까?"

"기술이야 선진국에서 돈 주고 사오면 되는 거고, 원료는 오래잖아 우리나라에도 정유공장이 설 텐데 거기서 나오면 되는 거지 실정에 안 맞을 건 뭐 있나? 그 책을 한번 읽어봐요! 장차 우리 인간의 의식주는 물론이고 인류문화까지도 석유화학이 지배하게 되어 있다구!"

“하지만 우리나라에선 지난 연초에 발족한 석유공사가 이제 겨우 법인 설립 등기를 필한 단계 아닙니까?”

“정유공장이 곧 착공되는 모양이야. 이번에 미국에서 플루어(Fluor)라고 울산정유공장을 설계한 회사인데, 그 회사 부사장 디이더(Deither)를 만났더니 건설 계약도 올해 안에 맺게 될 거라는 거야.”

“그나저나, 저도 그렇고… 기획실에 석유화학을 이해할 만한 사람이 있을지 모르겠습니다.”

“내년에 대학 졸업하는 화학과 출신을 공채해보면 어때?”

그렇지 않아도 김종희는 미국에서 돌아본 뒤퐁(Dupont) 사의 연구실에 자극되어 인천공장 연구실을 대폭 보강할 생각을 하고 있는 중이었다. 뒤퐁 사는 프랑스 국립화약제조소에서 근무한 적 있는 뒤 퐁 드 느무르(Dupont de Nemours)가 미국으로 이민 와서 1802년에 델라웨어주 월밍턴에 화약공장을 건설한 이래로 2세기에 걸쳐 세계적인 화약 메이커로 군림하며 그 왕좌를 지켜오는 미국의 대표적인 화학회사다. 처음에는 화약으로 시작해서 각종 화학약품과 염료·질소·메탄올·고급 알콜·합성고무 등을 만들면서 나일론을 발명하고, 지금은 원자탄과 수소탄 연구 제조에도 참여하고 있는데, 뒤퐁 사의 연구실을 한 번만 둘러본 사람이면 누구든지 그 회사가 오늘날과 같은 미국 내의 대기업으로 성장해 온 이유를 한눈에 알 수 있다. 90만㎡(27만여 평)에 달하는 광활한 연구단지 안에서 종사하고 있는 연구원이 무려 2천4백여 명, 그들 가운데는 박사나 석사학위를 가진 전문 인력만도 1천여 명을 헤아린다.

물론 한국화약(주)이 당장은 뒤퐁 사를 따라갈 수도 없고, 흉내 낼 수도 없는 일이다. 그러나 김종희는 한국화약(주)이 적어도 우리나라를 대표할 수 있는 화학회사로 발전하기 위해서는 무엇보다도 과감한 연구비 투자가 선행되어야 한다고 생각했던 것이다.

한국화약(주)에서는 그 해 12월 각 대학에서 추천되어온 1963년 졸업예정자 중 화공과·법과·상과 출신 40여 명을 상대로 최초의 공개채용시험을 실시했다. 당시 한국화약(주)은 독점기업이기 때문에 사원들의 대우가 좋고 군수산업 진출이 거의 확정적이어서 학생들 사이에 전망이 매우 밝은 회사로 알려져 있었다. 그 동안 기획실에서 추진해온 AR 소총 및 총탄 공장 건설계획이 이미 관계당국과의 협의가 끝나 고위층의 최종 결재를 기다리는 단계에 있었다.

김종희는 응시자들의 필기시험성적이 궁금했다. 응시자들 가운데는 피치 못할 자리에서 잘 봐줄 것을 부탁해온 사람도 있었다. 그는 기획실장에게 필기시험 채점결과를 보고하도록 지시했다. 처음부터 몇 명만 채용한다는 결정이 있는 것은 아니었다. 어떤 충원계획에 의한 사원모집이 아니고, 인재를 확보하고 양성하기 위해 공채하는 것이었기 때문에 필기시험성적이 80점 이상인 사람은 모두 1차 합격자로 정하고, 면접에서 특별한 결격사유가 없으면 전원 채용한다는 방침이었다. 그래서 시험문제도 한국은행 조사부에 의뢰해서 다른 기업 공채시험문제보다 조금 더 어렵게 출제했다.

"사장님! 필기시험성적이 저조한 편입니다."

"합격자가 몇 명이나 돼?"

"아홉 명밖에 안됩니다."

"겨우 아홉 명이야?"

"그래도 시험문제에 비하면 많이 합격한 겁니다."

"시험문제가 너무 어려웠나?"

"어떤 학생은 시험 도중에 아예 포기해버린 사람도 있습니다."

"아홉 명만 합격시키면 추천해 보낸 대학 측에 미안하지 않을까?"

"하지만 이번 공채는 인재를 뽑자는 게 목적 아닙니까, 사장님."

"그렇기는 하지만… 합격자 중에 김병세라는 이름 들어 있어?"

"김병세요…?"

권 부장이 채점표를 뒤적였다.

"누가 좀 봐달라는 사람인데…"

"김병세, 이 사람 점수 괜찮습니다, 사장님!"

"몇 점인데?"

"아깝습니다. 2점이 모자라 일단 합격자 명단에서는 제외되었지만 이
정도면 좋은 성적입니다."

"78점이라…"

"사장님께서 꼭 봐줘야 할 사람이면 이 사람까지 1차 합격자를 10명으
로 발표하시죠?"

"일단 결정해 놓은 원칙을 깰 수야 있나… 차라리 부탁해온 친구한테
내가 술을 한잔 사면서 양해를 구하지!"

"그럼…?"

"아홉 명만 그대로 발표해!"

그들 9명 중 1명이 면접에서 탈락했다. 1명이 탈락한 것은 면접 때 근무
지가 인천이 될 것이라는 말을 듣고 스스로 입사를 포기한 때문이었다.

공채 1기 8명이 신입사원으로 임용된 것은 1963년 1월 10일, 그들은 각
기 전공에 따라 4명은 인천공장 연구실에, 4명은 본사 기획실에 배속되었

다. 그 후 4명은 중도에서 탈락하고 허주욱(許柱旭)·박웅섭(朴雄燮)·신상진(辛商鎭)·이한상(李漢相) 등이 남아 한국화약그룹 중역으로 활약 중이었는데, 1960년대 초에 공채를 실시해온 회사 가운데 이처럼 공채 1기가 여러 사람 남아 있는 회사도 극히 드물었다.

그때나 지금이나 한국화약(주)의 대우가 좋아서 많은 사람이 오래 붙어 있는지도 모른다. 물론 그런 이유도 있겠지만 김종희는 사람을 함부로 쓰지도 않았지만 버리지도 않았다. 부하직원이 잘못을 저질렀다 해도 그것이 고의적인 과실이 아니면 책임을 추궁하지 않았고, 부하직원을 나무랄 때면 눈에서 불이 나게 야단을 쳤지만 화장실 한 번만 다녀오면 언제 그랬더냐는 식으로 웃는 얼굴이 되곤 했다.

그는 사업이 잘 된다고 크게 좋아하지도 않았지만 사업이 좀 안된다고 해서 화를 내거나 짜증을 내는 일은 더욱 없었다. 떼돈이 벌린다고 해도 공익에 반하는 일이면 거들떠보지 않았고, 설사 공익에는 반하지 않는다 하더라도 그것이 소비성 사업이거나 사치성 사업일 경우에는 손 댈 생각을 안 했다.

1963년은 한국화약(주)이 고전했던 한 해였다. 민정이양을 앞둔 정치적 난기류 속에 모처럼 의욕적으로 추진되던 경제개발계획이 침체 국면을 맞게 된 데 원인이 있었다. 정부의 재정사정으로 각종 토목공사가 중단되는 바람에 화약 수요가 줄어들고, 1961년 8월에 체결된 미8군과의 화약납품계약이 바이 아메리칸 정책 (Buy American Policy)에 걸려 잘 이행되지 않았으며, 외환 고갈로 인한 구상무역불 프리미엄이 폭등해서 화약원료를 수입해오는 데도 막대한 원가부담을 지게 되었던 것이다.

정부는 1961년 하반기부터 부족한 외환 사정을 타개하기 위한 정책수단으로 수출을 권장하고 수입은 억제하는 이른바 링크 무역을 강력하게 실시해왔다. 링크 무역이란 수출한 액수만큼만 수입하게 하는 일종의 통제 무역 형태로, 수출 실적이 없거나 적은 사람이 수입을 하고자 할 때는 수출을 많이 한 사람이 벌어놓은 수입불, 즉 구상무역불을 비싸게 사서 써야 한다.

김종희는 한국화약(주)에서도 최소한 화약원료를 수입해오는데 필요한 외화 정도는 자체적으로 해결해야 되겠다고 생각했다. 일찍이 모나자이트를 수출한 경험이 있는 그는 수출 전망이 밝은 광산을 물색하는 한편, 1962년 가을부터 우선 손쉬운 수산물 수출을 시작했다. 그 무렵 김·오징어가 일본에서 인기였다. 1962년 수출 실적은 1만2천 불(약 160만 원)에 불과했지만 1963년에는 8만6천 불(약 1천120만 원)의 실적을 올림으로써 어느 정도의 수산물 수출 기반을 구축할 수가 있었다.

민정이양을 둘러싸고 혼란을 거듭하던 정국이 10월 15일에 실시된 대통령선거를 고비로 서서히 안정 기미를 보이기 시작했다. 군사혁명을 주도했던 공화당의 박정희 후보와 실질적인 야당 단일후보였던 윤보선 후보와의 대결에서 박 후보가 우세하리라는 것은 어느 정도 예견된 일이었지만, 뒤이어 11월 26일에 실시된 6대 국회의원 선거에서도 야당 후보들의 난립으로 공화당이 압승을 거두었다.

그러나 천안에서는 지난 5대에 이어 이번 6대 국회의원 선거에서도 야당의 이상돈 후보가 당선되었다. 이상돈은 4대 국회의원 선거 때 천안 을구에서 당선됐던 김종철의 강력한 라이벌이다. 1963년 1월 1일자로 행정구역이 개편됨에 따라 천안읍이 시로 승격되면서 종전의 천안 갑·을 선거구가 천안시와 천원군으로 조정되었던 것이다.

"형님! 이번에도 형님이 출마했으면 문제없이 당선될 뻔했어요."

"글쎄…"

김종철은 5대 국회의원 당시 자유당 충남도당 위원장을 역임했기 때문에 구정치인들의 정치 활동을 금지하고 있는 이른바 정치활동정화법에 묶여 피선거권이 없었다.

"다음엔 형님이 꼭 나가십시오!"

"설마, 기회가 오겠지."

"아, 자유당 좀 했다는 게 무슨 죄가 됩니까? 다들 풀렸는데요!"

"그래도 나야 도당 위원장까지 지냈으니까 좀 자숙하는 것도 해로울 건 없어."

"좌우간 정치하는 사람들, 정신 차릴 때가 왔어요. 이번에도 보셨잖아요? 야당 한다는 사람들이 민주당 때는 신·구파로 갈라져서 그 야단을 치더니, 이번엔 또 민정당, 민중당, 자민당, 국민당의 4파로 갈라져서 싸우니 공화당을 당해냅니까?"

"그러다가 자네가 정치하겠다고 나서겠네, 핫하…"

"형님이 아니었으면 내가 정치했을지도 모르지요, 하하…"

"하긴 자네 같은 사람들이 정치를 하면 나라가 잘 될 거야."

"정치가 별겁니까, 형님? 정치하는 사람들이 사욕을 버리고 국익만 생각하면 되는 거 아닙니까?"

"옳은 말야. 제3공화국에 발을 들여 놓은 정치인들이야 잘해 나가겠지."

"우리나라는 민주주의도 해야 하지만 경제 제일주의 정책을 그대로 밀고 나가야 해요."

"정부가 벌써 총연장 1천400㎞에 달하는 1964년 도로보전(道路保全) 계획을 발표했던데, 내년에 화약 모자란다는 소리 안 나오겠어?"

"아, 형님두, 올해 확장 공사한 게 얼마라구요?"

김종희는 금년 한 해 동안에도 늘어날 화약 수요에 대비해서 날화기 2대를 추가로 설치한데 이어 날화기 가마 12대를 바꿨으며, TNT 분쇄공장을 신축하고 포장공실을 증축하면서 최신 자동포장기계를 서독에 발주하는 한편, 제1·2·3·5 포장공실에 롤러 컨베이어(Roller Conveyer)를 설치하여 작업능률을 높이고 안정성을 제고시켰다.

그 무렵 기획실에서는 신한베어링공업주식회사 인수작업이 한창 진행되고 있었다. 부평에 있는 신한베어링 공장은 원래 일본의 3대 베어링 메이커의 하나인 고요(光陽) 베어링이 1937년에 군수용 베어링을 생산하기 위해 건설했던 것으로, 8·15해방 후에는 육군 조병창이 관리해오던 것을 유병선이 1953년 신한베어링공업(주) 명의로 인수하고 각종 베어링 강구(鋼球) 및 기타 기계부속품을 생산 판매해오다가, 1958년에는 ICA 자금 20만 불을 들여 서독에서 최신기계까지 도입하는 등 의욕적으로 생산시설을 대폭 확충해온 우리나라 유일의 베어링 공장이다.

베어링은 기계의 회전 부분을 지지하는 기계부품으로 가공·생산·재료·설계·성능·계측·규격 등 고도의 기술과 정밀성이 요구된다. 또한 베어링은 그 형식에 따라 종류도 다양하지만 회전기능을 갖는 모든 기계를 제작하는데 있어 빼놓을 수 없는 부속품이기도 하다. 그러나 당시 신한베어링에서는 탄광에서 쓰는 탄차와 농기계 제작에 사용되는 일부 제한된 베어링밖에 생산하지 못했다. 기계공업은 일반 장치공업과는 달리 운전기술 이외에 고도로 축적된 기술 숙련도를 필요로 한다.

베어링 공업의 역사만 해도 방적기와 증기기관이 발명되던 제1산업혁명기로 거슬러 올라가면 2백 년에 가깝다. 하지만 우리나라에 베어링 기술이 들어온 지는 불과 20년, 그나마 우리 손으로 직접 베어링을 만들기 시작한 지는 10년이 채 안된 때여서 아무리 기계시설이 좋아도 국산 베어링은 조잡할 수밖에 없었다.

국산 베어링의 품질을 높이기 위해 서독에서 최신기계까지 들여왔지만 결과는 오히려 자금사정을 악화시킬 뿐이었다. 기계공업은 투자가 막대한 데 비해 회임기간이 늦은 것이 특색인데, 더욱이 베어링의 경우는 시설개선에도 불구하고 매출이 늘지 않으니까 산업은행에서 대출한 ICA 자금 20만 불에 대한 금리부담만 가중되어 갔다. 국산 베어링의 품질이 다소 좋아졌다고는 하지만, 군부대에서 유출되는 외제 베어링이 시장에 범람하고 있어 판매 전략상 도저히 이겨낼 방법이 없었다.

신한베어링에서는 회사운영을 위해 부득이 총 발행주식의 60%를 할애하고 두 사람의 동업자를 영입했다. 그랬으나 여전히 적자의 늪에서 허덕이게 되었다. 그런 시기에 동업자 두 사람이 김종철에게 자신들의 주식을 인수하지 않겠느냐고 제의해 왔었다. 두 사람 중의 하나가 김종철과 가까이 지내던 4대 국회의원이었는데, 그가 지난 7대 국회의원 선거에서 낙선한 후에 빚에 몰리고 있었던 것이다.

"저쪽 친구한테 가부간에 대답을 해줘야 할 텐데 뭐랄까, 김 사장?"

"어떻게 하면 좋아요, 형님?"

"아, 그야 자네가 알아서 결단을 내려야 할 일이지."

"맡을 수도 없고, 안 맡을 수도 없고… 고민이에요."

"왜?"

"우리나라 기계공업을 위해서는 누군가 꼭 하기는 해야 하는 사업인 모양인데… 기획실에서 검토한 결과로는 현재의 국내 기계공업 수준으로 봐서 앞으로 최소한 10년은 손해 볼 각오하고 꾸준히 투자해야 할 거라니 문제 아네요?"

"장래성은 있는 건가?"

"장래성이나마나 신한베어링이 저대로 잘못되는 날이면 20만 불이나 들여 새 기계까지 들여왔는데 국가적으로도 큰 손해잖아요?"

〈국가사회에 기여하자〉는 한국화약의 사훈은 전시용 구호가 아닌 김종희의 일관된 창업이념이다. 그는 1963년이 저물기 전에 신한베어링 주식 60%를 인수하고, 1964년 1월 4일을 기해 대표이사에 취임함으로써 창업 12년 만에 처음으로 화약 이외의 업종에 한 발을 들여놓았다.

# 11

## 석유화학 진출

김종희는 회사 못지않게 가정에도 충실했다. 그의 일과는 아침 7시에 눈을 뜨면 어머니에 대한 아침 문안으로 시작된다. 그는 아무리 밤늦게 돌아와도 반드시 어머니에게 저녁 문안을 먼저 드렸으며, 주무실 때면 꼭 방에 들어가서 어머니의 잠자리를 한번 보살피고 나오곤 했다. 아들딸이 잠든 방문을 차례로 한 번씩 열어보는 일도 그는 잊지 않았다.

제3공화국의 출범으로 진정국면에 들어서던 정치권이 이번에는 한일회담을 둘러싼 굴욕외교 논쟁으로 긴장하기 시작했다. 경색된 정국에도 불구하고 미국의 1964년 대한 지원자금 1차분 1천5백만 불이 방출되면서 한때 정부 재정사정으로 중단됐던 각종 토목공사가 재개되고, 정부의 적극적인 대단위 탄좌개발정책과 함께 광산물에 대한 강력한 수출 지원책이 추진됨에 따라 화약 수요는 급격히 증대해갔다.

5월에 김종희는 취약한 신한베어링의 재무구조를 개선하기 위해 2천5백만 원의 종래 자본금을 4천5백만 원으로 대폭 증자하는 한편, 경영부실로 그 동안 체불돼온 종업원들의 노임을 전액 지급하고, 상호도 한국베어링 공업주식회사로 변경하여 회사 이미지를 안팎으로 일신시켰다.

그리고 그는 울산정유공장이 가동하기 시작한 것을 계기로 지난해부터 구상해오던 석유화학 진출을 본격적으로 서둘렀다. 기획실에서 추진하던 AR 소총 및 총탄공장 건설계획은 고위층이 최종 결재과정에서 민간기업이 무기생산을 하기에는 아직 시기적으로 이르다는 이유로 그 계획 자체를 육군 조병창에 넘기는 것이 바람직하다는 결론으로 일단락되었다.

인천공장 연구실이 화약제조공정의 하나인 초화 과정에서 큰 비중을 차지하는 산(酸) 처리작업과 관련해서 연구해온 화약제품개발은 일메나이트 원광에서 이산화티탄을 뽑아내는 데까지 성공했다. 그러나 수색에 공장부지까지 마련해 놓고도 끝내는 채산성이 문제가 되어 산업화 단계에서 포기하지 않을 수 없었다.

석유화학이란 연료 및 윤활유 이외의 모든 석유화학공업의 기초가 되는 석유계 탄화수소에 관한 화학으로, 현대산업의 마술사로 일컬어질 만큼 산업사회 전반에 미치는 파급 효과가 매우 큰 유망업종이다. 그러나 석유화학에 진출한다는 것이 만만한 일이 아니다. 석유화학 분야로 진출하는 데는 정유산업에 못지않은 고도의 기술과 막대한 투자가 뒤따라야 한다. 정부가 일산(日産) 3만5천 배럴 규모의 울산정유공장 하나를 건설하는 데도 대한석유공사를 설립하고 석유를 생산해내기까지에는 장장 27개월이 걸렸으며, 공장건설에 투입된 자금만 해도 내외자를 합쳐 약 80억 원(내자 25억2천5백만 원 · 외자 51억5천5백만 원)이나 된다.

"권 부장! 사업계획서는 언제까지 만들어낼 수 있겠어?"

"하도 어마어마해서요…"

"겁주지 마라, 이 사람아! 뭐가 어마어마하다는 거야?"

"나프타 크래킹 시설 하나만 하려고 해도 몇 천만 불이 들어야 할 것 같습니다."

"그런 걱정 말고, 빨리 계획서나 만들어 경제기획원에 제출해! 정부 허가만 나면 돈하고 기술하고는 얼마든지 있어. 석유화학사업은 정부가 직접 한다고 해도 어차피 자금하고 기술은 선진국에서 들여올 수밖에 없는 거야!"

기획실이 석유화학 사업계획을 완성한 것은 그 해 11월 하순. 그 내용은 나프타(Naphtha) 분해시설을 비롯한 석유화학계열 공장을 총망라하는 것으로, 80여 페이지에 달하는 계획서에는 석유화학 콤비나트(Combinat) 건설에 관한 해설을 겸한 건의 외에도 이해를 돕기 위한 여러 가지 도표와 각종 일람표 등이 잔뜩 첨부되어 있었다.

그 무렵 우리나라에서는 PVC 제품시장을 럭키화학(현 LG화학)에서 거의 독점하다시피 한 가운데 많은 군소 플라스틱 공장들이 연간 1만 톤 이상 소요되는 PVC 원료 전량을 수입에만 의존하고 있을 때였다.

PVC 제품도 초기의 간단한 주방 용기에서 점차 다양해지기 시작해 지금은 상품용 각종 포장용기 및 농업용 필름 등으로 널리 이용되고 있어 그 수요가 해마다 급증하는 추세를 보이고 있었다. 그런데도 우리나라에서는 미국이나 일본에서 현지 생산가격이 톤당 3백 불에 불과한 PVC 레진을 750불이라는 고가로 수입해오고 있는 실정이어서 이의 국산화가 시급한 당면과제로 대두했다.

김종희는 우선 석유화학 사업계획서를 경제기획원에 제출하도록 지시했다.

"도대체 이게 뭘 하겠다는 계획서입니까?"

경제기획원 공공차관과의 서석준 사무관이 석유화학 사업계획서를 접수시키러 온 맹원기(孟元起)를 빤히 쳐다보았다. 맹원기는 특채 2기로 1962년 초에 입사한 후, 인천공장 글리세린 계장을 지내면서 지난해에 글리세린 정제공장을 준공시키고 기획실로 전보되어 와서 석유화학 사업계획수립의 기술 분야를 담당했던 화공과 출신의 공학석사다.

"보시면서도 모르시겠습니까? 석유화학 사업을 하겠다는 거 아닙니까."

"경제기획원에선 이런 사업계획서를 접수한다고 말한 적이 없을 걸요…?"

"제1차 경제개발계획 속에는 이미 PVC 공장건설이 들어가 있잖습니까."

"PVC 공장이 석유화학하고 관련 있나요?"

"아, 그럼요."

"경제개발계획에 포함되어 있는 PVC 공장은 카바이드 공법에 의한 건데, 카바이드도 석유화학에 속해요?"

"그렇다면 경제개발계획이 약간 잘못됐군요."

"뭐라구요?"

"PVC 생산은 이미 세계적으로 석유화학으로 바뀌고 있습니다. 카바이드 공법에 의한 PVC 생산은 코스트가 비싸게 먹히기 때문에 선진국에서는 벌써 사양길에 들어선 지 오래됩니다."

"한국은 아직 선진국이 아닙니다!"

"이 사업계획서를 자세히 검토해보시면 이해하게 되실 겁니다."

"현재로서는 석유화학에 관한 아무런 계획이 없기 때문에 이런 사업계획서는 접수할 수가 없습니다."

"계획이 없다고 해서 접수할 수 없다고 해서야 말이 되겠습니까?"

"이 양반이…?"

"경제기획원이 뭘 하는 뎁니까? 계획이 없더라도 민간기업이 이런 첨단산업에 진출하겠다고 사업계획서를 내면 경제기획원에서는 마땅히 검토해서 허가해줘야 할 것 아닙니까!"

석유화학 사업계획서는 시비 끝에 겨우 민원서류라는 명목으로 접수되었다. 한국화약(주)에서 석유화학사업을 추진한다는 소문이 금세 정부 안에 파다하게 퍼져나갔다.

"한국화약 친구들, 화약하고 석유화학하고 같은 걸로 착각하고 있는 거 아냐?"

"한국화약 총재산이 얼마나 되는데 석유화학사업을 하겠다는 거야?"

"요즘 제 돈 갖고 공장 짓겠다는 사람이 어디 있어야지."

"차관도 그렇지, 석유화학을 일이천만 불 가지고 할 수 있는 거야?"

관가에서 들려오는 소리는 하나같이 비관적인 것이었다. 김종희는 기획실에 지시해서 간략한 브리핑 차트를 만들게 했다. 그리고 그 차트를 들고 장기영(張基榮) 경제기획원 장관을 찾아가서 석유화학에 대한 설명을 하고, 그 필요성을 강조했다. 연방 고개를 끄떡이고 듣고 있던 장 장관이 시원스럽게 대답하는 것이었다.

"김 사장님, 좋습니다! 우선 타당성부터 조사하도록 지시해놓겠습니다. 타당성만 인정되면 정부 차원에서 적극적으로 밀어 드리겠습니다!"

그 후 경제기획원에서는 1965년 AID 자금으로 미국의 유명한 기술용역 회사인 ADL 사에게 6개월 기한으로 한국의 석유화학사업 타당성 조사를 의뢰했다.

석유화학사업 타당성 조사가 진행되고 있는 동안, 20여 년을 두고 끌어오던 한일 국교정상화의 최대 장애요인이던 청구권·법적지위·어업 등의 3대 현안이 타결되어 한일 협정이 정식으로 체결(1965년 6월 22일)되고, 마침내는 야당의 격렬한 반대에도 불구하고 제51회 임시국회에서 비준동의안이 발의되었다.

미국 ADL 사의 타당성 조사 결과는 한국에서의 석유화학사업은 시기상조라는 것이었다. 석유화학 콤비나트를 이룩하기 위해서는 석유 부산물인 콜타르(Coaltar) 양이 나프타 분해에 필요한 최소경제단위가 보장되어야 하는데, 그러기 위해서는 석유 생산량이 일산 10만 배럴 선에 달해야 한다는 것이다. 울산의 일산 3만5천 배럴 규모의 정유공장이 가동하기 시작한 지 겨우 1년이 조금 지난 때다.

"그럼, 한국에서 석유화학사업을 하려면 울산정유공장 시설이 지금의 3

배로 증설될 때까지 기다려야 한다는 거야, 뭐야?"

실망한 김종희가 맹원기에게 물었다. 맹원기는 그 동안 ADL 사의 타당성 조사업무를 협조하기 위해 경제기획원이 촉탁으로 고용한 국내 조사원 3명 중의 한 명으로 일해 왔다.

"그래서 경제기획원에서 지금 성안 중인 제2차 경제개발 5개년 계획 속에 석유화학을 포함시키기로 했습니다."

"경제개발계획 속에 넣기만 하면 뭘 해, 정유공장이 증설돼야 하는 거지."

"사장님!"

맹원기는 주위를 한번 살펴보고 나서 소곤대듯이 말했다.

"이번 2차 경제개발 5개년 계획 속에는 국산 자동차공장 건설계획과 함께 제2정유공장을 건설한다는 계획이 검토되고 있습니다."

"제2정유공장을…?"

"예!"

"석유화학 콤비나트를 우리가 계획하고 있는 이상, 제2정유공장은 당연히 우리가 해야 할 것 아닌가!"

"그렇습니다."

"좀 더 확실하게 알아봐!"

정유산업은 이윤이 높은 근대산업의 총아다. 3만5천 배럴 규모의 울산정유가 올해 20억 원의 이익을 내다보고 있다는 것이 재계의 공론이었다. 더욱이 정유공장은 석유화학 콤비나트를 용이하게 할 수 있는 원동력인 것이다.

제2차 경제개발 5개년 계획 속에 제2정유공장 건설이 포함된다는 것이 거의 기정사실로 굳어지자, 김종희는 석유화학 진출의 1단계를 PVC 공장 건설로 확정하고, 그 해 8월 20일에 한국화성공업주식회사를 설립했다. 나프타 분해로 시작해서 PVC 원료인 VCM에 이르는 석유화학계열 공장은 제2정유공장이 들어선 다음에 추진해도 늦지 않다.

김종희는 정유공장 건설 파트너를 알아보기 위해 서둘러 일본으로 건너갔다. 8월 14일, 제52회 임시국회에서 한일 협정 비준동의안이 국회를 통과하자 경제인들이 앞으로 도입될 청구권에 의한 재정차관을 겨냥하고 앞 다투어 일본 출장을 떠났다. 그러나 김종희는 이미 석유화학 진출을 구상하던 1963년부터 일본의 유수한 대기업들을 상대로 기술 및 자금문제를 폭 넓게 협의해온 터여서 PVC 공장건설 때문에 따로 교섭을 해야 할 일은 없었다.

그는 일본에 진출해 있는 몇몇 미국 석유회사와 접촉했다. 당장은 한국의 제2정유공장 건설문제를 드러내놓고 협의할 수 있는 단계가 아니었으므로, 그는 다만 한국화약(주)이 추진하는 석유화학 콤비나트 건설계획의 일환으로 정유공장까지 갖추고 싶다는 말로 그들의 한국 진출 의향을 타진해 보았다. 이미 한국에 상륙한 걸프(Gulf)가 한국 정부에 의해 특별대우를 받고 있다는 사실에 깊은 관심을 갖고 있는 그들은 저마다 한국 진출을 열망하는 눈치였다. 울산정유공장의 경우는 당시 정부 재정 규모가 미약했을 뿐 아니라 정유공장건설은 물론이고 운영에 관한 기술이나 경험이 전무한 상태였기 때문에 걸프를 합작 파트너로 받아들이면서 유공(油公) 주식의 25%를 인수하는 동시에 정유공장건설에 필요한 2천만 불의 차관을 장기 저리로 제공한다는 조건으로, 거부권을 인정하는 경영 참여권과 함께 원유의 독점 공급권까지 부여하는 파격적인 대우를 했던 것이다.

김종희는 그들과 접촉을 통해 제2정유공장 건설에는 유공 때와 같은 특별대우를 하지 않더라도 합작선을 구할 수 있을 것이라는 자신을 얻게 되었다. 그는 일본에 온 김에 전부터 얘기가 되어 있던 미쓰비시쇼지(三菱商事)와의 PVC 공장건설에 필요한 8백만 불 규모의 차관 가계약을 체결하고 9월 말에 귀국했다.

"권 부장! 기획실에서 지금부터 미리 정유산업에 관한 스터디를 해놓도록 해요!"

"알겠습니다. 그런데, 다른 회사에서도 움직임이 있는 것 같습니다."

"그야 사업하는 사람이면 누구나 한번쯤 생각해보지 않겠어?"

"결국 마지막 승부는 누가 더 유리한 합작선과 제휴하느냐에 달려 있습니다."

"최선을 다해 봐야지."

"PVC 사업은 당초 계획대로 밀고 나가는 겁니까, 사장님?"

"물론이지! 언제든지 정부가 2차 경제개발 5개년 계획만 확정했다 하면 즉각 제출할 수 있게끔 사업계획서를 완벽하게 준비해 놓으라구."

정부가 연간 경제성장률을 7% 목표로 하는 제2차 경제개발 5개년 계획 요강을 확정 발표한 것은 그 해 11월 24일. 김종희는 그 달에 한국화성 자본금 1억 원을 5억 원으로 증가하고 경제기획원에 PVC 공장건설에 필요한 차관승인을 신청했다. 그것은 국내 기업이 승인 신청한 민간 베이스의 최초의 일본 차관으로, 경제기획원 공공차관과 관계관들을 또 한 번 당혹스럽게 했다. 아직 한일 협정 비준서도 교환되기 이전이었고, 정부의 대일 차관 방침도 확정되지 않은 때였다.

12월 18일에 한일 협정 비준서가 정식으로 교환되고, 우리나라의 김동조(金東祚) 주일 대사가 현지에 부임한 것은 1966년 1월 14일. 정부가 대일 차관업무를 본격적으로 취급하기 시작한 것은 한일 청구권 관리위원회가 1차년도 사용계획안(1억3천753만 불)을 확정한 2월 하순부터였다.

정부의 대일 차관업무만 개시되면 일사천리로 처리될 것이라고 믿었던 한국화성의 PVC 사업계획이 의외의 벽에 부딪쳤다. 상공부에서 선뜻 승인하려 하지 않았다. 이유는 PVC 공장의 과잉건설이라는 것이었다. 이미 1962년에 허가한 대한프라스틱(주)의 연산 7천 톤 규모의 PVC 공장과 1964년에 허가한 공영화학의 연산 8천 톤 규모의 PVC 공장이 준공되면 국내 PVC 수요를 충족시킬 수 있다는 것이 상공부의 주장이었다.

그러나 1962년에 허가된 대한프라스틱 부강공장은 지난해(1965년) 9월에야 짓기 시작해 올해 말경에 완공될 예정이었고, 공영화학의 울산공장은 아직 언제 착공한다는 계획도 확정되지 않은 상태였다. 더구나 경제기획원이 추산하고 있는 1965년 국내 PVC 수요량이 1만5천 톤이었고, 국내 PVC 제품의 소비추세가 해마다 40% 이상씩 늘어날 전망이어서 대한프라스틱과 공영화학에서 건설하는 PVC 공장이 완전히 준공되는 시기를 1967년 말로 예정한다면 벌써 1968년부터는 국내 PVC 공급 물량이 1만 톤 이상 부족하게 된다는 결론이다. 따라서 상공부가 PVC 생산시설 과잉을 이유로 한국화성의 사업계획을 허가하지 않는 것은 이론상 타당성이 없다.

그렇다면 상공부가 한국화성의 PVC 공장건설을 허가하지 않는 속사정은 무엇인가. 사실 문제는 한국화성에서 건설하려고 하는 PVC 공장이 이미 허가한 두 공장과는 달리 카바이드 공법이 아닌 석유화학 공법이라는 데 있었다. 카바이드 공법에 의한 두 공장이 건설되자마자 석유화학 공법에 의한 PVC 공장이 뒤따라 건설되는 날이면 먼저 건설된 두 공장이 문을 닫게 될지도 모른다는 불안 때문이었다. 같은 PVC라 해도 카바이드 공법에 의해 생산되는 PVC는 석유화학 공법에 의해 생산되는 PVC에 비해 생산원가가 엄청나게 비싸게 먹힌다.

"이봐! 말도 안 되는 수작 하지 말라고 해!"

김종희는 상공부를 출입하는 권혁중을 몰아세웠다.

"시발자동차 공장이 있는데 새나라자동차 공장은 왜 허가했대? 미투리 장사 망할까봐 고무신공장 차리지 말라면 말이 되느냐 말여, 아직 언제 준공될지도 모르는 카바이드 PVC 공장 보호하자고 석유화학 PVC 공장을 허가 안 한다면 말이 되는 거여?"

"저쪽 업자들이 되게 붙들고 늘어지는 모양이에요."

"저쪽에서 붙들고 늘어지거든, 이쪽에선 자네가 물고 늘어지면 될 거 아닌가 뵈."

"암만해도 사장님이 고위층에 계신 분들을 한번 만나보셔야 할 것 같아요."

"쓸데없는 소리하고 있다. 경제기획원에서 승인했으면 그만이지, 이만 일에 대통령을 만날 거여, 누굴 만날 거여? 좌우간에 여러 말 말고 다음 국회에 차관 지불보증 동의안을 낼 수 있게끔 처리해! 알겠어?"

이때 권오균 기획실장이 노크하면서 신문 한 장을 들고 들어왔다.

"사장님, 이걸 좀 보십시오!"

"뭔데, 그래?"

권오균이 테이블 위에 펼쳐놓은 신문의 하단 전면이 제2정유공장(일산 6만 배럴 규모) 실수요자 공모 광고로 꽉 차 있었다.

"공모 마감일이 6월 10일이면 앞으로 며칠 남아 있는 거야?"

"오늘이 5월 7일이니까 약 한 달 기간밖에 안 됩니다, 사장님!"

"한 달이라…"

"정부에서 무슨 꿍꿍이속이 있는 거 아닐까요?"

"글쎄…, 그렇다고 가만 앉아 있을 수도 없는 일 아닌가."

"기한이 좀 촉박합니다."

"내가 일본에 다녀올 테니까 그 동안 권 부장은 이 공모 요령대로 실수요자 신청서 준비나 완벽하게 해놔!"

예상했던 대로 재계는 제2정유공장을 둘러싸고 치열한 각축전을 벌이기 시작했다. 제2정유공장 쟁탈전에 뛰어든 대기업들은 신문지상에 오르내리는 회사 이름만 해도 10개 업체가 넘었다. 신문들은 재계의 경쟁을 부채질이라도 하려는 듯이 연일 정유산업에 관한 특집기사를 다투어 보도했다. 그 중의 한 신문기사 내용을 소개하면 이런 것이었다.

『 요즘 재계에서는 제2정유공장 건설권을 놓고 공전의 쟁탈전을 벌이고 있는데, 왜 이번 쟁탈전이 그토록 심각한 것일까. 그 이유는 첫째 석유산업이 지닌 고도의 이윤성이다. 원래 석유는 일확천금의 마물(魔物). 유명한 서부극 〈자이안트〉의 주인공이 목동의 발자국에서 검은 황금이 분수처럼 솟아오르는 것을 발견하듯이, 알라 신이 준 중동의 석유는 세계적인 시혜(施惠) 덕택으로 늘 풍운을 거칠게 했다.

석유산업이란 채유권과 함께 정제권, 수송권, 그리고 판매권이 각기 모두 고도의 이윤성을 지니고 있다. 지금 전개되고 있는 우리나라의 정유공장 건설권 쟁탈전은 그와 같은 석유의 사업성 말고도 또 하나의 요인이 작용하고 있다. 국내 유수 재벌들의 경쟁인 데다가 그 배후에 국제 석유자본의 경쟁이 작용하고 있다는 사실이다.

국내 산업구조로 볼 때 정유산업은 울산정유에 의해서 독점되어 있는 경쟁의 처녀지인 데다가 세계 석유시장의 입장에서 볼 때도 역시 한국은 코스코(KOSCO: 대한석유저장회사)의 판매시장에서 전환된 지가 얼마 되지 않을 뿐 아니라 걸프(Gulf) 일색의 처녀시장이다.

이러한 시장의 낙후성이 공전의 기업경쟁을 유발시키고 있는 것이다. 거기에다 정유산업은 가장 이윤도가 높은 석유화학공업과의 콤비나트를 용이하게 한다는 점에서도 쟁탈전을 한층 자극하고 있다. 내적으로는 재계의 판도를 바꾸게 될 패권을 위해서, 외적으로는 경쟁이 치열한 신규시장의 개척을 위해서 내외자본의 기업전쟁이 벌어지고 있는 것이다.

자본의 관능(官能)을 자극하고 있는 가장 큰 매력은 3만5천 배럴 규모의 울산정유가 지난해 20억 원, 올해 13억 원의 이익을 계산하고 있다는 그 사업의 이윤이다. 6만 배럴의 제2정유를 둘러싸고 내외 재계의 막강한 실력자들이 불꽃 튀기는 싸움을 벌이고 있는 것은 당연 이상의 당연이라 하겠다.』


아무튼 정부가 공고한 이번 제2정유공장 실수요자 모집이야말로 누가 재계의 선두주자로 부상하느냐 하는 단군 이래 최대 최고의 메리트를 갖는 이벤트 중의 빅 이벤트임에는 틀림없었다.

김종희가 일본에서 귀국한 것은 실수요자 모집 마감일을 하루 앞둔 6월 9일이었다.

"권 부장! 다른 서류들은 다 준비되어 있겠지?"

"예! 자금계획만 첨부하면 됩니다."

"그럼, 자금계획도 오늘 밤 안으로 끝내야 하겠군."

"합작문제는 잘 타결이 되셨습니까, 사장님?"

김종희가 여행가방 속에서 두툼한 서류 봉투 하나를 꺼내 놓았다.

"고무줄처럼 늦췄다 당겼다 하느라고 어젯밤 10시에 가서야 겨우 사인을 했는데…, 이게 바로 스켈리 사와의 합작 계약서야, 잘 검토해 봐!"

김종희가 이번 출장에서 스켈리 오일(Skelly Oil)과 제휴할 수 있었던 것은 우연한 행운이었다. 그는 일본에 진출해 있는 미국의 유명 석유회사 측을 접촉했었다. 그런데 그들이 제시하는 조건은 거의 다 걸프가 유공과 제휴한 조건과 대동소이한 내용들이었다. 실수요자 경쟁에서 이기려면 보다 유리한 합작선과 제휴하지 않으면 안 된다. 그런 때에 같은 호텔에 투숙 중인 플루어(Fluor) 사의 부사장 디이더(Deither)를 만났다.

플루어 사는 울산정유공장을 건설한 회사로, 지금은 진해에서 제4비료공장을 건설하고 있는 중이다. 미스터 디이더와 김종희는 전부터 친분이 있는 사이다. 디이더가 마침 도쿄에 출장 중인 스켈리 사의 영업담당 사장을 소개했는데, 스켈리 사는 제4비료공장의 지분회사로 한국 경제계에도 이미 잘 알려진 회사였다.

스켈리 사와의 합작계약 내용은 대강 다음과 같은 것으로, 유공이 3년 전에 받아들인 걸프의 투자조건에 비하면 월등하게 유리한 조건이었다.

첫째, 자본금 5백만 불(약 13억5천만 원) 규모의 합작 정유회사를 설립하고 주식지분율은 50대 50으로 한다.

둘째, 정유공장건설에 필요한 자금 약 3천5백만 불 중 3천만 불은 스켈리 측에서 차관을 주선하되 금리는 미국 은행의 우량 대출선에 대한 표준 금리인 연리 6%로 하며, 상환은 3년 거치 10년 분할상환으로 한다.

셋째, 스켈리 측은 정유공장 건설자금 외에 운영자금 1천만 불을 투자하되 이는 무이자로 2년 거치 3년 분할상환토록 하며, 스켈리 측은 원유공장 준공 후 10년간 원유를 독점적으로 공급할 권리를 갖는다.

마지막 조항인 10년간의 원유 독점공급권만은 김종희가 끝내 양보할 수밖에 없는 조건이었다. 당시는 정유산업의 이권 중에서 원유 공급권이 석유 판매권보다 비중이 더 컸던 시절이다.

기획실이 자금계획을 세워 제2정유공장 실수요자 신청서를 완벽하게 구비한 것은 마감 시간을 한 시간 남긴 6월 10일 오후 4시. 경제기획원통인 맹원기가 실수요자 신청서를 싸들고 부리나케 공공차관과로 달려갔다. 다른 회사에서는 벌써 다 접수했는지 공공차관과가 조용했다.

"아, 이거 너무 늦어서 미안합니다."

맹원기가 짐짓 미안해하며 담당직원 앞에 신청서 보따리를 풀어놓았다.

"그래도 한국화약이 제일 빠른 편인데요."

"아니, 그럼 아직 아무 데서도 접수시키러 오지 않았습니까?"

"이제 몰려오겠지요."

그때가 4시 30분. 5시 10분 전이 되니까 그제서야 서로 약속이라도 한 듯이 한꺼번에 몰려와 여섯 건이 접수되었는데, 이는 당국이나 재계가 예상했던 10여 건에는 훨씬 못 미치는 저조한 경쟁률이었다. 다음날 신문이 보도한 대로 아무리 메리트가 높은 정유산업이라 해도 1, 2백만 불이 아닌 몇 천만 불의 거대한 석유자본과 제휴해야 한다는 것이 그리 쉬운 일은 아니었던 모양이다. 신문지상에 공개된 여섯 건의 신청사항은 다음과 같았다.

1. 동양석유(東洋石油; 한국화약 계열의 김종희) - 미국 스켈리와 제휴(합작투자 및 차관).

2. 동방석유(東邦石油; 롯데제과 계열의 신격호) - 일본 이토추(伊藤忠)와 제휴(차관).

3. 삼양석유(三洋石油; 삼양개발 계열의 송대순) - 일본 니치멘(日綿)과 제휴(차관).

4. 삼남석유(三南石油; 판본방적 계열의 서갑호) - 미국 선 오일 또는 컨티넨탈 오일과 제휴(합작투자나 차관).

5. 한양석유공업(漢陽石油工業; 한양재단 계열의 김연준) - 미국 엑소스탠더드와 제휴(차관 및 합작투자).

6. 호남정유(湖南精油; 럭키화학 계열의 구인회) - 일본 미쓰이물산과 미국 소코니 모빌과 제휴(차관 및 합작투자).

실수요자 공모가 끝나자 경제기획원 문턱은 제2정유공장의 향방을 점치기에 여념이 없는 기자들의 발길로 불이 났다. 하지만 경제기획원 관계자들은 하나같이 꿀 먹은 벙어리처럼 입을 꾹 다물고 열지 않았다. 항간에는 이번 제2정유공장 실수요자 결정이 사업계획의 타당성 여부보다는 정치적 배려에 의해 좌우될 것이라는 풍문이 나도는 가운데, 실제로 경쟁자들은 온갖 정치적 배경을 다 동원하기 시작했다.

그러나 김종희는 실수요자 결정이 어디까지나 차관이나 합작조건 여하에 의해 결정될 것으로 믿고 내심 느긋해 하고 있었다. 한국화약이 제시한

합작투자조건이야말로 우리나라가 지금까지 도입해온 어떤 상업차관보다
도 제일 유리한 것이라는 확신을 가지고 있었기 때문이다.

7월 1일, 김종희는 정부의 수출입국(輸出立國) 정책에 발맞추어 자본금 1
억 원의 태평물산주식회사를 설립하고 그 동안 한국화약(주) 무역부가 관
장해오던 수출입 업무를 독립시키는 한편, 수출시장 개척에 적극적으로
뛰어들었다. 이제까지 한국화약(주)의 수출은 수산물이 대종을 이루어 왔
는데 1965년 수출실적이 약 35만 불이었으며, 올해에는 40만 불 선을 넘어
설 것으로 기대되고 있었다.

한편 지난해 3월에 매입한 군위의 아연광산 채굴이 지난봄부터 본격화
되어 올해 가을에는 상당량이 수출될 전망이었다.

제58회 정기국회 개회기간인 11월 4일에는 장장 1년 가까이 끌어온
PVC 공장건설을 위한 820만 불 차관 정부지불보증 동의안이 본회의를 통
과했다. 한국화성의 차관 승인이 그토록 지연되어온 것은 선발업체인 대
한프라스틱과 공영화학의 반발을 무마하려는 당국의 시간 끌기 작전 때
문이었다. 그 무렵에는 이미 대한프라스틱이 부강공장 준공을 한 달 앞두
고 있었고, 공영화학에서도 막 한 달 전에 울산공장을 착공한 때였다.

이제는 한국화성에서 아무리 공장 건설을 서두른다고 해도 대한프라스
틱이나 공영화학을 앞지를 수는 없다. 그러나 김종희는 오히려 공장건설이
늦어진 것이 다행한 일일지도 모른다고 생각했다. 제2정유공장 실수요자
결정이 떨어지게 되면, 차라리 PVC 공장을 석유화학 콤비나트 계획의 일
환으로 건설할 수 있다는 이점이 있었기 때문이었다. 김종희는 10년 묵은
체증이 풀린 것처럼 속이 개운했다.

"술 드셨군요."

밤늦게 거나하게 취해 돌아오는 김종희를 부인 강태영 여사가 맞았다.

"음! 회사 친구들하고…"

"좋은 일이 있으셨어요?"

"차관 지불동의안이 오늘 국회를 통과했어요."

"잘 됐네요."

강 여사는 남편이 집에서 사업 얘기를 안 하기 때문에 회사 일에는 어두운 편이었지만 차관 문제만은 오랫동안 말썽이 되어 오던 일이라서 알고 있었다.

김종희는 회사 못지않게 가정에도 충실했다. 그의 일과는 아침 7시에 눈을 뜨면 어머니에 대한 아침 문안으로 시작된다. 아버지는 형이 모시고, 어머니는 김종희가 모실 때다. 그는 아무리 밤늦게 돌아와도 반드시 어머니에게 저녁 문안을 먼저 드렸으며, 주무실 때면 꼭 방에 들어가서 어머니의 잠자리를 한번 보살피고 나오곤 했다. 아들딸이 잠든 방문을 차례로 한 번씩 열어보는 일도 그는 잊지 않았다. 어느덧 고등학교 졸업반인 영혜는 올해 열아홉, 피난둥이 승연(升淵)은 중학교 2학년이고, 막내 호연(昊淵)이 초등학교 6학년이다.

"여보! 우리 이 집으로 이사 와서 집들이 했어요?"

각 방을 둘러보고 난 김종희가 난데없이 '집들이' 얘기를 꺼냈다.

"당신두 참…, 이 집으로 이사온 지가 언젠데 지금 무슨 집들이에요?"

장충동에서 가회동 집을 사가지고 이사한 것은 2년 전이다.

"십 년이 됐더라도 안 했으면 한번 할 수 있는 거 아녀?"

"집들이 안 했다고 밖에서 누가 뭐라는 사람 있어요?"

"아니야, 회사 사람들을 한번 집으로 초대했으면 해서 하는 말야."

김종희 회장 생일 파티

"회사 사람들을 왜 별안간 집으로 초대해요?"

"회사 친구들이 차관 때문에 그 동안 애를 많이 썼는데, 앞으로 공장을 짓자면 또 고생을 해야 할 테니까 위로와 격려 겸해서 한번 초대할까 하는 거지."

"그게 뭐 어려워 꼭 집들이를 해야만 하나요?"

"그래도 무슨 핑계가 있어야 할 거 아녀?"

"잘 됐네요. 내일 모레가 당신 생신인데, 생일잔치 차리죠, 뭐."

"벌써 내 생일이 내일 모레야?"

"오늘이 음력으로는 구월 스무이튿날이에요."

"그럼, 핑계 김에 생일잔치 한번 차려볼까…?"

김종희의 나이 올해 마흔다섯. 그는 여태 생일잔치를 차린 적이 없다. 아직까지는 생일잔치를 벌일 만큼 한가롭지도 않았거니와 잔치네 파티네

하고 모여서 먹고 마시는 것을 그는 낭비라고 생각해서 별로 좋아하지 않았다. 그렇기 때문에 한국화약에서는 그 무렵 회사마다 유행처럼 무슨 때면 으례 모이곤 하던 부부동반 파티 같은 것도 없었고, 회사간부 집에서 돌아가면서 모이는 친목회 같은 것도 없었으며, 다만 1년에 한 차례 전사원이 참여하는 가을 야유회가 있을 뿐이었다.

그런 전례를 깨고 11월 6일 저녁에는 가회동 사장 댁에서 거창한 칵테일 파티가 열렸다. 본사 직원들을 비롯해서 인천공장 연구실 직원들과 한국베어링 직원들까지 초대되어 안방에서 대청과 건넌방으로 연결된 파티장은 발 옮길 틈도 없이 대성황이었다.

"자, 여러분!"

진태두 전무가 목청을 높이자 시끌시끌하던 파티장이 잠잠해졌다.

"오늘은 우리가 존경하는 김종희 사장님의 45회 생신을 맞은 날입니다. 김 사장님은 일찍이 경기상업학교를 졸업하시고 조선화약공판주식회사에 입사한 후 8·15해방을 맞아 오늘날까지 우리나라 화약계를 위해 공헌해오시면서, 국내 주요 기간산업의 일익을 담당하시고자 2년 전에는 도산위기에 직면한 한국베어링을 인수하였으며, 지난해에는 한국화성을 설립하신 데 이어 지난 11월 1일에는 태평물산주식회사를 설립하시고 우리 화약그룹이 수출입을 통하여 국제적으로 비약할 수 있는 기반을 구축해 놓으셨습니다.

오늘 이 자리는 사장님의 생신을 축하하고, 화약가족 여러분의 그 간의 노고를 위로하며, 또 바야흐로 국제화 시대를 맞은 우리 화약가족의 앞날에 적극적인 분발을 격려하는 뜻에서 마련된 것입니다.

자, 여러분! 사장님의 건강과 우리 화약그룹의 무궁한 발전을 위해 다

같이 건배를 드십시다!"

진 전무를 따라 잔을 들어 올리는 화약가족 얼굴들에 기쁨이 넘쳤다.

"다음은 사장님의 인사 말씀이 있겠습니다."

다시 파티장이 조용해졌다.

"자, 모두들 무드 깨지 말고 마셔요! 오늘은 먹고 마시자고 해서 여러분을 초대한 거지, 내가 연설하려고 초대한 게 아니란 말여!"

김종희는 파티 분위기를 돋우려는 듯 먼저 진 전무의 잔에 술을 따라주고, 다른 간부들에게도 잔을 권했다. 그리고는 직원들 틈을 누비면서 음식을 집어주기도 하고, 술을 따라주기도 하면서 평소에 소원했거나 크게 야단친 적이 있는 직원들에게는 등을 얼싸안으며 각별한 관심을 베풀고 다녔다. 여기저기서 석유화학이 화제에 올라 꽃을 피우기 시작했다.

"PVC 공장은 우리가 지금 뛰기 시작해도 내년 안에만 착공하면 3년 후에는 선두주자가 될 테니 두고 봐!"

"제2정유공장까지 따게 되면 아마 10년 이내에 우리 한국화약이 국내 랭킹 1위로 올라설 걸."

"신입사원들이 한국은행이나 산업은행으로 안 가고 우리 한국화약 쪽으로 몰려오는 걸 보란 말야."

"현재 국내 기업 중에서 기획실 직원이 20명이나 되는 데는 아마 우리밖에 없을 걸…?"

"연구실도 우리 인천공장만한 데는 없다구!"

당시 한국화약(주)의 기획실 규모나 연구실 규모가 국내 기업 가운데서는 비교적 우위를 차지하고 있는 것이 사실이었다. 그리고 대학 출신들이 한국은행이나 산업은행 채용시험에 합격해 놓고도 다시 한국화약(주) 신입사원 공채에 응시하는 예는 흔했다. 한국화약(주)의 대우가 좋은 편이기는 했지만, 사회적으로 그만큼 전망이 밝은 기업으로 알려져 있었던 것도 사실이다.

파티 분위기가 무르익을 무렵에 김종희가 한마디 해야겠다고 하면서 파티장 한복판으로 나왔다.

"원래 연설하고 여자 스커트는 짧을수록 좋다고 했는데, 그렇다고 지금 내가 연설을 하자는 건 아니고…"

파티장에 웃음꽃이 활짝 폈다 진다.

"여러분이 취하기 전에 한마디 해두고 싶은 말이 있어요. 일이 잘될 때 이렇게 모여서 기분 내는 일은 누구나 할 수 있는 일 아녀? 일이 뜻대로 잘 안 되었을 때 실망하거나 좌절하지 않는 용기, 나는 여러분에게 그런 용기를 가져 달라는 부탁을 하고 싶단 말여. 그런 용기가 없으면 결국 우리들이 성취하려는 원대한 목표에 다다를 수 없어요.

내가 왜 이런 말을 이 자리에서 하느냐? 지금 우리가 다 같이 열망하고 있는 제2정유공장이 어쩌면 이번에 다른 회사 앞으로 떨어질지도 모른다, 이거여. 그럴 때 우리가 실망하지 말자 이건데, 제2정유공장 건설이 우리한테 돌아오지 않으면 제3정유공장도 있을 테니까, 다시 용기를 내서 제3, 제4정유에 도전해서 우리가 목표하는 석유화학 콤비나트를 반드시 이루어놓고야 말겠다는 각오와 결의로 단결하자는 겁니다!

자, 얘기가 길어지면 판이 식을 테니 이쯤 해두고, 밴드 들어오라고 해서 이제부턴 창가들 해요, 창가…"

우레 같은 박수 속에 밴드가 등장하자 파티 분위기는 더욱 무르익어가기 시작했다.

"사장님이 무슨 뜻으로 그런 말씀을 하셨을까?"

"글쎄, 어디서 무슨 정보를 들으신 모양이야."

"제2정유가 딴 회사로 떨어진다는 거야?"

"차관 조건은 우리 것이 제일 유리하다고 소문나 있던데…"

"국회의원들이 제2정유도 국영화해야 한다고 하더니 그런 방향으로 기울어지는 건가?"

"요즘은 어떻게 됐는지 신문도 조용하니, 돌아가는 통속을 알 길이 없단 말야."

제2정유공장 사업계획에 참여했던 기획실 멤버들이 한쪽 구석에서 수군거리고 있었다. 그러나 김종희는 이미 제2정유공장 실수요자가 누구로 내정되었다는 사실을 알고 있었다. 그 날 오후에 부총리실에서 만나자는 연락이 왔었다. 김종희는 엊그제 국회를 통과한 PVC 차관에 무슨 변동이 있는 줄 알고 급히 경제기획원으로 달려갔다. 그러나 장기영 장관의 얘기는 제2정유공장에 관한 것이었다.

"이번 제2정유는 김 사장이 양보해야겠어요."

"양보라니…, 어떤 결정이 난 겁니까?"

"아직 결정이 난 건 아니지만 그 문제 때문에 청와대에 들어가서 브리핑을 하고 나오는 길이에요."

"그런데, 되면 되고 안 되면 안 되지, 양보란 무슨 말입니까?"

"김 사장도 소문을 들어 알고 계시겠지만, 지난 6월 9일에 별안간 나타나 정부에다 백지 위임장을 내고 갔던 칼텍스가 덤핑을 해왔어요."

"덤핑을 해오다니요?"

"얘길 하자면 복잡해지는데…"

김종희도 칼텍스의 백지 위임장 건은 들어서 알고 있었다. 칼텍스 (Caltex)는 캘리포니아 스탠더드와 텍사스 오일이 해외 석유시장 개척을 위해 설립한 회사로, 일찍이 일본에 진출해 일본 석유시장의 주도권을 장악하고 있는 회사다. 울산정유공장 건설 당시에 걸프·쉘·모빌·엑손 등과 함께 경합을 벌이다 걸프가 합작 파트너로 결정되는 바람에 한국 진출의 기회를 놓친 칼텍스에서는 한국 정부가 제2정유공장 실수요자를 공모한다는 정보를 입수하고 판본방적(阪本紡績)의 삼남석유(三南石油)와 제휴하기로 하고 협상해 왔었다. 협상과정에서 너무 고자세로 버티자, 삼남석유가 막판에 갑자기 파트너를 선 오일로 바꾸게 되어 칼텍스는 결국 닭 쫓던 개 지붕 쳐다보기 격이 되고 말았던 것이다.

당황한 칼텍스에서는 실수요자 공모 마감 하루 전인 6월 9일에 대표 한 사람을 서울로 급파했다. 그러나 시간이 너무 촉박했기 때문에 속수무책이었다. 칼텍스 대표는 하는 수 없이 투숙하고 있던 조선호텔에서 타이프 용지 한 장에다 한국 정부가 제시하는 모든 조건을 수락할 용의가 있으니 제2정유공장 건설에 참여할 기회를 주기 바란다는 요지의 백지 위임장을 작성해서 경제기획원에 제출하고 돌아간 적이 있었다.

"대체 칼텍스가 무엇을 덤핑했다는 겁니까, 장관님?"

"연리 5.25%에 5년 거치 12년 분할상환 조건의 차관을 제시해왔어요."

"그렇습니까…?"

연리 6%, 3년 거치 10년 분할상환인 스켈리 차관 조건에 비하면 확실히 유리하다.

"그리고 원유 공급조건에 있어서도 걸프보다는 배럴당 7센트 내지 9센트까지 싸게 해주고, 유조선 운임도 배럴당 20% 정도 싸게 할 수 있다는 거요."

김종희는 쓴 입맛만 다셨다.

"솔직히 말해서 칼텍스가 이런 제의를 해오지 않았다면 이번 공모 경쟁에서는 한국화약이 제일 유리했어요."

"장관님! 칼텍스의 행위는 분명한 반칙입니다."

"반칙이니까 이렇게 김 사장의 이해를 구하고 있는 거 아니오? 김 사장만 이해한다면 다른 사람은 아무도 할 말이 없어요."

"저는 이해할 수 없습니다!"

"김 사장! 국가 이익이라는 게 안 있어요? 이 장기영이 개인 이익을 취하자고 해서 이런 얘기 하는 거 아녜요."

"그렇다면 우리 한국화약에서 칼텍스 조건을 받아들이겠습니다."

"김 사장! 내년에 대통령선거가 있다는 거 아시죠?"

"압니다."

"김 사장은 정유공장을 진해에다 건설하겠다는 거 아녜요?"

"그렇습니다."

"그렇지 않아도 지금 호남지방에서는 자기네들을 푸대접한다고 불만들인데, 이번 제2정유공장까지 경상도에 건설한다고 하면 대통령선거 때 호남표가 나오겠어요?"

'묘한 데 끌어다 붙이는구나! 호남이면 럭키화학이 여수에 공장부지를 확보해놓고 있지 않는가…'

"그래서 각하께서도 김 사장하고 한번 의논해보라는 말씀이 있었어요."

'대통령이…?'

"그 대신 제3정유 때는 김 사장한테 프라이어리티(priority)를 드리겠습니다. 각하께서도 그런 뜻으로 말씀하셨기 때문에 내가 하는 말입니다."

김종희는 결국 국가 이익이라는 명분 때문에 반칙을 묵인하고 KO패 당하는 수밖에 없었다. 11월 17일 장기영 경제기획원 장관은 내외 기자들 앞에서 여수에 건설되는 제2정유공장의 실수요자를 럭키화학 계열의 호남정유로 결정했다고 발표하면서 제3정유공장의 실수요자도 연내에 선정할 방침이라고 덧붙였다.

사원들의 사기가 위축될 것을 염려한 김종희는 즉각 제3정유의 도전을 선언하는 한편, 그 날로 PVC 공장 부지매입에 들어갔다. PVC 공장은 제2정유공장 후보지로 꼽았던 진해에 건설하기로 했다. 진해에는 이미 제4비료공장이 들어서고 있어 공업용수를 비롯한 전력·부두시설 등이 갖추어지기 때문에 입지조건이 매우 유리할 뿐 아니라, 진해는 여수의 호남정유와 울산정유와의 중간 지점이라는 점에서 장차 거론될 제3정유공장 후보지로서도 각광을 받을 수 있는 적지(適地)다.

1967년 벽두부터 정계는 5월로 예정된 대통령선거를 앞두고 가열되기 시작했다. 박정희 대통령의 재선을 저지하려는 야권의 대통령 후보 단일화 협상이 난항 끝에 타결되어 2월 17일자로 민중당과 신한당이 합당, 신민당으로 발족하면서 대통령 후보에 윤보선 전대통령을 지명하자 공화당에서는 3월 13일을 기하여 전국 131개 지역구 국회의원 공천후보를 확정 발표함으로써 전국이 선거 열기에 달아올랐다.

와신상담, 정계에 복귀할 기회를 기다리던 김종철도 천안 지역구의 공화당 국회의원 후보로 공천되었는데, 이번에도 그의 경쟁후보는 5대와 6대 국회의원을 연임해온 신민당의 이상돈 의원이었다.

"형님! 대통령 표가 많이 나와야 할 거에요. 대통령 표가 곧 형님 표잖아요?"

"그런데 천안은 원체 야당세가 강해서 말야…"

"요새 야당 하는 사람들 국민한테 별로 인기 없습니다. 사사건건 대안
도 없이 반대밖에 더 해요? 한일회담도 반대다, 월남파병도 반대다… 정치
라는 게 더러는 타협도 하고, 찬성하는 일도 있어야 하는 거 아녜요?"

"어쨌든 김 사장, 자네가 천안에 좀 자주 내려와 줘야 할 거야."

"내가 내려간다고 표 나옵니까, 형님이 뛰어야지요."

"아, 그래도 자네가 천안에 내려와서 얼굴 한번 비치는 게 얼마라구."

"좌우간 형님이 이번에 당선되고 나면 무슨 재단 같은 거라도 하나 만
들어 우리도 천안을 위해서 좋은 일 좀 합시다."

"그럴 수만 있다면야…"

"형님! 이번 기회에 장학재단을 하나 만들겠다고 공약하십시오!"

김종희는 형이 꼭 당선되기를 원했다. 형 자신을 위해서도 그렇지만, 사
업을 하다보니까 경우에 따라서는 정치적 차원의 로비 활동이 절실하게
아쉬운 때가 있었다. 지난번의 PVC 차관만 해도 국회통과를 하루라도 더
지연시키려고 하는 업계의 방해공작으로 얼마나 애를 먹었는지 모른다.

5월 5일에 실시된 대통령선거에서는 박정희 후보가 윤보선 후보를 116
만여 표차로 누르고 낙승했다. 이어 6월 8일에 실시된 제7대 국회의원 선
거에서도 공화당은 전국 131개 지역구 중에서 무려 103명(신민당 27명·대중
당 1명)의 당선자를 냄으로써 전국구 당선자 27명(신민당 17명)을 합하면 개
헌 의결정족수인 117명(재적의원 3분의 2)보다 13명이나 더 많은 130명 당선
이라는 압승을 거두었다. 천안에서 당선된 김종철은 1968년에 일약 공화
당 충남도당 위원장직을 맡고 중앙 정치무대에서 두각을 나타낸다.

1968년은 한국화약(주)이 문자 그대로 폭발적인 신장세를 과시한 해이기도 하다.

지난해 12월 초순의 어느 날이었다. 별안간 청와대 비서실에서 박 대통령이 한 시간 후에 인천화약공장 시찰을 떠나게 되니까 미리 내려가서 대기하고 있다가 직접 안내하도록 하라는 것이었다. 김종희는 당황하지 않을 수 없었다. 화약공장이라면 폭발 위험이 있다는 선입관 때문에 세무서 직원들도 드나드는 것을 싫어하는데, 그런 데를 대통령이 갑자기 시찰하겠다니 무슨 영문인지 알다가도 모를 일이었다.

'대통령이 군인 출신이라 역시 겁이 없으신 모양인데…?'

김종희가 부랴부랴 인천공장에 도착한 것은 오후 3시 20분 전. 미처 공장을 한 바퀴 돌아볼 겨를도 없이 경호차를 앞세운 대통령 전용차가 공장 정문으로 들이닥쳤다.

"각하! 어서 오십시오."

"오랜만입니다, 김 사장!"

김종희가 박 대통령을 처음 만난 것은 5·16이 나던 해 최고회의 의장으로 있을 때다. 그 뒤로는 공식 석상에서 몇 번 대했을 뿐 사사로이 만난 적은 한 번도 없다.

"김 사장이 브리핑 좀 할 수 있겠어요?"

"예! 준비는 없습니다만, 이 공장은 제 분신이나 다름없으니까 할 수 있습니다."

김종희는 박 대통령을 공장장실로 모시고 준비 없는 브리핑을 시작했다. 공장 건설 연월일, 건설 당시의 공장 부지면적과 건물 동수 및 연건평, 공장 건설 배경, 초창기 고용인원과 연간 화약 생산량에서 시작해서 6·25

전쟁 후에 제1·2·3차 복구공사를 끝내고 계속 시설을 확충해오면서 오늘에 이른 과정과 현황을 막힘없이 그야말로 일사천리로 설명해 나갔다. 연방 고개를 끄덕이고 듣던 박 대통령이 김종희의 브리핑이 끝나자 물었다.

"김 사장, 학교는 어디를 나왔어요?"

"상업학교밖에 못 나왔습니다."

"어느 상업학교요?"

"지금의 경기상업 전신인 도상을 다니다가 4학년 때 일본 학생들하고 싸우고 퇴학 맞는 바람에 졸업은 원산상업학교로 가서 했습니다."

"학교 다닐 때 공부 잘 했겠어요."

"아닙니다. 저는 학교 다니는 동안 1등은 한 번도 못 해봤습니다."

그것은 겸손의 말이었다.

"지금 우리나라에서 화약은 수입 안 해오지요?"

"일반 산업용 화약은 수입하지 않습니다만, 일부 특수화약은 지금도 수입하고 있습니다."

"특수화약은 기술이 없어서 못 만드나요?"

"아닙니다. 수요가 적기 때문에 생산원가가 비싸게 먹혀 만들지 않습니다."

"그래요? 화약 값은 여기서 나오는 국산이 외국산보다 약간 싸다는 말을 들었는데, 품질은 어때요?"

"각하! 미8군에서도 저희 공장에서 나오는 화약을 쓰고 있습니다."

"그야, 김 사장이 미8군 사령관하고 친하니까 써주는 거겠지요. 핫하…"

"하하… 아닙니다. 절대로 그런 건 아닙니다."

"김 사장!"

“예!”

“지난해 대통령선거 때, 내가 공약한 경부고속도로를 곧 착공하려고 하는데, 고속도로 공사하다가 화약이 떨어져 공사 중단한단 소리 안 나오게 할 자신 있어요?”

“자신 있습니다! 저희 공장의 화약 제조시설 용량은 혼화기 기준으로 연간 1만8천 톤입니다. 1만8천 톤이면 22.5kg짜리 다이너마이트 80만5천3백 상자가 됩니다. 저희 공장에는 현재 2.76톤짜리 혼화기 6대가 설치되어 있습니다. 혼화기라는 것은 화약의 각종 원료를 고르게 섞는 기계설비를 말하는데, 2.76톤짜리 혼화기 6대를 하루에 세 번씩 365일을 가동시키면 곧 1년 생산량 1만8천1백 톤이 되는 것입니다. 이 1만8천 톤이라는 화약 물량은 일본의 5대 화약공장이 1965년에 생산해낸 총 4만4천 톤의 38%에 해당하는 것입니다. 또한 저희 공장의 전기뇌관 생산시설 용량은 1일 10만 발입니다. 이 전기뇌관 역시 1965년 일본에서 생산해낸 1억1천4백만 발의 31%에 해당하는 물량입니다.”

“좋아요. 그럼, 공장이나 한번 둘러봅시다.”

“각하! 죄송한 말씀이지만 화약공장 규칙상 작업 중에는 누구도 접근할 수 없는 데가 몇 군데 있습니다.”

“여기서는 김 사장이 대통령이니까 하라는 대로 해야죠. 하하…”

수행원들 사이에 활짝 웃음이 터졌다. 김종희는 박 대통령을 안내하고 공장 전경을 한 눈에 내려다볼 수 있는 관망대에 올랐다. 관망대에서 내려다보는 화약공장 전경은 마치 어느 변방의 군사 요새지를 방불케 했다. 웅장한 토제(土堤)로 둘러싸인 오두막 같은 공실(工室)들이 깊은 정적 속에 잠겨 있어 긴장감이 감돌기까지 했다.

"김 사장, 공장 분위기가 왜 이렇게 적막해요?"

"조용한 것이 화약공장의 특색입니다, 각하!"

"그래요?"

"화약공장 기계는 돌아가는 소리도 조용합니다. 일단 이 공장 정문 안에 들어서면 보행속도까지도 1분에 80보 이상 걸어서는 안 된다는 제한을 받습니다. 위험물을 들고 다니기도 하거니와 뛰는 사람이 있으면 무슨 사고가 난 줄 알고 종업원들이 놀라게 되니까요."

"그럼, 내가 작업장에 불쑥 들어가면 종업원들이 긴장할 거 아니오?"

"종업원들이 각하를 뵙게 되면, 아마 다소 당황하게 될 겁니다."

"어떡한다…?"

"종업원들은 간혹 제가 나타나기만 해도 긴장하는 것 같아서 특별한 경우가 아니면 제 자신이 작업장 출입을 삼가고 있습니다."

"내가 작업장을 들르지 않는 게 좋겠어요?"

"각하께서 필히 현장을 시찰하시겠으면 종업원들을 지금이라도 퇴근시키고 난 다음에…"

"그럴 필요까지는 없어요. 김 사장 브리핑을 들었고, 또 이렇게 화약공장 전경을 내 눈으로 확인했으니까."

"그래도 예까지 먼 길을 오셨는데…"

"괜찮아요. 그래, 그 동안 이 공장에서 안전사고는 몇 건이나 발생했어요?"

"사소한 폭발사고는 해마다 두세 건씩 일어났습니다만, 인명피해를 가져온 대형 폭발사고는 1959년, 1962년, 1964년에 각각 한 건씩 발생해서 그때마다 한 사람씩 목숨을 잃었습니다."

"아무쪼록 안전관리에 더욱 노력하고…, 나하고 같이 올라갑시다!"

다음날 김종희는 갑자기 홍콩 출장을 떠났다. 사흘 후에 돌아온 그는 기획실장을 불러 민간 화력발전소 건설 계획을 세우라고 지시했다.

이보다 앞서 정부는 11월 27일 민간 화력발전소 건설계획을 확정 발표한 적이 있었다. 소위 토머스 리포트(Thomas Report)로 일컬어지는 국내 전력수요 측정이 크게 빗나갔던 것이다.

정부가 제1차 경제개발 5개년 계획을 성안하던 1961년 당시의 우리나라 발전시설 용량은 36만 킬로와트에 불과했다. 이에 정부에서는 전력개발대책을 수립하기 위해 향후 5년간의 전력수요 측정을 미국의 용역전문회사인 토머스 엔지니어링에 의뢰한 바 있었다. 그 결과 제1차 경제개발 5개년 계획의 마지막 연도인 1967년까지의 국내 전력수요가 약 110만 킬로와트로 증대될 것이라는 전망이었다. 110만 킬로와트면 1961년 발전시설 용량

유니온 오일과 합작 체결

인 36만 킬로와트의 거의 3배가 넘는 발전량이다.

토머스 리포트에 따라 정부가 연차적으로 증설해온 발전시설 용량은 1966년 말 현재 88만 킬로와트에 달했다. 그런데 국내 전력수요는 1966년 후반부터 이미 80만 킬로와트를 초과하게 되어 일부 제한송전을 실시하지 않을 수 없었다. 전력수요의 증대 추세로 보아 토머스 리포트에 의한 발전량 110만 킬로와트 전량이 확보된다 해도 1968년 이후에는 전력 부족 현상이 더욱 심각해질 전망이었다. 토머스 리포트가 크게 잘못되었다기보다는 우리나라의 경제성장이 그만큼 앞지른 결과였고, 실제로 토머스 조사단도 경제성장에 따르는 일반 가정용 전력수요가 그렇게까지 급격한 속도로 증대하리라는 것은 미처 예상하지 못한 일이었다.

정부로서는 전력 비상수급대책을 강구해야만 하게 되었다. 모든 동력개발은 국가가 직접 관장해야 한다는 것이 정부의 일관된 에너지 정책의 하나였다. 그러나 이제까지 전력개발을 담당해온 한국전력의 외채 부담능력이 이미 한계점에 도달해 있었기 때문에 정부로서는 부득이 전력난을 시급히 해결하기 위한 방법으로 1백만 킬로와트 규모의 발전시설을 민간 베이스에 의해 건설한다는 방침을 확정, 그 중의 66만 킬로와트의 화력발전소 건설을 먼저 동해전력(東海電力; 쌍용 계열)에 허가하고, 나머지 34만 킬로와트의 화력발전소 건설 실수요자를 물색하고 있을 때였다.

전력이야말로 근대 산업발전의 원동력인 것이다. 김종희가 화력발전소 건설에 참여하려는 것은 발전소 건설 자체도 중요하지만 궁극적으로는 제3정유 실수요자 경쟁에서 유리한 고지를 선점하려는데 그 목적이 있었다.

화력발전소 건설로 어떻게 제3정유 경쟁에서 유리한 고지를 선점할 수 있느냐? 그것은 34만 킬로와트 규모의 화력발전소를 건설하되 그곳에 필요한 연료인 방카C유를 자가 생산으로 공급하기 위한 간이정유공장을 동시에 건설한다는 것이 김종희의 복안이었다. 그러나 34만 킬로와트 규모의 화력발전소를 건설하면서 간이정유공장까지 동시에 건설하자면 적어도 1억 불에 가까운 막대한 자금을 동원해야만 한다.

김종희가 홍콩 출장을 간 것은 그 문제를 타결하기 위해서였다. 미국의 유니온 오일(Union Oil) 부사장 찰스(Charles)를 홍콩에서 만나기로 되어 있었다. 유니온 오일 홍콩 지사장인 맥(Mack)은 한국화약 도쿄 지사장으로 있는 김종환의 사우스캘리포니아 대학원 동기로 김종희와도 잘 아는 사이였다.

유니온 오일이 걸프나 칼텍스와 같은 메이저 석유회사는 아니지만 석유회사로서도 랭킹 11위에 속할 뿐 아니라 미국 내 100대 기업 가운데 60위권에 랭크되어 있는 기업이다. 그러면서도 유니온 오일은 아직 단 한 번도 해외투자를 한 경험이 없는 회사였다. 다소 보수적인 경향이 있는 유니온 오일이었으나 한국에 화력발전소와 병행해서 간이정유공장을 함께 건설하자는 김종희의 제의에는 매우 호의적이었다. 걸프가 이미 한국에서 재미를 보고 있었고, 칼텍스가 제2정유에 투자하고 있다는 사실을 잘 알고 있었기 때문이다.

김종희는 유니온 오일과의 협의에서 합작투자 원칙에는 쉽게 합의할 수 있었다. 세부 사항은 정부의 사업승인이 난 후에 다시 구체적으로 협의하기로 했다.

가칭 경인전력개발(京仁電力開發) 명의로 화력발전소 및 간이정유공장 건설을 위한 외국인 투자승인 신청서가 경제기획원에 제출된 것은 1968년 1월 16일. 마침내 4월 10일에는 투자승인이 떨어져 유니온 오일과의 본격적인 협의에 들어갈 수 있게 되었다.

이 무렵에는 지난 2월 1일에 기공한 경부고속도로 건설공사가 구간별로 일제히 전개되어 화약 수요가 폭발하기 시작한 때였다. 7월에는 지난해 10월에 착공한 연산 1만5천 톤 규모의 진해 PVC 공장이 준공되고, 8월에는 한국베어링 부평공장의 120만 불 차관에 의한 시설 확장공사가 완료되어 연산 280만 개의 베어링이 쏟아져 나오기 시작했다.

김종희가 제일화재해상보험(주)을 인수하고 제2금융권에 진출한 것도 같은 해 9월의 일이었다. 제일화재해상보험은 1949년 3월에 자본금 3만 원으로 설립된 화재 단종(單種) 보험회사다. 그 후 1955년 해상보험이 추가되고, 1957년에는 삼호방직 계열에 흡수되어 각종 신종보험을 개발 판매하면서 사세를 확장해오던 중, 퇴조하는 삼호그룹의 영향으로 자금난을 겪게 되었던 것이다. 당시 국내 보험업은 별로 인기 있는 업종이 아니었다. 그러나 김종희는 선진국에서 보험이 차지하는 금융권에서의 비중이 얼마나 큰 것인가를 잘 알고 있었다. 때문에 그는 삼호 측에서 방출하는 제일화재해상보험 주식을 적극적으로 사들일 수 있었던 것이다.

1968년이 저물어가는 12월 중순 어느 날, 미국에서 칼텍스 본사의 릴리(Relie) 회장이 극동담당 중역 스톤(Stone)을 대동하고 전용기 편으로 김포공항에 도착했다는 소식이 전해졌다. 호남정유공장 기공식이 거행된 것은 올해 2월 20일, 기공식이 끝난 지 불과 두 달 만에 정부가 경인전력개발에 또 하나의 정유공장 건설을 허가했다 해서 강력한 항의를 제기해놓고 있는 칼텍스 수뇌진의 돌연한 방한이었다.

김종희는 그들의 방한이 어쩌면 간이정유공장 건설에 큰 변수로 작용할지도 모른다는 생각이 들었다. 그는 칼텍스 회장 일행이 반도호텔에 여장을 푸는 사이에 경제기획원으로 달려갔다.

# 12

# 실리와 명분

화약장사란 융통성이 없다. 초안폭약을 달라는데 폭발력이 더 좋다고 해서 다이너마이트를 줄 수 없는 일이고, 다이너마이트 100개를 산다고 해도 다이너마이트 반 토막도 덤으로 줄 수는 없는 일이다. 더구나 다이너마이트 100개를 팔고 99개 판 것으로 신고한다는 것은 있을 수도 없고, 있어서도 안 되는 일이다.

한국화약(주)의 화력발전소 및 간이정유공장 사업을 허가한 장관은 1967년 10월 개각 때 부총리 겸 경제기획원 장관으로 기용된 박충훈(朴忠勳) 전 상공부 장관이다. 박 장관도 이미 칼텍스 릴리 회장이 내한한 사실을 알고 있었다.

"그 사람이 온 목적이 대체 뭐랍니까, 장관님?"

"내일 청와대에 들어가게 되어 있어요."

"청와대를요?"

"참, 골치 아파요."

"청와대에 들어가면 어떻게 하겠다는 겁니까?"

"인천에다 정유공장 짓는 걸 허가하면 자신들은 호남정유에서 손을 떼겠다는 거요."

"정말 한심한 친구들이군…. 화력발전소에 딸린 간이정유공장을 짓는 건데, 그게 어째서 정유공장이랍니까?"

"결국은 그 간이정유공장이 제3정유가 되는 거라고 생각하는 거지요."

"어차피 제3정유는 장기영 장관이 제2정유 실수요자를 발표하면서 1967년 중에 결정할 거라고 한 거 아닙니까?"

"제3정유공장을 왜 하필이면 인천에다 짓게 하느냐, 이겁니다."

그 말에는 김종희도 대꾸할 말이 궁색했다. 칼텍스의 주장에 일리가 있었기 때문이다. 여수의 제2정유공장이 준공되려면 아직 1년은 있어야 한다. 그때까지는 울산정유공장 시설용량이 일산 11만5천 배럴로 늘어나기 때문에 일산 6만 배럴 규모의 여수정유공장으로서는 판매경쟁에서 불리할 것이 당연하다. 거기에다 인천의 제3정유가 뛰어드는 경우, 여수정유공장은 치명적인 타격을 입게 된다. 전국적으로 가장 큰 석유시장인 경인지역을 지리(거리)적으로 가까운 제3정유가 석권할 것은 불을 보는 것 같이 훤하다.

"그래서 김 사장한테는 조금 미안하지만 이미 허가한 간이정유공장에 조건을 하나 붙여야 할 것 같아요."

"조건이라뇨?"

"간이정유공장에서 생산되는 방카유 중에서 발전소에 공급하고 남는 분량하고, 그밖의 나프타를 비롯한 모든 부산물 일체를 전량 수출한다는 조건 말이오."

"아니, 나더러 사업을 하라는 겁니까, 망하라는 겁니까?"

"일단 그런 식으로라도 칼텍스를 달래놓고, 나중에 국내 수요가 달릴 때 해제하면 될 거 아니오."

"이건 뭐 만만한 년은 제 서방 빨래도 못 한다더니, 내가 그 짝 났습니다. 지난번 제2정유 때는 칼텍스가 덤핑 반칙을 했는데도 국가 이익을 생각해서 양보해라, 이번에는 칼텍스 비위 맞추려고 내 공장에서 나오는 물건 내 맘대로 못 팔아먹는다… 이거야 어디 서러워서 살겠습니까?"

말은 그렇게 하면서도 김종희는 은근히 그런 선에서 칼텍스의 반발이 무마되기를 바랐다. 전량 수출조건은 정부가 지금까지 각종 신규공장을 허가하면서 업계의 반발을 막기 위한 수단으로 곧잘 이용해온 임시방편인데다가, 그 때만 해도 우리나라 경제사정이 미국에서 큰 기침을 한번 하면 감기에 걸릴 정도로 허약한 시기였기 때문이다.

1969년 2월 19일, 김종희는 인천시 북구 원창동 100번지 해안 일대의 112만4천㎡(34만여 평)이나 되는 허허벌판 위에 일산 5만5천 배럴 규모의 정유공장과 발전 용량 34만4천 킬로와트(17만2천 킬로와트 발전기 2기) 규모의 화력발전소 기공식을 거행하고, 그 해 11월 3일에는 유니온 오일과의 합작회사인 경인에너지주식회사를 정식으로 발족시켰다.

율도에 건설 중인 경인에너지 발전소가 준공되는 것은 3년 후인 1971년 말경으로, 당시로서는 경인에너지 건설사업이 국내 최대의 민간 프로젝트였다. 소요 사업비가 무려 1억4백여만 불, 투입되는 연인원만 해도 108만여 명에 달했다.

1972년 9월 17일, 마침내 청색·홍색의 대형 애드벌룬이 하늘을 수놓은 율도 화력발전소 광장에서 경인에너지 준공식이 성대하게 거행되었다. 이날 준공식은 박정희 대통령과 태완선(太完善) 부총리를 비롯한 3부 요인들과 국내 경제인들, 그리고 유니온 오일의 하틀리(Hatlie) 사장과 플루어의 디이더 부사장 등이 참석한 가운데 KBS 라디오로 전국에 중계되기도 했다.

정유공장이 가동하기 시작한 것은 이보다 훨씬 앞선 1971년 4월, 이란산 원유 22만 배럴을 실은 탱커 시파라(Seapara) 호가 율도 앞바다에 건설된 경인에너지 전용부두에 접안하던 때부터였다. 그 후 '전량 수출조건'이 해제되어 1971년 12월에는 이미 방카C유와 디젤유가 시판되기 시작해서 지금은 지난해 9월에 설립한 제3석유판매주식회사가 '석유산업의 신시대를 개척하는 경인에너지' 라는 캐치프레이즈를 내걸고 본격적인 판촉활동을 전개하고 있는 때였다.

준공식은 김종희 사장의 경과보고에 이어 박정희 대통령의 치사, 그리

경인에너지 기공식

고 유니온 오일의 하틀리 사장의 축사로 이어졌다. 준공식이 끝난 후에는 정유공장과 발전소 내부가 내외 귀빈들에게 공개되었으며, 경인에너지 영빈관에서 성대한 자축 파티가 개최되기도 했다.

한국화약(주)이 창립된 지도 어느덧 20년, 경인에너지의 준공은 한국화약이 그 동안 축적해온 기업역량의 총 집대성이다. 그러나 이 무렵 한국화약그룹의 재무구조는 별로 시원치 않았다. 1970년에 경부고속도로 건설이 거의 끝나가면서 토목계의 화약 수요가 줄어든 데다가 1971년부터는 정부의 연료정책이 주탄종유(主炭從油)에서 주유종탄으로 전환됨에 따라 탄광에서의 화약 수요도 차츰 줄어들고 있었다. 그 동안에도 호남고속도로와 영동고속도로가 착공되고, 서울의 지하철 1호선이 착공되기는 했지만 역시 화약 수요는 경부고속도로 공사가 피크를 이루던 1969년 수준에 비하면 70%에도 미치지 못했다.

1964년에 인수한 한국베어링은 증자를 거듭하면서 시설을 확장하고 철도차량용 베어링을 개발하는가 하면, 품질향상을 위해 니혼세이코(日本精工)와의 기술을 제휴하고 한국정공주식회사를 설립(1971년 4월 19일), 내·외륜 선삭가공공장을 건설하는 한편 일부 베어링을 수출까지 하는데도 경영이 악화되어 적자가 쌓여 갔다. 한국베어링의 적자요인은 무리한 시설확장으로 인한 과중한 자금 부담에도 원인이 있었지만, 보다 근본적인 원인은 국내 베어링 시장을 장악하고 있는 특정 대리점의 농간 때문이었다.

당시 국내 베어링 시장은 동양철물에 의해 지배되고 있었는데, 동양철물이 막대한 자금력을 배경으로 한국베어링에서 생산되는 제품을 독점적으로 공급해왔다. 인기 있는 베어링은 선금을 주고 매점하는 대신에 인기 없는 베어링은 의도적으로 사가지 않고 재고가 쌓이게 한 다음에 정상가격에서 30%씩 깎아서 6개월짜리 약속어음을 주고 사갔으며, 다시 그 어음을 뒤에서 월 7부라는 비싼 이자로 바꾸어주기까지 했다. 그뿐 아니라 한국베어링에서 쓰는 철강재까지도 공급하면서 베어링 납품 입찰에도 참가하여 생산업자인 한국베어링보다 싼 값에 응찰함으로써 2중, 3중으로 폭리를 취했다. 결과적으로 한국베어링은 동양철물의 횡포 때문에 노임만 뜯어먹는 하청공장으로 전락하고 말았던 것이다.

한국베어링은 국내 유일의 베어링 생산업체이며, 그 무렵에는 이미 국내 베어링 공업을 보호해야 한다는 정책 차원에서 내륜 70mm 이하의 베어링 수입이 제한된 때이기도 했다. 이를테면 한국베어링은 독점기업이라 할 수 있었다. 그런데도 한국베어링이 어째서 국내 베어링 시장을 직접 지배할 수 없었느냐. 한마디로 베어링 시장을 지배할 만한 자금력이 없었기 때문이다. 한국화약에서는 그 동안은 모든 자금력을 경인에너지 건설에 집중시키느라고 미처 한국베어링 쪽을 돌아볼 겨를이 없었다.

한국화약그룹의 수출 창구인 골든벨상사의 영업실적도 부진을 면치 못하고 있었다. 1968년 묵호(동해)에 수산물 가공공장 및 냉동공장을 건설하고 오징어·성게 등을 수출해오면서 1969년에는 천안에 플라스틱 가공공장을 건설하고 레인코트를 생산 수출하는 한편, 군위의 아연광산까지 운영해오고 있었으나 1971년 수출실적은 겨우 210여만 불에 불과했다.

한국화성의 PVC 공장도 심각한 경영난에 봉착하고 있었다. 진해 PVC 공장이 준공되던 1968년 톤당 56만 원 하던 PVC 레진 값이 1969년에 36만 원으로 폭락하더니 1970년에는 16만 원으로, 다시 1971년에는 13만6천 원으로 폭락해서 현찰로는 8만5천 원에 거래되기도 했다. PVC 레진 값이 그처럼 폭락하게 된 이유는 정부가 진해공장 외에도 우풍화학의 군산공장과 동양화학의 인천공장을 허가함으로써 기존의 대한프라스틱과 공영화학까지 5개 공장에서 생산해내는 PVC 레진이 공급과잉을 빚게 되어 각 사가 치열한 출혈경쟁을 벌여온 때문이었다.

플라스틱 원료인 PVC 레진의 판매 경쟁으로 가공업계가 호황을 누리는 가운데 5개 회사는 다 같이 심한 경영난에 봉착해 있었다. 이에 정부에서는 PVC 업계가 더 이상 부실화하는 것을 막기 위해 5사 통합을 검토하게 되었다. 5사가 다 차관업체들이다. 차관업체가 도산하는 경우에는 정부가 그 차관을 상환하지 않으면 안 된다. 정부가 차관지불을 보증하고 있기 때문이다. 선발업체라는 대한프라스틱과 공영화학 경영권은 이미 누적적자 때문에 1969년 9월과 1970년 4월에 각각 신동아그룹으로 넘어간 때였다.

한때는 PVC 업계가 자구책의 일환으로 원료를 비롯한 제품의 협정가격제를 실시한 적도 있었다. 그러나 협정가격은 제대로 지켜지지 않았으며, 협정가격제로 한국화성은 오히려 불리해질 뿐이었다. 예를 들어 0.2mm 비닐의 협정가격이 1m당 10원이라면 다른 업자들은 0.3mm를 10원에 팔거나 0.2mm를 팔더라도 100원에 10m 줄 것을 12m씩 주거나 해서 손님을 끌고, 또 절세라는 명목으로 세무보고를 적당히 줄인다든가 해서 요령 있는 장사를 하곤 하는데, 한국화성에서는 그럴 줄을 몰랐다.

한국화약 출신인 한국화성 사원들은 PVC 장사도 화약장사하듯 했다. 독자들도 아는 바와 같이 화약장사란 융통성이 없다. 초안폭약을 달라는데 폭발력이 더 좋다고 해서 다이너마이트를 줄 수 없는 일이고, 다이너마이트 100개를 산다고 해도 다이너마이트 반 토막도 덤으로 줄 수는 없는 일이다. 더구나 다이너마이트 100개를 팔고 한두 개 판 데 대한 제세(諸稅) 혜택을 생각하고 99개 판 것으로 신고한다는 것은 있을 수도 없고, 있어서도 안 되는 일이다.

한국화약 출신들은 좋은 의미에서든 나쁜 의미에서든 그런 식으로 융통성이 없는 정직한 사람들일 수밖에 없었다. 그와 같은 기업 체질은 한국화약그룹의 장점인 동시에 단점이고, 강점이자 곧 약점이기도 하다. 그래서 한국화약그룹은 장사에 약했고, 특히 다른 기업과의 경쟁관계에서는 늘 뒤로 처지게 마련이었다. 단적인 예로 한국화약(주)이 독점기업이면서도 단일 업종인 화약 기반 하나를 구축하는 데는 김종희가 화약에 입문한 때(1942년)로부터 신한베어링을 인수(1964년)하기 전까지 22년이라는 오랜 시일이 걸렸으며, 정부 관리들보다 먼저 발상한 석유화학 진출도 결국은 선발업체가 될 수는 없었고, 수출 역시 남보다 앞서 시작했지만 결국은 부진을 면치 못하고 있는 것이었다.

1972년 10월 9일은 한국화약(주)이 창립된 지 20년이 되는 날이다. 이 날 인천화약공장에서는 창립 20주년 기념식이 거행되었는데, 10년 장기근속자 76명과 모범사원 21명에 대한 표창과 함께 그룹 산하 각사 사원들에게는 창사 20주년 기념품이 전달되었다.

한국화약그룹 안에는 이날 표창된 10년 장기근속자 외에도 이미 장기근속표창을 받은 사원이 2백여 명이나 있었다. 화약이라는 산재위험에도 불구하고 한국화약은 이직률이 낮기로 유명했다. 그것은 한국화약의 종업원 대우가 좋아서만은 아니었다. 그들 사이에는 기간산업 종사원으로서의 자부심과 함께 국가사회에 기여하자는 김종희의 창업이념이 폭 넓은 공감대를 형성하고 있었기 때문이다.

김종희는 창립 20주년 기념사에서도 전사원이 혼연일체가 되어 오늘의 시련을 극복하고 내일의 약진을 다짐할 것을 강조했다.

『오늘 창립 20주년을 맞이하여 먼저 그룹 임직원 여러분의 공헌과 노고를 치하하는 바입니다. 1952년 당시 전쟁이 몰고 온 혼란과 역경 속에서 우리는 재건과 번영이라는 의지를 불태우면서 부산에서 우리나라 화약산업의 기수가 될 것을 자임하고 한국화약을 창립했습니다. 그 후 갈대숲이 우거진 이 고잔동 개펄에 한국화약의 뿌리를 심은 지 17년, 그 동안 여러분의 선배사원들은 모든 난관을 극복하며 피나는 노력으로 우리 그룹의 기틀을 마련하였습니다.

20개 성상이 흐르는 동안 급변하는 내외 정세 속에서 번영을 지향하는 경제개발과 고도성장으로 우리나라는 중진국으로서의 면모를 갖추게 되었으며, 우리 한국화약도 오늘날 건실한 중진기업으로 발전하였습니다.

끊임없는 연구개발의 결실로 만들어진 우리의 제품들이 광공업 개발의 원동력이 되고, 기계공업 및 합성수지 분야는 물론 전력과 정유 등 에너지산업까지도 망라하는 대기업 군으로 성장하여 약진하는 기업으로서의 이미지를 겨레 속에 심어왔습니다.

20년이라고 하면 인생에 있어서도 이미 식견을 갖고 성장기에 들어서는 연륜이라 하겠습니다. 이것이 인간대성(人間大成)의 시점이라 한다면 우리 그룹도 바야흐로 보다 큰 도약을 위한 시점에 이르렀다고 하겠습니다. 그러나 단순한 연륜만으로는 발전이 기약될 수 없는 것입니다.

우리는 이미 하나의 크나큰 시련에 직면하고 있습니다. 빈약한 수요시장의 개척, 신제품의 개발, 그리고 부단한 기술혁신과 품질개선 없이는 기업이 성장할 수 없는 것입니다. 현재의 기업 여건은 1960년대와 같은 의존적이고 후진적인 체질의 개선을 요구하고 있으며, 안일한 모방이나 우물 안 개구리 식의 만족이 용납되지 않는 현실입니다.

'화약' 을 모체로 일어선 우리 그룹의 현 기업을 기간으로 하여 화학공업, 기계공업, 그리고 국방산업 분야에서 더욱 그 저변을 넓히면서 3차 산업 부문을 과감하게 개척하여 시대에 적응하고 다양성 있는 창조적인 기업으로 성장시켜야 하겠습니다.

오늘 본인은 여러분께 두 가지 부탁을 하고자 합니다.

첫째는 전사원이 '변화에 적응할 수 있는 사람' 이 되어야 한다는 것입니다. 현재는 변화의 시대입니다. 경제 여건뿐만 아니라 국내외 정세도 끊임없이 변동되고 있습니다. 이제는 낡은 지식이나 경영으로는 이러한 변화에 대처할 수가 없습니다. 질적인 변화, 환언하면 단층(斷層)을 이어나갈 수 있어야 하며, 자기 전문 분야에서만 고식하지 말고 변화의 파급성에 대처할 수 있어야 하며, 가속적으로 몰아닥치는 변화의 물결에 신속히 적응할 수 있는 판단과 기민성을 갖는 사람이 되어 달라는 것입니다. 재언하면 항상 자기개발을 하면서 머리를 쓰고, 조직적으로 일을 해나가며 늘 앞을 내다볼 줄 알고, 또한 일의 속도를 중하게 여기는 사람이야말로 우리 기업이 바라는 사람입니다.

둘째로, 전사원이 공통된 가치관으로 결합되어 달라는 것입니다. 상하의 단절을 없애고 전사원이 참여의식을 갖고 창조적 정신으로 융합된다면 인화(人和)는 스스로 도모될 것이며, 그룹은 혼연일체가 되어 시련을 극복하고 약진을 기대할 수 있는 것입니다. 공통된 가치관은 벽에 걸린 사훈보다 보이지 않는 사훈으로서 기업 종사원들을 결속시키고 자기개발에 이바지하게 될 것입니다.

끝으로 우리 회사 창립 당시부터 오늘날까지 다년간 회사 발전에 공헌해온 여러분의 노고에 뜨거운 감사를 드리면서 오늘의 기쁨을 함께 나누고자 합니다. 감사합니다. 』


다행히 하반기에 들어서면서부터는 그룹 각사의 경영 여건이 조금씩 호전되어가기 시작했다.

김종희는 경인에너지 준공식을 마친 직후 한국베어링의 경영혁신을 단행한 적이 있었다. 3억6천만 원의 자본금을 5억3천만 원으로 대폭 증자하는 한편, 한국화약 본사 관리부장 오재덕을 한국베어링 영업담당 이사로 선임 발령했다.

오재덕은 특채 1기로서 10여 년간 그룹 각사의 구매업무를 총괄해오다가 1971년에 각사가 독립채산제를 실시하게 되어 관리부장으로 전보된 후 경영분석을 전담해오고 있었기 때문에 한국베어링의 경영이 부실한 이유를 누구보다도 잘 알고 있었다.

김종희는 오재덕에게 시중에 베어링이 고갈될 때까지 공장에서 생산되는 베어링을 일절 출하하지 말 것을 지시했다.

"국내 베어링 메이커는 우리뿐인데, 앞으로는 배를 튕기는 대리점한테는 베어링을 팔아 달라고 사정하지 말란 말야!"

"알겠습니다. 회장님 말씀대로 6개월만 안 팔고 버티면 대리점에서 아우성이 날 겁니다."

"그땐 대리점에서 감히 베어링 값을 깎는다든가, 6개월짜리 어음 같은 걸 떼는 짓은 못 할 거 아니냐 말야."

"그렇게 되면 대리점의 덤핑 입찰까지도 막을 수 있을 겁니다. 지금까지는 대리점에서 할인가격으로 사 간 베어링을 가지고 덤핑한 거니까요."

"이번 기회에 그런 악질적인 대리점은 아예 잘라버려!"

"그래야지요."

"그리고 생산관리를 철저히 하도록! 잔뜩 만들어 재고가 쌓이게 되면 재고에 투자된 만큼 자금압박을 받게 되는 거 아니겠어?"

"시장조사를 한번 철저히 해보겠습니다. 아직까지는 어떤 종류의 베어링이 어디에 얼마만큼 쓰이고 있는가 하는 수요파악조차 제대로 안 되어 있는 실정이니까요.”

“그래서 좌우간 대리점에서 뜨끈뜨끈한 현찰을 싸들고 와서 ‘오 이사님, 오 이사님…’ 하고 매달릴 때까지 일절 팔지 말고 버티란 말야, 알겠어?”

“염려 마십시오, 회장님!”

김종희가 그룹 회장으로 취임한 것은 1968년 7월 1일이다. 한국베어링과 한국화성, 골든벨 등 방계회사가 늘어남에 따라 각 사별로 사장이 운영해오고 있었는데, 당시 한국베어링은 산업은행 인사부장을 역임한 노정호 사장이 맡고 있었다.

한국베어링이 기사회생하기 시작한 것은 지난달부터다. 시중에 베어링이 동나자 각 지방 대리점에서 현찰을 가지고 직접 부평공장으로 몰려드는 것이었다. 골든벨도 천안공장에서 생산하는 레인코트 수출이 호조를 보여 올해에는 3백만 불 선을 무난히 돌파할 것으로 전망되었다. 한국화성도 10월에 들어와서는 판매실적이 목표 대비 106%에 이르고, 수금실적도 목표 대비 94%에 도달했다. 이는 지난해 동기 대비 213%의 신장률이었으며, 대전지점과 광주지점에서도 각각 목표 대비 168%와 280%의 괄목할 만한 신장세를 보였다.

그렇다고 한국화성이 국내 PVC 업계가 직면하고 있는 만성적자의 늪을 헤어난 것은 아니었다. 한국화성·대한프라스틱·공영화학·우풍화학·동양화학 등 5개 회사는 10월 30일 정부가 주도하는 통합원칙에 따라 주식비율을 확정하고 ‘한국프라스틱공업주식회사’ 라는 하나의 합병회사를 설립한다는데 합의했다. 5개 회사의 주식비율은 다음과 같다. 한국화성 31.8% · 대한프라스틱 30.8%(공영화학 포함) · 우풍화학 27.4% · 동양화학 10%.

상공부는 합병회사인 한국프라스틱의 경영을 지분주식이 제일 많은 한국화성에 맡기려 했다. 그러나 김종희는 이를 사양했다. 그러자 재계에 서는 '한국화약의 김 회장은 차려주는 밥상도 마다하는 사람' 이라고들 비꼬았다.

김종희로서도 욕심이 없는 것은 아니었다. 그러나 그는 남과 다투기가 싫었다. 한국화성의 지분주식이 제일 많다고는 하지만 31.8%에 불과하다. 만약 경영을 맡는다면 절대경영권을 행사할 수 있어야 한다. 그러기 위해 서는 대한프라스틱이나 우풍화학 중의 한 회사와 제휴하지 않으면 안 된 다. 그럴 경우 다른 회사와의 마찰이 없으라는 법이 없다. 그럴 바에는 차 라리 경영에서 손을 떼는 것이 편하다고 생각하는 것이었다.

김종희는 본래 외유내강과는 반대로 외강내유한 편이어서 겉으로만 강 했지 실상 마음은 언제나 약하다 못해 여린 편이었다.

"회장님! 만약 대한프라스틱에서 경영을 맡겠다고 나오면 어떻게 합니 까?"

한국화성의 업무담당 이사인 송명호는 통합회사의 경영권을 맡아야 한 다고 주장했다. 송명호는 김종희의 직산초등학교 후배이자 죽은 동생 종 근의 친구다. 그는 서울대 상대를 졸업하고 1956년 육군대위로 제대하면 서 한국화약에 입사, 1969년에 이사로 승진하여 본사 경리를 담당해오다 가 현재 한국화성에서 업무 담당을 하고 있는 중이었다.

"사실상 이번 주식비율 결정은 잘못된 겁니다. 실제 공장 가치로 따진다 면 우리 한국화성이 적어도 전체 주식의 40%는 차지했어야 합니다."

"이 사람아! 흑자합병도 어려운 법인데 적자합병을 하면서 어떻게 내 이 익만 주장할 수 있나?"

“그러니까 회사 경영은 당연히 우리가 맡아야 하는 겁니다, 회장님!”

“경영은 상공부에서 추천하는 전문경영인에게 맡기기로 했어. 그 대신 실무는 각 사에서 대표 한 사람씩을 파견하기로 했는데, 우리 회사에서는 자네가 나가도록 해!”

“제가요…?”

“자네는 곧 나를 대신해서 나가는 거야. 딴 회사에서 나오는 사람들하고 잘 협조해 나가야 할 거야.”

“딴 회사에서는 어떤 사람들이 나오게 됩니까?”

“그야 아직 모르지. 영업은 아마 우리 측에서 맡게 될 텐데, 앞으로 우리나라 PVC 업계가 사느냐 죽느냐 하는 것은 자네 손에 달렸어. 종전과 같은 무모한 경쟁체제가 아닌 독점체제 하에서의 시장관리를 어떻게 하느냐 하는데 PVC 업계의 사활이 걸려 있는 거야. 알겠어?”

만의 하나, 한국화성이 도산하는 날이면 한국화약그룹 전체가 도산하게 되는 것이다. 한국화성의 차관 지불보증에 대한 연대 담보책임을 한국화약과 한국베어링이 지고 있었기 때문이다.

김종희는 오늘도 점심시간에 골프를 치러 갔다. 그는 주말에는 물론이고 평일에도 매일, 비가 오나 눈이 오나 12시에서 1시 사이에 미8군 골프장을 찾곤 했다. 파트너가 없어도 그는 혼자서 꼭 골프를 쳤다. 골프는 그의 취미라기보다 지병인 당뇨를 극복하기 위한 건강요법이다. 한때 그는 운동 삼아 말을 탄 적이 있었는데, 시간과 비용이 승마보다는 골프가 덜 드는 편이었다.

사업에 쫓기다보니 그의 당뇨는 근래에 다소 악화된 듯했다. 그래서 그는 운동요법과 함께 최근에는 식이요법을 병행하면서 부인 강 여사의 권

유로 시간이 나면 붓글씨도 쓰고, 전자오르간도 치고 하면서 정서생활에
도 시간을 할애했다. 긴장은 당뇨를 악화시킨다. 당뇨에는 운동요법과 식
이요법으로 체내의 혈당치를 줄이는 일도 중요하지만, 그에 못지않게 정
서적 안정이 필요하다. 정성 들여 먹을 한참 갈고 나면 마음이 정돈되고,
붓 끝에 먹물을 듬뿍 적셔 들고 정신을 집중하노라면 모든 것을 잊을 수
가 있었다. 또한 마음이 언짢거나 착잡할 때면 건반 위에 시름을 싣고 몇
곡 치고 나면 울적했던 심사가 풀리곤 했다. 그가 즐겨 치던 곡은 '울밑에
선 봉선화야' '으악새 슬피 우니 가을인가요' '사공의 뱃노래 가물거리며'
하는 등의 구성진 노래들이었다.

"때르릉…"

회장실 전화벨이 울리고 있었다. 막 골프를 치고 돌아온 김종희가 수화
기를 들었다.

"여보세요, 한국화약입니다."

"여기 농림장관실입니다."

"어디라구요?"

"농림부 장관실입니다."

"그럼, 전화 잘못 거셨어요."

"아닙니다. 장관님께서 김종희 회장님하고 통화하실 일이 있어서 전화
했는데, 김 회장님 계십니까?"

"내가 김 회장이오."

"아, 그러시군요. 지금 바쁘지 않으시면 저희 장관님 바꾸어 드리겠습니
다."

'이상하다…?'

만고에 농림장관에게서 걸려올 전화라고는 없다. 이윽고 전화에 나온 김보현(金甫炫) 농림장관이 할 얘기가 있으니 아무 때고 한가한 시간에 한번 만나자는 것이었다. 김종희와 김 장관은 체신부 장관을 지낼 때부터 아는 사이였다. 무슨 일인지는 몰라도 일국의 장관이 일부러 만나자는데 안 만날 이유는 없었다.

김종희가 농림장관실을 찾아간 것은 퇴근시간이 거의 다 되어갈 무렵이었다. 김 장관이 반색하고 김종희를 맞았다.

"내가 찾아뵙고 말씀드릴까 했는데, 김 회장님이 이렇게 와 주셔서… 고맙습니다."

"대체 무슨 얘긴지 궁금해서요."

"김 회장님은 왜 아이스크림 장사를 단순한 먹는장사라고만 생각하십니까?"

"아…, 그 아이스크림 공장 얘기군요?"

"아이스크림만 만드는 게 아니고, 그 공장에선 생우유도 가공해내게 됩니다."

"장관님하고 그 아이스크림 공장 사장하고는 잘 아는 사이십니까?"

"사장이라는 사람은 잘 몰라요. 그러나 김 회장님이 나를 좀 도와줘야 하겠어요."

"그야 도울 일이 있으면 도와 드려야지요."

"단순하게 먹는장사라고만 생각지 마시고 전국의 낙농가를 돕는다는 생각으로 도농리 아이스크림 공장을 김 회장님이 좀 맡아주십시오. 지금 우유가 남아돌아가서 젖소를 가진 농가에선 야단입니다."

그 무렵 전국에는 정부가 농가소득 증대사업의 일환으로 추진해온 적극적인 낙농지원정책에 힘입어 약 5천5백 호의 농가에서 5만2천4백여 마리의 젖소를 사육하고 있었으며 하루의 평균 집유량이 280톤에 달했는데, 특히 전국에서 사육하는 젖소의 약 60%가 남양주군 일대에 몰려 있었다. 그때까지만 해도 분유공장이라든가 아이스크림 공장 같은 유제품 가공공장이 없는 데다가, 정부가 주도하는 '우유 마시기' 캠페인에도 불구하고 국민의 생활형편이 우유를 마실 수 있을 만큼 넉넉하지 못했기 때문에 학교급식을 전담해오던 서울우유조합에서는 그날그날 남는 우유를 중랑천에 내다버려야만 했었다.

그런 시기에 일찍이 영등포에서 인댕코(Indengco)라는 한미 합작회사를 설립하고 뱅 카(Bang-Car; 아이스크림을 만드는 차)를 이용하여 주한 미군 부대에 아이스크림을 납품해오다가 1967년 대일유업주식회사를 설립하고 월남(현 베트남)에 진출, 월남에서도 미군 부대를 상대로 아이스크림 장사를 해서 많은 돈을 번 홍순지(洪淳芝)가 남양주군 일대에 젖소가 많다는 사실에 착안하고 미금면 도농리에 유제품 가공공장을 건설하기 시작했던 것이다. 대지 3만3천㎡(1만 평), 건물 5,619㎡(1천7백 평) 규모의 도농리 유제품 가공공장이 완공되면 하루 평균 우유 20톤, 아이스크림 20톤의 생산시설이 갖추어짐으로써 매일 생우유 25톤 내지 30톤을 처리할 수 있게 된다.

당시 우리나라에서는 유제품이 아닌 '하드' 니 '콘' 이니 하는 빙과류가 호황을 누릴 때였다. 유제품인 아이스크림은 만드는 기술도 없었거니와 생산원가도 비싸서 진짜 아이스크림은 아직 시판되는 것이 없었다. 우유를 덮어놓고 얼린다고 해서 아이스크림이 되는 것이 아니다. 우유를 얼리되 얼음처럼 딴딴하게 얼리지 않고 먹기 좋도록 부드럽게 얼리는 데는 전문적인 기술이 필요하다. 이에 대일유업에서는 전부터 뱅 카의 아이스크림 원액을 공급해 온 미국의 퍼모스트 메케슨(Foremost Mekesson Inc.) 사와 기술도입계약을 체결하고 AID 차관 95만 불에 의한 아이스크림 제조시설을 발주했다.

그때부터 대일유업의 자금사정이 어려워졌다. 미군이 월남에서 철수하기 시작하면서 월남에서의 아이스크림 장사가 안 되었기 때문이다. 아이스크림 기계가 부산 세관에 도착했을 때는 대일유업이 이미 도농리 공장 건설로 인한 막대한 자금부담 때문에 부도를 낸 다음이었다. 홍 사장은 동업자를 구하기 위해 기존의 빙과업자들을 찾아다녔다. 그러나 그들의 반응은 냉담했다. 현재의 빙과만 가지고도 장사가 잘 되는데 굳이 전망이 불투명한 비싼 유제품 생산에 투자할 이유가 없었다.

그런 어느 날, 한국화약그룹에서 신규 사업을 모색한다는 말을 들은 홍 사장이 기획실장 한정섭을 찾았다. 당시 한국화약에서는 서울시의 태평로 재개발계획에 따라 현 사옥을 철거하고 그 자리에 고층빌딩을 신축하지 않으면 안 되게 되어 있어서 차제에 건설업에 진출하느냐 마느냐 하는 문제를 검토하고 있는 중이었다. 홍 사장의 동업 제의를 받은 한 실장은 식품업도 해볼 만한 사업이라고 생각했다. 식품업은 현찰거래인 데다가 자금회전이 빠르고 수익성도 높은 편이다.

"회장님! 아이스크림 같은 식품업계에 한번 진출해보는 것도 좋을 것 같습니다."

"먹는장사야 할 수 있나…"

"우리나라에선 아이스크림이 그저 여름 한철에 더위나 식히기 위해 먹는 걸로 잘못 인식되어 있습니다만, 실은 계절하고 관계없이 먹을 수 있는 일종의 영양식이거든요."

한 실장이 대일유업에서 제의해온 동업조건을 설명하기 시작했다.

"대일유업에서는 공장건물도 거의 다 지어놓고, 기계도 이미 AID 차관으로 다 들여다 놓았답니다. 다만 지금 사정이 여의치 않아서…"

"이 사람아! 나는 6·25 피난 때도 설탕장사를 안 한 사람이야. 이제 와서 나더러 아이스크림 장사를 하라는 건가? 떼돈이 벌린다고 해도 나는 그런 먹는장사는 안 해! 나는 여태까지 기간산업에만 투자해왔어. 앞으로도 기간산업을 일으켜 국가 사회에 기여하겠다는 나의 기업목표는 변치 않아!"

홍 사장은 마지막으로 축산자금이라도 융자해 쓸 수 있을까 해서 농림부에 들렀다. 축산국장을 만난 자리에서 홍 사장은 그 동안 동업자를 구하기 위해 돌아다닌 얘기를 하던 끝에 한국화약의 김 회장 얘기를 했다. 그래서 김 회장이 먹는장사라고 해서 동업제의를 거절하더라는 얘기가 김보현 장관 귀에 들어갔던 것이다.

김 장관은 농촌의 딱한 사정을 늘어놓았다.

"지금 시골 농가에선 젖소 한 마리면 큰 재산입니다. 그 사람들이 있는 돈 없는 돈에 빚까지 내서 애들 학비라도 댈까 하고 산 젖소들인데, 우유 값이 떨어지니까 소 값까지 내려서 난리랍니다."

"예에…"

"도농리 공장만 완공돼도 최소한 젖소 4천 마리에서 나는 생우유를 그곳에서 처리할 수 있습니다."

"대체 한 집에서 젖소를 몇 마리씩이나 먹이고 있습니까?"

"목장 간판을 내붙인 데서는 여남은 마리 먹이는 데가 있지만, 대개 한 집에 많아야 두세 마리예요."

"그럼, 4천 마리면 1천 가구 이상이 먹이고 있는 젖소 아닙니까?"

"더구나 그들이 다 영세 농가라는데 심각성이 더하답니다."

다음날, 김종희는 한정섭 기획실장을 불러 대일유업에 얼마를 지원하면 도농리 공장을 완공시킬 수 있는지를 알아보게 했다. 한 실장 보고에 의하면 부산세관에 납부해야 할 관세와 체불된 노임이 약 9천만 원 정도라고 했다.

"관세만 내고, 밀린 노임만 지불하고 나면 남은 공사는 어떻게 한다는 거야?"

"월남에서 아이스크림 파는 돈으로도 공사비 조달은 가능한 모양입니다."

"그럼, 그 정도로 확실하게 선을 그어서 밀어주도록 해봐!"

"하지만 9천만 원이면 대일유업 자본금 3억 원의 30%밖에 되지 않습니다."

"그래서?"

"불입된 자본금은 현재 1억5천만 원이라는데, 이왕이면 나머지 1억5천만 원을 우리 측에서 불입하는 걸로 하는 게 어떻겠습니까, 회장님?"

"그럴 필요 없어. 아이스크림 장사로 돈 벌자고 해서 투자하는 게 아니니까. 9천만 원 투자해서 도농리 공장이 완공되고, 그 덕분에 젖소 먹이는 1천여 농가에 혜택이 미칠 수 있으면 되는 거야."

도농리 아이스크림 공장 건설은 김종희가 9천만 원을 투자한 후에도 지지부진했다. 대일유업이 미8군에 파는 아이스크림 값으로는 그날그날 들어가는 경상비를 충당하는 데만도 바빴다. 결국 김종희는 속된 말로 물린

꼴이 되어 울며 겨자 먹기 식으로 대일유업의 주식 50%를 인수하고라도 도농리 아이스크림 공장 건설을 떠맡는 수밖에 없었다. 그때가 1973년 2월 17일. 그리고 '전천후 영양식' '주고 싶은 마음 먹고 싶은 마음'이라는 캐치프레이즈를 내걸고 퍼모스트 아이스크림이 시중에 선을 보인 것은 그 해 6월 6일이었다. 과연 퍼모스트 아이스크림은 설탕물을 얼린 빙과가 아닌 싱싱한 우유에 딸기와 초콜릿, 바나나 등을 배합한 유제품으로서 감칠맛을 자랑하며 날개 돋친 듯이 팔려 나갔다.

적자의 늪에서 허덕이던 한국베어링의 주식이 공개되어 대성황을 이룬 것도 같은 시기인 6월 8일의 일이었다. 때마침 정부에서도 기업공개촉진법을 제정 공포(1972년 12월 30일)하고, 공개지정대상 법인선정에 들어간 때였다. 한국베어링은 어차피 기업공개촉진법이 규정하는 공개지정대상 법인에 속한다. '외자도입법에 의한 현금차관이나 자본재 도입을 한 기업'이기 때문이다. 그러나 김종희가 한국베어링의 기업공개를 단행한 것은 한국베어링이 비단 공개지정대상 법인이라는 단순한 이유에서만은 아니다.

다음은 한국베어링 주식 공개에 즈음한 김종희의 메시지 전문이다.

『본인은 우리가 처한 내외 여건과 정부의 시책에 부응하여 한국베어링의 주식을 공개하기로 결정하였습니다. 이번의 주식공개는 격증하는 베어링 수요 충족을 위한 시설자금을 직접금융방식으로 조달한다는 기본적인 목적 이외에 다음과 같은 중요한 의의가 있습니다.

첫째, 1980년대의 국민소득 1천 불, 수출 1백억 불 달성을 위한 국가 산업의 광범위한 편성에 호응하여 기간요소공업으로서의 확고한 자세와 우리가 서야 할 위치를 확립 정착하자는 것이며, 주식의 공개 분산을 통하여 회사의 이익을 사회에 환원시킴으로써 회사의 사회적 기반을 견고히 구축하자는 것입니다.

둘째, 사회의 공기로서의 성격이 강화될 것입니다. 주주층 확산을 통한 경영의 민주화는 시대의 추세인 바, 우리도 대중의 기업으로서 보다 효율적으로 기업의 사회적 책임을 다할 수 있을 것이며, 보다 큰 보람 속에 일할 수 있을 것입니다.

셋째, 소유와 경영의 분리를 통한 명실상부한 책임경영체제가 갖추어질 것입니다. 앞으로 경영실적은 다수의 주주에 의해 냉엄하게 평가될 것입니다. 따라서 모든 사고와 행동의 기준은 업적신장의 극대화가 되어야 할 것이며, 경영진은 전문경영자로서의 자세를 더욱 공고히 해야 할 것입니다.

넷째, 종업원 지주제의 채택으로 새로운 국면이 전개될 것입니다. 본인은 종업원의 복지향상과 참여의식의 제고를 위해 공모 신주의 10%를 종업원에게 우선 배당하기로 결정하였습니다. 이제까지 회사와 종업원 사이의 관계는 단순한 노사관계에 불과했으나 자본참여로 회사와 새로운 차원의 유대를 맺게 됨으로써 더욱 견고한 공동운명체로서의 결속이 가능할 것입니다.

이번의 한국베어링의 주식공개는 그룹 전체에 있어서 어제의 경영 풍토를 쇄신해야겠다는 본인의 결의의 표시인 바, 우리 그룹의 경영사에 있어서 중대한 전환점으로 기록될 것입니다.

우리는 이를 계기로 회사의 분위기를 일신해야 하겠습니다. 이제까지 우리는 비교적 단조롭고 순탄한 업종에 종사해온 탓으로 매너

리즘에 빠졌을 뿐 아니라 관료주의적이고 형식적인 사고방식이 내용적인 발전을 제약하는 면도 있다는 점을 부인할 수 없는 사실입니다. 그러나 앞으로는 불합리, 낭비, 안일 등 과거의 고식적인 기업체질은 원천적으로 존재할 여지가 없어질 것이므로 경영진을 위시한 모든 종업원은 예민한 시대감각으로 여건 변동을 정확히 인식하며 현대적인 경영기법으로 업무를 처리하는 회사의 철학을 확립해야 할 것입니다.

끝으로 본인은 앞으로도 우리 그룹을 새로운 이념을 추구하는 건전한 기업으로 발전시키기 위한 필요한 모든 조치를 과감히 추진해 나가리라는 것을 첨언하면서 임직원 여러분의 적극적인 협조를 부탁하는 바입니다. 』

6월 8일부터 11일까지 공모하기로 한 주식은 60만 주, 1주당 주식가액은 5백 원이었다. 아무리 장래성이 밝은 국내 유일의 베어링 메이커라고는 하지만 창업(1953년) 이래로 20년간 적자경영만 해오다가 이제 겨우 흑자국면으로 돌아선 한국베어링 주식이 과연 제대로 팔릴 것이냐 하는 것은 증권가의 의문이 아닐 수 없었다.

그러나 한국베어링 주식은 증권가의 예상을 뒤엎고 매출 예정 총액 3억 원의 18배가 넘는 55억 원(총 청약자 수 4천441명)이 몰림으로써 종업원을 제외한 일반 청약 비율이 무려 2,027%에 달하는 대성황을 이루었다.

7월에는 일본의 마루베니(丸紅) 주식회사와 투자비율 50대 50에 의한 관광호텔 건설계획이 정부의 외자도입 심의위원회를 통과했다. 김종희는 당초 한국화약 본사 사옥자리에 맘모스형 오피스빌딩을 건설할 작정으로 이미 사옥 대지에 인접한 차이나타운 대지 일부를 매입하여 4,595㎡(1,390여 평)이나 되는 터를 확보해놓고 있었다.

그러나 시청 맞은편에 위치한 한국화약 사옥자리는 서울시의 태평로 재개발계획에 의해 대형 관광호텔을 건설하지 않으면 안 되게 되어 있었다. 당시 서울 시내에는 조선호텔 외에는 국제 규모의 숙박시설이 없었다.

김종희는 사옥을 헐어낸 자리에 호텔을 지을 바에야 차라리 그 터를 남에게 팔아넘기는 것이 낫겠다고 생각했다. '내가 어쩌다가 아이스크림 장사를 하게 되었는데, 어떻게 밥장사까지 하겠느냐' 는 것이었다. 그런데 대지 원매자가 나타나지 않았다. 누가 사더라도 어차피 호텔을 지어야 할 자리인 데다가, 땅 값이 이만저만 비싸지 않은 요지 중의 요지였기 때문이다.

"호텔 사업이 어째서 밥장사입니까, 김 회장님? 외화 획득을 위한 관광 사업이라고 생각하셔야지요."

하루는 양택식(梁鐸植) 서울시장이 김종희를 설득했다.

"관광 사업은 관광 사업 전문가들이 안 있습니까?"

"현재 우리나라에서 관광 사업을 하는 사람 중에 그 자리에다 호텔을 지을 만한 재력을 가진 이가 어디 있습니까? 그러지 말고 김 회장님이 서울의 새 얼굴을 하나 만든다는 생각으로 번듯한 호텔을 하나 지어주십시오. 김포공항에 내린 외국 손님들이 서소문 방향에서 시청 쪽으로 들어오노라면 바로 마주보이는 정면이 그 자리 아닙니까?"

"그러니 그 자리에 고층빌딩을 세우면 될 거 아니오?"

"그 자리에 일반 빌딩이 들어서면 서울 시내 중심가에 호텔 들어설 만한 곳이 마땅치 않습니다."

　김종희는 하는 수 없이 호텔을 짓되 이왕 지을 바에는 전 세계 어디에 내놔도 손색이 없는 일류호텔을 짓기로 하고 마루베니와 합작을 추진했다. 호텔 시공은 일단 삼환기업(三煥企業)에 맡기기로 했다. 삼환의 최종환(崔鍾煥) 사장과 김종희는 아주 가까운 사이다.

　최종환 사장은 김종희에게 한국화약에서도 이런 기회에 건설회사를 하나 설립해서 경험삼아 호텔 건설에 참여해보는 것이 어떻겠느냐고 권유했다. 김종희로서도 건설회사가 아쉬운 때였다. 그 동안 진해의 PVC 공장을 위시해서 경인에너지 발전소, 동해의 수산물가공 공장, 천안의 플라스틱 공장, 그리고 지난봄에 인수한 도농리 아이스크림 공장 같은 것을 지으면서 늘 자체공사만이라도 담당할 수 있는 직영 건설회사가 하나 있었으면 하는 생각을 해오고 있었다.

　그런데 막상 건설회사를 설립하려고 하니까 건설면허가 문제였다. 신규 건설면허는 거의 동결되다시피 했고, 기존 면허를 사려 해도 팔려고 내놓는 사람이 없었다. 마침 팔겠다고 내놓은 건설면허가 하나 있기는 있었는데 터무니없이 비싼 값을 내라는 것이었다. 김종희가 그 건설면허를 사느냐 마느냐 해서 고민하는 중인데, 오랜만에 심영구가 놀러왔다.

　"왜 그렇게 이마에 내 천(川) 자를 긋고 있어?"

　"글쎄, 건설회사를 하나 차리려니까 토건업 단종면허 하나에도 천만 원을 내놓으라는 거여."

　"건설면허 같은 걸 무엇 때문에 돈 주고 사나?"

　"신규 면허는 안 내준다니까 사야지, 어떡해?"

　"아, 부총리한테 가서 부탁하면 그런 거 하나야 안 내주겠어?"

　"에이, 그런 부탁을 어떻게…"

"자네가 직접 말하기 싫으면 내가 얘기해 주지! 서로 잘 안다는 게 뭔가?"

당시 부총리는 태완선(太完善)이었다. 그는 일찍이 민주당 집권 때 부흥부 장관과 상공부 장관을 역임한 바 있는 경기상업학교 총동창회장이다. 5·16군사혁명 직후에 그는 민주당 각료의 한 사람으로 반 년 가까이 연금생활을 당한 적이 있다. 그때 김종희가 그의 생활비를 도왔고, 중간에서 그 심부름을 한 사람이 바로 심영구였다. 그 후 태완선이 석탄공사 사장으로 기용되었다가 건설부 장관을 거쳐 부총리로 영전되기까지에는 김종희의 숨은 노력이 얼마나 크게 작용했는가 하는 것을 심영구는 잘 알고 있었다.

"건설면허는 내가 받아낼 테니, 자네는 건설면허 살 돈으로 우리 학교 공부 잘하는 아이들 장학금이나 내주게!"

"장학금이야 꼭 줘야 할 학생이 있으면 줘야지. 하지만 자네가 건설면허 받아낸다는 건 찬성 안 하네. 차라리 내가 돈을 주고 사는 게 옳지, 그만 일에 태 선배 입장을 난처하게 해서야 되겠나!"

김종희는 역대 정치권의 핵심인사들을 어느 누구보다도 가장 가까이 접촉해온 기업인의 한 사람으로 알려져 있다. 그러나 그는 정치권력을 악용하지 않았으며, 정치권력의 특혜를 누리려 하지 않았다. 건설면허만 해도 그는 690개 건설업체 중에서 도급순위 533위에 속하는 동원공업주식회사의 토건업 단종면허를 인수했다.

9월 12일, 김종희는 동원공업의 상호를 태평양건설주식회사(太平洋建設株式會社)로 변경하고 자본금을 증자하는 한편, 건설공제조합 구좌를 확대해나가면서 건설업계 진출을 위한 대장정에 나섰다.

호텔을 짓기 위해서는 먼저 이사를 하고 본사 사옥을 철거하지 않으면 안 된다. 종로에 있는 미려빌딩 3·4·5·6층(연건평 3,398㎡; 1,028평)을 세로 얻어놓고 이사준비를 하느라고 사무실이 한참 어수선할 때였다.

"야, 이게 누구여? 노엘, 임마!"

이층 계단을 내려서던 김종희가 막 현관을 들어서는 송태식을 반색하며 맞았다. 송태식은 부대리 토박이로서 해방 직후에는 남대문에 있던 화약공판 사무실에 들러 김종희에게 종근이 위독하다는 소식을 전해주었던 죽마고우다.

"나, 김 회장 좀 만나러 올라오는 길이여."

"임마, 우리끼리 김 회장이 뭐여? 내 이름 잊어버렸어?"

"아녀! 자네 이름은 디도 아닌가 뵈."

"그려! 나는 시방도 디도여. 자, 올라가자!"

김종희는 옛 고향 친구들을 만날 때면 그들이 행여 거리감을 느낄세라 으레 먼저 '야, 자' 하고 반말을 썼다.

"노엘, 마침 잘 왔다. 우리 돌아오는 10월 12일 날 종로로 이사하는데, 이사한 다음에 왔으면 너 같은 부대리 촌놈이 이사 간 사무실 찾는다고 욕 봤을 것 아녀?"

"이사는 왜 간대여?"

"여기는 도시재개발지역이라 헐리게 됐어."

"그럼…, 안 되겠구나."

"뭐가?"

"사실은 말이여, 부탁이 있어 왔는데…"

"말해 봐! 무슨 부탁이여?"

송태식은 부대리 이장이었다. 부대리는 여전히 가난했다. 이웃마을에서는 마을마다 마을회관을 짓는다, 경로당을 짓는다 하고 활발한 새마을운동이 전개되고 있었지만 부대리에는 그럴 만한 마을기금이 없었다. 송태식은 부대리에도 경로당을 하나 지어야겠다고 생각했다. 경로당을 짓자면 아무리 작게 짓는다 해도 2백만 원이 필요하다. 버젓하게 짓자면 250만 원은 가져야 한다. 그러나 3년 동안 모아온 마을기금은 고작 80만 원에 불과했다.

"그래서 김 회장한테 성금을 좀 부탁할까 해서 올라온 거여!"

"알았어! 내일 가브리엘 편에 내려 보낼게, 동네 사람들한테는 내가 돈 냈다는 말만 하지 마!"

가브리엘은 부대리 출신인 차경순 감사의 세례명이다. 김종희는 남을 도와주되 생색을 내지 않았으며, 특히 남에게 알려지는 것을 싫어했다.

〈사람에게 보이려고 그들 앞에서 너희 의를 행치 않도록 주의하라 그렇지 아니하면 하늘에 계신 너희 아버지께 상을 얻지 못하느니라 그러므로 구제할 때에 외식하는 자가 사람에게 영광을 얻으려고 회당과 거리에서 하는 것 같이 너희 앞에 나팔을 불지 말라 진실로 너희에게 이르노니 저희는 자기 상을 이미 받았느니라 너는 구제할 때에 오른손의 하는 것을 왼손이 모르게 하여 네 구제함이 은밀하게 하라 은밀한 중에 보시는 너의 아버지가 갚으시리라〉

1970년 9월 중순 내린 중부지방의 집중폭우로 천안 군내 4개 면이 극심한 수해를 당했을 때도 김종희는 이름을 밝히지 않는다는 조건으로 거액의 재해복구비를 지원한 바 있었으며, 1954년 초안폭약공장 부지를 매입할 때 일부 공장부지로 매입했던 논에서 나는 쌀 6백 가마니를 해마다 천안 빈민들에게 나누어주고 있었지만, 받아먹는 사람들 대부분은 그 쌀이 정부의 구호양곡으로 알았다. 또한 그는 1960년 형이 천안고등학교 재단이사장으로 취임하면서부터 백암장학회(白岩奬學會)를 설립하고 일찍부터 많은 학생들에게 장학금을 지급해왔으며, 특히 1968년부터는 형이 국회의원 선거 때 공약한 장학재단을 설립한 후에도 계속해서 많은 학생들에게 장학금을 지급해왔지만 한 번도 재단의 장학사업 실적을 대외적으로 공개한 적은 없다. 백암(白岩)은 김종철의 아호이며, 김종희의 아호는 현암(玄岩)이다.

1973년 12월 7일 오전 10시, 한국화약 본사 사옥을 헐어낸 자리에서 서울프라자호텔(Seoul Plaza Hotel) 기공식이 거행되었다. 지하 3층, 지상 22층(연건평 3만4,710㎡; 1만5백 평)으로 세워질 이 호텔에는 540개의 객실과 5개 국어 동시통역장치를 갖춘 대연회장, 22개 점포를 수용할 수 있는 지하 아케이드 등 각종 편의시설이 들어서게 되어 규모·시설이 명실공히 국내 제일을 자랑하게 된다. 앞으로 호텔 건설에 소요될 자금은 약 1백50억 원.

김종희는 기공식을 끝낸 다음 날인 12월 8일 호텔을 관리 운영할 한일합작의 태평개발주식회사(太平開發株式會社, 자본금 26억 원)를 설립했다. 시기적으로는 세계 경제가 뜻하지 않은 오일쇼크에 휘말려 바야흐로 일대 불황국면으로 곤두박질치기 시작한 때였다.

제4차 중동전쟁이 발발하자 아랍권 수호라는 대의명분을 내걸고 이스라엘을 지지하는 나라에는 석유를 수출하지 않겠다고 해서 일사불란한 단결을 과시하던 석유수출국기구(OPEC)가 마침내는 10월과 12월의 두 차례에 걸쳐 배럴 당 3불 하던 석유 값을 4배에 가까운 11불65센트로 대폭

서울프라자호텔 기공식 기념시삽(1973)

인상함으로써 세계 경제를 일시에 얼어붙게 했던 것이다. 그와 같은 원유가의 폭등은 한국화약그룹의 주력기업의 하나인 경인에너지 경영에 치명적인 영향을 가져왔을 뿐 아니라, 장기적 성장추세 하에서 생산과 소비가 모두 석유 의존형으로 정착된 한국 경제 전반에 이만저만한 충격파를 몰고 오지 않았다.

정부는 12월에 국내 유가를 큰 폭으로 인상하는 한편, 종래의 주유종탄(主油從炭)의 에너지 정책을 주탄종유로 전환하는 등의 긴급대책을 강구하고 나섰다. 그러나 국내외 경제 여건은 날로 악화되어 갔으며, 한국화약그룹 앞에도 불확실 시대라는 격랑이 몰아닥쳐오고 있었다.

# 13
# 성장 가도

그는 평소 남에게 돈을 꾸어주는 일이 없었으며, 남을 도와주되 백 프로 도와주는 법이 없었다. 1천만 원을 꾸어 달라는 사람이 있으면 차라리 1백만 원을 거저 주었고, 도와달라는 사람에게는 7, 80프로만 도와주고 2, 30프로는 자력으로 해결하게 했다. 무능력자가 아닌 사람을 백 프로 돕는다는 것은 오히려 자립의지를 해치는 행위라고 생각했다.

『 1974년 갑인(甲寅) 새해를 맞이하여 여러분과 여러분 가정에 만복이 깃드시기를 축원합니다. 지난해는 성장을 거듭하던 우리나라 경제가 후반기에 발단된 유류파동으로 전반적인 침체를 가져왔고, 불황 속의 물가폭등으로 경제 성장에 큰 저해가 되었으나 다행히 우리 관련 회사는 소기하였던 사업목표를 무난히 달성하였음을 흐뭇하게 생각하고 관계 임직원 여러분의 노고에 심심한 치하를 드립니다.

새해에도 계속적인 경제침체와 경기위축이 예상되는 여건 밑에서 그때그때의 경제 환경에 적응하여 신속히 대처하는 용기와 결단과 전환을 이룩하여야 하며, 예리한 선견력(先見力)과 기동성을 발휘하여 우리가 당면한 불황을 극복하고 어려운 경영환경을 개선하여 역경에 강한 경영체질을 구축하는데 힘을 경주하여야 합니다.

우리는 회사의 번영된 내일을 만드는데 필요한 투지가 배양되어야 합니다. 시장에 대한 감각, 정세 판단, 상기(商機)의 포착, 이에 대한 가치판단과 신속한 대책이 회사를 발전시키는 요인이 되는 것입니다.

여러분의 명석한 두뇌와 활달한 회사조직, 응분의 자금지원은 회사를 융성 발전시키는 결정적인 요소가 될 것입니다. 관계 각사 간의 적극적이고 기능적인 상호 긴밀한 제휴 협조는 종합적 사업발전을 육성 강화시킬 것입니다.

이치에 맞는 신념과 자주성을 가지고 업무처결을 하여야 하며, 회사발전을 위한 건전한 의견으로 마음껏 의사를 개진할 수 있는 풍토가 마련되어야 합니다. 하의상달, 즉결즉단의 경영자세가 회사의 비약을 가져올 수 있을 것입니다.

격렬한 투지와 불타는 의욕과 줄기찬 신념을 가지고 회사의 내일을 지켜보는 의지에 찬 등대수와 같은 역군이 필요합니다. 금년에는 각급 경영에 우수한 성과를 거둔 관계 회사 사장 또는 공장장에게는 경영우수상을, 회사 업적이 우수한 부서에는 '다이나마이트 상'의 시상제도를 적용시켜서 여러분의 의욕을 한껏 빛내고자 합니다.

우리 관련 회사의 이 구석 저 구석에 심어지는 상록수 한 그루 한 그루가 회사를 무한한 번영으로 이끌고, 기업이 지닌 사회적 책임을 다하게 되고 국가에 봉사하는 밑거름이 될 것을 믿어 마지않습니다.

새해를 맞이하여 여러분 임직원의 건강을 빌며 대동단결하여 회사발전을 위한 노력과 분발이 있기를 부탁드리며 새해 인사를 대신하고자 합니다. 』

김종희는 신년사에서 밝힌 '다이나마이트 상' 시상을 위해 매년 경영성과가 뛰어난 그룹 각사 사장 및 공장장에게는 금상(상금 30만 원)을 수여하며, 근무실적 또는 회사에 대한 공헌도가 높은 각 실무부서나 임직원 및 기능공에게는 은상(상금 20만 원)을 수여하되 승진에 특전을 부여하기로 하는 내용의 새로운 포상제도를 마련하고, 전 사원을 격려했다.

한편, 그는 1월 9일자로 그룹 산하 각사 차장급 이상의 임직원 앞으로 한국화약의 비전을 하루 속히 실현하기 위해 배전의 노력과 각오로써 임해주기 바란다는 요지의 특별지시문을 시달했다.


『 1. 목표설정에 의한 경영으로 이익관리를 보다 철저히 하기 바란다.

1974년 신년사에서 이미 밝힌 바대로 금년부터는 경영성과가 우수한 회사나 공장, 업적이 우수한 부서나 개인에게는 '다이나마이트상'을 시상할 예정이니 이를 제도적으로 추진하기 바라며, 각사는 부서별, 상품별로 단위이익 목표를 수립하여 이익관리를 핵으로 한 경영지침을 세워주기 바란다. 이를 이룩하기 위하여 비영업부서(총무·경리·기획·관리)의 협조, 서비스, 직접·간접적인 지원과 상호 제휴를 철저히 하여 주기 바란다.

2. 개발의식 내지 개발기능을 더욱 적극화하여 주기 바란다.

우리 그룹에는 화약, 베어링과 같이 비교적 경쟁이 적은 업종이 많아서 새로운 것을 개발하는 독창의식 내지는 기능이 부족한 감이 없지 않은 바, 금년부터는 기업의 성장과 발전의 원동력인 새로운 상품의 개발, 새로운 시장의 개척, 새로운 프로젝트 등과 같은 창조적 기능을 더욱 적극화하여 주기 바라며, 창조적 개발은 곧 이익의 원천이 되는 것인 만큼 이런 개념은 비단 기획조사실에만 국한된 것이 아니라 전 조직과 구성원이 공히 갖추어야 할 기능임을 명심하여 주기 바란다.

3. 금년부터는 능력 및 기능 위주로 인사제도를 활성화 하자.

지금까지 우리는 연공서열 중심의 인사를 시행해온 결과 조직이 다소 경직화한 감이 없지 않은 바, 금년부터는 능력 및 기능위주의 인사제도(예, 자격제도)를 실시함으로써 조직에 활력을 불어넣고 곳곳에 박혀서 묵묵히 일하고 있는 상록수들에게는 그들의 노고에 대한 응분의 보상을 하는 인사방침을 밀고 나갈 것이다.

4. 책임한계를 명확히 구분할 수 있는 업무체제를 확립하자.

근간 기안문서에 도장이 너무 많이 찍히는 경향이 있는데, 이는 공동 무책임 내지 책임전가밖에 안 되며 업무의 지연을 초래할 뿐이다. 앞으로는 책임의 한계를 명확히 하고 업무의 신속한 처리를 위하여 이러한 레드 테이프(Red-Tape: 관료적 형식주의) 현상이 조속히 시정되어야 하겠다.

5. 역경에 강한 기업체질을 구축하기 위해 노력하여야 하겠다.

전년도에는 여러 가지 어려운 여건에도 불구하고 계획된 목표를 거뜬히 달성했는데, 금년에는 전년보다 더욱 어려운 여건이 예상되니 이러한 역경을 극복하기 위해서 우리 모두가 역경에 강한 기업체질 구축을 위해 총력을 집중하도록 하여야 할 것이며, 임직원 각자는 스스로 자신을 반성하고 새로운 각오와 분발로써 우리 그룹의 비약적인 발전의 계기를 모색하기 위해 최선을 다해 주기 바란다. 』


오일쇼크로 인한 기업환경은 김종희가 예상한 것보다도 더 급속히 악화되어 갔다. 정부는 2월 들어서면서 유류 가격을 다시 평균 82%나 인상하고, 전기요금은 30%, 철도요금 50%, 택시요금 60%, 버스요금 20%를 인상했다. 모든 생필품 가격과 전 공산품 가격이 잇따라 뛰어올랐음은 말할 것도 없다. 중소기업은 도산하기 시작했으며, 도산 직전에 처한 중소기업들도 40% 이상이 조업을 단축하지 않을 수 없었다.

정부는 파탄에 직면한 한국 경제를 구출하기 위한 비상수단으로 외국에서의 모든 차관을 무제한 허용했다. 도처에서 생활필수품의 매점매석 행위가 자행되고 있었으며, 가정주부들은 휴지를 사 모으기 위해 슈퍼마켓으로 달려 나갔고, 거액의 부동자금이 부동산으로 몰리면서 투기현상이 일어나기 시작했다. 아파트 한 채의 프리미엄이 몇 백만 원씩 하는 것을 보면서 땀 흘려 일하는 것을 미덕이라고 생각할 사람은 아무도 없었다. 사람들은 저마다 일확천금에 혈안이 되어 초조와 불안에 쫓기면서 우왕좌왕했다.

기업은 기업대로 경영합리화니 품질관리니 기술개발이니 하는 것은 뒷전으로 밀어 제쳐놓고 부동산 투자에만 열을 올렸다. 무서운 병마와도 같은 인플레 심리는 사람들로부터 창의와 노력과 성실을 앗아갔고, 사회질서와 생활양식과 가치관을 송두리째 뒤흔들어 놓기 시작했던 것이다. 인심은 날로 사나워지고, 기업은 무기력해지면서 사회 구석구석에는 좌절감이 팽만해 갔다.

그렇다고 국가 사회에 기여하자는 김종희의 기업이념이 퇴색할 리는 없었다. 그 해 7월 3일, 김종희는 김포군 검단면 왕길리에서 타일 공장 기공식을 거행했다. 김종희가 타일 공장 건설을 구상한 것은 지난해 7월 프라자호텔 건설계획이 구체화된 때부터였다. 호텔 건축자재를 검토하는 과정에서 국제적인 주택수요의 급격한 신장세에 따라 내장재인 타일 공급이 달린다는 사실을 알았다. 내장 타일의 공급부족 현상은 국내보다도 구미 지역에서 두드러지게 나타나고 있었다. 미국이나 서독 같은 나라에서는 타일 공장의 작업환경이 좋지 않고 인건비가 비싸서 이미 타일 산업이 사양화하여 그 지역의 타일 수요의 대부분을 일본이 공급하고 있는 실정이었다.

그러나 일본에서도 엔화의 절상, 연료가격의 급등, 고임금 등으로 수출 채산성이 극도로 악화되어 생산량이 해마다 줄어들고 있었다. 내장 타일, 특히 모자이크 타일(Mosaic-Tile)의 경우는 도자기 공업 분야에서도 가장 노동집약적인 산업인 데다가 원자재의 대부분을 국내에서 조달할 수 있기 때문에 이를 생산 수출하게 되면 외화 가득률이 매우 높을 것으로 판단되었다.

타일의 주된 원자재는 고령토다. 고령토는 우리나라 어디에서나 나지만 철분 함유량이 많아서 타일을 만들 수 있는 고령토는 주로 경상남도와 전라남도 지방에서 많이 난다. 때문에 우리나라 요업(窯業)은 남쪽의 마산 지방을 중심으로 성행했다.

김포군 검단면 왕길리는 인천에서도 자동차로 90분 거리, 하루에 버스가 두 번밖에 드나들지 않는 오지였다. 그곳에 타일 공장을 세우게 되면 고령토는 경상도나 전라도에서 배편으로 인천까지 싣고 와서 검단면 왕길리까지는 다시 트럭으로 실어 와야 한다. 생산된 타일을 수출하려고 해도 같은 경로로 실어내야 할 것은 물론이다.

그렇게 보면 왕길리가 타일 공장 입지조건으로서는 불리하다. 그렇다고 해서 도로가 포장되어 있는 것도 아니고, 공업용수가 확보되어 있거나 동력선이 들어와 있는 것도 아니다. 한마디로 말해서 왕길리는 공장이 들어설 만한 자리가 아니었다.

그런데 하필이면 왜 그런 곳에다 타일 공장을 짓게 되었는가? 정부는 1972년부터 고용효과를 높이고 농가의 소득을 증대시키기 위해 세제·금융상의 혜택을 주는 조건으로 노동 집약적 생산공장을 유휴인력이 많은 농촌지역에 건설하게 해오고 있을 때였다.

한국화약(주)이 상공부에 타일 사업계획 승인을 신청한 것은 지난해 12월이다. 시설 규모는 연산 120만㎡, 소요자금 내자 10억 원·외자 120만 불, 고용계획 450명, 사업효과는 연간 5백만 불 이상의 수출이 예상되며, 외화 가득률(95% 이상)이 높기 때문에 국제수지 개선에도 기여하게 될 것이라는 내용의 사업계획이었다.

상공부가 올해 2월에 동 사업계획을 승인하면서 '새마을공장'으로 건설할 것을 종용했던 것이다. 천안의 PVC 레인코트 공장도 이미 1972년에 새마을공장으로 지정된 일이 있고 해서 김종희는 타일 공장도 새마을공장으로 짓는 것에 순순히 동의했다. 그때 결정된 새마을공장 건설 예정지가 김포군 검단면 왕길리였다. 왕길리가 마침 1973년 김포군 최우수 새마을이었기 때문이다. 각 지방에서 저마다 새마을공장을 유치하려 했기 때문에 정부가 우수 새마을에 새마을공장을 유치할 수 있는 우선권을 주어왔던 것이다.

"회장님! 검단면이라는 데는 공장을 세울 만한 곳이 못됩니다."

한국화약 부사장으로 있으면서 지난해 12월부터 태평양건설 사장을 겸직하고 있는 신현기가 현지답사 결과를 보고했다.

"첫째, 교통이 불편하고 발전성이 없습니다."

"교통이 좋고 발전성이 있는 데면 벌써 어떤 공장이 들어섰어도 들어섰지, 그런 데서 왜 새마을공장을 유치하려고 애를 썼겠어요?"

"하지만 그곳에다 타일 공장을 짓게 되면, 남쪽에서 나는 고령토를 어떻게 일일이 운반해다 쓰겠습니까?"

"그러니까 새마을공장이고, 얼마간의 세금 혜택도 보는 것 아니오. 다소 불편한 점이 있더라도 이왕에 새마을공장으로 짓기로 했으니 그대로 밀고 나가야지 어떻게 하겠소. 우리가 그곳에다 타일 공장을 세워서 그 지역이 발전하고, 또 그 지방 농민들이 조금이라도 더 잘 살게 된다면 우리 사업목적은 성공하는 거 아니오?"

"사업을 하면서 딴 사람 좋은 일만 할 수는 없는 것 아닙니까?"

"새마을공장은 밑지지만 않으면 되는 거요?"

자선사업이 아닌 이상 사업을 하면 반드시 이익을 봐야 하지만, 그 이익은 꼭 사업주의 주머니 속에 들어오지 않아도 된다고 생각하는 김종희였다. 내일의 기업환경이 어떻게 변할지 모르는 불안한 시기였지만 김종희는 내일 지구의 종말이 올지라도 오늘 한 그루의 사과나무를 심는 심정으로 검단면 왕길리의 산기슭 8만2,645㎡(2만5천여 평)를 공장부지로 확보하고, 5월에는 김포요업주식회사(金浦窯業株式會社)를 설립, 공장 건설을 서둘렀다.

9월에는 한일 합작회사인 유니온포리마주식회사를 설립하고 천안시 두정동의 PVC 레인코트 공장에 인접한 대지 1만4,876㎡(4천5백 평) 위에 PVC 원단공장을 착공했다. 이 무렵, 1972년에 통합된 한국프라스틱(주)이 완전히 불황을 벗어나 흑자 국면을 맞고 있었다. 석유파동으로 인한 국제 원자재 가격의 폭등이 국내 PVC 수요를 급증시켰던 것이다. 선철(銑鐵)이나 원목 수입가격이 너무 비쌌기 때문에 국내 업계가 웬만한 제품에 필요한 철재나 목재는 PVC로 대체할 수밖에 없었다. 석유파동은 또한 국내 화약 수요를 급증시키기도 했다. 정부의 에너지 정책이 주탄종유로 전환됨에 따라 연탄 수요가 늘어나게 되어 탄좌개발이 활기를 띠기 시작했던 것이다.

태평양건설도 발족한 지 1년 만에 도급순위 533위에서 일약 98위로 뛰어올랐다. 주택공사가 실시한 잠실 서민아파트(43㎡(13평)형 5층짜리 4개 동)

공사 입찰에서 국내 유수한 16개 업체와 경쟁하여 1억9천만 원에 낙찰시킨 것을 위시해서 그룹 자체공사를 합치면 태평양건설의 수주액은 그간 9억5천만 원에 달하고 있었다.

그 해 10월 하순, 김종희는 태평개발이 건설 중인 프라자호텔 건너편에 마주보이는 서소문동의 삼정(三正) 빌딩을 사옥으로 매입했다. 지하 1층, 지상 13층(연건평 9256㎡; 2천8백 평)의 삼정빌딩은 2대의 엘리베이터와 냉난방 시설이 완비된 고급 빌딩이다. 종로의 미려빌딩에 들어 있는 한국화약 본사와 각기 다른 건물에 들어 있는 여러 계열회사를 한 건물 안에 집결시키면 업무의 능률도 높일 수 있고, 1년에 1억2천여만 원씩 들어가는 임차료도 절감할 수가 있다.

"이제는 나도 학교를 하나 세워야겠는데 말야…"

김종희가 부인 강 여사와 함께 온양 온천을 다녀오는 길에 차 속에서 혼잣말처럼 말했다. 강 여사로서는 처음 듣는 말이 아니었다. 나중에 돈을 벌면 학교를 하나 짓겠다고 하는 말은 남편이 고향 학생들에게 장학금을 대주기 시작하던 1950년대부터 입버릇처럼 해오는 말이다.

"왜 그렇게 말로만 몇 십 년씩 벼르세요?"

"아녀! 이젠 정말 나도 학교를 하나 세워야겠어. 나만 못한 사람들도 학교를 짓는데 말야…"

"하나 지으면 될 거 아녜요?"

"지난해부터 형님 비서들한테 학교 터를 하나 잡아보라고 했는데, 그걸 여태 못 잡고 있단 말야."

"국회의원 비서들이 학교 터 보러 다닐 시간이 있겠어요?"

그 무렵 김종철은 국회 경제과학위원회 위원장에 공화당 당무위원까지

겸하고 있어서 정치활동에 바쁜 때였다.

"어떤 학교를 세우실려고요?"

"고등학교를 하나 지을까 해!"

"이왕이면 대학이지, 왜 하필이면 고등학교예요?"

"나는 누구처럼 학교를 세워 돈을 벌거나 명예를 얻자는 게 아녀. 진짜 육영사업다운 육영사업을 한번 해보려고 그러는 거니까."

"고등학교를 세워야만 육영사업다운 육영사업을 할 수 있어요?"

"내 경험을 생각해봐도 교육은 역시 감수성이 가장 민감한 고등학교 시절이 제일 중요해. 요새 대학 나온 친구들, 재주가 좀 있다 싶으면 덕성이 모자라고, 또 반대로 사람 됨됨이 괜찮다 싶으면 자질이 시원찮단 말야. 흔히 하는 말로 전인교육이란 역시 고등학교에서 해야 해."

"그럼, 뭘 그렇게 어렵게 생각하세요?"

"교육이 어째서 어렵지 않어?"

"교육은 교육자에게 맡길 일이고, 우선 당신이 하실 일은 학교 세우는 일이잖아요? 올라가는 길에 신부동 땅을 한번 둘러보고 가십시다."

"신부동 땅을…?"

"네!"

"그 땅은 공장을 지으려고 산 땅인데, 거기에다 학교를 세우면 너무 외질 걸."

"학교를 동네 한복판에 세울 생각이세요?"

"허긴 학교는 시내에서 조금 떨어진 데가 괜찮을 거야."

천안시 신부동 산11번지의 9만4,215㎡(2만8천5백여 평)는 1968년에 PVC 레인코트 공장을 짓기 위해 샀다가 진입로 공사비와 공장부지 정지 공사비 등이 많이 들게 되어 레인코트 공장을 두정동에 짓는 바람에 그대로 묵혀 오는 땅이었다.

"여보! 저 산은 뭐라고 불러요?"

강 여사가 신부동 뒷산을 가리키며 물었다.

"국사봉이야, 나라 국(國)자, 스승 사(師)자, 국사봉(國師峰)."

"국사봉, 이름 좋으네요."

김종희와 강 여사는 눈이 거의 발목까지 빠지는 신부동 산길을 걸어 올라갔다.

"여기서 이렇게…, 우리 땅이오."

김종희가 손을 들어 산11번지의 경계를 가리켰다.

"이렇게 훌륭한 자리를 놔두고, 무슨 학교 터를 따로 보라고 하셨어요?"

"이런 데다 학교를 지어도 될까?"

"저쪽에다 학교 교실을 이렇게 지으면 정남향이 되잖아요?"

맑게 갠 하늘에 겨울 햇살이 그 일대를 쨍하게 비추고 있었다.

"여기야말로 학교 터로는 바로 명당이에요. 저 산 이름이 국사봉이라고 하셨잖아요? 옛날 사람들이 이 자리에 국사(國師)를 길러낼 학교가 들어설 것을 미리 알고 저 산을 국사봉이라고 불렀나 봐요, 호호…"

"핫하하… 지관이 따로 없네, 그려."

김종희는 다음날 바로 태평양건설의 신현기 사장을 천안으로 내려 보내 신부동 산11번지의 지목을 학교부지로 변경하게 하는 한편, 기획실에 명하여 학교법인 설립을 서두르게 했다.

"회장님! 학교법인 이름은 무엇으로 했으면 좋겠습니까?"

한정섭 기획실장이 물었다. 학교법인 명칭은 앞으로 설립될 고등학교 명칭과도 관련이 있기 때문에 그룹 안에서는 김 회장의 아호를 따서 현암학원(玄岩學園)으로 하자커니 천안제일학원(天安第一學園)으로 하자커니 해서 의견이 분분했다.

"천안북일학원으로 해!"

"북일학원이라고요…?"

"음! 북녘 북(北) 자에 한 일(一) 자야."

"천안북일학원보다는 천안제일학원이 낫지 않습니까, 회장님?"

한 실장이 학교법인 명칭을 천안북일학원(天安北一學園)으로 하라는 김종희의 깊은 뜻을 알 리가 없다. 독자들은 김종희가 어려서 부대리 성공회 부설 북일사립학교에 다닌 사실을 기억할 것이다. 김종희는 학교를 세우겠다고 생각할 때부터 북일사립학교를 연상했었다. 영국의 귀족이요, 인도 총독의 아들인 세실 쿠퍼가 약속된 영화를 외면하고 20대 약관의 몸으로 산 설고 물 설은 가난한 부대리에 성공회 사제로 부임한 후, 비록 선교활동의 일환이었다고는 하지만 온갖 악조건 속에서도 북일학원을 설립하고 육영사업을 위해 헌신한 그의 고마움은 잊을 수 없다. 그 후 한국성공회 주교로 시무하던 세실 쿠퍼는 일제 말에 본국으로 추방되었다가 8·15해방 후에 다시 돌아와 한국성공회 재건을 위해 노력하던 중, 6·25전쟁 때 북한군에게 납북되어 3년간의 억류생활 끝에 1953년 4월 홀트 주한 영국 공사 등과 함께 송환되어 왔으나 건강이 악화되어 72세를 일기로 하느님의 부르심을 받았다.

김종희는 일찍부터 세실 쿠퍼 신부를 통하여 변치 않는 신념과 좌절할 줄 모르는 용기, 그리고 봉사하는 희생정신을 배웠다. 한국화약(주)의 초창기 사훈인 '신념·용기·봉사'는 김종희 자신이 몸으로 체득한 삶의 좌표였으며, 신념·용기·봉사는 오늘도 천안북일학원에 설립자훈(設立者訓)으로 전해지고 있다.

문교부(현 교육과학기술부)로부터 학교법인 천안북일학원 설립이 인가된 것은 1975년 5월 31일. 신부동 산11번지의 학교부지 정지작업은 이미 전부터 시작되어, 8월 1일에는 교사 신축 기공식이 거행되었다.

"이봐요, 신 사장! 학교 교사부터 최고로 지어야 하는 거요."

"염려 마십시오. 고등학교 교실 바닥을 인조대리석으로 깔고, 교실 안에 난방용 라디에이터 시설을 하는 데가 어디 있겠습니까."

"변소도 수세식으로 만드는 거죠?"

"변소까지도 수세식으로 지으라는 말씀입니까?"

"글쎄, 학교 시설부터 일류로 만들자니까요."

"알겠습니다!"

앞으로 설립될 천안북일고등학교(天安北一高等學校)를 3년 이내에 일류 명문고교로 만들어 놓겠다는 것이 김종희의 목표였다. 일류 명문고교가 되기 위해서는 학교시설도 중요하지만 학생을 가르칠 교사들도 일류로 초빙해오지 않으면 안 된다. 김종희는 온양고등학교의 권혁조(權赫祖) 교장을 천안북일고등학교 초대 교장으로 초빙했다. 권혁조 교장은 1934년 경성사범학교를 졸업하고 40여 년간을 교육 일선에서 헌신해온 충남 연기군 전동면 출신이다.

"교장 선생님! 제가 다시 한 번 말씀드리지만 저는 절대로 학교 운영에는 일체 관여하지 않을 겁니다. 교사들도 교장 선생님 책임 하에 일류 교사들을 선발해 주십시오. 일류 교사들을 이 천안 구석으로 모셔오자면 그만한 대우를 해야 하지 않겠습니까?"

"그야…"

"우리 학교로 선발되어 오는 교사들에게는 우선 천안에 정착할 수 있도록 살림집을 하나씩 마련해주고, 연간 600%의 보너스를 지급할 생각입니다."

당시만 해도 연간 보너스를 600%씩 지급하는 직장은 아무 데도 없었다. 김종희는 가까운 친지들로부터 가끔 '노랑이' 소리를 들었다. 그러나 그는 그런 소리에 조금도 개의치 않았다. 어떤 면에서는 당연하게 받아들이기도 했다. 쓸 때는 아낌없이 썼지만 객쩍은 일에는 한 푼도 쓰지 않았으며, 돈을 쓰고 나서는 나팔을 부는 일이 없었기 때문에 노랑이로 보인대도 이상할 게 없었다.

그는 평소 남에게 돈을 꾸어주는 일이 없었으며, 남을 도와주되 백 프로 도와주는 법이 거의 없었다. 1천만 원을 꾸어 달라는 사람이 있으면 차라리 1백만 원을 거저주고, 도와달라는 사람에게는 7, 80프로만 도와주고 2, 30프로는 자력으로 해결하게 했다. 돈을 꾸어주는 것은 결국 돈 잃고 사람 잃는 겹바보짓이며, 무능력자가 아닌 사람을 백 프로 돕는다는 것은 오히려 자립의지를 해치는 행위라고 생각했다.

일류학교가 되기 위해서는 학생들도 공부 잘하는 학생들을 뽑지 않으면 안 된다. 김종희는 지금도 역시 공부는 가난한 집 아이들이 잘한다고 생각했다. 집안 형편이 어려워 공부를 못하는 학생들에게는 무조건 장학금을 주어 북일사립학교 시절에 가난했던 한을 풀 생각이었다. 그렇다고 해서 학생들을 절대로 공부벌레로 만들 생각은 없었다. 대의(大義)에 투철한 정신으로 국가와 사회에 공헌할 수 있는 진실한 애국애족의 정신을 솔선 실천하는 사람, 소극적이고 의타적이고 안일하고 나태한 생활태도를 지양하며 매사에 적극적이고 능동적이고 진취적인 사람, 원리원칙을 존중하고 적당요령주의를 배격하며 창조적이고 능률적이고 합리적인 사람을 길러내자는 것이 그의 교육지표였다.

그는 교사가 완공되기도 전에 집채만한 바윗돌에 친필로 쓴 교훈을 새겨 교훈탑을 세웠다.

1. 애국하는 사람

2. 적극적인 사람

3. 합리적인 사람

매주 주말마다 그는 부인 강 여사와 함께 학교 건설현장으로 내려가곤 했다. 학교시설에 관해서는 부인이 더 섬세한 편이었기 때문이다. 흑판은 기본흑판 외에 그래프가 그려진 보조흑판이 준비되었고, 학생들의 책상과 의자는 1인용으로 준비되고 있었다.

11월 중순, 마침내 천안북일고등학교 설립이 인가되고, 1976학년도 신입생 480명(60명 8학급)의 모집정원이 확정되었다. 2월에는 1천2백여 명의 입학 지원자를 상대로 신입생 선발고사를 실시하여 480명의 합격자를 발표했다.

3월 6일로 예정된 개교일을 앞두고 천안시는 온통 축제 분위기로 들뜨기 시작했다. 현지의 대표적 일간지인 〈충남일보〉는 '사학의 요람 천안북일고등학교 내일 개교'라는 제목 하에 개교식에 참석할 각계 인사들을 다음과 같이 열거했다.

학계에서는 김옥길 이대 총장과 임홍순 중대 총장이, 정계에서는 김용태 공화당 원내총무를 비롯한 김종철·장경순·최영희 상임위원회 위원장 및 충남 출신 국회의원들, 재계에서는 김원기 상업은행 총재 · 고태진 조흥은

천안북일고 개교 당시 전경

행 총재 · 태완선 상공회의소 회장, 행정부에서는 남덕우 부총리 · 유근창 원호처장 · 서정화 내무차관 · 이민우 국방차관 · 정석모 충남지사, 그 밖의 외빈으로는 스나이더 주한 미국 대사와 스틸웰 주한 유엔군 사령관과 테일러 주한 이스라엘 대사 등이 참석하게 될 것이라는 것이었다.

서울에서 발행되는 중앙지들도 개교를 앞둔 천안북일고에 관한 기사를 일제히 취급했는데, 그 중에서 〈동아일보〉는 '새 시대 새 인물 배출'이라는 제목으로 천안북일고의 개교 소식을 이렇게 전했다.

『경부고속도로를 따라 천안 인터체인지 서북쪽 신부동 산11의 3만 평(9만9,174㎡) 대지 위에 명문 사학의 요람으로 태동할 천안북일학원이 웅장하게 서 있다. 오는 6일 개교식을 갖게 될 북일고등학교는 현대식 4층 콘크리트 건물로 보일러 난방, 수세식 변소시설을 갖추고, 금년 8학급 480명의 신입생 입학식과 개교식을 함께 갖게 된다. 북일학원은 한국화약그룹의 총수 김종희 회장이 참답고 알찬 새 시대에 새롭고 능력 있는 인재를 향리인 천안 지방에서 배출해보려는 열의로 북일학원을 첫 사업으로 출범시킨 것인데, 북일고등학교는 '애국적인 사람·적극적인 사람·합리적인 사람'을 교육해내겠다는 기본교육이념에 바탕을 두고 어느 사학도 따르지 못할 학교시설과 교사진을 사전에 확보해놓고 세상에 알리게 한 것이다.

이 학교는 단계적으로 단과대학, 종합대학이라는 거대한 학교 군으로 발돋움하기 위한 초석으로 설계되었다. 준공된 학교시설로는 본관 연건평 1천5백 평(4,958㎡), 40교실 외에도 도서실 120평(396㎡), 과학관 3층 4백 평(1,322㎡), 대강당 및 실내 체육관 9백 평(2,975㎡), 특수교육시설인 시청각교육실과 어학실습실, 6천 평(1만9,834㎡)의 체육장과 옥외수영장, 기숙사 2백 평(661㎡), 양호실·방송실·음악실, 1일 5백 톤의 자가 급수시설 등을 갖추고 있어 북일학원의 미래 학교상과 함께 오로지 국가가 요구하는 인재를 기필코 배출하겠다는 의지를 엿보게 한다.

김종희 재단이사장은 50명의 학생에게 장학금을 주는 장학제도와 졸업생 특별장학제도를 마련하고 있으며, 우수교사 우대초빙제도를 마련하고 기본 보너스 400% 이외에 특별보너스 200% 지급제도와 교사 해외여행제도, 퇴직 특별위로금제도 등을 마련해서 고등학교로부터 대학 진학, 외국 유학, 장래 문제까지 마음 놓고 면학할 수 있는 보장을 해놓고 있다.

북일학원은 김 회장의 아낌없는 투자를 보장받고 있는 한 오직 옳은 인재, 완벽한 인재, 훌륭한 인재를 교육하고 교육받기 위해 교직원과 학생과 학부모가 합심 진력한다면 국가와 사회가 요구하는 교육전당을 만만세세에 거양하게 될 것이다. 』

　지방 소도시의 일개 사학의 개교였지만 천안북일고 개교는 전국 교육계의 관심사였으며, 또한 한국 중등교육 및 사학교육에 신선한 충격을 던져 준 쾌거이기도 했다.
　3월 6일에 거행된 개교식은 과연 우리나라 중등교육 사상 전무후무하게 대성황을 이룬 개교식이었다. 4백여 명의 내외귀빈과 480명의 학생들, 그리고 1천여 명을 헤아리는 학부모들이 참석한 이날 개교식에서 김종희 이사장은 식사를 통하여 자신의 포부를 다음과 같이 피력했다.

　『 존경하는 남덕우 부총리, 스나이더 주한 미국 대사 내외분을 비롯한 내외귀빈 여러분! 그리고 학부모 여러분과 학생 여러분! 오늘은 우리 북일고등학교의 창립을 기념하는 뜻 깊은 날이기도 합니다.
　교육의 목표는 국가가 필요로 하는 유능한 인재를 양성하는데 있습니다. 오늘 역사적인 첫출발을 하는 이 북일고등학교는 배움에 뜻을 둔 우수한 인재를 발굴하여 본인의 노력 여하에 따라서는 경제적인 구애를 받는 일이 없이 마음껏 공부하게 함으로써 국가에 유용한 참된 일꾼으로 길러내자는데 그 설립의 기본목표를 두고 국가 지상의 애국관에 투철하며 국가와 사회에 기여할 수 있는 인재를 만들어내고 고루하고 소극적인 것을 탈피하여 진취적이고 행동적이며 온 세계를 무대로 활약할 수 있는 적극적인 기상을 지닌 사람, 원리원칙을 소중히 하고 무책임한 적당주의를 배제하는 합리적인 사람을 길러내기 위한 내용 있는 교육을 펴 나갈 것을 이 학교 교육의 지표로 삼을 것입니다.

이러한 목표를 수행하기 위해 교장 선생님을 비롯한 여러 선생님들께서는 확고한 신념과 패기에 찬 불굴의 용기와 봉사정신을 신조로 교육에 임하여 주시기 바라며, 학생 여러분은 공부하겠다는 진지하고 열성적인 면학자세를 갖추어야 하며, 학부모 되시는 여러분들께서는 학교에 대한 너그러운 이해와 격의 없는 협조를 아끼지 말아 주시기 바랍니다.

이러한 선생님과 학생과 학부모들의 일체감에서 비로소 이 학교 설립의 목적을 다할 수 있으리라 확신합니다. 본인은 이러한 목표달성을 위하여 훌륭한 교육시설을 갖추고 특색 있는 학교운영제도를 마련하고 참답고 알찬 배움의 전당으로 우리나라에서 으뜸가는 자랑스러운 학원이 이룩되도록 최선을 다하여 뒷받침할 것을 다짐하며, 앞으로 여러분의 많은 성원과 협조 있으시기를 바라면서 인사말씀에 대신합니다. 』

남덕우 부총리는 축사를 통해서 '천안북일고의 개교는 천안의 발전뿐 아니라 우리나라의 발전을 위해서도 매우 뜻 깊은 일' 이라고 말하고 '신입생 여러분들이 앞으로 어떻게 배우고, 어떻게 행동하느냐에 따라서 이 학교의 앞날과 전통을 다지는데 큰 역할을 하게 될 것' 이라고 강조하면서 '학생들은 이곳에서 지식을 쌓고 인격을 도야하는 것이 나라를 위해, 부모를 위해 할 수 있는 최대의 일이라는 것을 명심해 줄 것' 을 당부했다.

스나이더 주한 미국 대사도 축사를 통하여 '천안북일고의 개교를 미국 국민을 대표해서 축하한다' 고 말하고, '신입생 여러분은 모든 면에서 타인의 모범이 되어줄 것을 기대한다' 고 했다. 또한 스틸웰 주한 유엔군 사령관은 헬리콥터 편으로 공수해온 야구 배트와 야구 글러브를 학교 측에 증정하여 학생들과 학부모들로부터 뜨거운 박수를 받기도 했다.

천안북일고에서는 개교식이 끝나자마자 스파르타식 교육이 실시되었다. 후기 모집으로 입학한 학생들이어서 그들의 입학성적은 200점 만점에 150점 이상 득점자는 99명에 불과했고, 나머지는 모두 150점 이하 117점에 이르는 저조한 실력들이었다. 그들의 실력을 끌어올리는 길은 다른 학교 학생들보다 공부를 더 시키는 수밖에 없었다.

학생들을 다른 학교보다 1시간 일찍 등교시키고 1시간 늦게 하교시키면서 자습을 하게 하고, 교내외를 막론하고 '책 읽고 다니기' 운동을 펴는 한편, 그 날 배운 학습내용을 완전히 소화 정리할 수 있도록 '노트 잘 쓰기' 를 철저히 실천했다. 그 결과 그 해 가을에 실시된 도 학력평가고사에서 도 교육위원회가 추정한 성적보다 지나치게 좋은 성적을 올리게 되어 도 장학사 관리 하에 재평가고사를 치러야 하는 수모를 겪기도 했으나, 오히려 학교 자체 관리 하에 실시했던 성적보다도 좋은 성적을 거두어 담당 장학사로부터 극찬을 받기까지 했다

천안북일고 학생들은 생활면에서도 엄격하고 규칙적이고 절도 있는 행동을 해야만 했다. 북일고 교복에는 동복이든 하복이든 바지에 옆주머니가 없어 아무리 추운 겨울에도 주머니에 손을 넣고 다닐 수 없는 것이 특색이었으며, 그 대신 바지 뒷주머니에는 반드시 손수건이 들어 있어야 했고, 윗옷 윗주머니에는 학생수첩과 1일 2단어의 영어 단어장이 필수적으로 들어 있어야 했다. 그뿐 아니라 책가방은 옆에 끼거나 둘러메는 것을

용납지 않았으며, 심지어는 길을 걷거나 의자에 앉을 때도 항상 허리를 꼿꼿이 펴고 행동해야만 했다. 그래서 천안 시민들 사이에는 북일고등학교 하면 '공부벌레 학교'니 '북일 사관학교'니 하는 말이 유행하기 시작했다.

가끔 천안 유지들이 김종희에게 북일고의 스파르타식 교육방법이 지나치지 않느냐고 충고하기도 했다. 그러나 김종희는 그때마다 농담 반 진담 반으로 이렇게 대꾸하며 별로 개의치 않았다.

"당장은 사관학교 소리를 듣고 공부벌레 학교 소리를 들어도 할 수 없어요. 결과는 1회 졸업생이 대학에 진학하는 3년 후에 두고 봅시다. 그때 가서 일류학교 소리를 못 듣게 되면 학교 집어치우고 차라리 거기다 공장을 차릴 겁니다."

김종희는 5월에 한국화약그룹의 모기업인 한국화약(주)의 기업공개를 단행한 데 이어 제일화재해상보험(주)도 공개했다. 이윤이 보장되는 기업은 마땅히 공개해서 기업이윤이 모든 국민에게 고루 돌아가게 함으로써 건전한 국민기업으로 성장해나가게 하는 것은 김종희의 창업이념과도 일치하는 것이다.

1973년부터 정밀화학 분야를 개척해온 한국화약에서는 그 동안 화학공업의 기초 원료인 니트로벤젠을 비롯해서 농약 원료인 엘산과 염료 원료인 아닐린, 의약 원료인 갤릭 엑시드 등을 연구 개발하는데 성공하고 바야흐로 종합화학업체로 발돋움하기 위해 3,305㎡(1천 평) 규모의 파인 케미칼(Fine Chemical) 공장을 건설하는 중이었으며, 한편으로는 지난해 9월에 착공한 여수의 제2화약공장 준공을 눈앞에 두고 있었다.

또한 불꽃놀이용 연화(煙火)도 1973년 장난감 연화를 일본에 수출한 것을 효시로 1974년 미국으로 30만 불어치를 수출한 데 이어 올해에는 미국

파인 케미칼 공장을 순시하는 김종희 회장

독립 200주년 축제용 연화를 2백만 불어치나 수출했다. 미국으로 축제용 연화를 수출하기까지에는 한국화약이 서울 밤하늘에 최초로 연화를 쏘아올린 1957년 3·1절 경축행사 때부터 장장 20년이라는 오랜 각고의 노력이 필요했던 것이다.

연화를 만드는 데는 잔손이 많이 간다. 그렇다고 해서 연화 값이 엄청나게 비싼 것도 아니다. 연화 생산은 장삿속으로 따지자면 수지가 맞지 않는다. 그러나 주요한 경축행사에 불꽃놀이는 빼놓을 수 없다. 밤하늘을 수놓는 오색찬란한 불꽃은 남녀노소를 막론하고 보는 이들의 마음을 기쁘게 한다. 그런 연화이기에 김종희는 비록 수지가 맞지 않아도 투자를 아끼지 않고 보다 다양하고 화려한 연화 개발을 꾸준히 계속해올 수 있었다.

6월에는 대일유업의 상표를 '빙그레' 로 바꾸었다. 퍼모스트와의 기술제

휴기간이 6월 말로 끝나기 때문에 퍼모스트 상표를 계속 사용하면 상표 사용료를 지불하지 않으면 안 된다. 아직까지도 대일유업은 적자운영이었다. 처음부터 돈을 벌자고 해서 시작한 사업은 아니었지만 손해나는 장사에 상표 사용료까지 지불한다는 것은 억울하다. 전천후 영양식이라고는 해도 역시 아이스크림은 몹시 계절을 탔다. 한여름에 반짝 하고 나면 겨울 내내 캄캄하다. 그렇다고 겨울장사가 되는 과자를 만들 생각은 없었다. 다행히 해마다 여름철 수요가 늘어나서 잘 하면 올해에는 흑자 분기점을 넘어설 것도 같았다.

김종희는 차제에 대일유업 상표를 순수한 우리말로 바꿀 생각이었다. 지난 3월부터 전문가들의 자문을 구하면서 그룹 내 사원들을 대상으로 새 상표를 공모해보기도 했다. 그러나 신통한 새 상표가 떠오르지 않았다.

그런 어느 날 오후, 김종희가 깜박 조는 사이에 〈이솝 우화〉에 나오는 '태양과 바람'의 꿈을 꾸었다. 심술 사나운 바람이 한 소녀의 외투를 벗기려 했다. 소녀는 외투를 뺏기지 않으려고 잔뜩 웅크렸다. 이윽고 구름 사이로 태양이 해맑은 미소를 머금고 나타났다. 김종희가 꿈에서 깨어난 것은 바로 그 순간이었다. '빙그레'는 그가 꿈속에서 본 태양의 미소였다.

과연 '빙그레'는 그 해 여름에 소비자들의 폭발적인 인기를 불러 일으켰으며, 공급이 달리게 되어 도농리에 제2공장을 짓게 했던 것이다.

한국화약(주)이 성도증권주식회사를 인수한 것도 그 해 여름이었으며, 태평양건설이 대망의 중동 진출을 실현한 것도 그 해 여름이었다. 성도증권은 1962년에 설립되어 한때는 증권계에서 중위권으로 부상한 적도 있었으나, 최근에는 영업 부진으로 27개사 중 25위로 처진 증권회사였다. 그 당시만 해도 증권업이 인기 업종은 아니었지만 김종희로서는 이미 공개된

사우디아라비아 지사 방문한 김종희 회장(1977)

그룹 기업의 주식 관리상 증권회사가 아쉬운 때였다.

태평양건설은 발족한 지 3년 만에 이미 도급순위 31위로 뛰어오른 일군 업체다. 태평양건설이 사우디아라비아에서 최초로 수주한 공사는 알코바 시의 아파트 건설(공사금액 2천40만 불)과 리야드 시에 건설될 사무실 건물 (공사금액 170만 불) 등이었다.

9월부터는 성운물산 소속의 탱커가 경인에너지의 수입 원유 전량을 수송하게 되었다. 여태까지 경인에너지에 공급되는 원유는 합작회사인 UNOKO를 통해 외국 선박이 전담해오고 있었다. 외국 선박을 이용한 원 유수송으로 인한 소요 경비는 경인에너지의 원가부담으로 작용하여 경영 에 막대한 영향을 미쳐왔다. 이에 김종희는 지난해부터 원가부담을 줄이 기 위한 방법으로 유류수송 선박회사 설립을 검토하기 시작했었다. 전문 가들이 검토한 바에 의하면 인천항의 입지조건을 감안해서 7만 톤급 중고 유조선 3척을 도입 취항시키는 경우 최소한 연간 1천만 불 정도의 수송비를 절감할 수 있을 것이라는 결론이었다. 마침 정부에서도 국내 해운업계를 육성하기 위해 수출입에 국적선을 이용하도록 적극 권장하고 있을 뿐 아니라, UNOKO와의 원유수송계약도 1975년 말에 종료되기 때문에 내국 선박회사 설립이 시기적으로 불가피했다.

김종희는 지난 연초에 주식회사 성운물산을 설립, 미국의 배터리 탱커(Battery Tanker Corp.) 사와 화이트 홀(White Hall Crop.) 사와의 성운1호(적재량 77,656톤) · 성운2호(적재량 73,538톤) · 성운3호(적재량 78,264톤)에 대한 국적 취득 조건부 나용선 계약을 체결하고, 경인에너지와 10년 장기 원유공급계약을 체결해 국내 정유 3사 중 제일 먼저 국적선에 의한 원유수송을 실현시켰다.

1973년 12월 착공된 프라자호텔에서는 개업을 앞두고 미리 공모한 종업원 교육이 한창이었다. 하루는 김종희가 태평개발의 권혁중 사장을 불렀다.

"요즘 종업원들 교육은 뭘 시키고 있는 거여!"

"예절교육 중심으로 각종 소양교육을 실시하고 있습니다."

"딴 호텔에서 일하다가 온 사람들 아녀? 권 사장이 직접 특별교육을 좀 시켜줘야겠어."

"특별교육을요?"

"앞으로 영업이 시작되면 절대로 여자들은 출입하지 못하게 하란 말여."

"예…?"

"왜?"

"여자 손님을 안 받고 어떻게 장사를 합니까?"

"내 말은 손님 받지 말란 말이 아녀! 호텔 손님들 상대하는 여자들을 드나들지 못하게 하라는 거여."

"아, 예…"

"알아들었어?"

"하지만 손님들이 달고 들어오는 여자야 어떻게 하겠습니까?"

"그것도 절대 안 돼!"

"그러면 장사가 되겠어요?"

"장사가 안 돼서 호텔 문을 닫는 한이 있더라도 좋아! 그렇게는 돈 안 벌겠어."

"호텔이나 여관이나 다 그런 시간손님이 많아야 한대요."

"듣기 싫어! 앞으로 호텔 문을 연 다음에 만약 그런 여자가 출입하는 것을 묵인하는 사람이 있을 때는 누구를 막론하고 용서치 않을 테니 그리 알라구! 이것은 영원히 지켜져야 할 프라자호텔의 전통이 될 거니까, 그 점을 권 사장이 종업원들에게 특별히 교육시켜! 알겠어?"

시청 앞 광장 건너편에 우뚝 솟은 프라자호텔의 산뜻한 위용은 벌써부터 한국을 찾는 외국인들은 물론 서울 시민들의 관심의 대상이 되어오고 있었다. 4,595㎡(1,390여 평)의 대지 위에 세워진 이 호텔은 지상 22층(높이 66m), 지하 3층, 연건평 4만9,587㎡(1만5천 평)로서 공사기간 2년 10개월 동안에 투입된 총공사비 166억여 원, 동원된 연인원 40만여 명을 헤아린다.

프라자호텔의 개관은 한국화약그룹의 저력을 과시하는 장거이자 한국화약그룹이 국제적으로 비상할 수 있는 도약의 계기가 되기도 했다. 9월 24일 오후 6시에 거행된 개관식 테이프 커팅에는 남덕우 부총리와 최경록 교통부 장관, 그리고 마쓰오(松尾泰一郎) 마루베니 사장과 김종희가 참석했으며, 뒤이어 호텔 4층 오키드 홀에서 베풀어진 개관 축하 리셉션에는 정부와 국회, 경제계, 문화계 인사들과 주한 외교관 및 주한 유엔군 사령관 등 4백여 명이 참석하여 대성황을 이루었다.

김종희는 10월 1일자로 발간된 사보 〈다이나마이트〉 지에 당시의 성운물산 국적선 취항과 프라자호텔 개관의 의의를 이렇게 역설했다.

『지난 8월 27일 성운 제3호 7만5천 톤급 유조선을 비롯하여 계속 1호선 ·2호선을 인수함으로써 주식회사 성운물산이 총 선복량 22만5천 톤을 보유하는 해운회사로 떠올랐고, 9월 24일에는 총공사비 166억여 원을 투입한 540실의 국제 수준급 초현대화된 서울프라자호텔이 준공됨으로써 우리 그룹이 세계무대를 본거로 오대양 육대주를 종횡무진 내왕하며 도약할 수 있는 여건이 갖추어졌습니다.

3척의 대형 유조선은 우선 중동-인천 간을 취항하여 경인에너지 소요 원유 전량을 자가 수송함으로써 정유사업 부문에 획기적인 경영 개선을 가져오게 될 것은 물론 장차 일반 해상화물을 취급하는 광범위한 해상 운송업으로 확산시켜 3면이 바다에 임하고 있는 우리나라 해운업계에 뚜렷한 존재로 부각될 것을 확신합니다.

대서울의 중심 심장부에 뚜렷한 명소로 부상된 서울프라자호텔은 특급 호텔로서는 우리나라 역사상 첫 번째의 것이라고 단정하고 싶습니다. 설계에서 시공에 이르기까지 완벽한 공법을 적용한 국제 수준급 일류 호화 호텔임을 자랑합니다.

이것은 떳떳이 국위선양을 할 수 있는 사업이며, 또한 범세계를 대상으로 하는 사업정보의 온상일 수도 있습니다. 이곳을 바탕으로 직접 간접으로 흘러나오는 참신한 정보를 각사 조직에 신속히 유입

시켜 관련 사업과 조화를 이룩함으로써 각 사의 사업확장과 이익원 (利益源) 개발에 기여할 수 있는 체질을 견고히 다져야 하겠습니다.

성운(星運)의 새로운 발족과 서울프라자호텔의 준공을 계기로 우리 그룹이 내포하고 있는 무한정하고 무서운 가능성에의 잠재력을 바탕으로 국내 시장에서의 석권은 물론이고, 시야를 넓고 멀게 내다보며 웅대한 세계 시장에의 비약적 발전의 발판을 삼아야 되겠습니다.

예리한 기회포착의 살아 있는 감각을 항상 일깨워서 항시 임전의 자세로 제반 사업에 대처하면 우리 그룹은 가까운 장래에 눈부신 일대 발전을 이룩하고도 남음이 있는 인적 조직과 기반을 갖추고 있습니다. 각급 간부를 중심으로 전체 종업원이 한 마음 한 뜻이 되어 전쟁에 임하는 긴장된 열의로써 각사의 앞날을 걱정하고 경쟁에서 이겨나갈 수 있는 저력을 배양해주기 바랍니다.

자기 생색 위주의 과대선전, 언행이 일치하지 않는 단편적 보고, 개인 입신 본위의 약삭빠른 처세술 등은 하나도 필요 없습니다. 솔선해서 과할 정도로 회사 일에 열심하고 적극적으로 회사 이익을 개척하는 사람이면 숨어서 일하더라도 사필귀정으로 보답이 오고 일신의 영화가 약속되는 원리를 믿어야 합니다.

우리의 기존 지반은 방대하고 막강한 것임을 믿고 당당히 가슴을 확 펴고 정당하고 슬기롭게 회사 일을 개척해나가서 동남아, 중동을 비롯하여 온 세계를 무대삼아 괄목할 만한 내일의 발전을 위해 매진해주기를 당부합니다. 』

1976년은 한국화약그룹이 전성가도를 달려온 한 해다. 숙원의 천안북일고가 문을 연 데 이어 성운물산의 국적선이 취항하고, 태평양건설이 사우디아라비아로 진출했으며, 한국화약의 여수 제2공장과 파인 케미칼 공장이 준공되었다. 그 밖에도 대일유업의 빙그레 제2공장과 한국베어링의 창원공장을 착공하고, 성도증권을 인수했으며, 서울프라자호텔을 개관했다.

김종희는 그 여세를 몰아 12월에는 고려시스템산업주식회사를 설립하고 전자업계에 진출했다. 미국의 RC 알렌(Allen) 사와 기술을 제휴하고 부평에 3,305㎡(1천여 평)의 금전등록기 생산공장을 건립, 1977년 3월부터는 금전등록기를 시판하기 시작했다.

고려시스템의 설립 목적이 금전등록기 생산에 있는 것은 아니다. 금전등록기 생산은 컴퓨터와 반도체에 도전하기 위한 기술축적의 한 단계였다. 니트로벤젠, 갤릭 엑시드, 엘산 등 이미 정밀화학제품 개발에 성공한 김종희는 전자 분야에서도 일반 가전제품이 아닌 컴퓨터나 반도체 같은 첨단산업에 진출한다는 생각을 하는 것이었다.

호사다마(好事多魔)였을까, 그 무렵 김종희의 의욕에 찬물을 끼얹는 대형 폭발사고가 발생했다. 3월 17일 오후 1시, 인천공장 흑색화약 성형공실이 원인불명으로 폭발하여 현장 종업원 8명의 목숨을 앗아가는 대참사가 일어났던 것이다. 점심식사를 마친 종업원들이 휴식을 취한 뒤에 작업장으로 들어간 직후에 일어난 사고였다.

화약공장 폭발사고는 대개 그 원인을 알 수 없다. 폭발과 동시에 폭발현장이 풍비박산하고, 현장의 종업원들도 치명적인 직접 피해를 입게 마련이기 때문이다. 이번 폭발사고도 정확한 원인은 알 수 없었으나 다만 송풍모터에 쌓였던 흑색화약가루가 전기 스위치를 넣는 순간에 스파크를 일으

컸을 것으로 추측될 뿐이었다.

　그 동안에도 폭발사고가 없었던 것은 아니다. 1956년 초안폭약을 제조하기 시작한 이래 20년 동안에 크고 작은 폭발사고가 54회나 발생했지만 인명피해는 사망 6명, 부상 42명으로서 폭발물을 취급하는 작업장의 산재율치고는 일반 작업장의 산재율보다도 훨씬 낮은 편이었다.

　폭발물이라는 화약의 특성은 원료에서부터 완제품에 이르기까지 어느 한 공정에서도 폭발 위험성을 배제할 수는 없는 것이다. 때문에 화약공장에 종사하는 사람들은 항상 긴장 속에 살아갈 수밖에 없다. 뇌관공실에 근무하던 전창용 작업반장의 경우는 심한 위장병으로 고생하다가 정년퇴직했다. 그는 끝내 지병인 위장병으로 죽을 것이라고 생각했다. 그랬는데 그의 위장병은 퇴직 후에 거짓말처럼 깨끗이 나았다. 뇌관공실 책임자라는 긴장감으로 인한 스트레스가 위장병의 원인이었던 것이다. 어느 공장장은 너무 긴장한 나머지 신경성 빈뇨증에 걸려 공장장 집무실에 변소를 붙여짓기도 했다. 어떤 날은 하루에도 변소를 스무 번씩 드나들 때가 있었기 때문이다. 신경성 위장병이나 신경성 빈뇨증 같은 것이 이를테면 화약공장 직업병이다. 작업반장이 그렇고 공장장이 그렇거늘, 하물며 화약그룹 총수인 김종희 회장임에랴! 그는 휴일 같은 날 집안의 전화 벨소리만 크게 울려도 가슴이 철렁했고, 오다가다 자동차 타이어가 터지는 소리에도 소스라치게 놀라기 일쑤였다. 그의 지병인 당뇨 증세도 긴장으로 인한 스트레스에서 온 일종의 직업병인지도 모를 일이었다.

　어느덧 그의 당뇨는 10일 간격으로 인슐린 주사를 맞지 않을 수 없을 만큼 악화되어 있었다. 그의 취미생활인 전자오르간이나 서예, 그리고 몇 해 전부터 시작한 바둑 같은 것은 사실상 그가 긴장에서 헤어나려는 망중한에 불과했다.

"내가 사람을 죽이면서까지 이 사업을 해야 하다니…"

김종희는 폭발사고로 인명이 희생될 때마다 같은 말을 뇌까리며 안타까워했다. 폭발사고는 세계 어느 화약공장에서나 일어나게 마련이다. 아무리 안전관리에 완벽을 기한다 해도 화약공장은 신에 의해 움직여지는 것이 아니고 결국은 완전하지 못한 인간에 의해 움직여지기 때문이다.

김종희는 폭발사고로 희생자가 생길 때마다 도의적 자책감을 뼈아프게 느끼고 사후대책에 최선의 조치를 취했다. 사망하거나 노동력을 잃은 종업원에게는 노동법규에 의한 산재보상 이외에 쌀 50가마니분의 위로금을 지급하고 직계 자녀에 대한 학교 공납금(중학부터 대학까지) 전액을 지원하는 한편, 그들이 학교를 졸업한 후에 회사에 취업할 것을 희망할 경우에는 특별한 결격사유가 없는 한 취업할 수 있게 했으며, 부상자들에게는 치료비 전액을 회사가 부담하고 완치된 후에는 보다 안전한 작업장으로 복직시켰다.

4월 29일, 좀처럼 남 앞에 나서기를 싫어하던 김종희가 제13대 전국경제인연합회 회장단 선거에서 부회장으로 선임되었다. 회장에는 현대건설의 정주영 회장이, 부회장에는 김종희와 함께 한국능률협회 주요한 회장과 혜인중기의 원용석 사장이 각각 새로 뽑혔다.

김종희가 유명세를 치러온 지는 이미 오래 전부터다. 1968년 8월부터 그리스의 명예 총영사직을 맡아오던 중 1972년 1월에는 한국과 그리스 간의 우호증진에 기여한 공로로 콘스탄틴 왕에게서 그리스의 최고명예훈장인 금성십자훈장을 수훈했으며, 같은 해 11월에는 통일주체국민회의 대의원 선거에서 종로1구에 입후보하여 전국 최다득표자로 당선되기도 했다. 5월에는 대한체육회의 제의를 받아들여 한국화약그룹 아마추어 복싱 팀을 창설했다. 팀 멤버는 국가대표 선수로 활약하던 김성은 사범과 유종만·황철순 선수로서 그들은 10월에 자카르타에서 개최될 제8회 아시아 아마복싱 선수권대회에 출전할 국가대표 선수들이었다.

지난해 2월에 착공한 창원기계공업단지 내의 베어링 공장이 준공되어 6월부터 가동하기 시작했다. 연산 342만 개 규모의 이 베어링 공장(부지 9만 2,562㎡; 2만8천 평, 건평 1만4,214㎡; 4천3백 평) 건설에는 내·외자 총 32억 원이 투입되었는데, 창원공장의 준공으로 한국베어링은 종래 부평공장 단일 체제 하에서 국내 베어링 수급상 불가피했던 다품종 소량생산 체제를 보완하여 규모의 대형화와 작업의 전문화를 가능케 하는 소품종 다량생산 체제를 확립하게 되어 두 공장 간의 생산 균형을 통한 획기적인 경영개선이 기대되었다.

그뿐 아니라 IBRD 차관 5백만 불로 지금 진행 중인 제1차 증설계획이 완료되는 내년 7월이면 베어링 전체 생산능력이 1천790만 개로 배가되어 연간 2백만 개 이상의 수출 여력도 확보할 수 있게 된다.

연초부터 높은 수출 신장세를 보여온 김포요업에서는 6월 한 달 사이에도 60만 불어치의 타일을 수출함으로써 상반기 수출목표를 10만 불이나 초과달성하여 올해 수출목표액인 5백만 불은 무난히 달성될 전망이었다. 그 동안 김포요업은 서독의 유명한 타일 메이커인 KLIBG 사와 기술을 제휴하고 품질향상과 생산성 제고에 노력해온 결과로 선발업체들을 물리치고 국내 요업계의 정상을 달리고 있었다.

태평양건설에서도 지난 6월 1일 서소문동 34번지에 지하 2층, 지상 12층 규모의 자체 사옥을 착공한 데 이어 24억 원 규모의 남서울체육관 건설공사를 수주했으며, 엔지니어링 사업본부를 신설하고 기계·화공·전기·전자 및 수자원 부분의 용역사업에도 진출하여 사업영역을 착실하게 넓혀 나갔다.

올해로 한국화약(주)이 출범한 지 25년, 4반세기 동안에 한국화약그룹은 어느덧 모기업인 한국화약을 비롯해서 한국베어링·한국정공·경인에너지·제3석유·성운물산·태평양건설·태평개발(프라자호텔)·골든벨상사·대일유업·김포요업·유니온포리마·고려시스템·제일화재해상보험·제일증권 등의 15개 기업과 학교법인 북일학원을 망라한 대기업 군으로 성장해 있었다.

김종희는 성장의 고삐를 늦추지 않고 그 동안 기획조사실에서 검토해 온 한국알루미늄(주)과 성신화학(주)의 인수작업을 연내에 마무리 지을 것을 지시했다. 한국알루미늄이나 성신화학은 다 같이 막대한 외채를 짊어지고 있는 부실기업이기는 해도 사업전망이 밝았다. 한국알루미늄과 성신화학을 인수하게 되면 한국화약그룹은 현재의 국내 재계순위 10위권에서 일약 상위권으로 부상한다.

그럴 무렵 한국화약그룹은 뜻하지 않은 대참사로 창업 이래 최대의 위기를 맞는다. 11월 11일 밤 9시 10분경, 화약을 싣고 가던 화물열차가 이리역(현 익산역) 구내에서 원인불명의 폭발사고를 일으켰던 것이다.

# 14

# 이리역 폭발사건

김종희는 외부로부터의 어떤 비판에도 앙심을 품거나 몸을 도사리지 않았다. 그는 비판의 반작용을 스스로 소화시키려 애썼다. 응분의 책임을 지고 나서 또 열심히 일해 가노라면 좋은 결과가 올 것이고, 결과가 좋으면 다시 평가받게 될 날이 올 것이라는 소박한 신념이 있었기 때문이다.

이리역 폭발사고는 우리나라 폭발사고 사상 일찍이 그 유례를 찾아볼 수 없는 최대의 폭발사고로서 전 국민에게 큰 충격을 안겨주었다. 사고대책본부가 발표한 인명피해는 사망 56명 · 중상 293명 · 경상 717명이고, 재산 피해는 전파된 가옥이 675동으로 피해 추산액이 26억1천6백만 원 · 반파 가옥 1,289동에 22억5천9백만 원 · 소파 가옥 7,566동에 2억2천9백만 원 등 시민 피해가 51억8천1백여만 원에 달했으며, 철도피해도 화물차 74량 · 객차 21량 · 기관차 4대 · 동차 4채 · 지게차 13대 · 철도 1,650m · 배선 2,210m · 건물 52동이 파괴되어 그 피해액은 24억4천7백여만 원으로 추산되고, 30여 개 학교 1천96개 교실의 벽이 무너지거나 유리가 깨지는 등 2억여 원의 피해를 입어 잠정적으로 집계된 피해액만 해도 무려 80억 원에 이르는 것으로 알려졌다.

이 엄청난 폭발사고가 처음 보도된 것은 그날 밤 9시 30분경. 한국과 이란 간의 월드컵 축구 예선전 실황을 중계하던 TV 화면에 다음과 같은 스팟 뉴스 자막이 흘렀다.

『9일 밤 10시 인천역을 출발하여 광주로 향하던 화약열차가 오늘 밤 9시 10분경 이리역 구내에서 원인불명의 폭발로 대참사가 발생, 이리시 산하 전 공무원과 예비군 및 민방위대원이 총동원되어 사고 수습에 나서고 있는 중이다』

그때부터 한국화약그룹 본사 사무실 전화는 놀란 임직원들의 빗발치는 문의전화로 불이 났다. 회사에는 마침 경영관리실장 오재덕 상무가 늦게까지 남아 있었다. 사고소식을 접하자마자 치안국(현 경찰청) 상황실에 현지 피해상황을 알아보았더니, 치안국 관계자의 답변은 한마디로 이리시가 몽땅 날아가 버렸다는 것이었다.

폭발사고 소식에 놀란 임직원들이 회사로 몰려나오기 시작했다. 잠옷바람에 달려 나온 중역이 있는가 하면, 짝구두를 신고 뛰어나온 직원도 있었다.

"회장님한테 뭐라고 보고해야 하지?"

오재덕 상무는 성하현(成夏鉉) 비서실장을 붙잡고 상의했다. 아산이 고향인 성하현은 1972년 제3석유 영업과장으로 특채되어 빙그레 영업부장을 거쳐 1976년 10월부터 비서실 근무를 해왔다.

"상무님! 현지 피해상황이 어느 정도 파악된 뒤에 보고 드리죠?"

"잠자리에 들기 전에 보고해야 하잖아?"

"열두 시 전에는 주무시지 않을 겁니다."

"요새는 시력이 나빠져서 책도 안 보시잖아?"

"며칠 전에 안경을 맞추셨어요."

김종희는 특별한 일이 없는 한 집에 일찍 들어가는 날이면 으레 밤 8시부터 12시까지는 책을 읽는다. 만약 그 시간에 독서를 하지 않았다면 그도 TV 축구중계 방송을 보았을 것이다. 그는 스포츠 중계방송은 즐겨 보는 편이었다.

12시까지도 치안국 상황실에 들어온 이리의 피해상황은 정확하지 않았다. 그러나 그때까지 보고된 사망자만 해도 30명이 넘고, 완전히 파괴된 민가도 수백 채에 달한다는 것이었다.

"성 실장! 어떻게 하지? 보고 안 하고 있을 수는 없지 않아?"

"글쎄요…, 이 밤중에 보고한다고 해서 회장님이 나와 수습할 일도 아닌데…"

성 실장은 보고할 생각을 하면 아찔했다.

"때르릉…"

이층 서재에서 내려온 김종희가 막 내실을 들어설 때, 전화벨이 요란하게 울렸다. 전화 벨소리에 김종희의 발길이 거의 반사적으로 섬뜩 얼어붙었다. 잠자리를 보던 강 여사가 전화 수화기를 들어 올렸다.

"여보세요?"

"사모님이세요? 저, 성 비서입니다. 회장님 좀 바꿔 주십시오."

"잠깐 기다리세요."

강 여사가 수화기를 김 회장에게 건넸다.

"아, 난데, 누구요?"

"성 비서예요."

"왜, 무슨 일이야?"

"회장님, 여기 회삽니다. 놀라지 마십시오, 회장님! 실은 서너 시간 전에 이리역에서 화약을 싣고 가던 화차가 폭발했습니다."

"뭐, 뭐라구?"

김종희 손의 수화기가 부들부들 떨리기 시작했다.

"그래서 어떻게 된 거야?"

"아직 정확한 피해상황은 알 수 없습니다."

"알았어! 내가 곧 회사로 나가지!"

"피해상황이 파악되는 대로 저희들이 보고 드리겠습니다. 회장님은 댁
에 계십시오."

"회사에는 지금 누가 나와 있어?"

"임원들은 거의 전부 나오셨습니다."

"그런데 여태 뭘 하느라고 이제 연락하는 거야?"

"현지 상황을 알아보느라고요."

"현지엔 누가 내려갔어?"

"예! 경영관리실의 유성우 부장이 두 시간 전에 이리로 떠났습니다."

"현재까지의 피해상황을 알고 있는 대로 얘기해 봐!"

"사상자가 조금 생기고, 이리역 인근의 민가가 좀 부서진 것 같습니다."

"알았어! 빨리 정확한 현지 상황을 알아서 보고해!"

수화기를 내려놓는 김종희의 얼굴이 백짓장처럼 창백해졌다.

"여보! 사고가 큰가 보죠?"

"화약을 실은 화차가 폭발했으면 이 일을 어떻게 하지…?"

김종희는 말을 잇지 못하고 멍하니 천정만 바라보고 있었다.

"화약이 어디서 폭발했는데요?"

"이리역이라는 거야."

"좀 더 자세히 알아보시잖구요."

"글쎄…"

회사로 전화를 걸었지만 통화 중이었다. 이윽고 성 비서한테서 다시 전
화가 걸려왔다. 성 비서가 보고하는 현지의 피해상황은 상상을 초월한 대
참사였다.

아침 6시, 성 비서와 신현기 사장이 가회동 집으로 찾아왔다.

신현기가 한국화약(주) 대표이사 사장에 취임한 것은 1975년 9월부터다.

"회장님! 면목이 없습니다!"

신현기 사장이 고개를 푹 떨어뜨렸다.

"기운을 내요, 신 사장! 내가 성 비서하고 사고 현장엘 다녀올 테니…"

"현장엔 제가 내려갔다 오겠습니다. 다이너마이트가 폭발한 자리에는 직경 30m나 되는 큰 웅덩이가 패고, 폭발지점에서 반경 2㎞ 안에 들어선 건물은 전부 폭풍에 날아가서 지금 사고 현장은 아수라장이랍니다."

"어쨌든 이왕에 당한 일이니 사후대책에 전력을 기울입시다!"

겉으로 보는 김종희는 언제나 침착하고 의연했다. 그는 아랫사람 앞에서는 절대로 자신의 나약한 마음을 드러내 보이지 않았다. 아랫사람들을 당황하게 하거나 자신을 잃게 해서는 안 된다고 생각하기 때문이었다.

회사에는 벌써 모든 임직원들이 다 나와 있었다. 경영관리실장 오재덕이 회장실로 들어와서 김종희의 이리 출장을 막았다.

"회장님! 아직은 회장님이 직접 사고현장에 내려가실 때가 아닙니다! 폭발 원인과 폭발 피해상황이 정확하게 밝혀지고 나서 내려가서도 늦지 않습니다. 이리에는 현재 국내외 보도진들이 전부 몰려가 있습니다. 회장님이 현장에 내려가시게 되면 취재기자들이 회장님을 에워쌀 겁니다. 그들이 엉뚱한 질문공세를 펴오면 뭐라고 일일이 답변하시겠습니까?"

그럴 법한 말이었다. 김종희는 사고현장 방문계획을 일단 유보하고, 사고대책을 협의하기 위한 긴급간부회의를 소집했다. 간부회의에서는 다음과 같은 의견들이 종합되었다.

첫째, 한국화약그룹 소속 예비군 전원을 사고현장에 급파하여 재해 복구 작업을 돕는다.

둘째, 한국화약그룹 산하 전 임직원이 현지 부상자들을 위해 헌혈에 참여한다.

셋째, 한국화약그룹 전 임직원의 11월 급료 중 2%를 재해의연금으로 갹출한다.

간부회의가 끝난 뒤 김종희는 신현기를 따로 불러, 이리로 내려가서 현지 재해대책본부에 1억 원을 기탁하고 피해상황을 상세히 돌아보고 올 것을 지시했다.

"회장님! 석간신문에 사과문을 실으라고 지시하셨습니까?"

"음! 오 상무가 빨리 사과문을 하나 기안해!"

"하지만 폭발 원인도 아직 밝혀지지 않았는데 우리 측에서 먼저 사과문을 낼 필요가 있겠습니까, 회장님?"

"이 사람아, 수십 명이 죽고 수백 명이 부상했는데…, 얼굴에 철판을 깔고 있자는 거야?"

"회장님 뜻은 이해할 수 있습니다. 하지만 뭐라고 사과를 해야 합니까?"

"어렵게 생각하지 말고 내가 부르는 대로 받아 써봐!"

"예…"

오재덕이 받아 쓸 준비를 했다. 김종희는 자신이 써야 할 글을 대필케 하는 일이 거의 없었다. 그 날 중앙지 각 석간신문에 게재된 한국화약주식회사 명의의 사과문은 다음과 같은 내용이었다.

『 1977년 11월 11일 밤, 이리역에서 일어난 화약 폭발로 국민 여러분께 걱정을 끼쳐 드린데 대해 우선 지상을 통하여 심심한 사과의 말씀을 드립니다. 특히 이 사고로 불의의 참변을 당하신 사망자의 영전에 삼가 명복을 빕니다. 사망자의 유족과 부상자 및 그의 가족 여러분과 이리 시민 여러분에게 무어라 죄송한 말씀을 드려야 할지 모르겠습니다. 황급한 마음으로 우선 지상을 통하여 국민 여러분들에게 깊은 사과의 말씀을 올립니다.

　　　　　　　　　　　　　　　　　　　　1977년 11월 12일 』

그 날 오후, 청와대에서 최규하 국무총리와 김치열 내무 · 신형식 건설 · 신현확 보사 · 최경록 교통 장관을 불러 사고대책회의를 주재한 박정희 대통령이 급거 헬리콥터 편으로 사고현장에 날아가서 공중시찰을 하고, 이리 시청에 들러 황인성 전북지사로부터 사고경위와 피해상황을 보고 받았다. 그 자리에서 박 대통령은 '이번 참사의 희생자와 유족·이재민에게 심심한 조의와 위로를 전한다' 고 말하고 '건설·보사 등 관계 부처는 이번 참사의 피해상황을 신속 정확히 파악해서 정부가 지원할 수 있는 모든 대책을 세워 부상자 치료와 가옥 복구 등에 최선을 다하라' 고 지시했다. 박 대통령은 그 밖에도 전북 도민들이 반상회를 열어 이웃끼리 도울 수 있는 방안을 강구할 것과 신속한 복구를 위해 본래의 재개발계획에 따른 외자에 의존하지 말고 정부예산과 의연금으로 조성되는 재해 대책비를 사용하고, 건설부에서 기술자를 현지에 상주시켜 겨울 공사에 결함이 없게 하라고 지시했다.

황인성 전북지사가 보고한 사고경위는 이러했다.

사고화차는 지난 9일 하오 10시 인천역을 출발, 영등포역에서 하룻밤을 머문 뒤 10일 하오 8시 30분 이리역에 도착했다. 사고화차는 12일 상오 10시에 이리역을 출발하는 광주행 제1605호 화물열차 편에 연결될 예정이었다.

폭발 당시 이리역에서 근무하던 이리역 조차수 김하곤과 신호수 마준 걸의 증언에 의하면 폭발사고 5분 전인 9시 5분경 4번 선에 정차 중이던 제1052호 화물열차 15량 중 11번째에 연결된 2800221호 화차에서 화약 호송원 신무일이 불이 붙은 담요를 들고 뛰어나와 "불이야" 하고 외치면서 역 대합실 쪽으로 달아나는 것을 목격하고 나서 얼마 안 있다가 "꽝" 하는 폭음과 함께 불기둥이 치솟았으며, 계속해서 20초 간격으로 큰 폭음이 두 번 울렸다는 것이다.

문제의 화약 호송원 신무일은 1970년 12월 한국화약 경비과 경비원으로 입사한 이래 7년 동안 화약수송 경비업무에 임해오는 고참사원이다. 신무일은 12일 상오 7시 50분경 이리 시내 모 음식점에서 민간인 손에 붙들려 전북 도경에 인계되어, 날씨가 추워 불을 피우다가 화약에 인화되자 도주한 것이 아닌가 하는 혐의로 조사를 받고 있었다. 그러나 신무일은 사고 당시 잠깐 역 밖으로 나갔다 돌아와 보니 화약이 실린 화차 문이 열린 채 이미 불이 붙어 있었으며, 자신은 옷을 벗어 불을 끄려고 했지만 불길이 잡히지 않아 피신한 것이라고 주장하고 있는 것으로 알려졌다.

각 신문들은 이리역 화약 화차 폭발사고 관련기사를 연일 대서특필로 보도했다. 신문마다 사설을 통해 사고원인을 철저히 밝히고 철도청과 화약회사 측의 책임소재를 규명하여 응분의 책임을 추궁하라고 주장했다. 여론의 질책은 비정하리만큼 냉엄했다.


『 이번 사고는 한마디로 우리 모두에게 유비무환의 뼈아픈 교훈을 새삼 안겨주었다. 사고책임의 직·간접적 소재와 그에 대한 응분의 추궁이 있어야 함은 말할 것도 없지만, 이 폭발사고야말로 관계자들 모두의 뿌리 깊은 타성과 부주의와 무관심과 무사안일주의가 빚어낸 어처구니없는 인재임에 틀림없다.

그 무서운 폭발물을 실은 화차의 수송을 안전교육도 제대로 받지 못한 호송원 한 사람에게 맡겼다는 처사 자체부터가 무책임한 일이 아닐 수 없다. 더욱이 호송원 신무일 씨는 자신이 호송원으로 근무해온 지난 7년 동안 이번처럼 줄곧 혼자서 화약 열차 호송을 해왔을 뿐 아니라 그 때문에 식사나 용변을 보느라고 자리를 비우는 일은 상례일 수밖에 없었다고 말하고 있다. 이는 바로 그 동안의 화약 수송에 언제나 이번과 같은 폭발사고가 일어날 위험을 지니고 있었음을 말해주는 것이다.

이런 무서운 허점을 모르고 있었다면 말도 안 되는 일이고, 알고 있으면서도 필요한 대처를 안 한 것은 그래도 아무런 사고가 일어나지 않았으니 별일 없겠지 하는 안이한 생각과 타성에 젖은 무사안일주의 때문이었던 것이다. 그 결과가 이번과 같은 참혹한 재난을 초래하고 말았다…』

다른 신문의 논조도 대강 같은 맥락에서 신랄한 비판을 가했다.

『폭발 원인은 아직 정확하게 밝혀지지 않고 있다. 앞으로 관계 당국의 면밀한 조사를 통해 밝혀질 것으로 믿거니와 우선 우리가 이해하기 어려운 것은 폭발물의 수송 및 관리에 만전을 다했느냐 하는 점이다.

폭발의 화인이 호송원이 버린 담뱃불에 인화된 것으로 추정한다면 입이 딱 벌어질 수밖에 없다. 알려지기로는 호송인은 담배를 피우지 않는다고 하고, 또 설사 피운다고 하더라도 폭발물 호송인은 위험물의 수송에 있어서 지켜야 할 안전수칙을 누구보다도 잘 알고 있을 만한 사람일 것이다.

이러한 처지인데도 부주의하게 담뱃불을 버려 엄청난 피해를 내게 했다면 이는 실로 어처구니없는 일이다. 이러한 고도의 관리책임이 요구되는 사람이 폭발물 사고가 난 그 이튿날까지도 술에 취해 있을 정도라면 우리는 이러한 사람에게 막중한 책임을 맡긴 한국화약 측의 부주의를 눈감을 수 없다…』

이리역 화약 화차 폭발사고의 직접 원인은 결국 호송인 신무일의 실화로 판명되었다. 15일 아침, 화약 화차 폭발원인 합동조사반 단장 서정각(徐廷覺) 대검 특별수사부장이 밝힌 사고 경위는 또 한 번 국민들을 놀라게 했다.

△9일 상오 11시 인천 한국화약 적재소에서 다이너마이트 8백 상자·흑색화약 3백 상자·초안폭약 2백 포·초유폭약 1백 포·전기뇌관 36상자 등 1천139상자(28톤)를 실은 후 하오 9시 43분 인천역을 출발.

△10일 하오 7시 열차가 논산역에 정차했을 때 호송원 신무일이 역전 서울상회에서 길이 15센티미터짜리 양초를 20원에 구입.

△10일 하오 8시 31분 이리역에 도착, 4호 입환선에 들어가서 32량으로 열차 편성된 후에 대기.

△11일 하오 5시경을 지나 역전 음식점에서 저녁식사와 함께 2홉들이 소주 한 병을 마신 후 7시경 화차에 돌아와 다이너마이트 화차의 화차 문을 잠그는 철사를 꽂고 다이너마이트 상자 위에 쓰다 남은 12센티미터 가량의 양초를 켠 후 누워 있다 잠이 들어

△취침 중 얼굴이 뜨거워 잠을 깨어보니 다이너마이트 서너 상자가 불타고 있어 당황한 나머지 슬리핑백으로 불을 끄려 했으나 슬리핑백의 닭털에 불이 옮겨 붙었고, 그 불이 얼굴에 튀어 화상을 입음.

△약 5분 후 화차 문을 열고 뛰어내리며 "불이야! 다이너마이트다!" 하고 고함, 당시 약 55미터 떨어진 2번 입환선에 있던 조차수 김하곤은 1, 2번선 화물차 밑을 통해 보선사무소로 달려갔고, 사무소 조역 채희석이 인터폰으로 서울 쪽으로 5백 미터 떨어진 간수 초소 및 경찰에 알리는 순간 화약 열차가 폭발(수사반은 신무일이 화차에서 뛰어나온 후 폭음이 들렸을 때까지를 7분 내지 8분으로 추정).

△같은 시간 모현(慕縣) 건널목 신호원 마준걸이 보선사무소로부터 전화를 받고 역 구내로 93미터쯤 달려갔을 때, 철길 위에서 신무일을 만나 "누구냐?" 고 묻자 "호송원이오. 지금 불이 났어요." 라고 대답하고 건널목 쪽으로 황망히 도주. 그 순간에 폭발. 마준걸이 잠시 엎드려 있다가 신무일을 뒤쫓아 갔을 때 신무일은 건널목 건너편 임남식이 경영하는 구멍가게에서 공중전화로 경찰을 부르고 있었음(당시 신무일은 한 쪽 발에 운동화를 신고 있었으며, 다른 한 발은 맨발이었음).


서정각 합동조사단장은 신무일이 당초 이상과 같은 사실을 부인했으나

조사단이

　① 신무일의 잠바 오른쪽 어깨주머니에서 성냥개비를 찾았고,

　② 사고 현장으로부터 동남방 60미터 지점에서 성냥 10개비가 들어있는 '76경인에너지' 성냥갑과

　③ 5백 미터 지점에서 반쯤 땅에 파묻혀 있는 불에 타다 남은 닭털 침낭을 찾아냈고,

　④ 사고 현장에서 신무일이 "다이너마이트가 터진다" 고 외치며 달아나는 것을 목격한 김하곤·마준걸·채희석 및 예쁜꽃신집(신무일은 이 신발가게에서 남색 운동화를 훔쳐 신고 달아났음) 주인 김귀덕 등을 불러 대질시키자 사고 전후의 행적을 순순히 자백했다고 덧붙였다.

　신무일을 과실폭발물 파열 · 업무상 과실 기차 파괴 · 업무상 과실 치사상 혐의로 구속한 합동조사단이 이번에는 인천역 화물과장을 비롯한 철도청 직원 6명과 신현기 사장을 비롯한 한국화약측 관련자 5명을 대검 특별수사부로 연행 조사하기 시작했다. 호송원의 단순 실수 이외에 화약의 적재·운송·호송 등 운송 시스템과 호송 과정에서의 구조적 부조리를 밝혀내기 위해서였다.

　'화약류는 되도록 도착 정거장까지 직통하는 열차에 의하여 운송하여야 한다' 는 철도운송규정(제46조)에도 불구하고 인천에서 화약을 적재하고 떠난 화차가 영등포역과 이리역에서 하룻밤씩 지체하게 된 경위, 다이너마이트와 뇌관을 혼재한 경위, 호송원에 대한 안전교육을 소홀히 한 경위 등이 추궁되었다.

　사고 원인이 밝혀지자 여론은 다시 보상 문제로 비등했다.

　"화약 화차 폭발이 한국화약의 호송원의 실화에 의한 것이고, 위험물의

관리나 수송에 있어서 한국화약 측의 중대한 과실이 인정되고 있는 이상 한국화약 측은 형사처벌과는 별개로 즉각적인 보상 조치를 취해야 마땅하다고 본다.

이와 함께 철도청에도 중대한 과실이 있음이 드러나고 있다. 위험물의 수송에 있어 그들이 지켜야 할 조치를 등한히 한 것이 한두 가지가 아닌 것으로 밝혀지고 있다. 어느 쪽에 보다 많은 과실이 있는지는 뒤로 미루더라도 화물운송의 제1차적 책임을 진 한국화약과 철도청은 우선 공동으로 연대배상을 해야 한다…"

김종희는 외부로부터의 어떤 비판에도 앙심을 품거나 몸을 도사리지 않았다. 그는 비판의 반작용을 스스로 소화시키려 애썼다. 응분의 책임을 지고 나서 또 열심히 일해 가노라면 좋은 결과가 올 것이고, 결과가 좋으면 다시 평가받게 될 날이 올 것이라는 신념이 있었기 때문이다.

그는 이미 이번 사고에 대한 어떤 대가도 다 감수할 각오가 되어 있었다. 다만 아직 당국의 수사가 끝나기 전이어서 무엇을 어떻게 책임져야 할지가 막막했다. 그렇다고 책임한계가 가려질 때까지 입을 다물고 있을 수만도 없는 일이었다.

그는 다시 16일자 신문에 한국화약주식회사 회장 김종희 명의로 모든 책임을 다할 것이라는 내용의 사과문을 발표했다.


『거반 지상을 통하여 경황 중에 사과드린 바 있습니다만, 이번 이리역 폭발사고로 국민 여러분에게 큰 충격과 경악을 불러일으킨 데 대해 우선 머리 숙여 사죄하오며, 특히 불의의 사고로 희생되신 영령 앞에 삼가 명복을 빕니다. 또 유족과 부상자, 그리고 이리 시민

여러분께 깊이 사죄하오며, 특히 사고 직후 신속한 복구대책에 힘써
주신 정부 당국, 각 기관, 그리고 재난 속에서도 용기를 잃지 않고
복구에 전념하고 계신 이리 시민 여러분께 거듭 감사드립니다.
　　본인은 이번 사고에 대하여 법적, 도의적 책임뿐만 아니라 모든 사
력(社力)을 총동원하여 앞으로 중앙재해대책본부와 더욱 긴밀한 협
조 하에 조속한 피해복구에 전력을 다할 것을 다짐하며 거듭 사죄
의 말씀을 드립니다. 』

숨김없는 그의 진심 그대로의 사과이자 가식 없는 그의 결연한 결의 그
대로의 표명이었다.

17일에는 인책 사임한 최경록 교통장관 후임에 민병권(閔丙權) 장관이 취
임하여 이리시 재해대책본부를 방문하고 어제 날짜의 한국화약 사과문을
의식한 듯 폭발사고에 대한 피해보상은 예산이 확보되어 있으므로 정부가
우선 보상할 것이며, 한국화약에 의한 판상(辦償)은 차후에 논의하게 될
것이라고 했다. 정부는 지난 15일자로 이리 재해복구를 위한 50억 원 추가
규모의 1977년도 제2회 추경 예산안을 국회에 제출해놓고 있었다.

드디어 18일에는 한국화약의 신현기 사장을 비롯한 회사 간부 6명과 철
도청 직원 4명이 구속됨으로써 화약 화차 폭발사건이 일단 수습단계에 접
어드는 듯했다.

다음날 김종희는 삼청동 총리공관으로 최규하 국무총리를 방문했다.
공관에는 장예준 상공장관과 신형식 건설장관이 와 있었다. 김종희는 먼
저 폭발사고에 대한 사과의 뜻을 표하고, 이번 사고로 인한 형사책임은 물
론 보상책임도 지겠다고 말했다.

"보상책임을 어떤 방법으로 지겠다는 겁니까?"

최 총리가 물었다.

"정부에서 하라는 대로 다 하겠습니다. 저의 전 재산을 바칠 각오가 되어 있으니까요."

"실례지만 김 회장 재산이 어느 정도나 됩니까?"

"약 90억 정도는 될 거라고 생각합니다."

"알겠습니다. 일단 김 회장의 뜻을 각하께 전하고 한번 의논해보겠습니다."

사흘 후, 22일자 각 신문들은 '한국화약 김종희 회장 폭발 사고에 90억 보상 확약' 이라는 대문짝만한 제목으로, 신형식 중앙재해대책본부장의 발표 내용을 일제히 보도했다.

『 이리역 폭발사고에 대해 한국화약 측은 피해보상조로 90억 원을 내기로 정부에 확약했다. 신형식 중앙재해대책본부장은 22일 '한국화약의 김종희 회장이 이리 사고에 대한 법률적 책임은 물론, 도의적 책임을 통감하여 국민과 정부에 깊은 사과의 뜻을 표하면서 전 재력을 투입해서라도 피해보상을 하겠다는 결의를 전해왔다' 고 밝히고 90억 원 중 10억 원을 이미 정부에 납부했다고 말했다. 신 본부장은 나머지 80억 원에 대해서는 납부방법과 절차 등에 관해 계속 정부 측과 협의키로 했다고 말하고, 정부는 조속한 시일 안에 전액 수납하되 정부 안에 별도의 위원회를 설치하여 이를 처리키로 했다고 밝혔다. 』

물론 90억 원이 이리시 이재민들을 만족시킬 만한 피해보상금은 아니다. 그러나 정부의 이리시 재해복구비 예산 규모가 50억 원인데 비하면 한국화약이 정부에 확약한 피해보상금 90억 원이 적은 액수는 아니다.

김종희가 이리 사고의 피해보상금으로 90억 원을 내기로 했다는 보도가 전해지자 재계는 경악을 금치 못했다. 재계에서는 아무도 90억 원이라는 피해보상금이 김종희 자신에 의해 자진해서 확약한 것이라고는 믿으려 하지 않았다. 너무나도 큰 금액이었기 때문이다. 재계 인사들은 하나같이 '왜 철도청이 있는데 90억 원이라는 엄청난 피해보상금을 한국화약이 혼자서 뒤집어쓰느냐' 고 하면서 '깎기라도 하라' 는 것이었다. 어제까지도 한국화약 측의 화약수송대책을 냉혹하게 질타하면서 한국화약에 대한 형사책임과 함께 피해보상책임을 준엄하게 추궁해야 한다고 주장해 온 언론기관에서조차도 '병신 짓을 한다' 고 하면서 김종희의 처지를 딱하게 여겼다.

그러나 김종희의 마음은 초연하고 담담했다. 그는 비록 국가의 번영이 나의 번영이라는 일념으로 열심히 앞만 보고 달려오다가 당한 불의의 사고이기는 하지만, 사고에 대한 응분의 책임을 지고 다시 맨손으로 돌아가서 떳떳하게 새 출발한다는 생각을 하는 것이었다.

정부로서는 김종희가 확약한 90억 원을 막상 어떤 방법으로 수납하느냐 하는 것이 문제였다. 김종희가 90억 원이라는 돈을 쌓아 놓고 있으면 문제는 간단한데, 90억 원은 사실상 김종희 개인의 총재산에 대한 추정 평가액인 것이다.

김종희의 개인 재산을 국유재산법에 따라 기부채납한 후에 매각처분하는 방법이 있을 수 있다. 그럴 경우, 김종희 개인 재산의 대부분이 회사 자산이라는 점을 감안한다면 몇 개의 기업이 뿌리째 흔들리게 된다. 김종희로 하여금 자진해서 재산을 처분하게 해서 현금으로 납부하게 할 수도 있다. 그럴 경우에도 기업이 도산하는 것은 물론이고, 그 많은 재산을 단시일 안에 처분할 수 있겠느냐 하는 것도 문제다. 피해보상금은 꼭 받아내되 기업을 도산하게 해서는 안 된다는 것이 정부 입장이고, 또 사회 여론이었다.

한국화약그룹의 1977년 매출액이 3천5백억 원을 상회할 것으로 전망되었다. 당시 국내 제조업계의 평균 매출이익률이 17%이고, 평균 순이익률은 매출이익의 5.6%였으나 한국화약의 경우는 매출이익률 18%에 순이익률 7%로 평균치보다는 다소 높은 편이었다. 따라서 한국화약그룹의 1977년 순이익이 44억 원에 이를 것으로 추산되었다.

정부는 김종희에게 피해보상금 90억 원을 30억 원씩 3년 분할로 납부하되 1977년도 분은 12월 31일까지 납부하도록 조치했다. 이는 기업도 살리고 피해보상금도 받아내자는 정부의 정책적 결단이었으며, 그와 같은 조치에 대해 경제계에서는 물론 언론계에서도 환영하는 뜻을 나타냈다. 재계나 언론계에서는 김종희 개인을 위해서도 다행한 일이고, 한국화약그룹의 기업능력에 비추어볼 때도 90억 원을 3년에 분할 납부하는 것은 그렇게 어려운 일이 아니라고 입을 모았다.

"처음부터 김 회장이 처신을 잘한 거야. 그때 우물쭈물하지 않고 '이게 전부올시다' 하고 발가벗었으니까 정부에서도 봐준 거지, 안 그랬으면 절단 났을 거라구."

"허긴 그래, 그때 만약 김 회장이 쩨쩨하게 '몇 십억…' 하고 나왔으면 회사가 날아가게 됐을지도 모르지."

"올해 납부해야 할 30억도 지난번에 낸 10억 말고 20억은 은행이 융자해 주는 모양이던 걸."

"정부가 당장 받아내려 하니까 그렇게라도 해야겠지."

"결국은 김종희의 살신성인 정신이 회사를 위기에서 구해낸 거야."

병신 짓을 하느니, 혼자 뒤집어쓰느니 하고 김종희의 처지를 딱하게 여기던 사람들도 지금은 그의 처신이 옳았다고 하면서 고개를 끄덕였다.

1978년 2월, 신현기 사장을 비롯한 한국화약측 간부 4명에게 철도법 제84조(법령위반 위험품 탁송자에 대한 벌칙 – 철도운송에 관한 법령에 위반하여 화약류 기타 폭발위험물을 탁송하거나 차 중에 휴대한 자는 1년 이하의 징역 또는 10만 원 이하의 벌금에 처한다)가 적용되어 신현기에게는 징역 10개월의 실형이 선고되고, 다른 간부사원 3명에게는 징역 8개월에 집행유예 2년이 선고되었다. 또한 철도청 직원 2명과 화약을 철도운송규칙대로 적재하지 않은 대한통운 인천지점 발송책임자 1명에게도 철도법 제91조(직무태만 또는 의무위반 철도 직원에 대한 벌칙)와 동법 제84조가 적용되어 각기 8개월 징역에 2년 집행유예가 선고되고, 다만 호송원 신무일에게는 미필적 고의범으로 10년 징역의 중형이 선고되었다.

이리시에서는 재해복구작업이 한창이었다. 폭발 중심권이었던 철도시설은 이미 완전히 복구되고, 폭발지점에서 가장 가까웠던 모현동 언덕 6만 6,116㎡(2만 평) 대지 위에는 43㎡(13평)형 아파트 26개 동 1천180가구가 들어서고 있었으며, 이리역 부근의 창인동 지구에도 56㎡(17평)형 아파트 6개 동 150가구와 상가아파트 2개 동이 들어서고 있었다.

김종희도 지난날의 악몽에서 헤어나 3월에는 장남 승연을 태평양건설 해외담당 사장으로 임명했다. 이리 사고 직후 미국에서 귀국한 김승연은 그 동안 태평양건설 해외수주담당 이사로 일해 왔다.

그는 한국화약(주)이 출범하던 1952년에 부산에서 태어난 피난둥이다. 그가 미국 유학길에 오른 것은 경기고등학교 2학년 때다. 1974년에 캘리포니아 멘로 대학(Menlo College, Business School) 경영학과를 졸업한 그는 다시 시카고의 드폴대학교(DePaul University, Chicago)에 진학하여 정치학 석사과정을 이수했다.

그는 미국에서 귀국하던 날, 아버지로부터 이리 사고에 대한 피해보상을 위해 전 재산을 내놓을 결심이라는 말을 들었다. 아버지는 폭발사고로 많은 인명 피해를 냈다는 데 대한 자책감으로 몹시 괴로워하고 있었다.

'어떻게 하면 내가 아버지의 힘이 되어 드릴 수 있을까…?'

아버지는 가끔 로스앤젤레스 지사에 출장을 나오는 때가 있었다. 그런 때면 아버지는 시카고에 있는 자신을 로스앤젤레스로 불러내어 호텔방 침대에서 같이 자면서 어려서 고생하던 얘기를 들려주곤 했다.

아버지는 어려서 집안이 너무 가난했기 때문에 나무를 하러 다닐 때도 점심밥을 못 싸가지고 다녔다. 그래서 늘 물로 배를 채우곤 했지만 나뭇짐만큼은 남보다 크게 해서 져 날랐다. 한번은 다른 사람들이 점심을 먹을 때 남의 과수원 풋 복숭아를 따먹고 배탈이 나서 혼난 적도 있다. 아버지의 왼손 새끼손가락에는 지금도 나무를 하러 다닐 때 낫에 베인 상처가 크게 남아 있어 그 새끼손가락은 똑바로 펴지지 않는다. 그러나 아버지는 잘 먹고 잘 살자고 사업을 시작한 것은 아니라고 하면서 '나는 배추장사를 해서라도 내 처자식은 언제든지 먹여 살릴 자신이 있다' 고 했다.

돈을 버는 것은 돈을 벌어서 무엇을 하겠다는 목적을 달성하기 위한 수단이지, 돈을 버는 자체가 목적이 되어서는 안 된다고 하면서, 프라자호텔에 투숙했던 일본 마루베니 사의 한 전무가 밤에 부인과 함께 밖에 나갔다 들어오는 것을 어떤 종업원이 잘 모르고 '이 호텔에는 규칙상 여자를 데리고 들어갈 수 없다' 고 해서 시비가 일어난 일이 있었다는 얘기를 들려주기도 했다.

그는 그런 아버지이기에 더욱 존경스럽고 자랑스러웠다. 그가 경영학을 전공하고, 또 계속해서 정치학을 전공한 것도 보다 많은 식견을 쌓아 훗날 아버지에 못지않은 기업인이 되어야 한다는 생각에서였다.

그는 어려서부터 막연하게나마 나는 장남이니까 어른이 되면 아버지의 뒤를 이어 사업가가 되어야 할 거라고 생각했다. 어른들이 아이들에게 흔히 이다음에 커서 무엇이 될 테냐고 물으면, 아이들은 으레 '대통령' 아니면 '육군대장' 이나 '과학자' 가 되겠다고 대답하기 마련이다. 하지만 그는 어려서도 어른들이 뭐가 될 테냐고 물으면 '사장' 이 될 거라고 대답했다.

김승연은 그룹 내의 각 공장을 이미 여러 차례 돌아보았다. 유학 가기 전에 아버지가 각 공장을 한번 둘러보고 가라고 해서 한번 돌아본 적이 있고, 그 후에도 방학 때 귀국하면 아버지는 매번 공장을 둘러보게 했다. 그때마다 아버지는 장차 네가 맡아야 할 사업이니까 구석구석을 눈여겨 살피도록 하라고 말했다.

아버지가 지금 그 모든 것을 피해보상을 위해 내놓겠다는 것은 사업 자체를 포기하겠다는 뜻이 아니겠는가. 김승연은 무슨 말로 아버지를 위로할 수 있을지 몰랐다.

"내 생각에 대해서 너는 어떻게 생각하느냐?"

"아버지! 아버지는 배추장사를 해서라도 언제든지 우리 식구를 먹여 살릴 자신이 있다고 하셨잖아요?"

"그야, 아무러면 너희들을 굶기기야 하려구."

"하지만 지금은 아버지가 배추장사를 안 하셔도 됩니다. 이제는 제가 무슨 짓을 해서라도 우리 식구 생활은 책임질 수 있으니까요."

"그래…?"

"잘 생각하셨어요, 아버지! 일단 그렇게 하시고 새로 시작하셔도 아버지는 또 틀림없이 성공하실 거예요. 저도 곁에서 힘껏 도와드릴 게요."

"고맙다, 승연아! 네 말을 듣고 나니 나도 용기가 나는구나."

김종희는 어리다고 생각했던 장남이 그렇게 믿음직할 수가 없었다. 그후 피해보상금 90억 원이 3년에 걸쳐 분할 납부하기로 결정되자 김승연은 태평양건설의 해외수주담당을 자청했다.

"아버지, 90억 원을 만회하기 위해서는 해외건설 쪽에 전력투구해야 하겠어요. 공사 수주를 잘해서 1년에 1천만 불만 벌어들이면 우리 돈으로 48억5천만 원입니다. 제가 한번 직접 해외수주에 나서보겠습니다."

태평양건설은 1976년 7월 사우디아라비아 알코바 시에 건설되는 2천만 불짜리 아파트 공사를 수주한 이후로 아직 이렇다 할만한 수주실적을 올리지 못하고 있었다. 김종희는 장남을 해외담당 사장으로 발령하면서 은근히 해외수주에 기대를 걸었다.

1979년 5월, 사우디아라비아에 나가 있던 김승연이 드디어 1억 불짜리 대형 주택공사를 수주하는데 성공한다. 한국화약그룹은 1978년에도 흑자기반이 확고해진 대일유업을 공개한데 이어 태평양건설의 엔지니어링 사업부를 태평양엔지니어링주식회사로 독립시켰으며, 1976년 6월 착공한 서소문동의 태평양건설 빌딩을 완공시켰다. 그러나 한국화약그룹의 1978년 총매출액은 이리 사고의 심각한 후유증으로 지난해의 3천523억 원보다

10%가 감소된 3천171억 원을 기록했다.

1979년, 마침내 한국화약그룹은 모든 역경을 극복하고 그야말로 폭발하는 다이너마이트의 위력처럼 축적된 숨은 저력을 유감없이 발휘했다. 총매출액 4천530억 원. 이는 지난해 매출액 대비 무려 42.9%의 놀라운 신장세를 과시한 것이다.

한국화약그룹이 국내 10대 기업으로 부상하면서 세계 속의 기업으로 국제적 신뢰기반을 구축한 것도 바로 1979년이다. 미국의 저명한 경제전문지 〈포춘(Fortune)〉은 세계 500대 기업(미국 제외) 중에서 한국화약그룹을 393위로 선정했다.

김종희는 1979년 5월 경인에너지의 유류수송과 대일유업의 냉동식품수송을 담당케 할 목적으로 삼희통운주식회사(三喜通運株式會社)를 설립했으며, 12월에는 한국프라스틱공업(주)의 절대주식을 확보함으로써 경영권을 장악했다.

독자들도 기억하다시피 한국프라스틱은 5개 PVC 생산업체(대한프라스틱·공영화학·한국화성·동양화학·우풍화학)가 난립하여 과열경쟁을 벌이다가 다 같이 경영부실을 초래하게 되어 정부 개입으로 1972년 12월 하나로 통합된 회사이다. 통합 후 한국프라스틱은 1973년의 오일쇼크를 계기로 호황국면을 맞아 1974년 10월 진해공장과 군산공장에 각각 연산 2만 톤 규모의 PVC 레진 생산시설을 증설하고, 1976년 5월에는 18억 원의 무상증자로 통합 당시의 자본금 2억 원을 20억 원으로 늘리는 한편 15억 원의 신주를 공모하면서 기업을 공개했다. 한국프라스틱은 그 후에도 울산공장에 연산 3천 톤 규모의 PVC 페이스트레진 생산시설을 신설한 데 이어 진해공장에 연산 8천5백 톤 규모의 가소제 생산시설을 신설하고, 다시 울산공장에 연산 5만 톤 규모의 PVC 레진 생산시설을 증설하는 등 총자산 규모가 6백억 원으로 늘어나 연간 매출액도 1천억 원에 육박하여 국내 상장기업 중 매년 50위 이내의 순위를 유지하는 대기업으로 성장했다.

한국프라스틱의 경영권은 1975년까지도 27.4%의 주식지분율을 차지하고 있는 우풍화학과 제휴한 31.8%의 제1주주인 한국화성(한국화약)에 의해 지배되어 왔다. 그러다가 1976년에 실시된 신주공모로 한국화성의 주식지분율이 18.2%로 낮아지고, 우풍화학의 주식지분율도 15.6%로 낮아지면서 경영권이 흔들리기 시작했다. 주식시장을 통해 신주를 사들인 진양화학이 우풍화학의 지분주식 15.6%를 인수한 데 이어 동양화학의 지분주식 5.7%, 풍한산업 및 삼척산업의 신주 20%를 인수하여 일약 52%의 대주주로 등장하게 되었던 것이다. 결국 한국프라스틱 경영권은 1978년 주주총회에서 대한프라스틱(주식지분율 17.6%)과 제휴한 진양화학에 넘어가는 수밖에 없었다. 그 무렵 한국화약은 이리 사고 후유증에 시달리고 있을 때였다.

PVC 5개 회사가 통합될 당시 다른 회사에서 우수한 인력을 서로 다투어 빼갈 때 부실기업일수록 더 유능한 사람들이 들어가서 일해야 한다면서 한국화성 직원들을 오히려 보강한 김종희였다. 그는 절치부심, 한국프라스틱의 경영권을 탈환할 기회가 오기만을 기다렸다. 당시 진양화학은 무리한 주식매입으로 경영권을 장악했을 때의 부채비율이 이미 500%에 달했으며, 월 단기차입 결제액만도 80억 원이 넘는 재무구조상의 취약성을 안고 있었다. 플라스틱 가공업체인 진양화학으로서는 당시 품귀현상을 빚고 있던 PVC 레진만 독점적으로 확보하게 되면 국내 플라스틱 가공업계는 저절로 지배할 수 있게 될 것으로 생각했던 것이다. 그랬으나 진양화학은 한국프라스틱 경영권을 인수한 지 채 1년이 못가서 과중한 자금 압박으로 주식을 방출할 수밖에 없었다. 그 주식을 한국화약이 삼보증권을 통해 사들였던 것이다.

김종희가 한국프라스틱 경영권을 다시 장악했다는 사실은 실지회복이라는 뜻도 크지만, 한때 좌절될 뻔했던 석유화학 콤비나트 건설계획을 되살릴 수 있게 되었다는 점에서 더 큰 의의를 갖는다. 한국화성의 진해공장 건설은 석유화학 콤비나트를 이룩하려는 1960년대 김종희의 원대한 포석이었다.

김종희는 석유화학 콤비나트를 실현시키기 위해 이미 지난 1월 31일자로 정부로부터 일산 16만 배럴 규모의 정유공장 확장계획을 허가받아 놓고, 1981년 9월 준공을 목표로 경인에너지의 합작 파트너인 유니온 오일 측과 협의를 계속 해오고 있는 중이었다.

한국화약그룹이 불과 2년 사이에 권토중래를 구가하게 되리라는 것은 그 누구도 생각지 못한 일이다. 그러나 그것은 우연이 아니었다. 지난 2년 동안 김종희는 와신상담, 혼신의 노력을 쏟아왔다. 그러는 사이에 그에게는 자신의 건강을 돌아볼 겨를이 없었다. 당뇨 합병증으로 최근에는 시력이 급격히 떨어져 안경을 쓰지 않고서는 결재서류를 들여다볼 수 없었으며, 체력이 쇠퇴하여 아침부터 저녁까지 회장실을 지키는 것만으로도 심한 피로가 쌓이곤 했다.

김종희는 장남의 도움이 아쉬웠다. 1980년 3월, 그는 태평양건설 해외담당 사장으로 해외에 상주하고 있다시피 한 장남을 불러들여 한국화약그룹 관리본부장이라는 직책을 맡겼다. 관리본부장으로 취임한 김승연은 회장실 옆에 따로 집무실만 하나 꾸며놓고 주로 회장실에 있으면서 아버지의 일을 도왔다.

　김종희는 회사의 중요한 업무를 결재할 때면 으레 장남의 의견을 물었으며, 장남이 의견을 제시하면 그 의견을 거의 다 수용했다. 때로는 김승연이 직접 회사 업무에 관한 의견을 제시하는 경우도 있었다. 그럴 때도 김종희는 그 의견을 다 받아들이곤 했다. 그 결과가 잘못될 때도 있었다. 그러나 김종희는 아들을 책망하지 않았다. 어쩌면 김종희는 아들로 하여금 실책을 체험하게 하려는 것인지도 모를 일이었다.

　김승연은 베어링 선삭공장인 한국정공(주)을 한국베어링에 흡수 합병할 것을 건의하기도 하고, 종합상사의 기반구축을 위해 골든벨과 김포요업, 그리고 유니온 포리마 3사의 무역 업무를 통합할 것을 건의하기도 했다.

　김종희가 지금까지 해온 사업 중에는 당장 떼돈이 벌리는 업종은 단 한 가지도 없다. 모든 사업이 기간산업이어서 투자비율이 높고 회임기간이 길 뿐 아니라 몇 해씩 적자를 감수하며 공을 들여야 하는 사업들이다.

　육영사업의 경우만 해도 그렇다. 그는 다른 대기업들처럼 재정형편이 좋지 않은 기존의 학교법인을 인수하거나 대학을 설립하지 않고, 가장 많은 직접 교육비용을 부담해야 하는 고등학교를 설립했다. 천안북일고의 경우는 개교 당시 학생 수가 480명(1학년 8학급)일 때나, 학생 수가 2,160명(3학년 36학급)으로 늘어난 지금이나 학생들이 납부하는 공납금만 가지고는 학교운영예산의 65%밖에 충당하지 못한다. 부족한 35%는 해마다 김종희가 부담해오고 있는데, 개교 후 1979년까지 4년간 지원한 학교운영예산만도 10억 원이 넘는다.

　이리 사고 후 그 어려운 여건 속에서도 그는 학교를 위하는 일이라면 조금도 소홀히 하지 않았다. 그는 외국 출장길에서 돌아올 때도 부인이 부탁한 선물은 깜박 잊고 못 사올 때가 있었지만, 학교 선생님들에게 나누어줄 선물은 하다못해 볼펜 한 자루라도 꼭 사왔다. 그런 정성이 헛되지 않아 천안북일고는 어느덧 명문고교로서의 자리를 착실하게 굳혀가고 있었다.

1979년에 배출한 제1회 졸업생 463명 중 367명이 대입예비고사에 응시하여 98%에 달하는 361명이 합격하고, 전기 대학 입시에서도 서울대에 6명이 합격한 것을 비롯해서 모두 87명이 합격했으며, 올해 제2회 졸업생 중에서도 195명이 전기 대학 입시에 합격함으로써 신생 명문고교의 명성을 떨쳤다.

학생들이 나약한 공부벌레로 자라는 것은 김종희의 소망하는 바가 아니다. 그는 공부도 잘해야 하지만 운동도 잘해서 패기에 찬 학생으로 성장해주기를 바랐다. 1977년 발족한 야구부와 유도부도 지난해부터는 각종 전국대회에 출전하여 패권을 다투며 상위권에 입상하곤 했다. 유도부가 1978년 제6회 전국유도연맹전에 출전해서 고등부 3위를 차지한 데 이어 1979년 제2회 전국고교유도 4강전에서 패권을 차지했는가 하면, 야구부도 1979년 제9회 봉황기 대회에서 3위를 차지했고, 전국체전에서도 4강까지 진출하는 좋은 성적을 올렸다.

7월 24일부터는 서울운동장 야구장에서 제10회 봉황기 쟁탈 전국고교 야구대회가 개최되었다. 봉황기 대회는 야구협회에 등록된 46개 고교 야구팀 모두가 출전하여 명실상부한 고교 야구의 왕좌를 가리는 대회다. 1회전을 부전승으로 통과한 천안북일고 야구팀이 30일에 거행되는 2회전에서 야구의 명문인 성남고와 맞붙었다. 천안북일고 야구팀의 대전 실황 중계라면 빼놓지 않고 시청하는 김종희였다. 오늘도 그는 회장실에서 라디오를 틀어놓고 있었다.

"와―"

성남고 학생들의 응원소리가 터져 나왔다.

"천안 촌놈들이 기가 죽지 말아야 할 텐데 말야…"

"대진 운이 좀 안 좋은 것 같아요, 아버지. 이 게임에 이긴다고 해도 3회전에서는 부산고하고 붙거든요."

"부산고가 야구는 잘한단 말야."

그런데 성남고를 2대 0으로 물리친 천안북일고가 강호 부산고도 11회 연장전 끝에 4대 3으로 이겼다. 4회전에서도 신일고를 5대 1로 가볍게 따돌리고, 준결승전에서 광주상고와 맞붙었다.

준결승전은 TV에서 게임 실황을 중계했다. 김종희는 준결승전도 회장실에서 TV로 관전하고 있었다. 2회 말에 천안북일고가 선취점을 1점 올린 다음 연속 솔로 홈런으로 일거에 3점을 얻어냈다. 그러자 3회 초에 광주상고가 바로 3점을 따라붙었다. 그 후부터는 투수전으로 이어지면서 9회 말까지 3대 3의 팽팽한 균형이 깨지지 않았다. 연장 11회 초, 광주상고가 1점을 뽑아내자 게임은 4대 3으로 끝나는 듯했다. 11회 말 투아웃 후에 주자를 2루와 3루에 두고 타석에 들어선 타자가 기습 내야안타로 4대 4 동점을 이루더니, 2회 말에 홈런을 날린 전대영이 다시 끝내기 안타를 쳐서 5대 4로 역전시켰다.

"잘한다!"

김종희는 환호하며 박수를 쳤다. 함께 TV를 지켜보던 김승연도 박수를 치며 기뻐했다.

"결승전이 모레지?"

"예! 내일 준결승에서 이기는 팀하고 붙게 됩니다."

"내일, 어디하고 어디지?"

"대구고하고 배재고하고 붙습니다."

"내일 말야, 만약 배재고가 이기게 되거든 모레 우리 애들 기죽지 않게 학교에 연락해서 학생들 응원 좀 오게끔 해라."

결승전도 김종희는 회장실에서 TV를 지켜보기로 했다. 야구장에 나가면 어린선수들에게 정신적 부담을 주게 될 것 같아서였다.

16일간의 26게임을 결산하는 서울운동장 야구장에는 3만 명을 넘는 야구팬들이 운집하여 대성황을 이루었고, 천안에서는 게임이 시작되기 전부터 모든 사람들이 TV 앞으로 몰리는 바람에 시내 거리가 텅 비어 한산하기까지 했다.

럭키세븐스, 7회 초 천안북일고의 공격이 계속되고 있었다. 5번 타자 김경호부터 이어진 무사 만루의 찬스, 8번과 9번 타자가 아웃되고, 1번 타자 김용대가 타석에 들어섰다. 볼 카운트는 투 스트라이크 투 볼. 무사 만루에서는 득점하기 어렵다는 야구의 징크스대로 천안북일고의 공격이 무위로 끝나는 성싶었다. 5구째 투수가 던지는 슬로볼을 김용대가 강타했다.

"와―"

환성이 터졌다. 투수의 키를 원 바운드로 넘어간 볼이 2루수와 유격수 사이로 굴러가고 있었다. 그 사이에 3루 주자 홈인, 2루 주자도 홈인!

2회부터 등판한 에이스 이상군의 호투로 천안북일고가 마침내 배재고를 2대 0으로 물리치고 대망의 봉황기를 품에 안았다.

'아, 이 날을 위해 얼마나 많은 피땀을 흘려왔던가! 아, 이 날을 위해 얼마나 많은 수모를 참아내야 했던가!'

선수들도 울고, 감독도 울었다. 기쁨을 억제하지 못한 천안 시민들은 만세를 외치며 거리로 뛰쳐나와 더덩실 춤을 추었다. 실로 개벽 이래 처음 맞는 천안의 최대 경사였다.

그 날 석간신문들은 천안북일고의 승전보를 이렇게 전했다.

'천안북일고, 기적을 이룩하다'

'천안북일고, 창단 3년 만에 전국 제패'

〈대전일보〉는 '장하다, 충남의 아들들' 이라는 제목으로 사설까지 싣고 천안북일고의 우승을 축하하며 더욱 분발할 것을 부탁했다.

천안북일고는 다시 8월 16일부터 부산에서 개최된 제30회 화랑기 쟁탈 전국고교야구대회에서도 선린상고를 2대 0으로 물리치고 우승함으로써 고교 야구의 정상임을 재확인하고 2관왕의 영예를 빛냈다.

8월 23일, 김종희는 천안북일고 야구부 임원과 선수 전원을 프라자호텔로 불러 만찬을 베풀고, 그들의 노고를 치하했다. 그 자리에서 그는 '지난 8월 9일 봉황기 대회에서 우승하던 날이 내 생애 가장 기뻤던 날' 이라고 회상하면서 그 날의 우승을 기념하기 위해 내년에 한국화약 실업야구단을 창설할 것이라고 선언했다. 8월 한 달 내내 김종희의 결재 사인은 주먹만큼이나 큼직큼직했다. 그의 사인은 기분이 좋을 때일수록 커지는 것이 특색이었다.

1980년은 우리나라 경제가 20년 만에 처음으로 마이너스 성장을 기록한 해다. 1979년에 다시 몰아닥친 2차 석유파동 속에 휘말린 국내 경제는 10·26 박 대통령 시해사건 이후에 야기된 정치적 혼란으로 큰 몸살을 앓았다.

국제 원자재 가격이 평균 52.9%나 폭등하고, 국내 도매물가지수도

천안북일고 야구부 봉황대기 우승(1980)

38.9%까지 뛰어올라 대다수의 국내 기업들이 고전할 수밖에 없었다. 그런 중에도 한국화약그룹은 7천682억 원의 매출실적을 올림으로써 지난해 (4천530억 원)에 비하여 69.6%라는 경이적인 신장률을 기록했다.

그러나 김종희의 건강은 오히려 날로 악화되어 가고 있었다. 시력이 더욱 나빠져서 호텔 로비 같은 데서 아는 사람을 만나도 몰라보고 지나치는 때가 자주 있었다. 그러자 재계에는 한국화약 김종희 회장이 몇 해 사이에 세계적인 기업이 되더니 사람이 변했다는 말까지 나돌기 시작했다. 주위에서는 입원치료를 권했으나 김종희는 막무가내로 입원을 싫어했다. 입원뿐 아니라 그는 자신의 건강이 좋지 않다는 사실을 밖에 알리는 일조차도 싫어했다. 자신의 신병이 사업에 미칠 영향을 걱정하는 것이었다.

김종희는 자신의 건강보다도 사업을 더 소중하게 여겼다. 그래서 그는 병을 앓아도 병원에 입원하고 누워서 편하게 쉬지 않고, 병든 몸을 혹사해 가며 사업에 열중했다. 사업 관계로 내방하는 외국 인사들도 많았거니와 공인의 자격으로 꼭 참석해야 할 크고 작은 행사가 하루도 없는 날이 없었다.

어느덧 그의 건강은 교환수혈을 하지 않으면 안될 만큼 악화된 상태였다. 당뇨 증세가 신장 기능을 떨어뜨려 급기야는 네프로제(Nephrose)를 병발케 했던 것이다. 네프로제가 심해지면 혈액 속에 쌓인 노폐물을 걸러내야 하기 때문에 투석 치료를 받아야 한다. 그런데도 김종희는 교환수혈을 하는 당일 그 시간밖에는 병원에 누워 있지 않았다.

오늘도 교환수혈을 하는 김종희의 병상을 장남이 지키고 있었다. 교환수혈시간은 보통 너댓 시간씩 걸린다. 그 동안에 장남은 아버지가 지루할세라 아버지가 좋아하는 '흘러간 노래' 카세트테이프를 틀기도 하고, 책을 녹음한 테이프를 틀어놓기도 한다. 아버지는 시력이 떨어지자 읽고 싶은 책을 아나운서에게 부탁해서 녹음해놓고 들었다. 과연 아버지의 탐구열은 존경할 만했다.

"아버지! 오늘은 특별한 스케줄이 없는데, 이대로 병원에서 쉬시지요?"

"얘, 이게 어디 할 짓이냐? 이렇게 하루 종일 누워 있다가는 도리어 없던 병도 생기겠다."

"그래도 아버지는 절대로 휴식이 필요합니다."

"병원에 누워 있으면 괜히 죽을 병 들린 것처럼 헛소문만 난다."

"소문 좀 나면 어때요, 아버지?"

"모르는 소리! 서낭당 그늘이 천 리 간다는 속담도 몰라?"

김승연은 아픈 것도 마음대로 내놓고 아플 수 없는 아버지가 측은하리만큼 불쌍하다는 생각이 들었다. 요새 와서 아버지는 시력이 더욱 나빠져서 서류를 결재할 때 결재란 밖에다 사인하는 경우가 종종 있었다.

'아버지가 화약이 아닌 다른 사업을 하셨더라면 이런 병에 안 걸렸을는지도 모른다.'

김승연은 아버지에 대한 연민의 정에 마음이 아팠다.

# 15
## 제2창업

열 사람 중 아홉 사람의 판단이 일치한다고 해서 그 판단이 절대로 옳은 것은 아니다. 때로는 아홉 사람의 판단보다도 한 사람의 판단이 옳을 수도 있다. 김승연은 사장단 회의를 소집한 자리에서 자신의 결정을 따라줄 것을 당부했다. 그것은 단순한 배짱이 아니라 그가 지난 2개월 동안 실무진을 이끌고 주도면밀하게 연구 검토한 끝에 얻어낸 확신이었다.

김종희는 남들처럼 한번 호강스럽게 앓아보지도 못하고 1981년 7월 23일 밤 9시에 59세를 일기로 가회동 자택에서 한 생애를 마쳤다. 그의 부음이 전해지자 가회동 빈소에는 250여 개의 조화와 5백여 통의 조전, 50여 통의 친필조문이 답지하는 가운데 국내외 각계각층의 저명인사들로부터 시작해서 무명의 시골노인에 이르기까지 2천여 명의 조문객이 줄을 이어 분향했으며, 도쿄·뉴욕·프랑크푸르트·사우디아라비아·싱가포르 등 한국화약 해외지사 및 인천·여수·창원·김포·부평·도농·진해·울산·군산·부강·대전·묵호(동해)·대구·부산·광주 등 한국화약의 국내 사업장과 천안북일고에 마련된 분향소에도 고인의 명복을 비는 1만3천여 명의 한국화약 가족을 비롯한 수많은 현지 주민들의 발길이 끊이지 않았다.

고인의 영결식은 27일 오전 8시 정동에 있는 대한성공회 서울대성당에서 이천환(李天煥) 주교 집전으로 거행되었는데, 그 자리에는 전·현직 3부 인사들과 군 고위 장성, 경제·문화·교육·종교 등 각계 인사 및 미국 대사를 비롯한 유엔군 사령관 등이 참석하여 고인의 명복을 빌었다.

한국화약 사장 신현기는 마침내 흐느끼며 김종희 회장의 죽음을 이렇게 애도했다.

『김 회장님! 이 어인 일이십니까. 정녕 저희들 1만3천여 화약그룹

가족들을 남겨두고 어찌 홀로 떠나신단 말씀입니까…

깊은 충격에 저희들은 하나같이 망연자실하여 목 놓아 울 수도

김종희 회장 장례식(1981)

없습니다. 불과 십여 일 전에 제가 회장님을 대신하여 대통령 각하 동남아 순방 수행단의 일원으로 해외출장을 다녀와서 귀국보고를 드렸을 때, 회장님은 병상에서도 당신의 고통을 잊으신 채 '나는 절대로 쓰러지지 않는다. 내 염려는 말고 회사 발전에 더욱 정진하라' 하시며 오히려 저의 출장 여독을 걱정해주시더니 어이하여 회장님이 가신단 말입니까.

참으로 애석하고 애통합니다. 그 날의 말씀이 25개 성상을 하루같이 모시고 일해 온 회장님과의 마지막 대화가 될 줄을 그 어찌 상상이나 했겠습니까. 회사 업무에 관한 한 회장님은 적극적인 분이셨고, 지극히 엄격한 분이셨습니다. 그러나 회장님은 일상생활에서는 인자하고 자상한 분이셨습니다. 20여년 전, 회사의 설비확장을 위해 회장님을 모시고 해외 출장을 하던 때엔 비행기 안에서 바깥 경치를 구경하라고 창가의 자리를 양보해주실 정도로 무척이나 자상한 분이셨습니다.

회장님의 온화한 모습이 그립습니다. 과묵하시기로 소문난 회장님이셨지만 화약그룹에 몸담고 있는 전 사원에 대한 회장님의 애정과 배려는 정말 각별한 것이었습니다. 매년 정·이월이면 혹한기에도 불구하고 전국의 공장과 현장을 순시하시면서 일선 종업원들의 손을 일일이 잡으시고 뜨거운 격려를 해주시던 일, 가을철이면 전 종업원들과 가족들까지 한자리에 모아 성대한 체육대회를 베풀어주시며 흔쾌한 마음으로 일 속에서 다져진 동료애를 더욱 도탑게 해주시는 등 회장님은 저희들 마음속에 강한 일체감을 심어주셨습니다.

회장님은 정녕 저희들의 어버이요 형님 같은 분이셨으며, 저희들에게 꿈과 의지를 심어주신 스승이기도 하셨습니다. 또한 회장님은 평소 충실한 가장이시고, 독실한 신자로서 평화 속에 사랑을 실천해오셨습니다. 그러나 사(私)를 떠난 공인으로서의 남모르는 고뇌와 고독을 극기해온 생애의 일면도 읽을 수 있는 저희들은 이제 회장님의 위업을 새삼 흠모하게 되는 마음 그지없이 숙연해집니다.

전란의 피해가 막심했던 산업 불모의 이 땅에 국가경제발전의 기초가 되는 산업용 화약을 생산하기 위해 당시 황무지나 다름없던 인천공장을 인수하고 손수 복구 작업에 착수하신 지 어언 30년, 이 장구한 세월 동안 회장님의 생활은 오직 개인보다 기업, 기업보다는 국가를 우선하는 투철한 국가관으로 일관하셨습니다. 회장님의 투철한 애국심과 기업가정신은 오늘날의 화약그룹을 국가적인 대기업으로, 나아가 세계 500대 기업 중의 하나로 성장케 한 바탕이 되었습니다.

이러한 회장님의 정신은 우리 그룹이 국력신장에 직결되는 기간산업을 중심으로 성장해온 연혁 속에 뚜렷이 부각되어 있습니다. 특히 기업의 사회적 책임을 평소 강조하셨던 회장님은 그것을 책임이 아니라 사랑의 실천으로 믿으시며 남모르게 사회봉사활동을 실행해 오시는 한편, 뜻을 세운 청소년들은 여건에 구애됨이 없이 그 뜻을 펼쳐나갈 수 있어야 한다는 신념으로 육영사업에 온갖 정성을 다 쏟으셨습니다. 천안에 훌륭한 학교를 세워 인재양성에 아낌없는 지원을 해오시면서 젊은이들이 곧고 바르게 커나가는 것을 큰 보람으로 삼으셨습니다. 회장님의 그 많은 공적을 어찌 오늘 이 자리에서 다 헤아릴 수 있겠습니까.

회장님! 이제 한 해만 지나면 당신이 뜻을 가지고 세우신 회사가 창립 서른 돌을 맞이합니다. 오늘 회장님을 영결하는 이 자리에 선 우리들은 새삼 회장님이 지난 30년간 지고 오셨던 짐이 너무나 무거운 짐이었음을 깨달으며 그 짐을 좀 더 나누어질 수 없었던 저희들의 미욱함에 뼈저린 자책과 반성을 금할 수 없습니다. 하늘을 우러러 기원하건대 회장님께서 창립 30주년의 큰 뜻과 기쁨을 저희들과 함께 나누시고 저희들이 앞으로 가야 할 길을 밝혀 인도해주실 수만 있다면 무슨 여한이 있겠습니까.

아, 과묵하시던 회장님께서 이제는 정말 말 없는 교훈만 남기고 가셨습니다. 오늘 회장님 앞에 선 저희들은 북받치는 슬픔을 억누르며 결연히 고하노니, 당신께서 남기신 높은 뜻을 굳게 받들어 회

사의 무궁한 발전과 국가 사회에 대한 기여를 저희들의 책무로 삼고
열과 성을 다해서 그 실현에 전력할 것을 다짐합니다.

회장님! 이제 하느님 품으로 영원히 떠나시는 회장님께 저희들의
눈물어린 결의를 한데 모아 보내오니 부디부디 편안히 가시옵소서.

고이고이 잠드시옵소서…』


영결식을 마친 후 고인의 유해는 고인이 평소에 깊은 애정을 쏟아온 천안북일고에 들러 수많은 천안 시민들과 2천여 학생들이 오열하는 속에 고별식을 갖고 천안북일고 밴드가 연주하는 〈이별의 곡〉을 뒤로 한 채 장지인 공주군 정안면 보물리로 향해, 그 날 오후 1시 마을 뒷산에 마련된 유택에 안장되었다.

장례식이 끝난 후에도 한국화약 회장실에는 미처 문상하지 못한 국내외 인사들의 조문이 그치지 않았으며, 정부는 10월 27일 고인이 생전에 국가경제발전에 기여해온 공적을 기리는 뜻으로 기업인의 최고 영예인 금탑산업훈장을 추서했다.

김승연은 아버지를 잃은 슬픔이 가시기도 전에 한 발 늦은 조문객들을 맞기 위해 회사로 나와 있어야만 했다. 한국화약그룹의 대권을 승계해야 하는 것은 피할 수 없는 그의 숙명이었다. 김승연의 나이 29세. 그 동안 아버지를 보좌해오면서 경영수업을 했다고는 하지만 한국화약그룹 같은 대기업 군의 사령탑을 맡기에는 아직 어린 나이다.

수성은 창업보다 힘들다. 창업은 남보다 특출한 용기가 있고 결단력이 있으면 가능하지만, 수성을 하자면 창업의 기틀을 다져나갈 만한 인내와 지혜가 필요하다. 김승연은 두려움이 앞섰다. 그로서는 하늘을 우러러 한

점 부끄러움이 없었던 선대회장의 명예를 지키고 더욱 빛내야 할 막중한 책임이 있다는 것을 잘 알고 있었기 때문이다.

그는 회장으로 취임하기 전에 먼저 오재덕 경영관리실장을 불러 '누구 앞에서나 떳떳한 상속자임을 말할 수 있게 해줄 것'을 당부했다. 그가 국세청에 신고한 상속세는 70억 원. 그는 우리나라 납세사상 최고의 상속세 납부자로 기록되었다.

사회 각계의 이목과 관심이 한국화약그룹의 대권을 승계한 김승연 회장에게로 쏠리기 시작했다. 그룹 내의 중역들까지도 불안해하고 초조해하는 눈치였다. 미국에서 10여 년간 공부만 하고 돌아온 젊은 회장이 아직은 국내 실정에도 익숙지 못한 터에 과연 그룹을 어떻게 이끌어갈 수 있을는지 걱정이 아닐 수 없었다.

김승연은 먼저 선친 장례에 조의를 표해온 각계 인사들을 찾아 감사를 겸한 회장 취임인사를 다녔다. 남덕우 총리를 비롯해서 행정 각 부처 장관, 입법부 주요인사, 한국은행 총재 및 각 금융기관장, 전경련 및 각 민간 경제단체 임원 등을 차례로 예방하는 한편, 평소에 선친과 교분이 두터웠던 주한 미국 대사와 위컴 유엔군 사령관도 예방했다.

"회장 요새도 아직 인사만 다니는 거야?"

"오늘은 회장실에서 종합기획실 신입사원하고 대담을 하고 있는 모양이야."

"대담이라니?"

"다음 달 사보에 실을 거래."

"그래? 그나저나 새 회장이 뭘 생각하고 있는지 감을 잡을 수 있어야 일을 하지…?"

"아직이야 무슨 생각을 할 경황이 있겠어?"

그룹 중역들은 오래잖아 불어 닥칠지도 모르는 인사바람에 은근히 신경을 곤두세우고 있었다. 그런 시기에 신임회장의 경영방침이 마침 10월호 사보 〈다이나마이트〉 지에 '김승연 회장과 함께' 라는 대담 기사를 통해 전 사원에게 간접적으로 전달되었다.

신임회장의 대담 기사는 다분히 의도적인 것으로서 그룹 내에 커다란 반응을 불러일으켰다. 중역들에게는 충격을, 중간간부들에게는 공감을, 그리고 말단사원들에게는 신선한 자극을 던져주는 신임회장의 조용한 일성(一聲)이었다. 신임회장이 그룹 실정을 그렇게까지 소상하게, 그리고 정확하게 파악하고 있다는 사실에 전 임직원이 경탄을 금할 수가 없었다. 종합기획실에 근무하는 강준구 사원과 대담 형식을 빌린 김승연 회장의 경영방침은 참으로 신랄할 정도로 솔직하고 진지한 것이었다.

『 사원 : 바쁘신 중에 시간을 내주셔서 감사합니다. 제가 입사한 지는 10개월이 채 안됐습니다만 회장님께서 취임하신 이후 새롭게 변모하는 회사 분위기가 느껴집니다. 회장님의 경영방침에 대해서 말씀해 주십시오. 』

『 회장 : 새로운 젊은 사원과 한번 진지하게 얘기해봅시다. 우리는 지금 분명히 새 시대를 맞이했습니다. 국가적으로나 그룹적으로나 이것은 피할 수 없는 엄연한 현실이요, 운명이라고 생각합니다. 』

이렇게 시작된 회장의 대화는 곧바로 전 사원들의 의식전환을 요구한다.

『 회장 : 새 시대에는 확고한 가치관을 지닌 경영철학 위에 새로운 기업상을 세워나가야 할 것입니다. 그 동안의 좋은 전통은 계속 유지 발전시키고, 과거의 누적된 문제점은 솔직히 노출시켜서 과감하게 시정해나가야 한다고 믿고 있습니다. 지금이 바로 그룹 백년대계를 앞둔 분기점이라는 점을 모두가 깊이 자각해야 할 줄 믿습니다. 그러므로 먼저 의식전환을 통한 새 시대에의 적응이 필요할 것입니다. 지금 민간기업이 가장 필요로 하는 것은 신속한 업무처리와 창의성 있는 활동입니다. 그리고 가장 두려워해야 할 것은 조직이 딱딱해지는 것, 즉 관료주의화 하는 것입니다. 우리 그룹의 경우 어떤 면에서는 상당히 관료주의화 해있다는 사실을 깊이 인식해야 합니다. 이 점을 고치지 않고서는 새 시대의 새로운 기업으로서 세계 속으로 뻗어나갈 수 없을 것입니다. 하기 때문에 의식을 개혁해서 새롭게 태어나지 않으면 안 되겠지요. 』

『 **사원** : 새로운 출발은 항상 정확한 현실을 파악하는 데서 시작해야 한다고 생각합니다. 그렇다면 우리는 어떤 면에서부터 냉정한 자기평가를 해야 할까요? 』

『 **회장** : 먼저 생산 쪽부터 살펴봅시다. 생산 분야에서는 품질관리와 생산성 향상이 가장 큰 과제라고 할 수 있는데, 우리 그룹의 경우는 생산제품의 특수성 때문에 국내에는 비교 대상이 없지만 해외 기업과 비교하면 큰 차이가 나는 것이 사실입니다. 독과점이라는 테두리 안에서 커오다 보니 생산성 향상이나 품질관리가 구호에 그친 점이 없지 않습니다. 이 부문에서 가장 중요한 역할을 하는 것은 생산직에 종사하는 기능직 사원들입니다. 바로 그 기술자들이 기술을 개발 축적해야 하는데, 그러기 위해서는 기술자들이 기술자다워야 합니다. 즉, 자기가 맡은 분야에 온 젊음을 다 바쳐 열과 성의를 다해 종사하고 거기에서 삶의 보람을 찾겠다고 하는 가치관이 확고하게 정립되어야 합니다. 그렇게 해서 요는 각 분야가 하루빨리 전문화 해야겠다는 것입니다. 기실, 기술자가 언젠가는 승진을 해서 누구처럼 도장이나 찍고 결재하는 자리에 오르기를 바라게 되면 문제가 생깁니다. 기술이란 기술이 쓰이는 곳에 필요한 것이지 책상 위에서 쓰이는 것이 아닙니다. 이러한 빗나간 가치관을 바로 잡자는 것입니다. 회사보다도 스스로를 위해서 그런 생각은 고쳐져야 합니다. 자신의 기술에 보람을 걸 때 비로소 기술축적도 가능하고 기술 전수도 가능한 것입니다. 적어도 이 기계만큼은 어느 박사보다도 내가 제일 잘 안다는 자신과 긍지가 스스로를 뜻있게 할 것입니다. 』

『 **사원** : 그렇게 되기 위해서는 어느 정도의 여건 조성이 선행되어야 하지 않겠습니까? 』

『 **회장** : 그 점에 우리가 다소 신경을 덜 쓴 경향이 있습니다. 기술개발이나 기능직 사원에 대한 대우문제에 소홀한 점이 있었던 것을 인정합니다. 앞으로 급여체계를 개선해서 기능직 사원들의 경제적 생활안정을 유지할 수 있게 하려고 합니다. 기업이 종업원들에게 충분한 복지생활을 누릴 수 있도록 여건을 마련해주기 위해서는 이윤을 많이 내야 하는데, 그것은 생산성 향상과 시장 다변화를 통해서 이루어질 수 있는 것입니다. 이러한 과제의 중요한 부분을 직접 실천하는 주인공이 바로 기능직 사원입니다. 따라서 경영자는 그들을 한 식구로 생각하고 신경을 써 주어야 할 것입니다. 우수한 기능을 가진 사원이 관리직 중견간부보다 더 많은 봉급을 받는 것은 당연한 일이라고 나는 믿습니다. 그들은 자신의 오랜 경험과 축적된 기능으로 젊은 상사를 보좌하고 후배 사원들을 가르친다는 그 점에 긍지와 보람을 느낄 수 있어야 합니다. 일생을 한 길에 몸 바쳐 왔다는 장인정신이 높이 평가되는 풍토가 조성되고, 대학을 나와 현장에 뛰어든 젊은 엔지니어가 그런 기능직 사원들에게 머리를 숙이고 배울 수 있는 분위기가 이루어져야 합니다. 나는 얼마 전에 신입사원을 선발하면서 이공계 지원자들에게 과연 기술자다운 기술자가 되려고 하는 의지가 있는가를 중점적으로 살펴보았습니다. 아무리 학벌이 좋다고 해도 평생 자기 분야에서 묵묵히 일하겠다는 마음자세가 되어 있지 않으면 소용이 없기 때문입니다. 공장에 잠시 근무하다가 관리직으로 옮겨 앉아서 도장이나 찍을 생각을 하는 사람은 우리와 함께 일할 수 없습니다. 』

『 **사원** : 생산과 연관해서 영업적인 측면에도 중요성이 있지 않겠습니까? 』

『 **회장** : 맞습니다. 그렇게 생산된 제품이 영업다운 영업을 통해서 판매되어야 합니다. 우리 그룹의 경우는 이제까지 앉아서 하는 장사만 하려고 했다는 점을 반성하지 않을 수 없습니다. 시장조사, 소비자조사, 또는 애프터서비스 등에 어느 만큼 성실했는지, 영업 전략은 얼마나 확실하게 짰으며 얼마나 적극적으로 추진해왔는가를 반성하지 않을 수 없습니다. 영업 얘기를 할 때 근본적인 문제는 타인이나 외부에서 결함을 찾으려 하지 말고 자기 자신을 생각해야 합니다. 대리점이나 다른 사람에게 이유를 돌리는 것은 잘못입니다. 그것은 일종의 핑계요, 변명일 뿐입니다. 문제점이 있으면 정확하게 노출시켜서 해결책을 모색해야 합니다. 우리 그룹은 같은 상품을 가지고, 아니 보다 품질이 좋은 상품을 가지고도 경쟁업종에서는 선두를 달리는 회사가 하나도 없습니다. 이는 한마디로 장사꾼다운 면이 결여되어 있다는 증거입니다. 지금 이 시기에 그런 점에 대해서 누구의 책임을 추궁할 생각은 없습니다. 문제점이 있다고 해서 사람만 몇 명 바꾸는 식의 안일한 자세는 완전히 버려야 합니다. 보다 적극적으로 대처하려는 자세가 중요합니다. 』

『 **사원** : 우리 그룹은 장점도 많다고 생각합니다. 장점을 더욱 훌륭하게 키워나가는 일도 중요하지 않겠습니까? 』

『 **회장** : 그렇지요. 그러나 항상 냉철하고 겸허하게 재점검해야 합니다. 우리 그룹이 대내외적으로 관리에 뛰어나다는 평을 받고 있는 것은 사실입니다. 그러나 과신해서는 안 됩니다. 형식적인 관리에서 이제는 실질적인 관리 면까지 재검토해봐야 합니다. 서류상으로 관리가 잘 되어 있다고 해서 그것이 과연 효과적인 관리였느냐 하는 것이 문제입니다. 나는 숫자상으로 나타난 실적만 가지고 평가하지 않습니다. 눈에 보이는 실적도 중요하지만 눈에 보이지 않는 실적은 더욱 중요하다고 생각합니다. 지금부터는 자기가 해야 할 일을 스스로 알아서 하는 사람만이 우리와 동참할 수 있습니다. 우리는 지금 이루는 사람, 이루어가는 사람만이 필요한 시대를 살고 있습니다. 우리 주변에서 자기보다 나은 사람을 키워준다는 자부심이 넘쳐흘러야 합니다. 고려자기의 명맥이 끊어진 비극이 다시 되풀이되어서는 안 될 것입니다. 우리가 바라는 이러한 풍토는 당장에 어떤 성과를 가져다주지는 않지만 십 년 후, 또는 백 년 후의 한국화약을 위해 필요한 것입니다. 』

『 **사원** : 장기적인 안목에서 그룹의 발전방향을 제시하고 수행해나
가자면 종업원 모두가 한 목표를 위해 정진하는 협조체제가 필요할
것 같습니다. 』

『 **회장** : 이렇게 대화를 나누는 것도 각 사에 공통되는 포괄적인
문제점과 방향을 모색하려는 노력의 하나지요. 수평 또는 수직의
대화가 보다 활발하게, 그리고 진지하게 이루어져야 할 겁니다. 앞으
로 기회 있을 때마다 세부적이고 구체적인 문제를 거론하고자 합니
다. 일부에서는 나의 경영방식이 급진적인 변화를 일으킬 것이 아닌
가 하고 염려하는 사람들도 있는 것 같은데, 나는 안정 속에서 변화
를 추구해갈 것입니다. 특히 나이 많은 층에서 과격한 변화를 예상
하고 자신들의 위치에 대한 불안을 느끼는 것 같습니다. 그러나 나
는 결코 동반자들의 탈락을 원하지 않습니다. 모두가 변화에 적응하
고 합심하여 우리를 둘러싸고 있는 기업환경을 슬기롭게 극복함으
로써 임직원은 물론이고 그 가족, 아내와 자녀까지 모두가 한 가족
이라는 인식 하에 국가와 사회, 주주, 소비자들에 대한 책임과 의무
를 즐거운 마음으로 수행할 수 있기를 바랍니다. 우리는 하나라는
인식 속에서 끊임없는 대화가 계속될 때 일체감 있는 협조체제가 형
성되고 강렬한 대도약의 분위기가 확산될 것입니다. 』

『 **사원** : 회장님이 말씀하시는 대화란 생산적인 의견을 서로 개진
해야 한다는 뜻이 아니겠습니까? 』

『 **회장** : 그렇지요 대화 속에서 뚜렷한 실천목표가 나와야 하겠지
요. 앞으로는 근본적인 문제점을 노출시켜서 개선해나가기 위한 방

법으로 건의함 같은 제도를 이용할 생각입니다. 잘못을 묻어 두지 말고, 아는 것을 아는 데 그치지 말고 건전한 방법으로 실천해나가는 것입니다. 많은 부서 중에서 경리부를 예로 들어봅시다. 우리 경리는 출납업무라는 한계를 벗어나서 재무, 재정이란 개념으로 국제화되어야 하겠는데, 그러기 위해서는 능력이나 사고방식에 많은 노력과 혁신이 필요합니다. 나이나 경력, 학력, 학벌이 문제가 아닙니다. 요는 얼마나 노력하고 뜻을 같이 하느냐에 달려 있는 겁니다. 』

『 **사원** : 우리 모두가 각자의 위치에서 새롭게 각오를 다져야 하겠습니다. 』

『 **회장** : 우리들의 목표는 다 같이 하나입니다. 보다 나은 삶을 위해, 보다 보람된 삶을 위해 앞장설 때가 온 것입니다. 세계지도 속의 우리 한국은 아주 작은 나라에 불과합니다. 우리는 세계 속으로 뻗어나가는 길밖에 없습니다. 그러기 위해서는 우물 안의 개구리 같은 사고를 버려야 합니다. 세계적인 기업으로 뻗어나가자면 거기에 적응할 수 있는 태세가 갖추어져야 합니다. 그런 의미에서 의식전환을 강조하고 새로운 의지, 새로운 결의로 새로운 기업상과 새로운 사원상을 확립하자는 것입니다. 우리 모두가 자기 자신부터, 그리고 자기 주변부터 새롭고 건전한 변화를 일으켜야 할 것입니다. 』


김승연은 그룹 산하 임직원들의 의식전환을 촉구하는 뜻에서도 먼저 자신의 새로운 도전의지를 가시화해야 한다고 생각했다. 그러기 위해서는 그룹 내에 고질화되어 있는 문제점을 과감히 노출시키고 이를 쇄신하려는 강력한 결의를 구체적으로 보여주어야 했다.

그는 미국 유니온 오일과의 합작회사인 경인에너지에 대한 정당한 통치권을 확립하고 과거부터 누적돼온 경영상의 여러 가지 폐단을 개선해나가기로 결심했다. 경인에너지는 계약상 회사의 경영권을 1989년까지 유니온 오일 측이 행사하게끔 되어 있다. 따라서 한국화약 측에서는 경인에너지에 근무하는 한국인 종업원에 대한 인사권까지도 유니온 오일 측의 사전 동의 없이는 마음대로 행사할 수 없게 되어 있다. 그런 폐단 때문에 최근에 와서는 경인에너지에 근무하는 유능한 한국인 사원들이 다른 곳으로 빠져나가는 경향이 두드러지게 나타났다. 미국 사람 밑에서 아무리 성실하게 근무한다 해도 중역으로 승진될 가망은 거의 없었기 때문이다.

회장이 전지전능일 수는 없다. 경영을 잘하기 위해서는 임직원 개개인의 신상과 자질을 정확하게 파악해서 유능한 인재를 적재적소에 배치해야 한다. 그래서 김승연은 회장 취임 후에 한동안은 사무실에 비치된 임직원 인사 카드를 집에까지 가지고 들어가서 그들의 신상을 일일이 파악해왔다. 그 결과 지금은 그룹 내의 중역들은 말할 것도 없고, 적어도 차장 이상의 간부급 사원들의 신상에 관해서는 입사 연도에서부터 출생지·출신학교·사내경력 등을 달달 외우다시피 했다.

하루는 김승연이 인사담당 중역을 불러 경인에너지의 몇몇 한국인 부·차장을 그룹 종합기획실로 전보 발령할 것을 지시했다.

"회장님! 경인에너지 인사문제는 유니온 오일 측의 사전 동의가 있어야 합니다."

"우리 직원에 대한 인사에 왜 그들의 동의가 필요해요?"

"선대회장님께서도 그렇게 해오셨고…, 계약서상 그렇게 돼 있습니다."

"그건 계약서가 처음부터 잘못된 거니까 걱정 말고 내 지시대로 해줘요!"

"그랬다가 만약…"

"그리고, 만약 이번 인사발령에 불복하는 사람이 있을 때는 가차 없이 해고시키도록 해요!"

젊은 회장의 결심은 단호한 듯했다. 사실, 계약서나 관례를 무시한 이번 경인에너지의 한국인 사원에 대한 일방적인 인사 조치는 유니온 오일 측을 겨냥한 김승연의 결연한 도전의 서막이었다.

김승연이 경인에너지에 나와 있는 유니온 오일측 경영진을 못마땅하게 여겨온 지는 이미 오래 전부터다. 그들은 한마디로 말해서 경영인이 아닌 관리인에 불과했다. 그들은 한국에 나와 있는 동안 무난히 임기만 채우고 미국으로 돌아가면 그만이라는 생각이니까 당장 본전이나 찾고 보자는 식으로 이익배당에만 연연할 뿐 회사의 장기발전계획 같은 것은 아예 거론하기조차 싫어했다. 하긴 그들이 어떤 결정권을 갖고 있는 것은 아니었다. 그들은 본사 부장급에 속하므로 서식 한 가지를 변경하는 데도 일일이 본사와 협의해야 하기 때문에 몇 달씩 걸리기가 일쑤였다.

그런 위인들이었지만 오만불손하기는 이를 데가 없었다. 특히 김승연은 경인에너지의 실권을 장악하고 있는 수석부사장 라이슨(Licen)이 선대회장과 맞먹다시피 하는 것을 아주 못마땅하게 생각해왔다. 사전 약속도 없이 아무 때나 불쑥 나타나서 사사로운 개인 부탁을 하기가 일쑤였고, 가끔 업무현황을 물어보게 되면 그 답변이 불성실하기 짝이 없었다. 그래서 김승연은 선대회장에게 라이슨 같은 위인을 상대하지 말고, 업무상 필히 협의할 일이 있으면 미국 본사의 하틀리 회장과 직접 의논할 것을 여러 차례 건의한 바 있었다. 그러나 선대회장은 미국 사람들을 소홀히 대해서는 안 된다는 이유로 내내 라이슨을 관대하게 대하는 것이었다.

김승연은 그들의 콧대를 꺾어놓기 위해 한때는 사우디아라비아에서 받는 건설공사 선수금으로 유니온 오일의 주식을 살까 하는 생각까지 한 적이 있었다. 유니온 오일 주식의 10%만 사들인다면 본사 경영진에 영향력을 행사해서 경인에너지의 증설계획을 실현시킬 수도 있다.

선대회장이 하틀리 회장과 경인에너지 정유증설계획에 합의한 것은 1978년 8월이며, 1979년 1월에는 정부로부터 일산 16만 배럴 규모의 증설허가까지 받았으나 제2차 석유파동으로 무산된 채 오늘에 이르고 있다. 경인에너지가 규모 면에서 더 성장하지 못한 것은 유니온 오일의 전통적인 보수성에도 기인하지만 경영 성과 역시 만족할 만한 것이 못되었기 때문이다.

경인에너지가 준공되던 바로 그 해 1차 석유파동이 일어나 원유 공급이 어렵게 되자 원유 공급에 따르는 유니온 오일 측의 커미션 수입이 없어진 데다가 국내 석유가격이 정유 3사(유공·호남정유·경인에너지)의 생산비 평균치 기준으로 산정되기 때문에 신설회사인 경인에너지의 이윤폭은 상대적으로 낮을 수밖에 없었다. 그렇다고 해서 경인에너지가 적자를 내는 것은 아니었다. 유니온 오일 측의 투자수익과 외채상환은 발전소 수익으로 보장되고 있었다.

김승연은 회장에 취임한 후 이미 몇 차례에 걸쳐 하틀리 회장 앞으로 직접 경인에너지에 대한 신규투자를 촉구하는 내용의 서한을 띄운 적이 있다. 한국화약 회장이 경인에너지 경영진을 제쳐놓고 본사 회장 앞으로 서한을 보낸다는 것은 일찍이 전례가 없던 일로서 이는 경인에너지의 유니온 오일측 경영진을 흥분시키기에 족했다.

하루는 라이슨 부사장이 이를 항의하기 위해 김승연을 찾아왔다. 그러나 김승연은 시간이 없다는 이유로 그의 면담을 거절하고, 앞으로는 면담

시간을 미리 약속하고 찾아와 달라고 했다. 다음 날 라이슨이 면담시간을 약속해 달라고 했을 때는 공무냐 사무냐를 묻고, 공무라면 본사 회장을 통해 얘기하자고 하는 말로 직접 면담을 거절했다.

김승연이 경인에너지의 한국인 종업원에 대한 일방적인 인사발령을 내린 것은 바로 그런 식으로 라이슨의 면담요청을 몇 차례 거절하고 난 다음이었다.

"회장님! 라이슨 부사장이 왔습니다!"

비서의 말이 떨어지기도 전에 두툼한 서류철을 옆구리에 낀 라이슨이 회장실 문을 밀치고 들어와 불만에 찬 얼굴로 소파에 털썩 주저앉았다.

"양해도 없이 남의 집무실에 함부로 들어온다는 것은 무례하지 않은가!"

김승연이 점잖게 한마디 던지면서 소파로 옮겨 앉았다.

"나는 이 회장실에 얼마든지 출입할 자격이 있다."

라이슨의 대꾸도 만만치 않았다.

"이 방 출입에 자격 제한은 없다. 그러나 예의는 존중되어야 한다."

"당신은 나를 어떻게 알고 있는가?"

"경인에너지 수석부사장 아닌가!"

"그렇다! 그런데 나를 무시하고 경인에너지 경영에 관한 문제를 직접 본사 회장에게 제기하는 이유는 무엇인가?"

"나는 한국화약그룹 회장이다. 한국화약 회장이 유니온 오일 회장에게 문제 제기를 하는 것은 당연하다. 더 솔직히 말하면 당신은 어떤 결정권도 행사할 수 없는 경인에너지 관리인에 불과하다. 그런 당신을 상대한다는 것은 시간낭비라고 생각한다."

"시간낭비라구…?"

라이슨은 몹시 불쾌한 듯 씨근거렸다.

"그렇다!"

"그렇다면 한국인에 대한 이번 인사조치도 시간낭비라고 생각해서 당신 마음대로 처리했는가?"

"그룹 회장으로서 그룹 소속원에 대한 인사권을 행사했을 뿐이다."

"이 계약서를 봐라! 계약서가 있지 않는가!"

"내가 사인한 계약서가 아니기 때문에 계약 내용은 일일이 알지 못한다. 그러나 상식을 벗어난 계약이라면 그런 계약은 존중될 수 없다!"

계약 내용을 모른다는 말은 김승연의 억지였다. 그는 누구보다도 계약 내용을 잘 알고 있었으며, 그 계약 전체가 유니온 오일 위주의 불평등 계약이기 때문에 라이슨으로 하여금 아예 계약서를 들먹이지 못하게 할 생각이었다.

계약서를 펼쳐놓고 논리적으로 조목조목 따지게 되면 유리할 것이 하나도 없다. 미국에서 10여년 동안 유학생활을 해온 김승연은 미국인의 생리를 잘 알고 있었다. 미국인들은 지극히 논리적이다. 때문에 그들은 논리에 강하고, 논리적으로 따지기를 좋아한다. 그 대신 미국인들은 우격다짐으로 밀어붙이는 뚝심에는 약하다. 김승연으로서는 어차피 일전을 각오하고 계약서를 무시한 채 일방적인 인사권을 행사한 터였다.

라이슨이 계약서를 펴놓고 따졌다.

"봐라! 이 계약서상에는 어디까지나 부사장인 내가 바로 한국화약 측의 파트너다."

"계약서하고는 상관없이 나는 한국화약 회장이다. 나는 유니온 오일 회장이 아니면 상대하지 않을 테다!"

"이 계약서는 휴지가 아냐! 이 계약서…"

라이슨이 계약서를 김승연 코밑으로 바싹 들이댔다.

"이 따위 을사보호조약 같은 계약서가 무슨 소용 있어?"

김승연이 손으로 탁 쳐내는 바람에 계약서철이 사무실 바닥으로 날아갔다.

"갓 댐!"

라이슨이 욕을 하면서 벌떡 일어섰다.

"뭐야, 갓 댐?"

김승연이 응접탁자를 걷어차며 벌떡 일어섰다.

"선 오브 비치!"

라이슨의 입에서 또 욕설이 튀어나왔다.

"뭐라구?"

김승연이 와락 라이슨에게 달려드는 순간, 놀라서 뛰어 들어온 비서진이 김승연과 라이슨 사이를 가로막았다. 두 사람의 싸움은 일촉즉발의 위기에서 수습되었지만, 그 사건으로 김승연은 주한 미국상공인협회 회원들 사이에 악명 높은 '코메리칸 깡패' 로, 그리고 그룹 내에서는 '무서운 젊은 회장' 으로 평판이 나게 되었다.

경인에너지 한국인 종업원에 대한 김승연의 인사발령이 그대로 이행되었음은 물론이고, 그 후부터 라이슨 부사장은 감히 그룹 회장실 근처에는 얼씬거리지도 못했다. 김승연 자신도 계속 라이슨을 제쳐놓고 일이 발생하는 대로 본사 회장 앞으로 서신을 띄워 시정을 촉구하면서 문제를 제기하곤 했다.

김승연이 그처럼 끝내 본사 회장 상대를 고집하는 이유는 권위나 체면을 차리자는 것이 아니었다. 그것은 장기전에 대비한 전술과도 같은 것이었다. 어차피 언젠가는 갈라서야 할 유니온 오일이라고 생각했기 때문이다.

경인에너지의 유니온 오일 측과 일전을 치르고 난 김승연은 1982년 3월에 대일유업과 한국베어링의 상호를 각각 '주식회사 빙그레'와 '한국종합기계주식회사'로 변경했다. 대일유업을 종합식품업체로, 한국베어링을 종합기계 메이커로 발전시키기 위한 일 단계 조치였다.

5월 어느 날, 워커 주한 미국 대사로부터 김승연에게 가까운 시일 안에 한번 만나자는 연락이 왔다. 워커 대사와 선대회장은 생전에 깊은 교분을 나누어온 사이다.

김승연은 라이슨 부사장이 워커 대사에게 무슨 말을 했을지도 모른다고 생각했다. 라이슨은 주한 미국상공인협회 회장인 것을 기화로 기회 있을 때마다 한국에 나와 있는 미국 실업인들에게 김승연을 악평해오고 있었다. 그래서 미국 상공인들은 파티장 같은 데서 김승연을 만나면 겁에 질린 얼굴로 흘깃흘깃 곁눈질을 하며 가까이 접근하려 하지 않았다.

미국 대사관으로 워커를 방문한 김승연은 전혀 뜻밖의 제의를 받는다. 미국의 저명한 화학회사인 다우케미칼(Dow Chemical Inc.)이 투자한 한양화학과 다우케미칼코리아(Dow Chemical Korea Ltd.)를 인수할 용의가 없느냐는 것이었다. 다우케미칼과 충주비료의 공동출자로 한양화학이 설립된 것은 1969년 8월, 연산 폴리에틸렌 5만 톤과 VCM 6만 톤 규모의 울산공장이 가동하기 시작한 것은 1972년 10월부터다.

석유화학의 호황으로 한양화학이 높은 신장세를 나타내자 다우케미칼에서는 VCM 원료인 EDC를 생산 공급할 목적으로 1975년 9월 단독 출자

로 다우케미칼코리아(이하 DCK로 약칭함)를 설립하고 1977년 5월 여천공업
단지 안에 연산 20만 톤 규모의 공장을 착공했다.

여천공장이 준공된 것은 1979년 10월, 때마침 불어 닥친 2차 석유파동
으로 석유화학경기가 움츠러든 데다가 EDC 원료인 염소 생산과정에서 부
산물로 쏟아지는 가성소다까지 팔리지 않아 DCK 경영은 말이 아니었고,
울며 겨자 먹기 식으로 국제 가격보다 비싼 DCK의 EDC를 사다 써야 하
는 한양화학 또한 할 짓이 아니었다.

마침내 한양화학 경영진 사이에 마찰이 일기 시작했다. DCK 측이 공급
하는 EDC가 너무 비싸서 사다 쓸 수 없다는 한국측 경영진과, 국제 가격
보다는 다소 비싸더라도 장래를 생각해서 계속 DCK가 생산하는 EDC를
써야 한다는 미국측 경영진의 주장이 맞서게 되었던 것이다.

그런 어려운 기업 여건 속에서도 한양화학은 1979년 3월 막대한 자금
을 투자하여 대덕종합연구단지 내에 연구소를 설치하는 한편, 1980년 1월
에는 여천의 제2공장(연산 폴리에틸렌 10만 톤 · VCM 15만 톤 규모)을 준공시
켰다. 그러나 여천공장의 가동에도 불구하고 DCK나 한양화학의 적자폭
은 커져만 갔다. 1980년 한 해 동안의 DCK 적자는 430억 원이었으며, 한
양화학의 적자도 80억 원에 육박했다.

그 무렵은 미국의 다우케미칼 본사도 경영실적이 좋지 않은 때였다. 원
래 자본차입 비율이 높았던 다우케미칼은 당시 세계시장의 수요 감퇴와
자본차입 비중의 부담으로 매출이 줄고 이익이 반감되어 고전을 면치 못
하고 있었다. 1980년 한 해의 다우케미칼 전체 매출액이 106억 불, 이익 8
억5천만 불이던 것이 1981년에는 매출이 119억 불로 증대한 데 반해 이익
은 5억6천만 불로 감소되는가 하면, 1982년 1/4분기 매출과 이익도 지난해

에 비해 4%와 4.6%로 각각 줄어들었던 것이다.

이에 다우케미칼에서는 해외자산을 매각처분함으로써 회사의 부채 비율을 줄인다는 방침을 세우게 되었다. 매각처분 대상에 오른 해외자산은 일본의 '아사히다우' 와 유고슬라비아의 '유고다우' 였다.

한편 다우케미칼코리아(DCK)는 50대 50의 합작회사인 한양화학과 합병함으로써 당면한 경영난을 타개해나갈 계획이었다. 그러나 DCK와 한양화학의 합병은 한양화학의 한국측 주주들의 완강한 반대에 부딪치고 말았다. 그러자 다우케미칼에서는 DCK와 한양화학의 지분주식도 처분한다는 방침을 세우고 한국 정부에 원매자를 물색해주거나 한국 정부가 직접 인수해줄 것을 요청했다.

다우케미칼의 요청을 받은 한국 정부로서는 입장이 곤란했다. 연간 수백억 원의 적자를 내고 있는 회사를 인수하려는 국내 기업도 없었거니와 정부로서도 그런 부실기업을 선뜻 떠맡을 입장이 아니었던 것이다.

그러니 한국 정부의 짐도 덜어줄 겸해서 한국화약이 인수해볼 의향이 없느냐는 워커 대사의 제안이었다. 그러면서 워커 대사는 다우케미칼이 급히 처분하려고 하는 것이니까 싼값에 인수할 수 있을 것이라는 말을 덧붙였다.

한양화학이나 DCK는 석유화학 콤비나트의 업스트림(Upstream)에 속한다. 한국프라스틱이 필요로 하는 PVC 원료를 안정적으로 확보하기 위해서도 한양화학이나 DCK의 인수는 바람직하다. 다만 두 회사가 엄청난 적자를 내고 있다는 데 문제가 있었다.

김승연은 그룹 내의 주요 간부들과 협의하는 한편, 학계 인사들의 의견도 들어보고 또 해외지사에 지시해서 한국화약이 한양화학과 DCK를 인수하는 경우의 득실을 국제적 시각으로 연구 검토하기도 했다. 그러나 모든 사람들의 의견은 대체로 인수하지 않는 것이 좋겠다는 것이었다. 그 이유로는 세계적인 다우케미칼이 한국에서 손을 털고 나가려는 것은 세계적 불황으로 경기 전망이 없기 때문이며, 일본의 석유화학만 해도 이미 사양길에 들어선 마당에 사운을 건 막대한 투자를 했다가 만약 잘못되는 날에는 어떻게 할 것이냐는 것이었다.

김승연의 생각은 달랐다. 다우케미칼이 한국에서 철수하려는 것은 본사의 재무구조를 건실하게 하려는 해외자산 처분계획의 일환이며, 장기 경영전략보다는 단기 경영실적에 급급한 미국의 전형적인 전문경영인들이 DCK의 적자경영이 여러 해 계속될 것을 겁낸 소치로서, 석유화학의 장래성은 결코 어둡지 않다고 보았다. 특히 한국 같은 개발도상국에서는 앞으로도 다른 산업 분야의 발전과 함께 석유화학제품의 수요증대가 기대될 뿐 아니라 한양화학이나 DCK를 인수하게 되면 한미 경영진 사이의 마찰이 해소되어 효율적인 경영개선을 통해 적자 폭을 줄여갈 수 있다고 판단했다. 더구나 석유화학 콤비나트의 실현은 선대회장의 꿈이었으며, 한양화학의 여천공장과 DCK의 여천공장은 최신 설비를 갖춘 새 공장으로 가격조건이 좋은 편이다. 앞으로 2년 내지 3년만 적자를 메워갈 수 있다면 인수해봄직하다. 경제계의 호황과 불황은 주기적으로 반복하게 마련인 것이다.

김승연은 그룹 간부들의 반대를 무릅쓰고 밤낮없이 검토에 검토를 거듭했다. 인수를 반대하는 그룹 간부들이 회사를 아끼는 충정이나, 인수해야 한다는 집념에서 헤어나지 못하는 김승연이 회사를 아끼는 충정은 마찬가지다. 그러나 그룹 간부들의 충정은 안정을 추구하려는 현실에의 집착이었으며, 김승연의 충정은 선대회장의 위업을 더욱 발전시켜야 한다는 미래지향적인 애착이었다. 열 사람 중 아홉 사람의 판단이 일치한다고 해서 그 판단이 절대로 옳은 것은 아니다. 때로는 아홉 사람의 판단보다도 한 사람의 판단이 옳을 수도 있는 것이다.

김승연은 마침내 비장한 결심을 하고 사장단 회의를 소집한 자리에서 자신의 결정을 따라줄 것을 당부했다. 사장단 회의도 최고경영자의 최종 결단에는 더 이상 반대할 수가 없었다. 그러나 사장들의 마음은 무거웠다. 젊은 회장이 무슨 배짱으로 그런 모험을 하려고 하는지 모른다고 생각했다.

그것은 김승연의 단순한 배짱이 아니었다. 적어도 그가 지난 2개월 동안 실무진을 이끌고 주도면밀하게 연구 검토한 끝에 얻어낸 확신이었다. 다우케미칼 측에서 제시한 매도금액은 7천만 불. 단, 인수 후에도 한양화학과 DCK가 사용하는 에틸렌(Ethylene) 원료는 다우케미칼이 공급하는 것을 사용해야 한다는 조건이다.

인수 후에도 계속해서 다우케미칼이 공급하는 원료를 사용해야 한다는 것은 받아들일 수 없는 조건이었지만 인수가격 7천만 불은 비싼 값이 아니었다. 하지만 김승연은 인수가격이 비싸다는 이유로 다우케미칼측 제의에 응하지 않았다.

하루는 다우케미칼 측에서 공장을 한번 직접 둘러보고 나서 얘기하자고 제의해왔다. 김승연이 고철이나 다름없는 공장을 가봐서 무엇하겠느냐고 대꾸했다.

"여천공장이 어째서 고철이란 말인가? 준공된 지 3년도 못 된 새 공장이다."

"적자를 내는 공장은 차라리 고철만도 못하다. 고철은 그대로 팔 수 있지만 공장은 고철로도 팔기가 어렵다.”

“당장은 적자를 내고 있으나 장차는 좋아질 것이다.”

“그렇다면 공장 형편이 좋아졌을 때 흥정하자. 그 때는 다우케미칼 측에서도 좋은 값을 받을 수 있을 것이고, 나로서도 부담이 될지언정 잘 되는 공장을 인수하고 싶다.”

김승연은 느긋하게 배짱을 퉁겼다. 흥정은 서두르는 쪽이 불리하다. 다우케미칼로서는 하루 속히 처분해야 할 입장이었지만, 한국화약으로서는 급히 인수해야 할 이유가 하나도 없었다.

잠시 흥정이 뜸해지자 상공부가 적극적으로 개입하고 나섰다. 다우케미칼 측에서 정부가 인수해줄 것을 제의해왔을 때만 해도 소관부처인 상공부로서는 그 대책 마련에 여간 고심했던 것이 아니다. 그런 터에 한국화약이 인수할 뜻을 보이자 상공부에서는 인수 후의 지원책까지 강구하면서 조속한 결말이 이루어지기를 기대해왔다. 상공부에서는 인수에 따르는 위험부담을 줄이기 위한 방법으로 석유화학 5개 회사(럭키·효성·유공·대림·한국화약)가 공동인수할 것을 종용했다.

한국 사람들끼리 합작 사업을 한다는 것은 쉬운 일이 아니다. 5개 회사가 공동인수 문제를 논의하기 위해 몇 차례 모이기는 했으나 서로 위험부담을 꺼려 아무 결론을 내지 못했다. 그러자 다우케미칼 측에서는 다시 한국화약을 바싹 조이기 시작했다.

김승연은 막연히 시간만 끌 수가 없어서 일단 인수 문제를 기정사실화하기로 결심하고 업계의 반응을 살피기 위해 다우케미칼과 가계약을 체결했다. 아니나 다를까 업계에서 공동인수를 하기로 해놓고 단독계약을 체결하면 어떻게 하느냐고 반발했다. 그 반발에 대한 김승연의 대응은 명쾌

했다. 업계가 모여 봐야 결론은 나지 않고 다우케미칼 측의 독촉은 심하고 해서 계약했다, 공동 인수는 싫지만 누구든지 인수하겠다면 언제라도 넘겨줄 용의가 있다는 것이었다. 그러나 업계에서는 아무도 인수하겠다고 나서는 사람이 없었다.

그런 어느 날, 홍콩에 주재하는 다우케미칼 극동담당 사장이 내한해서 본계약 체결을 촉구했다. 김승연으로서는 급할 것이 없었다. 국내에 인수 경쟁자가 없는 마당에 그들이 제시하는 7천만 불을 다 주고 인수해야 할 이유는 없다. 더욱이 인수 후에 그들이 공급하는 원료를 계속 사용해야 한다는 것은 기업경영의 주체성을 확립하기 위해서라도 단호히 거절해야 할 조건이다. 김승연은 가계약은 어디까지나 가계약이니 만큼 본계약을 위한 본격적인 협상을 시작할 것을 제의했다.

며칠 후, 극동담당 사장에게서 한 통의 협박편지가 날아왔다. 7월 31일까지 가계약을 이행하지 않을 경우에는 국제법상의 손해배상청구 소송을 제기하겠다는 내용이었다. 그런 협박에 동요될 김승연은 아니다. 그는 오히려 그 편지에서 조급하게 서두르는 다우케미칼 측의 속셈을 훤하게 꿰뚫어볼 수 있었다. 김승연은 가로 30cm, 길이 2m에 달하는 한지에 다음과 같은 요지의 회신을 먹글씨로 써 보냈다.

『 본인은 명예를 무엇보다도 소중하게 생각하는 사람이다. 명예를 욕되게 하면서까지 사업을 할 생각은 없다. 명예는 곧 도덕적 존엄에 대한 자각이며 자존이다. 가계약은 어디까지나 가계약으로서 귀하가 언급한 시한까지 이행해야 할 하등의 의무가 없을 뿐 아니라, 가계약은 쌍방 간의 원칙적인 합의에 불과한 것이며, 모든 조건이 완벽하게 충족되지 못했음을 뜻하는 것이다. 그럼에도 불구하고 귀하는 가계약을 빌미로 본인에게 무모한 협박을 가해왔다. 아무쪼록 이번 일이 원만하게 타결되기를 희망했던 본인으로서는 귀하의 방자한 서신을 받고 커다란 실망과 함께 배신감마저 느끼지 않을 수 없다. 모든 사업은 신의와 성실에 바탕을 두어야 한다는 사실에 유념하기를 바란다. 』

한문과 한글이 섞인 장문의 두루마리 편지를 영어로 번역해서 읽고 난 극동담당 사장은 방망이로 뒤통수를 한 대 얻어맞은 기분이었다. 한국 기업을 얕잡아보고 일침을 가한다는 속결작전이 의외의 곤경을 몰고 온 셈이었다. 극동담당 사장은 한국의 DCK 사장에게 김승연을 방문하여 다시 협상의 여지가 있는지를 알아볼 것을 지시했다.

"일전의 두루마리 편지는 가계약의 완전 백지화를 뜻하는 것인가?"

김승연을 찾아온 DCK 사장이 조심스럽게 물었다.

"나는 가계약의 무효를 주장한 기억은 없다."

"그럼, 가계약은 아직 유효하단 말인가?"

"그것은 전적으로 다우케미칼 측에 달려 있다. 가계약은 본계약이 성립되지 않는 한 문자 그대로 가계약으로 끝나는 것 아니겠는가."

"한국화약 측의 최종 복안이 있으면 말해주기 바란다."

김승연은 다우케미칼 경영진이 다가오는 주주총회에 해외자산 처분결과를 보고해야 하기 때문에 시간적으로 쫓기고 있다는 사실을 잘 알고 있었다. 그럴수록 김승연으로서는 서두를 필요가 없었다.

"내 나름대로의 최종 복안이 없는 것은 아니다. 그러나 이 문제는 나의 명예를 욕되게 한 다우케미칼 측의 사과가 있기 전에는 재론하지 않겠다."

결국 김승연은 다우케미칼 측의 정중한 사과를 받아낸 후에 그들이 제시한 가격 7천만 불에서 1천만 불을 깎는 한편, 6천만 불 중에서 2천만 불만 인수시에 지불하고 나머지 4천만 불은 8년간 분할상환하기로 하며, 인수 후의 원료 구매는 한국화약 자의에 의한다는 내용의 본계약을 체결하는데 성공했다.

한국화약과 다우케미칼 사이에 정식으로 인수계약이 체결되었다는 소식이 전해지자 재계에서는 젊은 김승연 회장의 배짱에 혀를 내두르면서도 한양화학이나 DCK가 과연 경영수지를 맞추어갈 것이냐 하는데 대해서는 모두가 회의적이었다. 한국화약그룹 간부들도 경영에 자신이 없는 것은 마찬가지였다.

하루는 효성그룹의 조석래(趙錫來) 회장이 김승연을 만나자고 했다. 조 회장은 도대체 어떤 복안으로 남들이 다 안 된다고 생각하는 한양화학과 DCK를 인수했느냐고 물었다. 조 회장은 한양화학의 주주이면서 화공학을 전공한 선배 기업인으로서 모험에 가까운 김승연의 결단이 걱정스러웠던 것이다.

"뚜렷한 복안이 서 있는 것은 아닙니다."

"석유화학 자체가 현재 세계적으로 불황이오, 김 회장!"

"불황 뒤에는 호황이 오지 않겠습니까? 미국식 경영을 한국식으로 바꾸어가면서 적자 폭을 줄여가노라면 어떻게 되겠지요."

김승연의 대답은 아주 낙관적이었다. 조 회장은 차라리 한양화학의 효성 지분 주식까지도 인수하지 않겠느냐고 했다.

"불안해서 하시는 말씀이라면 인수해야지요. 제가 조 회장님께 피해를 입히게 해서는 안 될 테니까요."

김승연은 한양화학의 효성 지분 주식을 액면가보다 싼 시가(時價)로 인수했다.

그 해 12월 13일, 김승연은 한양화학 및 DCK 임시 주주총회에서 두 회사의 경영권을 인수하고 사장에 상공부 장관을 지낸 최각규를 선임하고, 실질적인 업무를 수행하게 될 부사장에는 그룹 경영관리실장 오재덕을 선임했다. 한편 그룹 경영관리실장 후임에는 공채 2기로 도쿄 및 뉴욕 지사에서 근무하다가 1980년에 귀국하여 한국프라스틱 영업담당으로 일해오면서 신제품 '골드륨' 개발에 기여한 이진우(李珍雨) 상무를 기용했다.

한양화학과 DCK가 합병될 것이라는 소문과 함께 정보에 민감한 증권가에서는 한양화학의 주식 값이 뛰어오르기 시작했다. 인수한 지 반 년 만에 DCK의 가동률이 48%에서 73%로 상승되었던 것이다. 인수 전에 한양화학이 외국에서 수입해 쓰던 VCM 원료인 EDC를 DCK 제품으로 대체한 때문이었다. 그러나 한양화학과 DCK가 흑자경영을 이루게 된 보다 결정적인 요인은 침체했던 석유화학경기가 세계적으로 되살아난 데 있었다.

김승연이 단자회사인 삼희투자금융(三喜投資金融)을 설립하고 제2금융권에 첫발을 들어놓은 것도 한양화학과 DCK를 인수하던 해 12월이다.

한국화약이 한양화학과 DCK를 인수하고 나니까, 이번에는 유니온 오일 측에서 경인에너지의 자신들 지분 주식을 인수할 생각이 없느냐고 물어왔다. 그것은 김승연이 실로 간절하게 희망해온 바였다. 아니, 어쩌면 김승연이 그 동안 유니온 오일로 하여금 경인에너지에서 손을 떼지 않을 수 없게끔 작용해 왔다고 해야 옳을 것이다.

김승연은 그 동안에도 기회 있을 때마다 유니온 오일 측에 경인에너지를 살려가기 위해서는 현재의 저장시설을 늘리고 탈황시설과 각종 분해설비를 확충해야 할 것을 강조하고 이를 위해 신규투자를 해야 한다고 역설했다. 조그만 과수원을 하나 경영하는 데도 수종을 개량하고 지력을 향상시키는 등 꾸준한 투자를 해야 하는 법이거늘, 당신네들은 한 그루의 과수를 심어놓고 그 과수가 늙어죽을 때까지 그냥 따먹을 대로 따먹고 그만둘 작정이냐고 항의하기도 했다.

그러나 전통적으로 보수적 경영을 해오는 유니온 오일 측에서는 석유 파동 이후로 원유공급에 차질을 빚는 등 계약조건을 이행하기에만도 급급해서 신규투자 같은 데는 전혀 관심을 보이지 않았다. 그들은 오히려 신규투자는 고사하고 이익금의 전액 배당만 요구하고 나섰는데, 유보 중인 이익금은 유니온 오일 측이 납입한 자본금의 440%에 해당하는 거금이었다. 이에 대해 김승연은 국내법상 12%로 제한되고 있는 외국투자법인 이익 배당률을 고수하면서, 배당하고 남는 돈은 기업의 장래를 위해 마땅히 재투자되어야 한다고 주장하며 맞섰다.

유니온 오일 측으로서는 김승연이 확실히 만만치 않은 상대였다. 만만치 않을 정도가 아니라 매우 거북한 상대였다. 더구나 김승연이 경인에너지의 라이슨 부사장은 아예 상대조차 하지 않기 때문에 대화 창구마저도 막혀 있는 때였다. 유니온 오일 측으로서도 경인에너지에 대한 신규투자를 과감하게 하느냐, 아니면 손을 떼고 물러서느냐 하는 결단을 내리지 않을 수 없었다. 그래서 한국화약 측의 의사를 타진하기 위해 찰스 부사장이 내한했던 것이다.

언젠가는 경인에너지를 반드시 내국화해야 한다고 생각해오는 김승연이었다. 그러나 그는 찰스 부사장의 제의에 일단은 의도적으로 정중하게 거절했다.

"알도 잘 낳지 않는 늙은 거위를 독차지해서 뭘 하겠든가. 늙은 거위를 살 돈이 있으면 차라리 새끼 거위를 사서 키우겠다."

"경인에너지 시설이 낡았다고 생각하는가?"

"나는 전문가가 아니기 때문에 기계설비에 관해서는 모른다. 그러나 적어도 경영적인 측면에서 본 경인에너지는 전망이 없다."

"전망이 없다고 생각하는 구체적 근거는 무엇인가?"

"당신네들이 신규투자를 안 하고 있다는 사실이 웅변으로 입증하고 있지 않는가. 사업전망이 밝다면 당신네들이 계속 투자해왔을 것이다."

"우리가 투자를 안 하는 것은 우리 내부 사정 때문이지 전망이 없어서가 아니다. 경인에너지는 현재도 이익을 내고 있다."

"차라리 당신네들이 한국화약의 지분 주식을 인수할 용의는 없는지 묻고 싶다."

"매우 흥미 있는 얘기다. 만약 유니온 오일 측에서 인수하겠다면 얼마에 양도하겠는가?"

"깊이 생각해본 일은 없지만, 장부가격대로라면 언제든지 미련 없이 양도할 용의가 있다."

"장부가격으로…?"

뜻밖이라는 듯 찰스 부사장의 눈이 똥그래졌다. 김승연은 찰스의 표정을 읽는 순간 마음속으로 쾌재를 불렀다. 그는 유니온 오일 측이 아무리 값이 싸도 한국화약의 지분 주식을 인수하지 않는다는 것을 알고 있었다. 찰스 부사장이 얼마에 양도하겠느냐고 물은 것은 다만 이쪽의 속을 떠보려는 수작이었을 뿐이다. 그래서 김승연은 미리 찰스로 하여금 유니온 오일의 지분 주식 값을 장부가격 이상 호가할 수 없게끔 쐐기를 박았던 것이다.

이번에는 허를 찔린 찰스에게 김승연이 물었다.

"내가 만약 인수하겠다면 유니온 오일에서는 얼마에 양도할 생각인가?"

"양도가격에 관해서는 아직 구체적으로 논의된 적이 없다."

"당신은 한국화약이 경인에너지를 내국화시킬 경우, 어떤 이점이 있을 것으로 생각하는가? 만약 당신이 그 점을 말해줄 수 있다면 한번 검토해볼 용의는 있다."

경인에너지의 내국화를 위한 1차 접촉은 그런 식으로 쌍방 간의 탐색전에서 끝났다.

몇 달 후, 유니온 오일 측의 제의로 로스앤젤레스에서 2차 접촉을 갖게 되었다. 그 때는 김승연이 나서지 않고 한국화약측 대표로 경인에너지 전무 이종학(李鍾學)을 파견했다. 이종학은 공채 4기로 입사하여 기획실에서 일해오던 중 뛰어난 영어실력을 인정받아 경인에너지 합작교섭 당시부터 번역 및 통역 업무를 전담해온 정유사업통이다.

로스앤젤레스 협상은 예상했던 대로 아무 진전 없이 결렬되고 말았다. 많은 값을 받아내려는 유니온 오일 측의 입장과 장부가격 이하로 인수하겠다는 한국화약측 입장이 서로 팽팽하게 맞섰기 때문이다.

한 달 후에 유니온 오일 측이 다시 3차 협상을 갖자고 제의하면서 협상 대표단을 로스앤젤레스로 파견해줄 것을 요청해왔다. 그러자 한국화약 측에서는 3차 협상은 서울에서 갖자고 수정제의하고, 이번에는 유니온 오일 측이 협상대표단을 보낼 차례임을 상기시켰다.

그러나 유니온 오일 측은 최초의 협상을 위해 찰스 부사장이 방한했던 사실을 지적하면서 3차 협상은 서울과 로스앤젤레스의 중간 지점인 하와이에서 가질 것을 새로 제의해왔다. 양측의 협상은 협상 장소를 어디로 정하느냐 하는 문제에까지 신경전을 펼쳤다.

김승연은 하와이라면 기후도 좋고 하니 휴가 겸해서 협상대표단을 보낼 용의가 있다고 했다. 유니온 오일 측이 로스앤젤레스로 제의했던 애초의 3차 협상 장소를 하와이로 변경한 것은 협상의 이니시어티브가 한국화약 측으로 기운 것을 의미하는 것이었다.

김승연은 마침내 하와이 협상에서 한국화약의 최종안을 관철시키는데 성공했다. 장부가격대로 인수하되 5년간 분할상환 한다는 선에서 한 발 양보하여 장부가격 5천220만 불을 일시불로 지불한다는 선으로 낙착시켰던 것이다.

걸프(Gulf)가 3천만 불을 투자한 후에 투자금액의 150%에 달하는 4천5백만 불을 과실송금(果實送金)하고서도 장부가격으로 철수한 데 비하면 과실송금이 전무한 상태에서 유니온 오일의 지분 주식을 장부가격에 인수한 것은 한국화약의 일대장거가 아닐 수 없다.

재계에서는 김승연의 한양화학 및 다우케미칼코리아 인수와 경인에너지의 내국화를 가리켜 한국화약의 제2창업이라고 말한다. 그것도 그럴 것이 김종희 전 회장이 타계하던 1981년의 한국화약그룹 총매출액 1조6백억 원이 불과 3년 후인 1984년에는 배가 넘는 2조1천5백억 원으로 늘어났는데, 그 총매출액 가운데는 한양화학 매출액 3천911억 원과 경인에너지 매출액 6천844억 원(합계 1조766억 원)이 큰 몫을 차지하고 있었기 때문이다. 한국화약그룹이 세계 500대 기업 중에서 300위권에 맴돌다가 일약 185위로 뛰어오른 해도 1984년이며, 국내 기업 가운데서도 항상 10위에 턱걸이

여수 현암도서관

하다가 7위로 껑충 올라선 해도 바로 1984년이다.

1985년 7월, 김승연은 여수시에 현암도서관(玄岩圖書館)을 지어 기증했다. 여수는 인천과 함께 한국화약그룹의 양대 사업연고지이다. 여수에 한국화약 제2공장이 들어서기 시작한 것은 1975년이며, 1982년에 한양화학 여천공장과 다우케미칼코리아 여천공장을 인수함으로써 사업연고지로서의 여수 비중이 높아지자 김승연이 선대회장의 뜻을 기리고자 지난해에 착공하여 총건평 1,752㎡(530평), 열람석 480석 규모의 도서관을 건립했던 것이다.

이보다 앞서 1983년 2월에는 미망인 강태영 여사가 김종희를 추모하기 위해 강화군 길상면 온수리에 성(聖) 디도 성전을 축성 봉헌한 적이 있다. 강화는 우리나라 성공회가 초기 선교활동을 전개한 유서 깊은 고장이며, '디도' 는 김종희의 세례명이기도 하다.

환갑만 지나면 호강시켜 준다고 입버릇처럼 말하던 남편이 예순을 채

못 넘기고 유명을 달리할 줄이야! 남편에 대한 강 여사의 애틋한 정은 시간이 흐를수록 가슴 속 깊이 굽이굽이 새로웠다. 김종희를 추모하는 강 여사의 시를 소개한다.

## 터를 닦으며

공(功)든 탑(塔) 그냥 두시고
흔적 없이 가신 임이여

내 가슴 빈 터에
당신 집을 세우고저

거치른
땅을 닦으며
먼 하늘을 봅니다.

세월(歲月)은 물이라 해도
흘려 보내지 못한 아픔

주춧돌 놓는 법도
일러 주신 그 음성(音聲)이

다시금
메아리 쳐서
먼 생각에 잠깁니다.

# 슬픔

남의 것이라면
잊을 수도 있겠거니

내 살갗 배긴 것은
떠날 줄도 모르는지

호올로
가는 길일수록
칭얼대는 벗이여.


# 목단(牧丹)

왕조(王朝) 무너진 뜰에
뉘를 위한 사랑인가

뜨거운 속살만은
겹겹 감싼 치마자락

오월(五月)의
푸른 그늘에
진자주 아픈 미소(微笑)여.

남편을 추모하는 강 여사의 시는 이 밖에도 많이 있다. 강 여사가 현암 도서관 개관식에 참석하고, 같은 날 준공된 한양화학 여천공장의 전선용 복합수지공장을 둘러보고 나서 쓴 시를 하나 더 옮긴다.

## 여수(麗水)에서

더는 갈 수 없기에 발 멈추는 이 바닷가
이름처럼 고운 한 폭 비단 나부끼듯
해 종일 잔잔한 나올 이 끝없는 노래여

아들은 이 기슭에 공장(工場)을 지어 애 쓰지만
아득히 바다를 보는 내 고독(孤獨)은 저 수평선
그 날의 돛배는 어이 돌아오지 않는가.

끼룩끼룩 물새가 울어 온 생각 물보라로 깨고
석양(夕陽)이 등을 밀어 다시 옮기는 발길인데
슬픔은 지워야 하리 아! 저기 불꽃이 타네.

**김종희의 기업가 정신**

지은이 ｜ 전범성

펴낸이 ｜ 박영발

펴낸곳 ｜ W미디어

등록 ｜ 제2005-000030호

1쇄 발행 ｜ 2010년 6월 10일

주소 ｜ 서울 양천구 목동 907 현대월드타워 1905호

전화 ｜ 6678-0708    팩스 ｜ 6678-0309

E-mail : wmedia@naver.com


ISBN 978-89-91761-38-4    03320